중국근대
철로의 조직과 경영

이 저서는 2009년도 정부(교육과학기술부)의 재원으로
한국연구재단의 지원을 받아 수행된 연구임(NRF-2009-362-A00002).

중국관행
연구총서
0 1 4

中國近代鐵路志

중국근대
철로의 조직과 경영

인천대 중국학술원 중국·화교문화연구소 기획

김지환 지음

ⓘB 인터북스

우리가 수행하는 아젠다는 근현대 중국의 사회·경제 관행에 대한
조사와 연구를 매개로 한국의 중국연구와 그 연구기반을 재구성하
는 것이다. 이러한 작업은 무엇보다 인문학적 중국연구와 사회과학
적 중국연구의 학제적 소통과 통합을 모색하는 과정에서 구체화될
수 있을 것이다. 또한 근현대 중국의 사회·경제관행 조사 및 연구는
중국의 과거와 현재를 모두 잘 살펴볼 수 있는 실사구시적 연구이
다. 추상적 담론이 아니라 중층적 역사과정을 거쳐 형성되고 검증되
었으며 중국인의 일상생활을 지속적이고 안정적으로 제어하는 무형
의 사회운영시스템인 관행을 통하여 중국사회의 통시적 변화와 지
속을 조망한다는 점에서 우리의 아젠다는 중국연구의 새로운 지평
을 열 수 있는 최적의 소재라 할 수 있다.

　우리 연구의 또 다른 지향은 중국사회의 내적 질서를 규명하는 것
으로, 중국의 장기 안정성과 역동성을 유기적으로 파악함으로써 한
층 더 깊이 있게 중국을 이해하고자 한다. 이러한 문제의식에서 우
리는 중국사회의 다원성과 장기 안정성의 기반이라 할 수 있는 다양
한 민간공동체 그리고 그 공동체의 광범위하고 직접적인 운영원리
로서 작동했던 관행에 주목한다. 나아가 공동체의 규범원리인 관행
을 매개로 개인과 공동체 그리고 국가가 유기적으로 결합됨으로써
중국사회의 장기 안정성이 확보될 수 있었다는 점을 규명하고자 한
다. 이러한 문제의식에 기초한 연구는 역사적으로 축적한 사회, 경
제, 문화적 자원을 활용하여 만들어가고 있는 중국식 발전 모델의

실체와 그 가능성을 해명하는 데 기여할 것이다.

이 책은 중국 근대 철로의 종합적 서술을 위해 기획된 『중국근대철로지』시리즈의 일환으로서, 철로 내부의 조직 및 공정, 관리, 중국철로의 경영과 운수, 책임운수와 연계운수, 철로직공의 채용과 인사와 구휼, 그리고 국가권력의 노동정책과 철로노동자의 노동운동 그리고 철로공회의 성립과 역할 등 광범한 분야에 걸쳐 서술되어 있다. 이를 위해 상해시도서관을 비롯한 국내외 당안관과 도서관에서 미공간 사료 발굴을 하는 등 오랜 시간 작업을 하였다. 중국 근대 철로와 국가의 관계에 대해 서술한 책의 발간과 더불어 이 책은 중국 근대 철로의 조직과 경영에 대한 이해를 제공해줄 것이다.

『중국관행연구총서』는 인천대학교 중국·화교문화연구소가 인문한국사업을 장기간 수행한 연구의 성과물로서, 그동안 중국 철도, 동북지역의 상업과 기업, 토지와 민간신앙, 그리고 화교 등 다양한 주제에 대해 연구서와 번역서를 발간하였다. 앞으로도 꾸준히 낼 우리의 성과가 차곡차곡 쌓여 한국의 중국연구가 한 단계 도약하는 데 일조할 수 있기를 충심으로 기원한다.

2019년 5월

인천대학교 중국학술원 중국·화교문화연구소

(HK중국관행연구사업단)

소장 (단장) 장정아

사회심리학에서 등장하는 개념 가운데 하나로 '경로의존성'(經路 依存性, Path dependency)이라는 용어가 있다. 일상생활에서 되풀이함으로써 자연스럽게 굳어져 일정한 경로에 의존하게 되는 생활방식을 가리킨다. 이렇게 본다면 경로의존성이란 관행과 습속의 넓은 의미와 표현이라고 이해할 수 있겠다.

2007년 미국이 우주왕복선 엔데버호를 발사할 때에 이전보다 큰 추진 로켓인 솔리드 로켓 부스터(SRB)를 제작하려는 계획을 수립하였다. 로켓 부스터는 흔히 원통형으로 설계되며, 연료의 양이 정해진 이상 원통의 지름을 크게 한다면 길이는 줄일 수 있으며, 작게 한다면 길어질 수밖에 없는 것이다. 제작된 추진 로켓은 플로리다의 나사 발사대까지 철로를 통해 실어 날라야 했다.

미국철로의 레일은 남북전쟁 이전만 하더라도 궤간(폭)이 다양했다. 그러나 남북전쟁 이후 4피트 8과 2분의 1인치(1.435미터)의 표준궤로 통일되었다. 철로의 궤간(rail gauge)을 살펴보면, 영국 등 대부분의 유럽국가들과 한국, 중국 등이 표준궤(standard gauge)를 채택하고 있으며, 러시아, 카자흐스탄, 몽골, 인도 등은 광궤(wide gauge)를, 일본, 이탈리아, 스코틀랜드 등은 협궤(narrow gauge)를 채택하고 있다. 현재 전 세계의 철로 가운데 약 70퍼센트 내외가 표준궤에 속한다.

미국철로의 레일이 표준궤간으로 통일된 이유는 영국철로 레일의 표준 수치를 그대로 받아들였기 때문이다. 영국에서 미국으로 이주한 이민자들이 영국의 수치를 그대로 적용했던 것이다. 추진 로켓을 기차로 옮기기 위해서는 철로의 터널을 통과해야 하며, 어쩔 수 없이 철로 레일의 폭에 맞게 설계할 수밖에 없었다. 그렇다고 해서 정밀기기를 진동이 심한 도로 운송으로 실어 나르기도 불가능하였다.

영국의 레일은 왜 표준궤로 설계되었을까. 기차가 발명되기 이전에 영국에서는 이미 석탄 운반용 마차선로가 일반 도로에 부설되어 운행되고 있었다. 증기기관차는 동력이 마력에서 증기로 바뀌며 속도의 혁명을 이끌어 내기는 하였지만, 바퀴가 지나는 선로는 기본적으로 마차선로와 동일한 것이었다. 물론 육중한 열차가 달리기 위해서는 이전보다 더욱 내구성이 강한 레일이 필요하기는 했지만, 기본적으로 종래의 노선 위에서 이루어진 발전에 지나지 않았다. 즉 마차 선로의 폭과 동일하게 철로의 노선이 부설된 것이다.

그렇다면 영국의 마차는 왜 표준궤로 제작되었을까. 일찍이 2천 년 전 영국을 정복한 로마군이 로마의 마차 폭에 맞추어 영국의 마차 선로를 만들었다. 당시 마차의 폭은 두 필의 말이 나란히 달릴 수 있는 말 엉덩이 폭에 맞추어 결정되었다. 이와 같이 로마의 전차가 마차 선로의 폭을 결정하고 그것이 다시 철로의 레일 폭을 결정하였으며, 또 다시 우주선의 추진 로켓 부스터의 폭과 크기를 규정한 것이다.

이러한 경로의존성은 비단 개인의 영역을 넘어 역사와 법률, 제도, 관습, 문화, 과학적 지식과 기술에 이르기까지 폭넓게 적용되는 개념이라 할 수 있다. 관행이 사회의 환경과 조건을 기반으로 하여 생성됨으로써 고유한 성격을 지니고 있는 이상 이러한 관성이 쉽게 변화되기는 어려울 것이다.

관행이 경로에 의존하면서 인간의 삶에 투영될 경우 타성이 되어 독창성이나 창의성을 감소시키는 요인으로 작용할 가능성이 있다는 부정적 측면도 존재한다. 물체의 관성이 질량의 크기에 비례하여 커지는 것과 같이 중국이라는 거대한 역사체는 시간이 지속될수록 관성에서 벗어나기 어렵다. 하지만 역사적으로 지속하며 담지해 온 관행은 어찌보면 그 사회를 둘러싼 환경과의 상호작용 속에서 가장 편리하고 합리적이며 이상적인 결과로서 도출되어 검증된 것이라고도 볼 수 있다. 이렇게 보자면 인류 역사의 전개와 발전이라고 해도 기본적으로 이전부터 내려온 전통문화의 기반 위에서 이루어진 것이라 할 수 있겠다. 그러기에 하늘 아래 새로운 것은 없다고도 하지 않던가.

중국의 역사에서 천하질서는 중국을 세계의 보편으로 인식하게 만드는 핵심적 개념이었으며, 자신들의 문화를 '세계의 유일한 보편성'으로 절대화하였다. 중국인의 천하질서는 중국의 절대적 보편성(Chinese Standard)을 전제로 한 위계적이며 불평등한 질서였다. 아편전쟁 이후 중국 중심의 천하관은 크게 동요되었으나, 개혁개방 이후의 성취를 기반으로 '중화'에 대한 자신감을 회복하며 '굴기하는 중국'이 확산되고 있다. 물론 이러한 변화를 신중화주의, 중화패권주의 등으로 해석하는 견해도 있다.

중국의 굴기와 대국화의 길은 중국의 역사성, 즉 중화제국 운영의 경험과 역사적으로 축적된 사회경제, 문화적 자원을 자양분으로 적극 활용하고 있다. 다시 말해 중국 특유의 사회경제적 관행과 문화를 토대로 중국적 특색의 사회건설을 추진하고 있는 것이다. 이는 과거를 모델로 미래를 기획하는 중국의 문화사적 관성을 의미하는 것이라 하겠다.

인류 역사상 가장 뛰어난 발명품 가운데 하나를 꼽으라면 많이 거론 되는 것 가운데 하나가 바퀴이다. 바퀴는 2천 년 전 로마를 세계에서 가장 강대한 제국으로 만들었으며, 수많은 말과 마차를 운용하여 모든 길은 로마로 통한다고 할 정도로 교통과 물류 유통을 장악했다. 로마의 거대한 힘은 바로 여기에서 비롯된 것이다. 바야흐로 21세기는 철로의 시대이며, 바퀴의 변형인 철로가 새로운 시대를 열어가고 있다고 해도 과언이 아니다.

이 책이 서술하고 있는 철로는 역사성을 농후하게 담지하며 오랜 세월 동안 경로의존성에 따라 부설되고 운행되어 왔다. 중국에서 최초로 부설된 철로는 1876년에 개통된 오송(송호)철로였다. 이 철로 노선을 최초로 운행한 기관차는 파이오니어호로서, 운행 속도는 시속 30-40킬로미터에 달하였다. 2014년 중국 국영철로공사인 '南車'가 자체 개발한 시속 605킬로미터의 고속열차 운행에 성공했다고 중국시보가 보도하였다. 이는 2007년 4월에 프랑스 고속철로 테제베(TGV)가 기록한 574.8킬로미터를 능가하는 속도였다. 2017년 북경 - 상해 구간의 중국 고속철로가 2017년 9월부터 시속 350킬로미터 시대를 연다고 중국 관영 신화사통신이 보도했다. 상업 운행 기준 시속 350킬로미터는 일본의 신칸센, 독일의 이체에(ICE), 프랑스 테제베(TGV)의 운행 속도(320킬로미터)를 능가하는 세계 최고 속도이다.

중국은 지난 2008년 최초로 시속 350킬로미터의 고속철로를 운행했으나, 2011년 浙江省 溫州에서 충돌사고로 40명이 숨지고 192명이 다친 이후 운행 속도를 시속 250~300킬로미터로 낮췄다. 현재 중국 고속철로의 최고 운행 속도는 후진타오(胡錦濤) 시대에 개발된 和諧號의 시속 300킬로미터이다. 북경에서 상해까지 1,318킬로미터 거리를 운행하는 데 약 5시간 30분이 소요된다.

일부 구간에서 첫 상업 운행을 시작한 復興號는 시진핑(習近平) 주석이 주창하는 '위대한 중화민족의 부흥'이라는 슬로건에서 이름을 따왔다. 復興號는 같은 구간을 4시간 30분 만에 주파한다. 고속철로 시속 350킬로미터 시대 개막에는 19차 당대회를 앞두고 시진핑 시대를 홍보하려는 의도도 담겨 있다.

시진핑 집권시기에 들어서면서 '一帶一路'는 이미 중국 전역에서 일상적인 화두가 되었으며, 중국 이외 지역에서도 초미의 관심사가 되고 있다. 그런데 바로 일대일로의 핵심에 중국의 고속철로가 있다. 중국은 세계 최고 수준의 고속철로 및 철로 네트워크를 통해 물류, 운송, 유통 등의 경제뿐만 아니라, 중국적 가치를 세계로 전파하여 21세기 새로운 세계질서로 자리매김하려는 구상을 숨기지 않고 있다. 이러한 새로운 질서를 선도하는 중국적 가치가 바로 '중국적 표준'인 것이다.

중국은 시진핑 시대를 맞이하여 동아시아 지역질서를 넘어 미국과 함께 세계질서 형성의 주체임을 천명하고 있다. 그 핵심에는 중화민족의 위대한 부흥을 실현한다는 '中國夢'이 자리하고 있다. 이를 실천하기 위한 방편이 바로 현대판 실크로드인 '일대일로'라고 할 수 있다. 중국은 이러한 문화적 이데올로기와 사회경제적 영향력의 확대를 통해 글로벌 표준과 구별되는 중국적 표준(Chinese Standard)을 21세기 세계질서로 확산하려 노력하고 있다. 그리고 일대일로의 중심에 바로 고속철로와 철로 네트워크를 통해 '현대판 실크로드'를 구축한다는 야심찬 계획이 있다.

차이니즈 스탠다드, 즉 중국적 표준은 과거 중국의 역사와 전통문화를 주요한 자산으로 삼고 있다. 실상 일대일로의 핵심인 고속철로라는 것도 알고 보면 중화인민공화국 수립 이후 갑자기 생겨난 것이 아니다. 영국자본이 부설한 오송철로로부터 시작하여 수많은 역정과 곡절을 거치면서 발전해 온 결과가 바로 고속철로인 것이다. 이처럼 중국적 표준은 역사적 토대와 맥락 위에서 형성되어 온 것이다. 따라서 과거로부터 현재에 이르기까지 중국사회의 역사적 연속성을 탐구하는 일은 현재를 이해하기 위해서도 매우 중요한 의미를 가진다고 하겠다.

현재 우리사회에서 뜨거운 화두가 되고 있는 남북한 철로의 연결과 이를 통한 한반도 종관철로(TKR)의 부설, 유라시아철로와의 연계를 통한 '철의 실크로드' 구상은 역사적으로 이미 실현된 적이 있으며, 실현 가능한 프로젝트이기도 하다. 실제로 한반도 종관철로나 시베리아횡단철로(TSR), 중국횡단철로(TCR) 등의 연계를 통한 육상철로 네트워크와 유라시아철로와의 연계 구상이 회자되고 있다.

오늘날 일대일로의 핵심인 고속철로는 기실 과거의 철로 노선을 바탕으로 하고 있다. 마치 우리의 경부선과 경의선, 경원선 등이 일제강점기에 부설된 노선의 연속선상에 있는 것과 마찬가지이다. 물론 현재의 철로는 복선화되고 전기를 동력으로 사용한다는 점에서 과거와 구별된다. 하지만 이전의 철로 위에서 개량된 것임을 숨길 수 없다. 마찬가지로 중국 일대일로에서 핵심인 고속철로 역시 과거 부설되어 운행되어 왔던 기반 위에서 이루어지고 있는 것이다. 따라서 일대일로와 고속철로 네트워크란 역사적 연속성과 자산 위에서 발전되어 온 것이라 할 수 있겠다. 이러한 점에서 1949년 중화인민공화국 수립 이전에 최초 중국철로의 부설로부터 유구한 역정과 굴곡, 발전의 역사를 이해하는 일은 현재의 문제를 이해하기 위해서도 반드시 필요하다고 생각된다.

중국근현대사는 철로의 출현 및 부설, 발전과 상호 불가분의 관계를 가지고 전개되어 왔다. 다시 말해 철로는 중국근현대사의 전개와 이를 이해하기 위해 매우 중요한 매개가 될 수 있다고 하겠다. 아편

전쟁 이후 중국은 반봉건, 반식민지사회로 전락하였으며, 이후 근대화를 달성하고 자주독립의 국민국가를 수립하는 일이 절체절명의 명제가 되었다.

근대 이후 산업화 과정은 철로의 부설 및 발전과 불가분의 관계를 가지고 전개되어 왔다. 산업혁명은 증기기관 등 원동기의 발전을 기축으로 하여 발전된 증기기관차와 기계, 면방직공업 등을 통해 이루어져 왔다. 산업화는 기계를 통한 생산을 의미하며, 기계를 가동하기 위해서는 석탄이 불가결한 원료였다. 공업 및 원동설비의 발전은 기본적으로 철강, 석탄 등 광업의 개발 및 발전 없이는 불가능하였으며, 광업의 발전은 다시 수송을 위한 철로의 부설 및 발전을 전제로 하지 않으면 안되었다. 이러한 의미에서 중국에서 양무운동과 함께 등장한 강병과 부국 등 근대화 과정에서 철로의 부설은 매우 중요한 의미를 가지고 있었던 것이다.

이와 함께 근대 중국에서 철로의 부설과 발전은 제국주의 열강이 식민지를 개척하고 경영하기 위한 매우 효과적인 수단이기도 하였다. 철로 부설은 단순히 교통 운수를 넘어 석탄, 목재, 광물 등 주변 자원의 개발권과 자국 거류민의 안전을 위한 치외법권, 철로의 수비를 위한 군대와 경찰의 주둔권, 철로 연선지역의 사법, 행정, 외교에 대한 일정한 권리 등을 포괄한다. 이와 같이 철로 부설권은 단순한 교통운수를 넘어 그것이 관통하는 지역에 대한 광범위한 배타적 지배를 의미하며, 따라서 철로 부설권의 분포는 바로 각 지역 간 열강의 세력범위와 분포를 그대로 보여주고 있다. 일찍이 러시아의 재무상 비테(Witte)가 "철로야말로 중국을 평화적으로 정복할 수 있는 수단"이라고 갈파한 바와 마찬가지로 철로는 은행과 더불어 제국주의 침략의 상징적 도구이기도 하였다.

철로는 근대화와 자주독립이라는 양대 과제를 달성하기 위한 불가결한 수단인 동시에 제국주의가 중국을 침략하는 전형적인 방식이기도 하였다. 이와 같이 철로는 문명의 이기로서 근대의 전파자인 동시에 국민경제의 형성을 왜곡하고 현지의 주체적 성장을 억압하는 태생적 성격을 지니고 있었다. 철로의 도입 과정에서 경제, 군사적 유용성과 함께 열강의 수탈이라는 침략적 성격이 병존하였기 때문에 중국에서는 철로의 부설에 대해 자연히 그 필요성과 위험성이 동시에 제기되고 논의될 수밖에 없었던 것이다.

이러한 이유에서 근대 이후 청일전쟁, 러일전쟁, 신해혁명, 만주사변, 중일전쟁 등 중대한 역사적 사건은 으레 철로문제와 불가분의 관계를 형성해 왔다. 따라서 철로는 중국역사를 이해하기 위한 유용한 통로가 될 수 있다. 철로를 통해 중국의 역사를 빠짐없이 설명할 수는 없겠지만 적어도 관계성과 비중을 고려할 때 역사적 사건의 실체와 본질적 이해를 위해 매우 적절한 실마리를 제공해 줄 수 있을 것이다. 이렇게 볼 때, 근대 이후 중국의 철로를 이해하는 것은 중국의 역사를 이해하고 그 연속선상에서 오늘의 문제를 심도있게 이해할 수 있는 첩경이라 하겠다.

21세기는 철로의 시대라고 감히 말할 수 있다. 당장 남북한 사이에 한반도 철로 연결과 철의 실크로드 정책이 바야흐로 실행의 단계에 들어서고 있으며, 유라시아 이니셔티브 및 중국 일대일로 전략의 핵심이 고속철로라는 점을 상기할 때 철로는 동아시아 전체의 뜨거운 현재적 이슈임을 부인할 수 없다.

한반도 철로 연결의 핵심 노선인 경의선, 경원선 등은 이미 일제강점기에 상호 연결되어 열차를 운행하고 있었다. 손기정 선수가 올림픽에 참가하기 위해 부산에서 열차를 타고 만주를 거쳐 독일 베를

린으로 간 것이다. 이와 같이 미래의 구상은 사실상 과거의 역사적 경험과 불가분의 관계를 가지고 있음을 알 수 있다. 따라서 현재의 철로문제를 정확히 이해하기 위해서는 그 기초가 되는 인문학적(역사학적) 이해 없이는 불가능할 것이다. 또한 이미 부설되어 운행된 노선의 재현이므로, 일대일로나 한반도 철로 연결 이후 직면할 다종 다양한 현상 역시 과거의 경험을 통해 전망하고 예측하는 일도 가능할 것이다. 따라서 철로야말로 역사적 인문학과 현재적 사회과학 사이에 학제적 통섭연구가 가능한 대표적인 분야라 하겠다.

따라서 중화인민공화국 수립 이전에 중국 철로의 운용과 네트워크를 이해하는 것은 현재의 문제를 이해하기 위해서라도 반드시 필요한 과제가 아닐 수 없다고 하겠다. 그럼에도 종래 중국근대 철로와 관련한 국내외의 연구가 주로 남만주철로나 중동철로 등 몇몇 주요 노선을 중심으로 편중되었거나, 혹은 특정 주제에 집중됨으로써 중국근대 철로와 관련된 전체상을 파악하는 데에는 미흡했다고 할 수 있다.

이러한 문제의식에서 필자는 중국근대 철로의 종합적인 서술을 위해 주제의 분류, 일차사료의 발굴과 장악, 서술의 순서 및 범주 등을 설정하고, 계획에 따라 서술에 착수하였다. 서술의 과정에서 상해시도서관을 비롯한 국내외 당안관과 도서관 등에서 적지 않은 미공간 사료를 발굴할 수 있었으며, 과거 철로의 운행과 운영실태 등을 확인할 수 있었다. 기록이 남아있지 않은 철로 노선도는 과거의 지명과 현재의 지도를 대조하며 하나하나 그려내기도 하였다.

마침내 오랜 시간 끝에 『중국근대철로(청조시기) : 철로의 등장과 청조 봉건체제의 붕괴』, 『중국근대철로(중화민국시기) : 철로가 이끌어 낸 중국사회의 변화와 발전』, 『중국근대철로지 : 중국근대 철로관리와 국가』, 『중국근대철로지 : 중국근대 철로의 조직과 경영』의 네 책을 완성할 수 있었다. 이 책은 이들 연구성과 가운데 네 번째 권에 해당된다.

이 책의 제목에는 '中國近代鐵路志'라는 명칭이 포함되어 있다. 전통 史書에서 志(書)는 제도, 경제, 문화, 지리, 풍속, 사회, 생활, 사상 등 각각의 주제로 분류하여 서술하는 형식으로서 사마천이 『史記』를 기전체 방식으로 서술하며 분류한 것이 효시가 된다. 이 책을 서술하면서 중국근대 철로와 관련된 종합적 내용을 다양한 주제로 분류하여 관련 내용을 완결적으로 서술하고자 하는 본래의 의도에 비추어 이와 같은 체제와 명칭이 적절하다고 생각하였다. 또한 책의 말미에 중국근대 철로와 관련하여 大事紀를 첨부함으로써 전통 역사서술의 表(年表)의 형식과 내용을 포함시키고자 하였다. 이러한 뜻에서 일반 연구서와 같이 각주를 이어가는 서술형식을 따르지 않고, 각 주제의 말미에 참고문헌을 제시하는 것으로 대신하였다.

중국근대의 철로는 어떠한 조직으로 구성되었으며, 어떠한 시스템 속에서 작동되고 운영되었는지, 국가권력은 육로교통의 핵심인 철로에 대해 어떠한 구상을 가지고 정책을 입안하고 실시하였는지, 철로의 부설을 위한 자본의 확보 및 인사와 경영은 어떠한 방식으로 이루어졌는지, 국내, 국외 여객 및 물류는 어떠한 루트를 통해 여하한 방식으로 운송되었는지, 이러한 과정에서 철로와 철로 간, 철로와 도로(공로) 간, 철로와 수로(하운, 해운) 간의 연계운수는 어떻게 이루어졌는지 이와 같이 중국철로의 실제 운용과 관련된 종합적인 연구서를 찾아보기 어려운 것이 현실이다. 중국 국내에서 조차 이와 같은 종합적 연구서가 부재한 실정에서 현재와 미래의 중국 및 동아시아 철로네트워크를 이해하기 위해서라도 중국근대 철로의 운용과

실태에 대한 종합적인 연구가 반드시 필요하다고 생각하게 되었다. 바로 이러한 문제의식에서 중국 전통 역사서의 서술형식인 志(書)의 방법을 차용하여 중국근대 철로와 관련된 전체상을 다양한 주제 하에서 분류하여 서술해 보자는 생각이 바로 이 책을 저술한 동기라 하겠다.

이 책은 과거 중국철로가 어떠한 방식으로 운용되었는지에 대해 상세히 설명하고 있어, 이 분야에서 학술적, 현재적 문제에 대한 참고가 될 수 있을 것이다. 역사학을 비롯한 인문학, 사회과학뿐만 아니라, 나아가 현실의 정책 입안자에 이르기까지 중요한 참고서가 될 수 있기를 희망한다.

인천대 중국학술원은 이갑영 원장님의 적극적인 노력 하에 새로운 도약을 준비하고 있다. 중국학술원은 중국의 관문 인천지역의 유일한 국립대학인 인천대학교가 중국과 관련된 연구와 교육을 위해 설립한 국내 최고의 중국 전문 학술기관이다. 바야흐로 중국의 시대인 21세기에 들어 시대정신을 구현하고 중국과 관련된 연구와 교육, 연구성과의 사회적 확산이라는 본연의 목적을 달성하기 위해 본격적인 도약을 준비하고 있다. 인천대 중국학과의 장정아 선생님과 안치영 선생님의 적극적인 지지가 없었다면 본서의 출판이 어려웠을 것이다. 이 자리를 빌어 감사의 마음을 전한다. 이 책에 수록된 수많은 지도와 도표를 불평 한마디 없이 일일이 그려낸 전보혜에게도 고마움을 표한다.

올해 여든 중반이신 자랑스러운 어머님이 건강하게 계셔 주는 것만으로도 필자에게 힘이 되고 기쁨이 된다는 말씀을 전하고 싶다. 항상 옆에서 응원해주는 아내가 조속히 건강을 회복하길 기원하며, 딸과 아들 우리 가족 모두에게 고마움을 전한다.

현재 중국에서는 일대일로가 학계와 일반 사회를 막론하고 일대 화두가 되고 있다. 이러한 차에 일대일로의 핵심인 철로와 관련하여 과거로부터 현재에 이르는 역사를 살펴보고 이를 통해 현재를 심도 있게 이해하며, 미래에 대비하는 우리의 자세를 점검하는 작은 계기가 되기를 희망해 본다.

인천 송도 연구실에서
김지환

이 책을 사랑하는 아내에게 바친다.

일러두기

- 이 책에서 서술하는 철로 및 관련 인물들은 대부분 신해혁명 이전과 이후 시기에 모두 걸쳐있는 까닭에 철로명, 지명, 인명을 모두 원어표기로 하지 않고 우리말로 표기하였음(예 : 상해, 북경)
- 이 책의 서문에서는 인명을 원어로 표기를 하였음(예 : 후진타오, 시진핑 등)
- 일본지명이나 인명은 모두 원어로 표기하고, 괄호 안에 한자를 병기하였음
- 혼춘(琿春), 제제합이(齊齊哈爾), 합이빈(哈爾濱), 해랍이(海拉爾) 등은 오랫동안 사용하여 익숙한 명칭인 훈춘, 치치하얼, 하얼빈, 하이라얼 등으로 표기하였음
- 처음 등장하는 지명이나 생소한 단어의 경우 괄호 안에 한자를 병기하였음
- 설명이 필요한 용어나 고유명사의 경우 괄호로 간단히 설명하거나, 길 경우 각주로 설명하였음
- 철로명이 시기나 관행상 여러 명칭으로 불리웠을 경우 처음 나왔을 때 괄호 안에 노선명을 병기하였음
- 사진이나 지도의 경우 출처를 밝혔으나, 자료가 존재하지 않아 스스로 제작하였거나 그린 경우 별도로 출처를 표기하지 않았음
- 이 책은 전통적인 역사서술 방식인 志의 형식을 따라 철로와 관련된 일체의 내용을 주제별로 분류하여 종합적으로 서술하였으며, 각주로 이어나가는 형식을 지양하고, 각 주제별의 말미에 참고문헌을 표기하였음

제1장
철로의 내부 조직

1 철로관리기구의 조직

1) 철로관리기구의 변천

　1886년 이홍장은 군사적 목적에서 철로의 부설을 주창하였으며, 이러한 이유에서 철로의 관리 역시 총리해군아문의 소관으로 귀속시켰다. 이후 1896년에 철로총공사를 설립하였으나 여전히 해군아문의 관할 하에 두었다. 1898년 광무철로총국을 설립하여 해군아문으로부터 독립하였는데, 이것이 철로 전관기구의 단초가 되었다. 당시 철로총공사는 부설기관이었고, 광무철로총국은 관할기관이었다. 1903년 광무철로총국이 폐지되고 상부로 병합되어 保商, 平均, 通藝, 會計의 4司를 두고 철로와 관련된 업무는 通藝司가 주관하였다. 1906년 상부가 농공상부로 개조되고 동시에 새로이 郵傳部를 두어 철로, 郵電을 전관하도록 하였다. 철로는 우전부 路政司가 관할하였으며, 그 아래에 總務, 官辦, 商辦의 3科를 두었다.
　조직체계로 보자면 노정사가 철로업무를 집행한 것처럼 보이지만, 실상 노정사가 직할할 수 있었던 것은 京張鐵路 및 商辦의 몇몇 철로에 지나지 않았다. 실제로 차관과 관련된 철로는 별도로 鐵路總局을 설치하여 전관하도록 하였으며, 이 밖에도 粤漢籌備處를 설립하여 각자 독립적으로 직접 외국과 교섭하여 차관을 집행할 수 있는 직권을 부여함으로써 독자적인 정책을 펼치니, 철로정책은 통일되지 못한 상태였다.

신해혁명으로 중화민국남경임시정부가 수립된 이후 일시 鐵路總公司를 설립하고 손중산을 總辦으로 임명하여 전국의 철로를 관할하도록 하였다. 1912년 4월 정부가 북경으로 천도한 이후 우전부는 交通部로 개칭되고, 이전의 우전부 노정사 및 철로총국의 업무는 모두 교통부로 이관되었다. 같은 해 5월 교통부의 1局 산하에 路政司를 두고, 그 아래 總務, 營業, 監理, 考工, 調査, 計核의 6科를 두어 일체의 철로업무를 처리하도록 하였다. 각 철로에는 管理局을 두었으며, 특수한 대철로에는 督辦을 두었다.

1913년 노정사를 路政局으로 개조하였으나, 1914년에 다시 노정국을 취소하고 路政司, 路工司, 鐵路會計司를 두었다. 같은 해 8월 관제 개편으로 종전 차관과 관련된 모든 철로의 督辦 명칭을 派路政司長兼領으로 변경하고 외국과 협상할 수 있는 권한을 부여하였다. 1916년 官制를 변경하여 노정사, 노공사, 철로회계사를 폐지하고 여전히 노정사를 두어 교통차장으로 하여금 鐵路督辦을 겸임하도록 하고, 차관의 집행권한을 부여하였다. 이로부터 철로행정기구는 비로소 초보적인 조직계통을 갖추게 되었다.

1927년 국민정부는 남경에 도읍을 정하고 철로정책의 견실한 추진을 위해 철로와 관련된 업무를 교통부로부터 분리하여 철도부를 설립하고, 철로행정과 관련된 모든 업무를 전담하도록 하였다. 철도부는 1928년 11월 1일 정식으로 성립을 선포하고 예하에 管理司, 建

設司의 2司를 두었다. 이후 다시 수정하여 總務, 業務, 財務, 工務의 4司를 두고 별도로 購料委員會를 두었으며, 아울러 主計處에서 會計長을 파견하여 철도부에서 회계업무를 처리하도록 하였다.

1936년 工務司로부터 機務技術 및 行政事務를 분리하여 機務處를 설립하여 철로기무와 관련된 업무를 전담하도록 하였다.

중일전쟁 시기 정부를 한구로 이전하면서 전시 교통행정의 조정과 조직을 강화하기 위한 필요에서 1938년 1월 1일 교통, 철도 양부를 합병하여 교통부를 설립하였다. 철로와 관련된 업무는 路政司가 주관하도록 하였으며, 철로 부설의 기획, 철로공무, 기무의 관리 및 부속사업의 관리와 함께 공영, 민영 각 철로를 감독하고, 기타 철로 행정업무를 주관하도록 하였다.

2) 국민정부 철도부의 조직법
(1929년 11월 18일 국민정부 수정법 공포, 같은달 28일 실행, 1931년 2월 21일 국민정부 수정 제12조 공포)

제1조 철도부는 전국의 국유철로를 부설, 관리하고, 성유, 민유철로를 감독한다.

제2조 철도부는 각 지방 최고행정장관에 대해 철도부 주관 업무의 집행과 지시, 감독의 권한을 가진다.

제3조 철도부가 주관 업무와 관련하여 각 지방 최고행정장관에 대해 내린 명령이나 처분이 법률에 위배되거나 혹은 월권의 소지가 있다고 여겨질 경우 행정원에 청원하여 행정원장이 국무원회의의 의결을 거쳐 정지하거나 철회할 수 있다.

제4조 철도부는 다음의 각 司를 둔다.
(1) 총무사, (2) 업무사, (3) 재무사, (4) 공무사

제5조 철도부는 전국의 철로, 국도 계통의 통일을 기하기 위하여 철로회계의 통일, 철로법규의 편찬, 철로자재의 구매, 기술표준의 심의 등을 위해 각 위원회를 둘 수 있다. 각 위원회의 조직조례는 행정원이 정한다.

제6조 철도부는 국무회의 및 입법원의 의결을 거쳐 각 司 및 기타 기관의 정리 및 증설을 할 수 있다.

제7조 총무사는 다음의 제반 사항을 관장한다.
    (1) 문건의 수발, 분배, 편찬, 보존 업무
    (2) 부령의 공포와 관련된 업무
    (3) 官印의 보관, 관리 업무
    (4) 본부 및 소속 각 기관 직원의 임면, 상벌 업무
    (5) 행정보고의 작성 업무
    (6) 철로행정 및 기술인원의 훈련 및 교육
    (7) 철로직공 교육 및 부속학교의 업무
    (8) 본부 경비의 예산 결산 및 회계, 서무 업무
    (9) 기타 각 司에 속하지 않는 사항

제8조 업무사는 다음의 사항을 관장한다.
    (1) 철로영업의 감독관리 및 발전, 개량 업무
    (2) 철로운수의 감리 및 기차 차량의 배차 업무
    (3) 철로운임의 규정
    (4) 국내외의 聯運(연계운수)
    (5) 철로영업, 설비의 필요 심의
    (6) 철로직공의 대우 및 보장
    (7) 鐵路警衛의 편제, 훈련, 지휘
    (8) 철로 방역 및 기타 위생문제
    (9) 성유, 민유철로 업무의 감독

(10) 국제철로와 관련된 업무

(11) 국도사무 업무

제9조　재무사는 다음의 업무를 관장한다.

(1) 철로 예산 결산의 편제 심의 업무

(2) 철로 예산의 관리, 보관 업무

(3) 철로 채무의 정리 및 채무 상환

(4) 철로 개량, 확충, 부설 자금의 조달

(5) 철로 장부, 증빙서류, 지출의 감찰

(6) 철로 회계 및 통계

(7) 철로 자산의 처리

(8) 철로 토지의 수매, 처분

(9) 철로의 경제 조사 및 설계

(10) 성유, 민유철로의 재무 감독

(11) 기타 모든 철로의 재무 업무

(12) 국도 재무와 관련된 업무

제10조　工務司는 다음과 같은 업무를 관장한다.

(1) 철로 공무의 감독 관리 및 확충 개량 업무

(2) 철로 노선의 측량 및 공정 설계 업무

(3) 철로 공정의 감독 관리 업무

(4) 철로 종점 및 연선 부속구역 시가, 부두의 건설 업무

(5) 철로 공정기계, 재료 구매의 감사 업무

(6) 철로 기창, 재료공창의 건설 관리 업무

(7) 성유, 민유철로의 공무 감독 업무

(8) 기타 일체 철로공정 부설 업무

(9) 국도 공무 관련 업무

제11조 철도부 부장은 본부 사무 및 감독을 총괄하며, 소속 직원 및

각 기관을 총 관리한다.

제12조 철도부 정무차장과 상무차장은 부장을 보좌하여 철도부의 업무를 처리한다.

제13조 철도부는 비서 4-8명을 두어 部務會議를 관리하며, 장관이 지시한 업무를 처리한다.

제14조 철도부는 參事 2-4명을 두어 본부의 법안명령을 편제 및 심의한다.

제15조 철도부는 司長 4명을 두어 각 사의 사무를 각각 관리한다.

제16조 철도부는 科長 12-16명을 두고 과원 120-168명을 두어 장관의 명령에 따라 각 과의 사무를 처리한다.

제17조 철도부 부장은 特任으로 임명하고, 차장 參事, 司長 및 秘書 2명은 簡任(최고 등급 공무원)으로 임명하며, 그 외 비서 및 과장은 추천하여 임명(薦任)하며, 科員은 委任으로 한다.

제18조 철도부는 技監 1명, 簡任, 技正 16-24명을 둔다. 薦任技士 20-30명, 薦任技佐 20-24명을 둔다.

제19조 철도부는 행정원회의를 거쳐 전문기술인원의 초빙을 결정할 수 있다.

제20조 철도부의 處務規程은 部令으로 정한다.

제21조 본 법안은 공포일로부터 즉시 시행한다.

3) 철도부의 조직체계

철로의 행정은 공무, 기무, 영업, 운수, 재무, 회계, 재료, 경무, 의무 및 총무(인사, 문서, 산업) 등으로 구분할 수 있다.

人事는 철로사업이 인재를 많이 필요로 하는 까닭에 매우 중요한 업무에 속한다. 인사는 각 업무분야의 가장 핵심적인 근간이 된다. 철로 창판의 초기에는 각 철로가 차관관계로 말미암아 주요 업무의 주관 책임자를 대부분 외국인으로 임명하였으며, 중국직원과는 격절된 경우가 많았다. 1916년 교통부가 '철로직원신급장정'을 제정하였지만 여전히 결함이 많고 미비한 점이 있었다. 철도부가 성립된 이후 총무사의 예하에 인사과, 노공과를 설치하여 각 철로의 인사업무를 담당하였으며, 각 철로국 역시 총무처 내에 인사를 전적으로 담당하는 부서를 설립하였다.

1938년 교통부와 철도부가 합병되어 교통부가 된 이후에 인사관리 업무는 일반 총무행정조직으로부터 독립적으로 人事司를 두었다. 그 예하에 甄敍, 典職, 育才, 勞工의 4科를 두고, 행정계통상에서 독립성과 책임의식을 가지고 전담하도록 하였다. 이는 인사관리의 효율성을 제고하기 위한 목적에서 비롯된 것이다. 직공의 관리는 대체로 甄選任用(선발 임용), 敍薪級(호봉의 산정), 訓練, 升遷調動(승진 및 이동), 考績(근무 평정), 獎懲(상벌), 退休(퇴직) 등으로 나누었다.

철도부는 직원의 채용과 인사에 대해 권한을 구분하여 일찍이 '국영철로국행정권한규정'을 제정하고, 직원명칭과 계통을 통일하기 위한 목적에서 '통일국영철로원사직명계통표'를 제정하였다. 이 밖에도 다음과 같은 규정과 조례를 제정하였다.

① 교통대학 졸업생 실습 규칙
② 철로차무인원고시조례
③ 철로기술인원등기규칙, 철로기술인원서용 및 보장규칙, 철로기술인원전서세칙, 계사,감공, 전서판법 등

④ 철로인원자력심사위원회조직규정, 철로원사심사등기 및 서용
　　규칙, 국영철로원사 및 경력표

　철도부는 직공(員工)의 장기복무를 고취하기 위한 취지에서 처우
를 개선하고, 안심하고 업무에 종사할 수 있도록 다양한 제도를 마
련하였다. 이를 위해 승진, 장려 등의 체계를 마련하고, 이를 통해
직공의 사기를 진작하였다. 또한 '철로직원신급규칙'을 제정하였으
며, 이 밖에 신로공정국처직원간공비규칙, 철로원공복무조례, 국영
철로직원고책규칙 등을 제정하였다. 이에 호응하여 각 철로국 역시
직공의 상벌규칙, 각 鐵路局의 장려금판법, 철로원공휴가규칙, 국유
철로원공저축통칙, 국영철로원공퇴직양로금규칙, 국유철로원공업무
구휼통칙 등을 마련하였다.
　직공의 훈련과 관련해서는, 각 철로에서 자체적으로 훈련기관을
설립하여 職工子弟에 대한 교육을 실시하였으며, 자제들의 교육을
위해 소학을 설립하고, 복리사업도 실시하였다. 이와 같은 다양한
방안을 통해 철로직공들이 종신토록 업무에 충실할 수 있도록 여건
을 조성하였다.

2　철로공사(철로국)의 조직

　청말 이래 중국의 철로관리제도는 통일된 규칙이 마련되지 못하
여 매우 복잡한 실정이었다. 이에 1912년 교통부 노정사는 철로총국,
천월한주비처, 진포로독판공소, 철로공사, 천월한총공소 등의 직권
을 하나로 통일하였다. 1916년 교통부는 '국유철로국편제통칙'을 제

정하여 철로관리국 국장과 부국장을 교통총장이 파견하여 임명하도록 하였다. 총공정사, 공정처 처장은 교통총장이 파견하여 충원하도록 하였으며, 주임원, 공정사 단장은 국장이 교통총장에게 상신하여 충원하도록 하였다. 사무원, 분단장, 참장(역장), 부참장, 工務員은 국장이 위임하여 임명하고, 해당 사무를 관할하도록 하였다. 단, 교통총장에게 이러한 사실을 보고해야 했다.

1928년 철도부는 '철도부직할국유철로국관리편제통칙'을 공포하고 철로관리국 국장과 부국장을 철도부장이 파견하여 충원하도록 하고, 처장, 부처장, 정,부총공정사, 총계핵, 총사장, 助理員, 과장, 機廠 廠長, 재료창 창장, 정,부총단장은 철도부장이 파견하여 충원하도록 하였다. 비서는 국장이 철도부장에게 상신하여 파견하고 임명하도록 하였다. 정,부분단장, 공정사, 의원 원장, 각 창 창장, 소장, 부과장, 과원, 工務員, 정,부참장, 차대장은 국장이 파견하고, 이를 철도부장에게 보고하여 인준을 받도록 하였다.

1) 철로공사(철로국)의 조직 및 변화

청대까지만 하더라도 개별 철로의 차원에서 통일된 관리기구 및 관리제도가 미처 갖추어지지 못한 상태에 있었다. 기층 철로기관의 명칭도 통일되지 못하여 철로공사라 칭하는 경우도 있었고 철로국이라 하는 경우도 있었으며, 철로감독국, 철로총국, 청로총관리처 등 다양한 명칭이 혼재하였다. 철로국 내부조직의 경우도 통일적인 규정이 없어 다음과 같이 다양한 명칭이 병존하였다.

總務 : 華文案處, 洋文案處, 通譯處, 庶務處, 稽查處, 總參贊處, 彈壓處

會計 : 總核算處, 總收支處, 進款帳房, 洋帳房, 監查處, 購料總管
車務 : 行車處, 行車總監督, 車務總管

이 밖에 養路處, 廠務處, 繪圖處 등이 있었다.

1913년 12월 교통부는 京漢鐵路, 津浦鐵路, 京奉鐵路, 京張鐵路, 張綏鐵路, 滬寧鐵路, 廣九鐵路, 柱萍鐵路, 吉長鐵路 등으로 하여금 교통부직할○○철로감독국으로 명칭을 정하도록 하였다. 이어서 正太鐵路와 道淸鐵路의 명칭도 교통부직할○○鐵路監督局으로 정하고, 각 철로의 總辦, 會辦은 모두 국장, 부국장으로 명칭을 개정하도록 하였다. 1916년 8월 교통부는 '국유철로국편제통칙'을 제정하고, 각 철로국으로 하여금 시행하도록 하였다. 이로부터 각 철로는 비로소 조직계통을 갖추기 시작했다고 할 수 있다.

철도부가 설립된 이후 1929년 '국유철로관리국편제통칙'과 '국유철로공정국편제통칙'을 제정하고, 각 철로가 이에 근거하여 편제하도록 시달하였다. 이와 함께 각 철로국을 노선의 장단과 수입재정의 다과에 따라 1等局, 2등국 3등국으로 분류하였다. 1932년 다시 '국유철로관리위원회조직규정'을 반포하고 각 철로로 하여금 ○○철로관리위원회로 명칭을 변경하도록 하였다. 이후 교제철로를 제외하고 나머지는 모두 관리국으로 개칭되었다.

1937년 6월 다시 '철로편제통칙'을 대폭 수정하여 각 철로 내부에서 통일되지 못한 기관의 명칭을 일률적으로 통일하도록 하였다. 이와 함께 국영철로관리국조직대강과 국영철로공정국조직대강을 제정하여 반포하고 실행하도록 하였다.

모든 국유철로는 신노선을 부설하거나 혹은 구노선을 연장할 경우 계획을 수립한 이후 철로공정국조직대강에 의거하여 본 노선의 실제 필요를 참작하여 ○○鐵路工程局組織規程을 제정하여 공포하도록 하였다. 규정에 근거하여 기관을 설치하고, 직원을 파견하여 부설공정을 관장하며, 모든 관련 업무를 처리하도록 하였다.

만일 신축철로의 경우 이미 완성되어 영업을 개시하였을 경우 반드시 철로관리국조직규정에 의거하도록 하고, 한편으로 해당 철로의 실제 상황을 참작하여 '○○철로관리국조직규정'을 제정하고 공포하도록 하였다. 이후 기관을 설치하고 직원을 파견하여 신철로를 접수하고, 열차 운행업무 및 관리업무를 주관하도록 하였다.

공정국은 신로공정을 이관한 다음 즉시 철폐하고 업무를 종결하도록 하였다. 자본을 모집하여 철로를 부설할 경우 철로고분유한공사를 조직하여 철로를 경영하도록 하였다. 이 때 공사 내부에 이사회를 설치하고, 이사회 내에 총경리처를 설치하도록 하였다. 공정시기 혹은 관리시기에는 반드시 철로공정국이나 관리국을 설치하여 철로공정 혹은 철로운행영업관리업무를 집행하도록 하였다.

2) 철로공정국의 조직

철로를 부설할 시에는 반드시 공정국을 설치하도록 하고, 국에는 국장 겸 총공정사 1명을 두고 부국장 겸 부총공정사 1명을 두도록 하였다. 그 아래에 총무과, 공정과, 회계과, 재료과 등의 課를 두었다. 노선이 준공되어 分段 영업을 하게 된 이후에는 이 밖에 운수과, 공무총단, 공무분단, 기창, 재료창 등을 설치하도록 하였다. 예를 들면 黔桂鐵路局의 경우 총무, 공무, 양로, 사무, 기무, 재료, 회계 등

7처를 두었다. 또한 전 노선의 총연장이 비교적 짧고, 범위가 비교적 소규모인 철로의 경우 공정처만을 두고 국은 설치하지 않았다. 그 아래에 각 과를 설치하고 처장, 부처장겸총공정사, 부총공정사를 두었으며, 대체로 공정국과 동일하였다.

① 총무과 : 문서, 인사, 경무, 醫務, 地畝, 서무 등의 부서(股)를 두고, 문서의 편제(撰擬), 수발을 분장하며, 직공(員工)의 채용, 퇴직, 근무평정(考績), 철로경찰(路警)의 훈련, 관리, 의약 시설, 地租의 징수, 보관, 서무 등의 업무를 주관하였다.

② 공무과 : 설계, 공사, 교량, 機電 등의 부서(股)를 두고, 공정교량의 설계, 공무의 시행, 열차차량 및 설비의 설계 등과 관련된 업무를 주관하였다.

③ 회계과 : 總核, 簿記, 출납 등의 부서(股)를 두고, 장부의 검사, 장부의 등기, 예산 출납 등의 업무를 주관하였다.

④ 재료과 : 採辦(구매), 帳務(회계) 등의 부서(股)를 두고, 자재의 구매, 장부의 등기, 재료의 수발, 보관 등의 업무를 주관하였다.

⑤ 公務總段 : 예하에 分段을 설치하고 공정의 진행과 관련된 여러 업무를 집행하였다.

⑥ 機廠 : 열차차량, 공구의 배치, 제작, 수리, 건조 등을 주관하였다.

(1) 국유철로

국유철로의 경우 부설 시기에는 철로공정국을 두고 전 노선 공정이 완공되어 영업을 개시한 이후에는 이 조직을 개조하여 철로관리국을 두어 해당 철로를 관리하였다. 이들은 모두 교통부의 관할로 예속되며, 각 철로국 내의 업무는 직종에 따라 각 처로 구분하여 전담하였다. 각 처는 다시 필요에 따라 局外에 段, 站(역), 공장, 창고, 所 등을 설치하여 處가 할 수 없는 업무를 보충하였다.

(2) 공영, 민영 및 특허공사의 철로

가. 공영철로

각 성정부 및 중앙건설기관이 공영철로조례의 규정에 따라 교통부로부터 비준을 받아 부설한 철로를 공영철로라 하였다. 공영철로는 교통부의 지도를 받았다. 절강성정부가 부설한 杭江鐵路(후에 浙贛鐵路로 병합)와 전국건설위원회가 부설한 淮南鐵路가 대표적인 사례이다. 노선이 비교적 짧았기 때문에 대부분 국유철로를 모방하여 조직이 비교적 간단하였다.

나. 민영철로

민간으로부터 자본을 모집하여 민영철로조례의 규정에 의거하여 교통부의 비준을 받아 입안하며, 철로고분유한공사를 조직하여 부설된 철로를 민영철로라 하였다. 교통부의 지도와 감독을 받았다. 공사고동회(주주총회)가 최고기관이 되며, 철로국은 집행기관이 되었다. 철로국의 조직은 대체로 국유철로와 비교하여 간단하였다. 예를 들면 新寧鐵路, 潮汕鐵路, 個碧石鐵路(운남성정부 감독 하의 관독상판 철로) 등이 이에 속하였다.

다. 특허철로공사

교통부와 성정부 및 은행단이 연합하여 조직한 철로고분유한공사가 국민정부에 신청하여 특허로 설립되어 부설된 철로를 가리킨다.

浙贛鐵路聯合公司의 浙贛鐵路局, 川黔鐵路股份有限公司의 成渝鐵路局, 川滇鐵路股份有限公司의 叙昆鐵路局, 湘桂鐵路股份有限公司의 湘桂鐵路局 등이 있었다.

철로(局)공사는 교통부의 지도감독을 받았다. 공사의 고동회의(주주총회)가 최고기관이었으며, 철로국이 집행기관이었다. 공사의 내부 조직은 먼저 이사회를 두고 예하에 총경리를 두어 공사의 일상업무를 처리하였다. 철로국은 이사회의 명령에 따라 철로공정 및 영업업무를 처리하였으며, 철로국의 조직은 대체로 국유철로와 비슷하였다.

라. 외국계 철로

중동철로의 최고 결정기관은 이사회였지만, 현지에서 실제로 철로의 경영과 부설을 담당한 주체는 1903년 7월까지는 건설국, 그 후에는 관리국이었다. 기사장(총공정사) 예하에 철로의 부설을 담당하는 건설국이 설치되었으며, 건설국이 현지에서 철로 부설을 전담하였다. 현지의 사정에 정통하여 경영의 실태를 충분히 숙지한 건설국과 관리국의 판단이 이사회의 결정보다 영향력이 큰 경우가 비일비재하였다.

설립 당시 건설국은 6개 부문으로 구성되어 있었다. 기술부는 기술적 문제를 해결하고 예비조사를 담당하였으며, 노선을 부설하기 위한 예산을 편성하고 토지 수용 업무를 일부 담당하였다. 기계부는 급수탑과 수리공장의 건설과 관리, 가교와 철로 부설 자재의 확보를 담당하였다. 운행부는 철로 운송 이외에 하천 항행, 동력차, 축력 수송 등의 관리 및 운영을 관할하는 부서로서, 부두와 창고의 관리도 담당하였다. 의료부는 임상으로부터 전염병의 예방까지 위생에 관한 제반 업무를 담당하였다. 이 밖에 전보부도 설립되어 독립적으로 운용되었다. 건설관리사무, 중앙회계부(사무부)는 총공정사(기사장)에 직속되어 회계업무와 토지 수용 업무를 주관하였다. 이 가운데 토지 수용 업무는 기술부와 사무부가 함께 담당하였다. 그러나 토지를 수용하는 과정에서 여러 복잡한 문제가 발생하자, 이 문제를 조정할 필요에서 1901년 말에 토지수용개발부가 발족하여 2개의 부서로 나뉘어 업무를 통합하여 관할하였다.

중동철로에는 현장에 수만 명에 달하는 사원이 있었다. 사원은 기사(공정사)와 노동자의 두 범주로 나뉘어진다. 이 밖에 경비대에 소속된 병사가 있었다. 현지에서 핵심적인 업무를 담당한 기사(공정사)의 경우, 1896년 12월 27일 이사회는 기사장(총공정사)에 소련인 유고비치를 초빙하기로 결정하고 러시아 대장대신의 승인을 받았다. 부기사장(부공정사)을 임명한 이후 이사회는 기사(공정사)를 모집하였다.

3) 철로관리국의 조직

(1) 철로관리제도의 분류

철로조직은 공정시기에는 비교적 단순한 공정 위주이지만, 공정이 완료되고 나서 영업시기로 들어가면 관리조직이 한층 복잡해질 수밖에 없었다. 예를 들면 영업, 운수, 공무, 기무 등 사무가 있었으며, 연선을 중심으로 관리의 호불호가 철로의 성쇠에 직접적인 영향을 미치게 되었다.

가. 分段制

조직과 관련해서는 구미 각국에서 채용하는 제도가 서로 달라, 크게 分段制와 分處制의 두 종류로 대별할 수 있다. 이른바 분단제라는 것은 미국철로가 채용한 방식으로서, 전 노선을 몇 개의 구간(段)으로 나누어, 매 구간마다 한 명의 주관인원을 두고 해당 구간 내의 영업, 운수, 기무, 공무 등 제반 업무를 통할하도록 하는 방식이다. 각 구간의 주관인원은 직접 총국 내부의 감독 및 지휘를 받게 된다.

분단제의 장점으로는 첫째, 각 구간의 주관인원이 관할하는 각 부문의 사무를 직접 처리함으로써 지체가 없다는 점이 있었다. 둘째, 주관사무, 즉 공무, 기무, 운수, 업무 등을 한 사람이 주지하여 통일적으로 관리함으로써 불필요한 상호견제를 최소화할 수 있다는 장점이 있었다. 셋째, 한 구간의 총관이 몇 가지 업무를 주관함으로써 철로와 관련하여 종합적인 지식과 능력을 겸비한 전문가를 양성할 수 있다는 장점이 있었다.

반면 분단제는 다음과 같은 단점을 가지고 있었다. 첫째, 한 사람이 모든 업무를 주관해야 하기 때문에 각 부문의 지식과 능력을 겸비한 주관인원의 인선이 쉽지 않다는 점이다. 둘째, 각 부문의 업무가 구간별로 분할되어 관리됨으로써 전 노선을 통한 긴밀한 연계가 쉽지 않다는 점이다. 이로 인해 열차의 통행에 지장을 줄 가능성까지 상존하였다. 셋째, 각 구간의 통제력이 지나치게 커서 중앙의 총국이 통제하기 어렵다는 점이다. 비유하자면 꼬리가 몸통을 흔드는 국면이 초래되기 쉽다는 것이다.

나. 分處制

분처제의 경우 유럽 각국이 채용하였으며, 전 노선의 사무를 몇 분야로 나누어 총국 내에서 업무의 성질에 따라 각기 전문적인 처를 두어 업무를 관장하는 것이다. 처 아래에 각기 구간(段)을 두고 연선의 일부 사무를 처리하였다. 중국은 영국의 사례를 모방하여 분처제를 채용하였으나, 일부에서 분단제를 주장하여 부분적으로 분단제로 개조한 경우도 있었다.

분처제의 장점으로는 첫째, 주관인원이 각각 전문적으로 관리책임을 가지고 있어 각각의 특장에 의거하여 한 부서의 사무를 전담하였기 때문에, 업무에 대한 능력이 충분할 뿐만 아니라 업무 수행의 완성도 역시 상당히 높았다고 할 수 있다. 둘째, 전 노선에 걸친 고른 발전을 도모하여 구간별의 불균형을 해소할 수 있다는 점이다. 또한 차량 운행의 관리에 매우 효율적이었다. 셋째, 각 부문의 사무가 전문적으로 구분됨으로써 전문인재를 양성하기 수월하다는 점을 들 수 있다.

반면, 첫째, 업무가 각 처로 구분되어 있어 통합적인 협력이 쉽지 않다는 단점이 있었다. 둘째, 중앙의 국으로 권한이 집중됨으로 말미암아 외부 驛의 실정에 대해서는 격절될 가능성이 있었다. 셋째, 각 부문의 사무는 본래적으로 상호 불가분의 관련성을 가지고 있었음에도 업무가 각 처로 구분되어 상호 긴밀한 협력이 쉽지 않다는 단점이 있었다.

특히 분처제를 운영하는 철로의 경우 업무상의 연계를 강화하기 위해 다양한 방법을 시도하기도 하였다. 예를 들면, 북녕철로의 경우 차무와 기무의 양 처를 합병하여 운수처로 개조하였다. 이는 차무와 기무 양 부처 인원이 긴밀하게 연계하여 협력하게 하려는 의도로서, 차량 운행에서 사고가 발생할 경우에도 신속히 대처하여 해결할 수 있었다. 월한철로의 경우도 초기에 차무와 기무의 양 부처를 합병하여 운수처로 통합하였다. 이와 함께 그 아래 각각 운수단을 두고 별도로 영업처를 설치하였으며, 그 아래 다시 영업구를 두기도 하였다.

(2) 철로관리국의 조직

철로관리국은 중국철로관리기구의 중요한 조직이었다. 중국철로는 초창기에 중앙관할기관이 명확히 존재하지 않았기 때문에, 철로국과 관련하여 제도적으로 통일된 규정이 마련되어 있지 못하였다. 1913년 이전에 철로국은 철로총공사, 철로총국, 철로총관처, 철로국, 철로감독국, 철로총공소 등 다양한 명칭을 가지고 있었다. 이와 함께 각 철로 행정장관의 명칭 역시 철로총판, 독판철로대신, 철로감독, 판리철로대신, 철로총판회판, 철로총감독, 철로국장총국장 등으로 다양하였다. 각 철로 내부의 조직 역시 매우 다양하였다. 예를 들어 총무의 경우도 華文案處, 洋文案處, 通譯處, 庶務處, 稽査處, 總參贊處, 彈壓處 등의 명칭이 있었다. 회계의 경우에도 總收支處, 核算處, 監査處, 購料總管 등의 명칭이 있었으며, 車務의 경우도 行車處, 車務局, 行車總監督 등의 명칭이 있었다.

1913년 12월 교통부는 명령을 내려 각 철로의 실정에 따라 관할하는 경한철로, 진포철로, 경봉철로, 경장장수철로, 호녕철로, 광구철로, 주평철로, 길장철로의 8局의 명칭을 교통부직할 ○○철로관리국으로 정하고, 정태철로, 도청철로 양국의 명칭을 교통부직할 ○○철로감독국으로 정하였다. 각 해당국 총회판은 모두 국장과 부국장으로 명칭을 정하였다.

1916년 8월 교통부는 다시 '국유철로국편제통칙'을 반포하여 철로관리국으로 하여금 '전체철로의 운수, 修養, 營業, 회계 및 기타 부속사항'을 관리하도록 하였으며, 관리국은 다시 총무, 차무, 공무, 기무, 회계의 5처를 두고 직원을 국장, 부국장, 공정처처장, 처장, 주임원, 사무원, 단장, 분단장, 참장, 부참장, 차대장, 총공정사, 공무원 등으로 각각 정하였다. 이후 교통부는 다시 경한철로, 경봉철로, 진포철로, 경수철로, 길장철로, 주평철로, 광삼철로 등의 철로관리국의 전장을 편제하였다. 국유철로국편제통칙과 각 철로관리국의 편제전장의 공포는 철로관리국 제도에서 조직계통상 통일을 실현하였음을 보여주는 지표였다. 1928년 남경국민정부 철도부가 성립된 이후 다시 '철도부직할국유철로국관리편제통칙'을 반포하였다. 1916년의 국유철로국편제통칙과 비교할 때, 局內에 재료처를 증설하고 부총공정사, 총계핵, 총사장, 과장, 총단장, 부총단장 등의 직무를 증설함으로써 계통상 더욱 완비된 제도를 갖추게 되었다.

각 철로는 철로국을 두어 관리하였다. 공정기간 동안에는 ○○鐵路工程局을 두고, 전 노선의 공정이 완공되어 영업을 개시한 후에는 ○○鐵路管理局으로 변경하여 통일적으로 교통부의 관할로 편입되었다. 철로관리국 내부의 업무에 대해서는 각 처를 구분하여 업무를 전담하도록 하였다. 각 처는 다시 필요에 따라 局外에 각각段, 站, 廠, 庫, 所 등을 설치하여 각 처의 부족함을 보충하도록 하였다.

부설이 완료된 철로는 모두 철로관리국을 설립하도록 하였다. 철로 노선의 장단 및 투자 자본의 다과, 영업 수입의 다소 등에 따라 1, 2, 3等局으로 구분하였으며, 국에는 국장 1명, 부국장 1명 혹은 2명을 두었다. 그 아래 총무처, 공무처, 차무처, 기무처, 회계처를 두고 이 밖에 재료처를 두었으며, 차무처, 기무처를 설치하지 않고 운수처를 설치하기도 하였다. 차무와 기무를 관리하기 위해 별도로 廠務處를 두어 기창사무를 전담하도록 하였다. 3등국은 처를 두지 않고 課를 두었다. 이 밖에 비서 1-4명을 두고, 駐路警察大隊를 설치하였다. 1등국에는 진포철로, 평한철로, 월한철로, 경호철로, 호항용철로, 북녕철로, 교체철로 등이 여기에 속하였다. 2등국에는 平綏鐵路, 正太鐵路 등이, 3등국에는 廣九鐵路, 南潯鐵路 등이 속하였다.

① 총무처 : 문서과, 인사과, 사무과, 위생과, 산업과, 재료과(만일 재료처를 두었을 경우에는 재료과는 두지 않는다)를 두었다. 각 과는 문서의 작성(撰擬), 직공의 임면, 인사이동(遷調), 인사고과, 근무평정(考績), 훈련, 교육, 의약, 청결위생, 산업 보관, 운용, 재료의 구매, 收發, 保管, 庶務 등의 업무를 관할하였다.

② 공무처 : 工務處는 철로 노선과 관련 설비의 보수 및 수리를 담당하였다. 선로 이외에도 교량, 터널, 지반, 강궤, 침목, 자갈 등 대소 시설의 보수 및 유지를 담당하였다. 예하에 工程課, 設計課 및 공무총단, 분단을 두었으며, 이 밖에 工務總段, 分段 등을 두었다. 각 과, 단은 전 노선 공정의 수리, 정비(保養), 철로자산 보관 등의 업무를 주관하였다.

③ 車務處 : 차무처는 열차의 운행을 감독하고 여객과 화물 운수와 관련된 업무를 주관하였다. 관할 하의 대소 열차역을 감독하였으며, 객운과 화운의 계획을 수립하였다. 열차의 운행을 관리하였으며, 여객과 화물의 안전하고 정상적인 운행을 보증하였다. 예하에 計核課, 운수과, 영업과, 電務課 등의 과를 두고, 車務段, 열차역(車站) 등을 설치하였다. 각기 업무에 따라 예산의 편성, 결산, 업무통계, 배차, 열차 운행, 차량 등기, 객화

업무, 운임의 책정, 고객 모집영업(招徠營業), 철로전보, 전화, 방송(電台) 등의 업무를 주관하였다.

④ 機務處 : 기무처는 철로 운행의 주요 부문인 기관차의 운행과 유지, 보수를 담당하였다. 예하에 稽核課(감사과), 工事課를 두고, 이 밖에 機務段, 機車房, 機廠 등을 설치하였다. 그리하여 각각 기무장부(機務帳目)의 감사(稽核), 기무재료의 예산편성, 열차차량의 설계 및 제작, 차량 검사 등의 업무를 분장하였다.

⑤ 회계처 : 綜核課(업무평정), 검사과, 출납과를 두었다. 각각 예산, 결산, 등기 帳簿, 재무통계, 객화 票據(어음, 영수증)의 검사, 철로 재정의 출납, 예치(存放), 보관 등의 업무를 담당하였다.

⑥ 비서 : 국장, 부국장의 명령을 받아 기밀문건의 처리 및 각 처에 속하지 않는 업무를 처리하고 관할하였다.

⑦ 駐路警察總隊 : 총대장을 두고 그 아래 대대, 중대 등을 두었다. 군사위원회 및 교통경비사령부에 예속되어 교통부 및 각 철로국 국장의 지휘감독을 받아 전 노선의 警務를 관할하였다.

(3) 개별 철로의 철로관리국

가. 교제철로

1923년 중국정부는 일본이 강제로 점령하고 있던 교제철로를 회수하여 국유철로로 귀속시켰다. 중국정부는 교제철로관리국을 설립하여 趙德三을 초대국장으로 임명하고, 총무, 차무, 기무, 공무, 회계, 재료, 경무의 7處를 두었다. 1923년 5월에는 劉墊方을 국장으로, 朱廷祺를 부국장으로 임명하고, 총무처장에 顧承曾, 차무처장에 일본인 오무라 타쿠이치(大村卓一), 공무처장에 薩福均, 기무처장에 孫繼曾, 회계처장에 顧宗林, 재료처장에 顧振, 경찰처장에 景林을 임명하고 기타 직원을 포함하여 도합 1,692명이 업무에 종사하였다.

1929년 철도부는 개량 및 혁신을 위해 이전의 교제철로관리국을 폐지하고 새롭게 교제철로관리위원회를 설립하였다. 1929년 5월 1일 철도부는 顔德慶을 위원장으로 임명하고, 陸夢熊, 崔士傑, 彭東原, 趙藍田을 위원으로 임명하였다. 교제철로관리위원회는 교제철로와 관련된 주요 사항을 결정하였으며, 산하에 재무, 공무, 차무, 기무, 회계, 재료의 6처 및 비서실을 두었다. 총무처 아래는 機要, 文書, 公益, 警務, 審核, 編查, 庶務의 7課 및 학교, 의원, 진찰, 경무 등 9分段을 두었다. 공무처 아래는 공정, 산업의 2課를 두었으며, 공무총단 2개, 분단 8개를 두었다. 차무처 아래는 文牘, 運輸, 營業, 電務, 計核의 5課를 두었으며, 4개 분단을 두고 57개의 기차역을 설치하였다. 電務는 2개의 分段을 두었다. 기무처 아래에는 기술, 計理, 차무의 3課 및 機廠, 機務를 5개의 분단으로 나누었다. 회계처 아래는 綜核, 檢查, 出納의 3課를 두었다. 재료과 아래는 采辦, 賬務의 2課 및 재료창, 인쇄소를 두었다.

'中德膠澳租界條約'의 규정에 의하면, 산동철로는 독일자본과 중국자본이 합작하여 公司를 조직하도록 하였다. 이에 따라 1900년 3월 21일 산동순무 원세개와 독일산동철로공사 총판이 '中德膠濟鐵路章程'을 체결하였다. 비록 장정에서는 중독 양국의 합판으로 규정되기는 했지만, 산동철로공사의 직원은 모두 독일정부의 위임을 받아 독일인으로만 충원되었다.

부설공사가 완료된 이후 철로의 경영도 마찬가지로 山東鐵路公司가 담당하였다. 산동철로공사는 독일정부가 특허한 식민지회사로서, 일본의 남만주철도주식회사와 같이 자국의 이익을 위해 철로를 경영하였다. 공사의 관리인원도 모두 독일정부가 임명하였다. 공사의 장정, 자금과 채권은 모두 독일정부의 비준을 거쳐야 했다. 공사의 직원은 총 61명으로 모두 독일인이었다. 중독협정에 근거하여 청조는 산동성정부로 하여금 1명의 중국관원을 파견하여 濰縣에 주재하며 철로 및 광산의 교섭업무를 담당하도록 하였다.

그러나 중국관원은 산동철로공사의 관리인원 가운데 한 명에 지나지 않았으며, 급여로 300량을 지급받았다. 중국 측 관리인원은 명의상 중국도 교제철로에 대한 관리권을 행사한다는 것을 상징하는 직책에 지나지 않았으며, 실질적으로는 독일인이 교제철로의 모든 업무와 관리 권한을 장악하고 있었다. 산동철로공사의 최고 행정기관은 董事室이었으며, 그 아래 문서, 운수, 기술, 회계, 用度, 전신의 6課를 두었다. 이 밖에 운수감독, 보선감독, 공장장, 기관주임 및 의사 등이 있었다.

나. 영성철로(경시철로)

국민정부가 1927년 4월 남경을 수도로 정한 이후 남경시정부 공무국은 강녕철로의 제반 업무와 현황을 조사한 이후 일체의 업무를 정돈하는 한편, 1928년에 京市鐵路(남경시철로)로 명명하였다. 이와 함께 경시철로관리처를 설립하여 철로를 관리하였으며, 특별히 '남경특별시정부철로관리처조직장정'을 반포하였다.

1935년에는 '남경시철로관리처조직규칙'을 제정하여 철로를 남경시정부의 관할로 예속시키고, 아울러 주임 1명을 두어 市長의 명령을 받들어 철로 관련업무를 처리하도록 하였다. 철로관리처에는 총무, 車務의 2股를 두고, 각각 股長을 1명씩 임명하였다. 股長은 주임의 명령을 받아 각 股의 업무를 관할하였다. 다음 해 機務股를 증설하였다. 1937년 철로판사처를 江口驛에 설치하였으며, 철로직원은 총 148명에 달하였다. 매월 급여는 주임이 180원, 股長이 80원, 기무원이 40원, 역장이 20원, 售票員이 8원이었다. 중일전쟁이 발발한 1937년의 시점에서 이미 열차역은 10개로 증설되었다.

다. 개벽석철로

관리부문에서 개벽석철로의 내부 구조 및 인원의 현황은 다음과 같다. 고동회(주주총회) 20명, 동사회(이사회) 5명, 감찰 2명, 총협리실 7명, 총무과 27명, 재료창 20명, 총핵과 16명, 출납과 7명, 영업과 14명, 收股課 20명, 차무과 337명(기차역 인원 포함), 기계과 254명(工廠, 車房分段 포함), 총공정처 112명, 購地處 5명으로 합계 1,377명에 달하였다. 매월 급여로 총 165,906원 5角을 지출하였다.

외형상으로 보자면, 개벽석철로의 관리기구는 건실하고 온전한 조직체계를 갖추고 있었다. 고동회(주주회), 동사회(이사회), 감찰이 상호 권력의 견제체계를 형성하고 총리와 협리가 일상의 경영과 관리를 책임졌으며, 그 아래 각 직능기구가 설치되었다. 그럼에도 실제 운영에서 보자면 개벽석철로는 발기일부터 각 지방 계파 간에 권력투쟁이 적지 않았다. 고동회의 조직은 말 그대로 자본 투자의 크기에 비례하여 구성되었다. 전체 투자액 가운데 臨安의 투자액(股額)이 가장 많았기 때문에 당연히 정회장의 직위를 차지하였고, 石屛의 투자액(股額)이 다음을 차지하여 수석 부회장의 직위를 차지하였다. 蒙自가 그 다음을 차지하여 차석 부회장의 직위를, 個舊가 그 다음으로 세 번째 부회장을 차지하였다.

부설공사가 완료되고 열차가 개통된 이후 차량 운행의 번잡, 재정의 문란, 직공의 잦은 이직 등의 폐해가 일상적으로 출현하였다. 철로행정과 인사관리에서도 폐단이 적지 않았다. 1932년 운남성정부는 개벽석철로공사의 조직관리가 불건전하고 이에 따라 업무상의 부패현상도 만연하다고 판단하여, '개벽석철로공사정리위원회'를 조직하고 철로공사의 재정 수지, 은행이 발행한 화폐의 수량 및 용도, 철로 영업 상황, 인원의 정리, 철로 공정 등에 대한 대대적인 정리정돈을 단행하였다. 1934년 11월 정돈이 끝나고 공사장정을 수정한 이후 공사는 운남민영개벽석철로고분유한공사로 개명되었다. 정리정돈이 완료된 1932년 이후 개벽석철로의 수입과 지출의 추이를 살펴보면 명확히 순익을 내고 있음을 알 수 있다.

라. 심해철로(봉해철로)

심해철로는 중국이 동북에서 자력으로 부설한 첫 번째 철로였다. 심해철로 이전에 동북지역에서 철로는 으레 러시아와 일본에 의해 부설되어 왔다. 심해철로는 동북에서 처음으로 중국인이 스스로의 자본과 기술을 동원하여 부설하고 관리한 철로였다.

그러나 봉해철로의 부설은 일본과 체결한 불평등조약의 제한을 받게 되어 장작림은 왕영강으로 하여금 철로 부설권을 회수하기 위해 일본과 교섭하도록 지시하였다. 왕영강은 1923년 1월부터 남만주철도주식회사와 협상에 착수하여 일본 측의 부설권 포기를 요청하였다. 2년여에 걸친 협상 끝에 봉천성이 일본의 차관을 도입하여 洮昻鐵路(洮南 - 昻昻溪)를 부설하는 조건으로 협상이 타결되어 마침내 1924년 봉해철로 부설권을 회수할 수 있었다. 왕영강은 봉해철로와 길해철로의 부설 및 상호 연결을 통해 봉천에서 길림으로 직통하는 奉吉鐵路의 부설을 염두에 두고 있었다. 만일 이 철로가 부설된다면 남만주철로의 물류를 상당 부분 분담할 가능성이 매우 높았다.

1925년 2월 王永江은 八王寺에 봉해철로건설주비처를 설립하고 公司章程을 제정하였다. 5월 14일에 奉海鐵路股份公司를 발족하여 봉천성 정무청장 王鏡寰이 봉해철로공사 총경리로 임명되었다. 전 사조철로 총무처장이자 技士(공정사)인 陳樹棠이 총공정사를 맡았다. 총무과장에는 富維驥, 공정과장에는 張國賢, 차무영업주비처 주임에는 高元策이 임명되었다. 奉海鐵路股份公司의 조직은 다음과 같다.

봉해철로공사의 조직기구

總理,協理	警務段(保安隊,所), 瀋陽糧穀交易所	
	總務處	文書課, 制備課, 庶務課, 編査課, 附業課
		磚瓦廠, 販賣所(分所), 石灰廠, 印刷廠
	工務處	文牌課, 工程課, 地畝課, 電務課
		第一工務總段(4個工區), 第二工務總段(5個工區)
	車務處	車務總段(2個車務段), 機務段(4個)
		車務課, 運轉課, 計核課, 機務課
	會計處	文牌室, 檢査課, 綜核課, 出納課

봉해철로공사의 장정에 따르면, "관상합판의 股份有限公司를 조직하여 봉천성에서 海龍縣에 이르는 철로 간선 및 지선를 관할하며, 아울러 연선에 市場 및 부속기업을 설립한다"라고 규정하였다. 철로공사는 철로 운수과 관련된 공장, 탄광과 각종 부속기업을 경영하도록 규정하였다. 공사의 총리는 성장이 선임하며, 총리가 공사의 모

든 업무를 총괄하도록 하였다. 총공정사는 성장이 선임하며, 총리의 명령을 받아 일체의 공정 관련업무를 집행하였다. 과장과 段長은 공사의 총리가 임명하도록 하였다. 공사의 동사회(이사회)가 설립되기 이전에는 공사 총리와 과장이 자본의 모집, 토지의 구매, 공정의 진행 등을 전적으로 주관하도록 하였다.

마. 호녕철로

호녕철로의 부설과 관리는 명의상 철로총공사 독판 성선회가 최고책임자로 있었지만, 실권은 총관리처의 수중에 있었다. 1906년 3월 철로총공사가 철폐되고 성선회는 사직하였다. 청정부는 외무부 시랑 당소의를 호녕철로독판대신으로 임명하였다

호녕철로차관합동의 규정에 근거하여 철로 부설공사에 착공할 때에 상해에 호녕철로총관리처를 설립하여 철로 부설공사 및 열차 개통업무를 주관하도록 하였다. 규정에 따르면 차관합동 6조는 "철로의 부설 시기에 독판대신이 관리도로행차사무처를 설립하여 이를 호녕철로총관리처로 명명하고, 총국을 상해에 설립하여 판사인원 총 5명으로 구성한다. 1명은 독판대신이 선발하여 파견하고, 다른 1명은 철로가 통과하는 성의 독무가 독판대신과 협의하여 선발 및 파견하며, 총공정사 이외에 영국인 2명은 중영은공사가 선발하여 파견하도록" 규정하였다.

이와 같이 관리처는 2명의 중국인 직원과 2명의 영국인 직원, 영국인 총공정사 1명 등 총 5명으로 구성되었다. 매번 회의에서는 영국인의 수가 많아 사실상 이들에 의해 업무가 결정되었으며, 따라서 중국 측이 권리를 행사하기 어려운 구조였다. 결국 모든 부설권과

경영권은 영국의 수중에 있었던 것이다. 이러한 구조를 통해 영국은 선로의 측량과 부설, 설비 및 자재의 구매, 열차의 운행 관리 등 제반 업무에 관한 권한을 장악할 수 있었으며, 영국인 총공정사가 실질적인 권한을 보유하고 있었다. 더욱이 이후 차관을 상환하지 못할 경우 영국 측이 전적으로 대리 관리하도록 하였으며, 이윤의 20퍼센트를 우선적으로 배분하도록 하였다. 또한 중영은공사(중영공사)로 하여금 국내에서 차관액의 5분의 1에 상당하는 호녕철로채권을 발행할 수 있도록 승인하였다.

차관계약이 성립된 직후인 1903년 9월 영국인 콜린슨(Collinson)이 총공정사로 취임하여 측량에 돌입한 이후 다음 해 4월 완료하였다. 철로 공정은 1905년 4월 25일에 착공하고 1908년 준공되어 3년이 소요되었으며, 차관계약에서 정한 공기를 2년이나 단축한 셈이다. 부설공사는 네 구간으로 나누어 南翔에서 無錫, 무석에서 常州, 상주에서 鎭江, 진강에서 南京 구간에서 동시에 기공되었다. 공사는 순조롭게 진전되어 1908년에 준공되었다. 상해에서 남경까지는 총연장 311킬로미터 단선 표준궤를 사용하였고 레일 중량은 1미터당 43킬로그램이었으며, 침목은 오스트레일리아산 경목을 사용하였다. 철로의 완공과 함께 철로를 관리하기 위해 호녕철로관리국을 설립하였는데, 이것이 이후 상해철로관리국의 전신이 되었다. 호녕철로관리국은 명의상 중국인을 파견하여 철로국의 업무를 주관하도록 하였으나, 사실상 관리의 실권은 영국인의 수중에 있었다.

바. 중동철로(동청철로)

(가) 이사회의 구조

중동철로(동청철로)의 성격을 이해하기 위해서는 회사의 내부 구조를 살펴보는 것이 매우 중요한데, 러청은행과 이사회, 관리국이 경영의 중추라 할 수 있다. 중동철로는 러청은행과 청조 사이의 계약을 통해 성립되었다. 그러나 러시아 大藏省은 러청은행과 1896년 5월 30일 동청철로(이후 중동철로)에 관한 14개 조약을 비밀리에 체결하고, 철로를 자신의 감독 하에 두었다. 이 협정의 제1항은 "러청은행은 러시아정부의 협조와 보호 하에서만 중국정부와 동청철로의 부설과 경영에 합의할 수 있다"라고 규정하였다. 따라서 중국정부와의 사이에 협정을 체결할 경우 사전에 러시아 대장대신의 허가를 득하도록 하였다. 또한 公司는 주식의 모집을 통해 자본을 조달할 수 있었는데, 주식 보유자는 러시아인과 중국인으로 한정하였으며, 자금 모집은 러시아 대장대신의 재가를 득하도록 러청은행에 요구하였다. 동청철로공사가 주식회사인 이상 회사의 경영에 대해 총회에서 주주의 발언권을 인정하고 있다.(동청철로공사 정관 제21, 22, 24항)

그러나 1896년 12월에 중동철로공사의 주주 모집광고가 관보에 나기는 했지만 당일 오전 9시에 개장한 러청은행의 창구는 몇 분 만에 폐쇄되었다. 그리하여 동청철로의 주식은 러청은행을 통해 모두 러시아정부의 수중으로 들어갔다. 특히 러시아 대장대신은 동청철로에 대하여 절대적 권한을 행사하고 있었다. 예를 들면 대장대신의 동의를 필요로 하는 안건에는 부이사장과 감사위원의 선출, 노선의 선정, 철로 부설의 예산, 공사 내 조직제도의 개편, 자본의 관리방법 등이 있었다.(동청철로공사 정관 제27항) 이와 같이 동청

철로의 중요 사항은 대부분 러시아 대장대신의 동의 없이는 불가능
하였다.

  러청은행은 동청철로 설립의 모체로서 청조와 부설계약을 체결한
당사자였다. 1895년 12월 러시아정부는 러청은행정관을 승인하였다.
은행의 자본금은 600만 루블이며, 최대 주주는 상트페테르부르크 국
제상업은행이었고, 두 번째 대주주는 프랑스의 파리국민할인은행이
었다. 프랑스와 러시아가 5 : 3의 비율로 출자하였지만 직원은 반대
로 러시아인 5명, 프랑스인 3명이었다. 러청은행은 최초 러시아정부
의 영향 하에 있었으며, 러시아는 프랑스의 자본을 교묘히 이용하여
중국에 진출했던 것이다. 러청은행은 1910년에 프랑스계의 북방은
행과 합병하여 露亞銀行이 되었다.

會　事　理　路　鐵　省　東
중동철로공사 이사회
출처 :「東省鐵路理事會」, 『東方雜志』26권 15호, 1929.8, p.1.

중동철로는 철로 이외에도 수익을 창출하기 위해 다양한 분야로 투자를 확대하였다. 예를 들면, 당시 한국의 인천지역에는 '청국거류지'라 불리던 청국조계가 설정되어 있었다. 仁川中華會館이 작성한 '인천청국거류지연세표'는 당시 청국조계지역에서 부동산을 소유하고 있던 자들에게 부과된 地稅 관련 세액표(tax table)였다. 이 표에 따르면 당시 인천 청국거류지에서 가장 많은 토지를 소유하고 있었던 것이 바로 華商 同順泰와 중동철로(동청철로)였다. 이러한 사례로부터 중동철로는 국경을 넘어 해외에까지 자본을 투자하여 수익을 창출하고 있었음을 알 수 있다.

(나) 사내의 조직구조 : 이사회와 감사위원회

중동철로의 최고의사 결정기관인 이사회는 1명의 이사장(중국 측 명칭은 督辦)과 주주총회에서 선출된 9명의 이사로 구성되었다. 1896년의 중동철로 정관 제18조에서 정해진 이사회는 러시아와 청조 쌍방의 수도, 즉 상트페테르부르크와 북경에서 개최되도록 정해져 있었다. 1917년의 10월 혁명까지는 상트페테르부르크에서 계속 개최되었다. 이사회를 소집할 수 있는 주체는 이사장과 부이사장(중국 측 명칭은 會辦)으로서, 5명 이상의 이사가 출석해야 한다는 조건이 충족되었을 경우 비로소 개최가 가능하였다. 의결은 다수결을 원칙으로 하였다. 특히 정관 제28조는 중동철로의 세출입을 심사하는 감사위원회를 설치하도록 규정하였다. 이 위원회는 5명의 사외위원으로 구성되어 예산안을 이사회와 협의하고, 대장대신의 승인을 받게 된다.

이사장은 부설계약 제1항에 의해 청조가 임명하였기 때문에, 당초에는 許景澄 주러시아공사가 겸임하였다. 이사장은 러청은행과 중동철로공사가 계약을 잘 이행하고 있는지 감독하는 등의 직무를 가졌지만, 북경에 거주하는 것이 허락되고 있는 것으로 보아 이후 사실상 명예직으로서의 성격이 강했다고 볼 수 있다. 1924년 5월 잠정관리협정에 의해 이사회는 10명의 이사로 구성되었으며, 각각 소련정부와 중국정부가 5명씩 임명하도록 하였다. 중국정부는 이사 중에서 이사장을, 소련정부는 부이사장을 선임하였다. 공사의 결정과 지시는 이사장과 부이사장의 공동서명에 의해 비로소 유효하였다. 의결에 필요한 이사의 출석수는 7명이었다. 이사회의 모든 결정은 최소한 6명 이상의 이사가 찬성해야만 가결될 수 있었다.

그러나 여기서 바로 문제가 발생하였다. 중동철로의 최고의 권한은 의결기관인 이사회에 두어져 있었지만, 전술한 바와 같이 법정수는 7명이며 더욱이 6명 이상의 동의가 없다면 효력을 발생할 수 없었다. 따라서 중국과 소련 사이에 양국의 이해가 상충되는 중대 문제의 경우 하등의 결정이 어려운 상황이었다. 소련 측의 제안에 중국인 이사가 반대하거나 중국 측의 제안에 소련 측이 반대하는 경우 제안이 통과될 수 없었다. 이러한 결과 소비에트혁명 이전과 동일하게 소련인 관리국장이 사실상 절대적인 권한을 장악하게 된 것이다.

소련인 관리국장의 독단, 전횡으로 말미암아 중국인 이사장과 대립하는 안건도 적지 않았다. 1920년 10월의 개정에 의해 사외로부터 선임된 5명의 감찰위원 가운데 2명이 중국정부로부터 임명되고 나머지 3명을 주주 즉 러청은행이 임명하였다. 위원장은 중국위원으로부터 선출되고, 3명 이상 위원의 출석으로 개최되도록 규정하였다. 위원장은 그때까지 러시아인이 임명되었지만 최초로 중국인 감찰위원장으로서 1920년 11월 陳瀚이 취임하였다.

중동철로 역대 이사장(督辦)과 부이사장(會辦)

이사장(독판)	임기	부이사장(회판)	임기
許景懲	1897.1.11 -1900.7.28	스타니스라프 케르베즈	1986.12.26 -1903.6.18
郭宗熙	1917.12.16 -1919.8.15	알렉산더 벤제리	1903.6.18 -1920.11.6
鮑貴卿	1919.8.16 -1920.5.31	바시리 라치노프	1920.11.6 -1921.7.5
宋小濂	1920.6.1 -1922.1.1	세르게이 다니레프스키	1921 -1924
王景春	1922.4.10 -1924.10	레오니드 세레프라코프	1924.10.3 -1924.12.17
鮑貴卿	1924.10.3 -1925.9.28	바시리 보즈체프	1924.12.17-1925.5.1
劉尙淸	1925.9.28 -1926.9	이바노프 그란드	1925.5 -1925.10
于沖漢	1926.9 -1927.4	레오니드 사브라코프	1925.11.1 -1926
呂榮寰	1927.6.4 -1929.12.5	미하일 라체프스키	1926 -1928.8.31
莫德惠	1929 -1932.3	바시리 치르킨	1928 -1929
李紹庚	1932.3 -1935.3.23	알렉산더 엠샤노프	1930 -1931
		스테판 구즈네쵸프	1931 -1935.3.23

(다) 중동철로 관리국

관리국의 수뇌는 관리국장 1명과 이를 보좌하는 부관리국장 2명으로 구성되었다. 이들의 임명권은 이사회에 있었다. 관리국장도 부관리국장도 제정러시아 시기에는 러시아인이 차지하였으나, 1924년 중소합판으로 전환된 이후 관리국장은 소련인, 부관리국장은 중국인과 소련인이 각각 1명씩 임명되었다. 그러나 이들 인사는 실질적으로는 양국 정부에 의해 임명되었으며, 이사회는 이를 승인할 따름이었다. 19조로 구성된 포고문에 따르면, 관리국의 권한으로는 관리국의 부장 이하의 직원에 대한 인사권, 10만 루블 이하의 사업에 대한 재량권, 운임의 개정권, 예산의 편성권과 연선의 경찰 지휘권도 주어졌다. 발족 당초의 관리국의 구성은 다음과 같다.

① 총무부 : 업무의 분배와 종업원의 관리 등 인사권을 장악하고 중국정부와 협상을 담당한다.

② 법무부 : 公司의 법무 전반을 관할한다. 공사와 종업원에 대한 소송과 조약의 조인 등을 담당한다.

③ 경리부 : 공사의 재무 전반을 담당하고 장부를 관리한다.

④ 영업운임부 : 중동철로의 운임과 상업전략을 담당한다. 운임의 지출입에 대한 감사를 실시한다.

⑤ 의료복지부 : 종업원과 경비대, 그리고 그 가족의 의료 지원를 담당한다. 부장에는 의사를 선발하여 임명한다.

⑥ 자재부 : 연료를 포함하여 운행에 필요한 제반 물자를 공급하고 감사한다.

⑦ 운행건설부 : 철로의 부설작업과 연선의 건설작업 전반을 관할한다. 총무, 회계, 기술과로 나누어진다.

⑧ 운행통신부(관리부) : 철로의 정상적인 운행을 담당하고, 驛員과 전신의 관리를 담당한다. 예하에 총무, 회계, 기술과를 둔다.

⑨ 機關部 : 증기기관차와 화차의 관리 및 점검을 시행한다. 총무, 회계, 기술과로 나뉘어진다.

⑩ 행정, 부동산 관리부 : 연선의 거리와 향촌을 감독하고 學務를 관할한다. 학무에 관해서는 이사회의 감독을 받는다.

⑪ 군사부 : 군인과 군사 관련의 제반 업무를 관할한다.

이들 부서 이외에도 종교부가 신설되었다. 당시 러시아인에게 신앙생활은 없어서는 안되는 부분이었다. 따라서 중동철로 연선에 증가하는 교회, 특히 정교회를 관할하고 편의를 도모하기 위해 종교부를 설치하였다.

사. 남만주철로

1922년 1월 남만주철도주식회사의 편제를 살펴보면 다음과 같다.

사장실 : 문서과, 외사과, 인사과, 사회과, 조사과, 교통과, 건축과,
　　　　비서역
운수부 : 서무과, 여객과, 화물과, 운전과, 선로과, 기계과
지방부 : 서무과, 토목과, 학무과, 위생과, 농무과
흥업부 : 광무과, 상공과, 판매과
경리무 : 주계과, 회계과, 用度課

　창립 초기 남만주철도주식회사의 직원은 총 2,180명, 임시직 고용인(傭員)은 4,239명이었는데, 이후 사업이 확대되면서 1926년 직원이 8,845명, 중국인 임시직 고용인이 14,384명, 일본인 임시직 고용인이 11,609명에 달하였다. 남만주철도주식회사는 대련에 철로교습서를 설립하여 철로와 관련된 각종 지식과 기술을 교습하였다. 철로교습소는 본과, 특과, 강습과로 나누어 수업기한을 6개월 - 1년으로 하여 교육을 실시한 이후 파견 형식으로 실습을 시행하였다.
　1918년부터는 사원에게 비용을 지원하여 교육을 받도록 하는 제도를 마련하였다. 전도유망한 사원을 선발한 이후 각 학교로 보내 수학하도록 하고, 졸업한 후 일정 기간 동안 회사에서 복무하면 학비 대여의 상환 의무를 면제해 주었다. 회사에서 1년 이상을 근무한 사원 가운데 일찍이 전문학교 혹은 동등의 교육을 이수한 자를 대상으로 매년 시험을 거쳐 6명을 선발하여 각 학교로 파견하였다. 졸업 이후 수업 연한의 2배에 상당하는 기간 동안 회사에서 의무적으로 업무에 종사하도록 하는 강제규정을 두었다. 1918년부터 2년 이상

회사에서 근무한 우수사원 가운데 해외유학생을 선발하여 매년 5명을 한도로 해외유학의 기회를 부여하였다.

남만주철로 노선을 달리던 기관차

3 철로의 자본 모집

철로의 자본 모집은 국영철로와 성영철로, 그리고 민간의 자본이 유입된 관독상판 등의 상판철로, 이 밖에 외국계 자본의 철로로 구분할 수 있다. 국영철로의 경우 자본의 주요 내원이 국고이므로, 여기에서는 국영철로를 제외한 기타 철로의 자본 모집을 중심으로 살펴본다.

1) 성영철로, 민영철로

(1) 항강철로

절강성의 절동지역은 인구는 조밀하나 교통이 불편하여 철로의 부설은 절강인들의 오랜 숙원이기도 하였다. 1927년 국민정부 북벌군이 장강 유역으로 진입하여 절강성을 점령한 이후 1928년 張靜江이 절강성정부 주석에 취임하였다. 장정강이 통치하는 절강성정부는 불편한 교통상황을 개선하기 위해 항주에서 江山에 이르

절강성 주석 장정강

는 철로의 부설을 계획하였으며, 이를 항강철로라 칭하였다.

이 철로는 이후 절공철로의 한 구간이 되었다. 부설 자금은 省庫에서 지원하기로 결정하였다. 재정을 절감하기 위한 목적에서 경궤로 레일을 부설하기로 하고, 공정기술대를 조직하여 노선에 대한 초보적인 측량을 실시하였다. 경비가 많이 소요되는 전당강 서안으로 향하던 당초의 노선을 포기하고 공정이 비교적 수월한 전당강 이동으로 노선을 변경하였다.

그러나 공정이 진행되면서 거액의 부설자금이 필요하게 되자 장정강은 성재정만으로는 방대한 부설공정을 감당하기 어렵다고 판단하였다. 이에 항주에서 金華까지 약 170킬로미터의 간선과 금화에서 蘭溪에 이르는 22킬로미터의 지선을 먼저 부설하기로 결정하였다. 경비의 조달은 1929년 절강성의 재정수입으로부터 700만 원을 지출하기로 결정하였다. 이 밖에 장정강은 성의회에 제안하여 1929년 7월 전에 200만 원을 조달하기로 결정하고, 이를 부설자재를 구매하

기 위한 용도로 예산을 편성하였다. 8월 부설공사에 착수한 이후 매달 50만 원을 부설 경상비로 지출하였다. 전 노선에 걸쳐 부설을 위한 예산 총액은 2,000만 원으로 책정되었다.

항강철로는 杭州를 출발하여 肖山, 諸暨, 義烏, 金華를 거쳐 蘭溪로 들어가는 노선으로서, 1929년 9월 항강철로의 부설공사가 개시되었다. 공사에 착공한지 얼마 되지 않아 장정강이 사직하였지만, 철로 부설공정은 계속 진행되었다. 1932년 3월에 항주로부터 蕭山, 諸暨, 義烏를 거쳐 金華에 도달하고, 금화로부터 蘭溪에 이르는 노선이 준공되었다. 표준궤로 설계되었으며, 총비용이 725만 원에 달하여 성고에서 절반인 365만 원을 지출하고 나머지 360만 원은 은행으로부터 차입하였다.

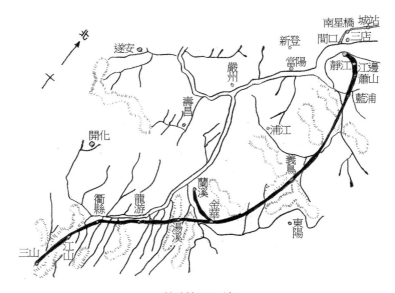

항강철로 노선도

마침 항주의 은행들은 자본 과잉으로 출로를 찾고 있던 참이었다. 1931년 절강성정부는 항주중국은행, 절강흥업은행, 절강농공은행, 절강지방은행 등 4개 은행으로 은행단을 구성하고, 매월 1分의 높은 이자로 360만 원을 차입하였다. 절강성건설공채 388만 원과 항강철로 江邊－蘭溪 사이의 전 구간에 걸친 철로 자산을 담보로 제공하였다. 1930년 9월 기공하여 1932년 3월 열차를 개통하였다. 1킬로미터당 철로의 부설비용이 37,000원에 지나지 않았다.

(2) 천한철로

천한철로는 청말에 부설 계획을 수립한 주요 철로 노선의 하나이다. 동으로는 호북성의 武漢으로부터 서로는 사천성의 成都에 이르러 호북, 사천의 두 성을 연결하며, 장강 중상류지역을 관통하는 주요 철로 노선이었다. 사천성은 중국 서남부 장강 상류에 위치하여 인구가 조밀하고 물산이 풍부한 지역이다. 그러나 주위가 산으로 둘러싸여 교통이 불편하고 물류의 운수가 곤란하였다. 이러한 이유에서 일찍부터 철로를 부설해야 할 필요성이 제기되었으며, 영국과 프랑스 등도 이 지역에 대한 철로 부설권을 획득하기 위해 많은 노력을 경주하였다.

그러나 사천성민들은 열강에 의한 철로의 부설에 반대하고, 성민스스로의 역량으로 철로를 부설해야 한다고 주장하였다. 1903년 7월 사천성 총독 錫良은 청조 중앙에 천한철로공사의 설립을 청원하였다. 1903년 청조가 '철로간명장정' 24조를 반포한 이후 1904년 1월 최초로 설립된 국영철로공사가 바로 천한철로공사였다.

公司가 제정한 '川漢鐵路公司續訂章程'의 규정을 살펴보면 오직 중국인의 자금만을 모집하여 충당해야 하며, 서양인의 자금은 불가하도록 명시함으로써 민족주의적 색채를 노골적으로 표방하고 있다. 그런데 문제는 막대한 철로 부설자금을 어떻게 조달할 것인가에 있었다. 장정에서 외국인의 투자를 불허하였기 때문에, 자연히 사천성 내에서 자체적으로 필요한 자금을 조달하지 않으면 안되었다.

더욱이 사천성에서는 민족자본에 의한 산업의 발전이 극히 미미한 수준이었기 때문에 이들의 역량을 철로 부설을 위해 동원하기도 역부족이었다. 이미 철로공사가 창립되었음에도 1904년까지 자금이 모집되지 않자 사천 출신의 재일유학생들을 중심으로 한 300여 명은 일본 東京에서 이 문제를 해결하기 위한 대책을 논의하였다. 회의 결과 사천성의 모든 주와 현을 조세의 다과에 따라 상, 중, 하로 나누어 철로 부설에 필요한 자금을 국가권력에 의해 강제 할당하자는 쪽으로 의견이 모아졌다.

1905년 7월 천한철로공사는 민영의 천한철로유한공사로 개조되어 1909년 12월 18일 주식을 발행하였으며, 사천성 각계 인사가 다투어 자본을 투자하였다. 천한철로공사는 외국자본이나 차관의 도입을 지양하고, 주로 성민으로부터 공개적으로 자본을 모집하였다. 자금의 모집은 자경농과 전호를 불문하고 收租가 10石 이상일 경우 實收에서 3퍼센트를 징수하였으며, 10석 미만인 경우에는 징수를 면제하였다. 철로 주식은 1주의 가격이 은 50량으로서 부유한 사람은 혼자서도 여러 장을 매입할 수 있었지만, 빈한한 사람들은 여러 사람이 1매의 주식을 공동으로 매입하는 경우도 많았다. 주식 대금을 납부할 때마다 영수증을 발부하고, 총액이 50량에 이르면 영수증을 철로 주식 1매와 교환해 주었다. 징수의 대상은 농촌의 각계 각층을 망라하였기 때문에, 빈한한 농민에게는 正稅 이외의 또 다른 부담이 아닐 수 없었다. 이들 농민으로부터 징수된 자금이 1908년과 1909년 두 해에 징수된 총액의 약 80퍼센트와 81퍼센트를 차지할 정도로 중요한 자금원이 되었다. 사천성정부는 철로의 부설자금을 염출하기 위해 염부가세, 곡물세, 토지부가세, 양식부가세, 가옥부가세 등 무려 18종에 이르는 각종 잡세를 강제적으로 할당하여 부과하였다.

(3) 심해철로

일찍이 1922년 말 왕영강은 성의회 의원 兆文會 등의 건의에 따라 봉길철로의 부설과 관련하여 여러 차례에 걸쳐 비밀회의를 개최하고 여기서 봉천에서 길림에 이르는 철로의 부설을 추진하기로 의결하였다. 경비의 염출 방안과 관련해서는 봉천성과 길림성 양성의 성민들이 부담하도록 계획을 수립하였으며, 토지 소유자로 하여금 1畝당 1元을 분담하도록 하는 방안도 수립하였다. 부설비용의 징수와 관련해서는 각 縣知事로 하여금 맡아서 처리하도록 하였다. 또한 현금의 경우 東三省銀行에 예입해 두고 공채를 발행하여 자본을 출자한 성민들에게 출자액에 상당하는 공채를 배분하도록 하는 방안을 마련하였다. 장작림의 부인에도 불구하고 일본의 신문들은 다투어 봉천, 길림성의 주도로 남만주철로의 경쟁선을 부설할 예정이라는 사실을 보도하였다.

1922년 12월 9일 장작림은 성장과 각 성의 의회, 농, 상, 공, 교육 등 각 단체 앞으로 다음과 같은 내용의 계획안을 발송하였다. 즉 "동삼성의 교통은 外人들에 의해 장악되어 있으며, 남만주철로는 일본의 관할로서 중국 측의 이용 시에 다대한 곤란이 있다. 유사시 중국 군대를 신속히 수송하기에 매우 불편한 실정이다. 이와 같이 동삼성의 이권은 모두 외국인의 독점에 맡겨져 있다. 물자 운수의 이익을 오로지 외국인의 손에 독점하도록 내버려 둘 수는 없다. 이에 봉길 철로를 부설하여 교통의 편의를 도모하고, 국방의 취지에서도 조속히 부설하지 않으면 안된다. 따라서 동삼성의 모든 토지에 대해 원래 납부하던 부세 이외에 1坰(10畝)당 3년간 現大洋 1元 5角(日貨 1엔 50전)을 부가세로 징수하여 철로의 부설자금으로 충당하고, 이것이 부족할 경우 본 총사령이 앞장서서 보조금을 염출할 예정이다" 라고 선언하였다.

장작림에 제안에 대해 길림총상회는 남만주철로가 기존에 향유하던 여러 이권을 自辦鐵路의 부설을 통해 견제하고 물류를 분담하려는 정책에는 대찬성이라고 전제하였다. 그러나 의도는 좋으나 자금을 조달하는 방식이 농민들로 하여금 부담하도록 하는 것은 가혹하며, 따라서 다음과 같은 건의안을 제안하였다. 첫째, (1)농민 가운데 소유지 10坰(1町)을 넘는 자는 현대양 1원(1円)을 1년간 납부한다. (2)농민 가운데 100坰이 넘는 자는 현대양 1원 5각을 2년간 납부한다. (3)1,000坰 이상인 자는 현대양 2원을 3년간 납부한다. 둘째, 각 성의 城鎭에 築路籌款處를 설립하여 공상업 방면에 대한 철로 부설비의 징수를 담당하도록 한다. 공상업에 대한 징수 방법은, 거래 총액 100원마다 현대양 1원 5각을 과세하고 철로 영업개시 시점까지 징수한다. 셋째, 築路籌款處는 납부 대상이 아닌 서민이 자유롭게 납부하는 것을 허락한다. 넷째, 이 기구의 총리는 성장이 겸하도록 하고 성내 각 도시에 이사 1명을 둔다. 이사는 각 단체의 추천으로 명망있는 자를 선임하며, 별도의 급여는 지급하지는 않는다. 다섯째, 상납하는 자에 대해서는 그 액수에 따라 중앙정부에 신청하여 편액 혹은 훈장 등을 주어 표창한다.

1924년 진수당은 철로 부설을 위한 측량을 시행하였으며, 그 결과 부설자금을 총 2,400만 원으로 책정하였다. 봉해철로의 자본 모집 장정에 따르면 주식(股票)를 구매하는 자는 중국인으로 한정하고, 공사의 주식은 기명식의 유가증권으로 하여 중국인들 사이에서 매매, 양도가 가능하도록 하였다. 그러나 외국인에게 양도하는 일은 금지하였다. 장정에 따르면, 철로의 부설은 동북지방의 실업을 발전시키기 위한 취지이며, 따라서 주민의 권리를 보호하기 위해 외국자본의 침투로 인한 권리의 상실을 허가하지 않을 것임을 명확히 밝히고 있다.

봉해철로의 주식은 官股와 民股로 구분되어 봉천성정부와 동북각 은행 및 각계 민중으로 구매를 한정하였다. 총자본은 잠정적으로 奉大洋 2,000만 원(現大洋 1,250만 원)으로 정하고, 官商이 절반씩을 부담하도록 하였다. 주식(股票)는 1股에 100元으로 총 20만 股를 발행하였다. 주식(股票)은 100고, 10고, 1고의 3종이 있었다. 100고는 표면에 10,000원, 10고는 1,000원, 1고는 100원으로 표기되었다. 자본의 모집을 원활하게 하기 위해 봉천성당국은 5월 27일 路股收款處를 설립하고, 아울러 각 현지사로 하여금 관내에도 路股處를 설립하도록 하였다.

商股 가운데 개인이 만일 500股 이상의 주식을 보유할 경우 商股董事(理事)로 선임될 자격을 갖추게 되며, 200股 이상을 보유할 경우 商股監査로 선임될 자격을 갖추게 된다. 대량으로 商股를 구매한 주체를 살펴보면 대부분 東三省官銀號, 奉天貯蓄會, 商號, 銀號, 錢莊 등이었다. 1928년 봉해철로의 공정이 준공될 때까지 부설비용과 차량비용 등으로 총 5,400만 봉대양이 소요되었으며, 이 가운데 성정부가 4,500만 원을 투자하였다.

당초 官股가 절반으로 성재정청에서 투자한 것으로 東三省官銀

號에서 지출되었다. 민자(商股)가 나머지 절반을 차지하였으며, 각 은행과 지방은행, 그리고 상인들의 자본이 투자되었다. 민간 투자의 부족이나 전체 부설자금의 부족은 수시로 성재정청이 충당하였다. 민간 자본의 투자는 본국인으로 한정하였으며, 주로 성내 거주민들은 토지를 분담하여 충당하였다. 주식(公司股票)은 기명식의 유가증권으로서 중국인 사이에서는 매매, 양도가 가능하였으나, 외국인에게 양도하거나 담보로 설정하는 행위를 금지하였다.

봉해철로공사는 봉천성장공서(1928년 12월에 요녕성정부로 개칭)의 철로 관리기구로서 성장이 임명한 공사의 총리가 재정, 인사와 업무 관리권을 장악하였다. 관방의 투자가 전체 투자액의 3분의 2에 달하여 공사의 경영에서 여러 가지의 특혜가 주어지기도 하였다. 예를 들면 심해철로공사의 영업세를 면제하거나 연선 지역의 치안을 유지한다거나 관지를 발급해 주는 등의 특혜를 들 수 있다. 심해철로는 봉천성의 성유철로로서 성장공서(성정부)가 독판권과 최고관리권을 장악하였으며, 관상합판기업을 장려하기 위해 투자금에 대한 이윤을 보장하였으며, 또한 일정 부분 업무 관리권을 허용하였다.

2) 외국자본 계열의 철로

20세기 초 열강은 중국에서 다수의 철로를 부설하였는데, 대표적으로 독일이 산동에서 부설한 교제철로, 프랑스가 운남에서 부설한 전월철로, 러시아가 동북에서 부설한 중동철로, 영국이 운남에서 부설한 전면철로, 일본이 동북에서 부설한 남만주철로 등을 들 수 있다. 이 가운데 남만주철로는 여타 철로와 비교하여 특히 중국사회와 경제에 대한 침략성이 매우 농후하였다.

(1) 남만주철로

남만주철도주식회사의 자본금은 2억 엔으로서, 이 가운데 일본정부의 실물투자가 절반을 차지하였으며, 민간투자에 대해서는 연리 6厘의 이윤을 보장하였다. 자본주는 주로 일본황실, 귀족과 관료였으며, 대표적으로 三菱銀行의 庄田平五郎, 正金銀行의 園田孝吉, 安田銀行의 安田善次郎, 三井物産의 益田孝, 第一銀行의 澁澤荣一, 興業銀行의 添田寿一, 日本銀行의 高橋是清, 日本郵船의 近藤良平 등을 들 수 있다.

1907년 3월 5일 일본천황의 182호 칙령에 근거하여 본부를 동경으로부터 대련 兒玉町(현재의 團結街)의 관동도독부 民政樓로 이전하였으며, 東京에는 지사를 두었다. 1907년 4월 1일 남만주철도주식회사는 정식으로 영업을 개시하였으며, 산하에 조사부, 총무부, 운수부, 광업부와 지방부를 두었다. 남만주철로의 자산은 1914년 2억 1천만 엔에 달해 중국에 대한 일본의 직접투자 가운데 약 55퍼센트, 그리고 만주에 대한 투자의 약 80퍼센트에 해당되는 사업재산을 소유하고 있을 정도로 방대한 규모를 자랑하였다. 남만주철도주식회사가 설립된 직후인 1906년 8월 일본육군은 관동도독부를 설치하여 관동군과 함께 만주를 경영하는 소위 三頭政治體制를 형성하였다.

남만주철도주식회사는 조례에서 중일 양국인에 한정하여 주주가 될 수 있도록 규정하였다. 일본정부는 철로와 부속재산, 탄광 등에 주식의 절반을 출자함으로써 회사에 대한 절대적인 영향력을 확보하였으며, 이를 근거로 회사의 총재, 부총재를 임명하는 권리를 보유하였다. 이 철로는 당초 청러밀약에 따라 그 소유권을 1901년 동청철로 개통일로부터 80년으로 하고, 기한 후에는 무상으로 중국정부에 양여하도록 하였다. 또한 개통일로부터 36년 후에는 중국정부

가 가치를 평가하여 그에 상당하는 대금을 지불하고 남만주철로를
매수할 수 있도록 규정하였다.

대련의 남만주철도주식회사 본사

남만주철도주식회사 본사 유지는 현재 大連市 中山區 魯迅路 9號에 위치하고 있다.
원래 건물의 공사는 1903년 제정러시아에 의해 시작되었으며, 이후 1909년에 일본
이 본래의 건물을 확충하여 본부동과 부속동 등 총 5동의 건축물을 완성하였다. 현재
는 대련철로유한책임공사의 건물로 사용되고 있다.

(2) 동청철로(중동철로)

동청철로공사는 설립 당초부터 러시아정부와 불가분의 관계를 가지고 있었다. 다시 말해 러시아는 이 공사를 통해 동청철로의 부설과 경영에 깊이 관여했던 것이다. 설립 당시의 조례에 따라 공사의 자본금 500만 루블은 러시아정부의 보증 하에 러청은행을 기관은행으로 채권을 발행하여 조달하였다. 500만 루블은 먼저 주식으로 발행되었으며, 발행된 주식은 러청은행에 의해 다시 매입된 이후 러시아국립은행에 보관되었다. 더욱이 동청철로를 부설하기 위해 러시아는 총 6억 6,200만 루블을 국고에서 지출하였으며, 이 밖에도 매년 약 2,000만 루블을 보조하였다. 이와 같이 이 공사는 사실상 러시아 대장성에 의해 설립되고 운영된 기업이었으며, 재원의 조달은 러청은행에 대한 감독권을 보유한 러시아 대장대신의 통제 하에 있었다고 할 수 있다. 따라서 공사는 명의상 철로공사이지만 실제로는 러시아정부의 직영이라고 할 수 있다.

3) 자본 모집에서 중외의 차별

(1) 유태철로

1898년 5월 산서성 商務局은 러시아자본 華俄道勝銀行과 柳太鐵路借款合同을 체결하고 러시아차관 2,500만 프랑을 차입하여 柳太鐵路를 부설하기로 결정하였다. 계약은 모두 16조로 구성되었으며, 주요한 내용은 다음과 같다.

① 이 철로는 滹沱河 이남의 柳林堡로부터 太原까지로 총연장 약 250킬로미터이다. 양 구간(段)으로 나누어 부설한다. 한 구간은 유림보에서 灕水河 左岸, 平定州 이북의 탄광(현재의 陽

泉炭鑛)까지이며, 또 다른 구간은 이 탄광으로부터 太原府에 이르는 노선이다.

② 산서상무국은 화아도승은행으로부터 2,500만 프랑(중국화폐 680만 량)을 차입한다.

③ 중국인이 채권을 구입할 경우 판매가격의 20퍼센트를 더 부담해야 한다.(이는 중국인의 투자권리를 제한하는 조치임)

④ 열차가 개통된 이후 순익의 30퍼센트를 화아도승은행으로 귀속해야 하며, 차관이 상환될 때까지 계속된다.

⑤ 이 차관은 중국, 러시아의 양국 상인이 공동으로 협상을 진행한 건으로서, 모든 수익과 지출은 양국 국가가 간여할 수 없다.

(2) 교제철로

1899년 6월 1일 독일은 '特許山東鐵路公司建築鐵路及營業條款' 16조를 반포하였다. 주요한 내용은 다음과 같다.

① 산동성 내 청도에서 치현을 거쳐 제남에 이르는 철로 및 이 철로 선상의 한 지점에서 博山에 이르는 지선을 산동철로공사로 하여금 부설하여 경영하도록 승인한다. 철로의 준공은 5년 이내로 한정하며, 특히 이 가운데 청도에서 淄縣에 이르는 구간은 반드시 3년 이내에 완공해야 한다.

② 궤간은 1.435미터의 표준궤로 하며, 단선으로 부설한다. 그러나 토지 여분을 남겨 이후 복선 공사에 대비한다.

③ 공사 자본액은 54,000,000마르크로 정하고, 독일인과 중국인만이 투자할 수 있도록 한정한다.

④ 공사는 매년 철로로부터 획득한 수입 가운데 규정된 백분비에 따라 독일의 교주총독에게 일정액을 납부하여 교주항의 건설

및 행정 비용으로 충당한다.

⑤ 철로의 객화 운임, 열차시각표의 제정 및 변경은 모두 독일 교주총독의 승인을 득해야 한다.

⑥ 철로 운수 및 영업부문을 주관하는 인원의 임용은 반드시 독일정부의 동의를 얻어야 한다.

(3) 금성철로

금성철로(금복철로)는 일본이 러일전쟁에서 승리한 이후 관동주를 조차지로 삼아 지역 내에 부설한 철로였다. 이 철로가 부설되기까지는 관동청 장관인 고다마 히데오(兒玉秀雄)의 강력한 의지가 있었다. 그는 동경공업구락부에서 재계의 유력자들을 소집하여 금성철로의 지정학적 중요성과 부설 계획에 관하여 상세히 설명하였다. 이에 참가자들은 모두 철로의 필요성에 공감을 표시하였다. 1925년 11월에 창립총회가 개최되었으며, 자본은 日貨 400만 엔으로 정해졌다. 자금을 조달하기 위해 총 8만 株(股)의 주식을 발행하였다. 주주(股東) 가운데 중국인도 일부 있기는 하였지만 대부분이 일본인이었다.

금성철로의 부설은 아래와 같은 관동청의 강력한 의지와 남만주철도주식회사의 적극적인 지원 하에 추진되었다. (1)관동청과 남만주철도주식회사는 모두 철로의 부설에 필요한 자재 및 설비를 아낌없이 지원하였다. (2)금주와 남만주철로 본선 사이를 연결하는 지선을 부설하기 위해 남만주철도주식회사는 필요한 노동력을 지원하였다. (3)기타 철로 자재의 운반 등과 관련해서도 남만주철도주식회사는 특별히 비용을 경감해 주었다. (4)매년 10퍼센트 정도의 紅利를 지출하는 비용으로 남만주철도주식회사는 수년간 약 559,000원의 보조금을 지원하였다. (5)금성철로를 통해 운송되는 화물이 대련에서 선착할 경우에는 대련 - 금주 사이의 운임에 대해 특별 할인 혜택을 부여하였다.

금성철로의 부설계획서는 다음과 같은 내용으로 구성되었다. (1) 회사의 명칭은 금복철로공사로 정한다. (2)본사의 소재지는 관동주 대련시로 한다. (3)영업의 목적은 첫째, 金州 - 皮子窩 사이에서 각 지역의 철로 운수 및 창고업, 둘째, 이와 관련된 일체의 부대사업으로 정한다. (4)자본금은 원금 375만 원, 주식 총수는 75,000주이며, 1주당 금액은 50원으로 정한다. 금복철로공사는 예하에 운수, 회계, 서무, 공무 등의 부서를 두어 각 부서의 책임자와 요직에는 모두 일본인으로 충원하며, 중국인의 경우 하급 직원이나 노동자로 고용한다.

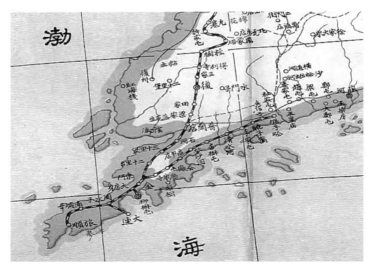

금성철로 노선도

철로의 부설 공정과 관련해서는 다음과 같은 방침이 정해졌다. (1)본선은 금주에서 劉家店, 亮甲店, 登沙河, 林家屯, 皮子窩을 지나 碧流河에 도달한다. (2)부설비용은 주식의 절반으로 하고 수입이 발생한 이후 그 잉여로 차입금을 변제한다. (3)레일은 日本鐵道省 혹은 남만주철도주식회사로부터 60파운드 혹은 65파운드의 구레일을 차입한다. (4)교량은 목조로 가설한다. (5)운행 차량은 남만주철도주식회사로부터 실비를 지급하고 소형 기관차를 도입하며, 운전은 남만주철도주식회사에 위임한다. (6)본 공사는 기공한 이후 2년 내에 준공해야 한다.

참고문헌

鐵道部鐵道年鑑編纂委員會, 『鐵道年鑑』第一卷, 1933.

鐵道部鐵道年鑑編纂委員會, 『鐵道年鑑』第二卷, 1934.

鐵道部鐵道年鑑編纂委員會, 『鐵道年鑑』第三卷, 1935.

東亞同文會, 『支那年鑑』, 1935.6.

日本外務省, 『安奉鉄道関係雑纂』第二卷, 1909.

日本外務省, 『鐵道による對滿貿易發展策に關する意見書』, 1911.12.22.

日本外務省理財局國庫課, 『支那鐵道國際管理問題參考資料』3卷, 1919.3.

安東木部領事, 『鉄道貨物ニ対スル三分ノ一減税問題』第一卷, 1911.10.

交通部編纂委員會, 『平漢鐵路年鑑』, 1933.

姜明淸, 『鐵路史料』, 國史館, 1992.5.

吳汝綸編, 『李文忠公全集－奏稿』17卷, 文海出版社, 1965

吳汝綸編, 『李文忠公全集－奏稿』24卷, 文海出版社, 1965.

宓汝成, 『中華民國鐵路史資料』, 社會科學文獻出版社, 2002.9.

宓汝成, 『中國近代鐵路史資料』1冊, 中華書局, 1984.

嚴中平, 『中國近代經濟史統計資料選輯』, 科學出版社, 1955.8.

陳眞, 『中國近代工業史資料』第4輯, 三聯書店, 1961.

北京大學法律係國際法敎硏室編, 『中外舊約章彙編』第一冊, 三聯書店, 1959.

北京大學法律係國際法敎硏室編, 『中外舊約章彙編』第二冊, 三聯書店, 1959.

中國第二歷史檔案館編, 『中華民國史檔案資料匯編』第三輯(外交), 江蘇古籍出版社, 1991.

褚德新, 梁德主編, 『中外約章滙要』, 黑龍江人民出版社, 1991.

鐵道部總務司勞工編, 『民國22年國有鐵路勞工統計』, 南京京華印書, 1934

滿鐵北京公所研究室編, 『支那鐵道槪論』, 中日文化協會, 1927.9.

金志煥, 『鐵道로 보는 中國歷史』, 학고방, 2014.

吳承明著, 金志煥譯, 『舊中國 안의 帝國主義 投資』, 高麗苑, 1992.

조진구 편, 『동아시아 철도네트워크의 역사와 정치경제학 I』, 리북출판사, 2008.

강성학, 『시베리아횡단철도와 사무라이』, 고려대학교출판부, 1999.

金士宣, 『中國鐵路發展史』, 中國鐵道出版社, 1986.11.

李占才, 『中國鐵路史』, 汕頭大學出版社, 1984.6.

李抱宏, 『中國鐵路發展史』, 三聯書店, 1958.

李國祁, 『中國早期的鐵路經營』, 中央硏究院近代史硏究所, 1976.12.

楊勇剛, 『中國近代鐵路史』, 上海書店出版社, 1997.

鐵道部編纂委員會, 『整頓各路衛生事宜』, 1930.4.

楊承訓, 『三十年來之中國工程(下)』, 華文書局, 1967.8.

孫中山, 『建國方略』, 中華書局, 2011.

曾鯤化, 『中國鐵路史』, 臺灣文海出版社, 1973.

張其昀, 『建國方略研究』, 中國文化研究所, 1962.10.

李新, 『中華民國史』, 中華書局, 1982.

王曉華, 李占才, 『艱難延伸的民國鐵路』, 河南人民出版社, 1993.

張瑞德, 『中國近代鐵路事業管理的研究』, 中央研究院近代史研究所, 1991.

78

逸見十朗,『中華民國革命二十周年記念史』, 1931.4.

小島憲市,『支那鐵道概論』, 中日文化協會, 1927.

日華實業協會,『支那近代の政治經濟』, 外交時報社, 1931.12.

滿鐵調查課,『滿蒙鐵道の社會及經濟に及ぼせる影響』, 1931.7.

東洋協會特別調查部,『滿洲鐵道政策に關する考察』, 1931.

麻田雅文,『中東鐵道經營史』, 名古屋大學出版會, 2012.

木村增太郎,『支那財政論』, 大阪屋號書院, 1927.11.

吾孫子豊,『支那鐵道史』, 生活社, 1942.

楊承訓,「三十年來中國之鐵路事業」,『三十年來之中國工程(下)』, 華文
　　　書局, 1967.8.

駐中日本公使館武官,『支那現狀卜國際管理論』, 1921.

日本外務省亞細亞局,『最近支那關係諸問題摘要』, 1923.

Chi-ming Ho, Foreign Investment and Economic Development in China,
　　　1840-1937, Havard Univ Press, 1965.

제2장
철로의 운송과 운임

1 철로의 영업과 운수

철로의 주요 업무는 영업과 운수로 나뉜다. 영업은 다시 여객과 화물, 연운으로 나누고, 운수는 차량의 운행(行車)과 배차(調度)로 나뉜다. 중국철로는 창설 초기에 저마다 차관을 도입하여 부설되었기 때문에 철로마다 자체적으로 정책을 만드니, 제도와 규정이 서로 달랐다. 이러한 이유에서 운임도 천차만별로서 통제가 어려웠으며, 이는 결국 상인과 상업의 발전에 장애요인으로 작용하였다.

1916년 북경교통부가 각 철로의 국장 및 차무, 회계 등의 처장을 소집하여 제1차 운수회의를 개최하고, 운수와 관련된 각종 문제를 비롯하여 운임의 통일방안을 협의하였다. 1920년 운수통칙과 화차 운수통칙을 제정하여 각 철로에 미리 보내어 열람하도록 한 이후, 1921년 1월 1일부터 각 철로가 이를 준수하도록 하였다. 이후 계속해서 운수회의를 개최하여 영업, 운수의 현안을 논의하고, 각 항목의 통일문제를 논의하였다. 이에 따라 객화운수, 열차 운행 및 차량의 배차 등과 관련된 규정을 제정하고, 각 철로로 하여금 이를 준수하도록 하였다. 영업, 운수, 연계운수에 대한 업무의 정리 및 추진상황은 다음과 같다.

1) 영업사항

(1) 여객업무의 정리

가. 철로 여객표의 분등

여객표의 분등(등급 분류)은 각지 상황에 따라 상이하였다. 일반적으로 철로에서는 여객표를 3등으로 구분하였으며, 경호철로, 호항용철로, 농해철로 등 일부 철로에서는 이를 4등으로 구분하였다. 북녕철로, 진포철로, 교제철로를 비롯하여 동북지역의 일부 철로는 막노동꾼(小工)이나 이주자를 대상으로 할인표(감가표)를 판매하여, 농토 간척 등을 위해 이주하는 사람들을 동북지역으로 실어 날랐다. 이 밖에도 이재민을 대상으로 운임을 면제하기도 하였다.

나. 철로 운임(표가)의 통일

1930년 이전에 각 철로의 객표는 기본운임에서 높고 낮음의 차이가 컸다. 철도부는 객표의 운임을 통일하기 위한 목적에서 철로의 3등 표가를 1인 1킬로미터당 최고 1분 7리로 제한하였다. 이러한 결과 철로에 따라서 객표의 가격이 이미 1분 7리의 기준보다 낮은 경우를 제외하고는 대체로 인하하는 방향으로 운임을 조정하였다. 평한철로, 농해철로, 정태철로, 진포철로 등 네 철로는 모두 1분 7리로 인하하였으며, 평수철로는 1분 7리 5毫로, 남심철로, 광삼철로의 두 철로는 1분 8리로 인하하였다. 1934, 1935년경이 되면 각 철로에서 대부분 이러한 원칙을 받아들였으며, 전반적인 여객 운임의 인하은 결과적으로 승객의 부담을 경감시켰다.

(2) 화물업무의 정리

화물업무는 본래 매우 복잡하였다. 특히 군벌 할거시대에 각 철로는 수시로 가격을 인상하였으며, 여기에는 일정한 원칙도 없었다. 이에 국민정부 철도부는 몇 년에 걸친 정돈을 통해 다음과 같이 정리하였다.

가. 화물분등표의 수정

화물분등표란 철로운수의 모든 화물을 운임의 높고 낮음, 운임 부담능력의 정도에 따라 구분하여 등급을 결정하여 도식화한 것이다. 국유철로의 경우 철로화물의 등급을 6등제로 구분하여 정하였으며, 이에 따라 각 철로의 기본 운임 역시 6등제에 근거하여 제정되었다.

나. 운임제도의 개정

1929년 이전에 각 철로화물의 운임은 整車, 톤, 킬로그램의 세 종류가 있었다. 톤 운임은 정차 운임보다 높았으며, 킬로그램 운임은 톤 운임보다 높았다. 1929년 1월 1일 기존의 운임제도가 폐지되기 시작하면서 정차 운임과 不滿整車(정차에 미치지 못하는) 운임의 양급제로 개정되어 각 철로에서 점차적으로 시행되었다.

철로화물의 운송은 크게 정차화물(整車貨物)과 영차화물(零車貨物, 즉 不滿整車貨物)로 나눌 수 있다. 정차화물(carload lot, 1화차 적재)은 1화물차량을 채울 수 있는 분량의 화물을 가리키며, 대체로 톤 단위로 운임을 계산한다. 화물이 1톤에 미치지 못하는 우수리가 있을 경우 1톤으로 간주하여 운임을 계산한다. 영차화물(LCL, Less Than Carload Lot, 철로 소량화물)은 하나의 화차를 채울 수 없는 소량의 화물을 가리킨다. 따라서 1화물차량에 다른 화물주의 화물과 함께 실어 운반하게 되며, 혼재화물(Consolidated Cargo)이 된다. 일반적으로 10킬로그램 단위로 운임을 계산하며, 10킬로그램에 미치지 못할 경우 10킬로그램으로 간주하여 계산한다.

각 철로가 3급운임를 시행하던 시기에 모든 킬로그램 운가는 정차 운임에 비해 48-328퍼센트 정도 높았으며, 가격은 철로별로 차이가 컸다. 톤의 운임 역시 정차 운임과 비교하여 33-130퍼센트 정도 높았다. 이로 말미암아 소상인들의 운임 부담이 커서 결과적으로 상품의 원가 코스트를 상승시키는 요인으로 작용하였다. 양급운임제로 개정된 이후 각 철로에서는 대부분 이전의 톤 운임을 50킬로그램을 기준으로 구분하는 운임으로 변경하였다. 이후 다시 각 철로에서는 정차 운임과 불만정차 운임을 초과하는 비율을 경감하였다.

다. 철로화물 운임의 경감

1928년 이래 각 철로화물의 운임을 경감하는 방식은 대체로 보통과 특가의 양종이 있었다. 보통의 경우 그 화물의 기본운임을 인하하는 방식으로서 평한철로, 평수철로 등에서 채택하였다. 이 밖에 각 철로는 농업, 공업, 광업의 발전을 조장하기 위해 대종화물의 운수를 발전시켜 나갔다. 더욱이 화물의 수출을 장려하기 위해 회차 시에 공차운행을 보조하기 위한 목적에서 각종 화물에 대한 특가를 설정하였다. 예를 들면 糧運 특가, 煤運 특가, 鮮貨 특가, 국산공산품 특가, 수출 장려 특가, 회차시 공차 운임의 특가, 장거리운수 및 연계운수의 장려 특가 등이 그것이다. 또한 국산공업의 발전을 조장하기 위한 감가판법을 개정하고 운수교육품 특가판법, 농용기구감가판법 등의 규정을 두어 보통운임과 비교하여 다소 저렴하게 설정하였다.

라. 화물 책임운수제의 추진

창설 초기에 각 철로에서는 화물을 운송하는 과정에서 화물의 훼손이나 분실이 발생할 경우 이를 배상하는 책임을 규정한 제도가 마련되어 있지 않았다. 1921년 정부는 비로소 '철로부책운수화물'을 제정하고, 화물주가 손실에 대한 배상을 청구할 경우에 한해 철로국이 가능한 범위 내에서 배상의 책임을 지는 제도를 마련하였다. 그러나 군벌의 혼전과 끊임없는 전쟁으로 인해 1926년에 이르러 거의 무용지물이 되고 말았다. 1932년에 국민정부 철도부는 각 철로로 하여금 기한을 정하여 화물 책임운수제를 실행할 수 있는 규정과 여건을 마련하도록 지시하였다.

2) 운수 업무

(1) 차량운행통칙의 반포

행차통칙는 각 철로 소속의 차량 운행 업무에 종사하는 인원들이 마땅히 준수해야 할 가장 기본적인 법규로서, 차량 운행의 안전을 위해 매우 중요하였다. 각 철로는 일반적으로 차량 운행과 관련된 규정을 자체적으로 제정한 결과 통일적 규정이 없었다. 이러한 결과 각 철로 사이의 열차 운행과 소통이 순조롭지 않을 뿐만 아니라, 위험을 유발할 소지가 매우 컸다.

일찍이 북경정부 교통부는 차량 운행과 관련된 규장을 제정하여 각 철로에 보내어 이를 준용하도록 하였다. 그러나 각 철로의 설비가 부동하고 제도가 서로 달라 이러한 규장을 통일적으로 시행하기 어려웠다. 이후 1935년 국민정부 철도부가 각 철로의 의견을 모아 구미각국의 현행판법을 참조하여 '행차통칙초안'을 제정하고, 이를 제9차 운수회의에 제출하여 각 철로전문가들의 토론을 거쳐 마침내 대회를 통과하였다. 운수회의는 의결된 초안을 다시 철도부에 상신하였으며, 철도부는 다시 이를 각 철로로 보내어 1936년 1월 1일부터 그대로 실행하도록 하였다. 이후 각 철로의 열차 운행은 비로소 통일적인 규정을 갖추게 되었다.

(2) 열차 배차(調度)통칙의 반포

기관차 및 객화차 차량의 통제는 철로운수상 매우 중요한 기본업무로서 이전에는 각 철로에서 열차와 차량 관제의 권한이 대부분 차무단장의 수중에 있었다. 중앙에 통일된 법규가 마련되어 있지 못하여 종종 폐단이 발생하였을 뿐만 아니라 운수능력을 향상시키기도 어려웠다. 철도부는 '철로열차 및 차량관제통칙'을 반포하여 각 철로로 하여금 이를 준수하도록 하였다. 1936년 7월 1일부터 실행하도록 하니, 이에 따라 각 철로의 효율도 점차 제고되었다.

(3) 열차 차량 운용효율의 증진

열차 차량을 얼마나 효율적으로 운용하는가의 여부는 철로영업의 성적과 불가분의 관계를 갖게 된다. 1936년 7월 철도부는 '열차 및 차량통계규칙'을 반포하고, 각 철로로 하여금 이를 적용하도록 하였다. 이와 함께 차량운용 능률을 향상시키기 위한 방안을 연구하기 위해 각 철로역에서의 차량 정차시간, 차량 간격 및 운행속도 등 각 항목의 통계를 수집하여 비교 분석하였다. 이를 바탕으로 개선안을 마련하여 각 철로로 하여금 실행하도록 하였다.

2 철로 운임의 변천

중국에서 초기 철로 운임을 결정할 시기에 각 철로마다 차관을 도입한 국가의 철로제도와 불가분의 관계를 가지고 있었기 때문에 통일된 표준을 정하기 어려웠다. 중국에서 최초로 부설된 철로는 영국 자본의 오송철로였다. 오송철로는 부설이 완료된 직후 중국정부에 의해 매입되어 해체되었기 때문에 이후 철로제도와 연속성을 가지지는 못하였지만, 당시 철로의 운임을 살펴보면 다음과 같다.

오송철로는 1876년 5월 9일 상해에서 강만까지 6.3킬로미터의 노선 부설을 완공한 이후, 6월 12일 열차를 시험운전하였으며, 6월 30일 외국교민들을 초청하여 개통식을 거행하였다. 상해에서 江灣까지 운행하였으며, 시속 25마일(40킬로미터)이었다. 객차는 1등 열차의 길이가 15피트(4.57미터), 탑승 승객이 16명, 2등 열차의 길이는 1등 열차와 같았고, 승객 18명이 탑승하였다. 3등 열차는 모두 4량으로 18피트(5.49미터)였으며, 각각 96명이 탑승하였다. 화물차는 12량으로서, 각각 길이 10피트, 중량 5톤에 달하였다. 당시 3등 열차의 승객이 가장 많아 총 여객의 80퍼센트를 차지하였다. 1등 승객이 10

퍼센트, 2등 승객이 10퍼센트에 달하였다.

12월 1일 오송철로는 전 노선에 걸쳐 열차를 운행하였다. 상해에서 송강까지 하루에 일곱 차례 운행하였는데, 1등석의 운임은 상해에서 강만까지 5角, 오송항까지 1원, 2등석은 강만까지 2角 5分, 오송까지 5角, 3등석이 강만까지 100文, 오송까지 200문으로 정해졌다.(制錢 1,200문은 大洋 1元에 상당) 만일 개를 데리고 탑승할 경우 거리에 관계없이 1角을 지불하도록 하였다.

청일전쟁의 결과로 체결된 하관조약은 중국철로의 발전에서 중요한 획기가 되었다. 1840-1894년까지 중국에 대한 열강의 경제 침략은 상품 수출이 주요한 형식이었다. 그러나 청일전쟁 이후 제국주의가 중국에 투자한 새로운 대상이 바로 철로였는데, 이는 재중국 외국자본의 추세가 고정성의 투자로 향하고 있음과 더불어 식민지화의 성격이 일층 강화되었음을 의미하였다. 차관을 도입하여 부설된 철로는 대부분 차관 공여국의 철로제도를 채택하였으며, 철로의 객화 운임에서 통일된 규정이 존재하지 않았기 때문에, 중국철로의 운임은 매우 혼란스러운 상태였다.

철로 운임의 혼란은 당연히 철로의 발전에 큰 장애요인이 아닐 수 없었다. 뿐만 아니라 철로 사이의 연계운수를 실시하는 과정에서도 중대한 걸림돌이었다. 이러한 문제의식에서 신해혁명 직후인 1913년에 처음으로 聯繫運輸會議가 개최되어 각 철로 사이의 운임제도를 통일하기 위한 논의가 시작되었다. 1918년 북경정부 교통부가 제1차 운수회의를 개최하였는데, 회의에서는 객화 운임을 통일하기 위한 방안과 관련하여 많은 의견이 제기되었다. 1921년에 개최된 제3차 운수회의는 화등운가위원회를 조직하기로 결의하니, 이것이 이후 화물 운임의 등급을 논의하는 기구가 되었다.

연계운수회의는 1931년에 이르기까지 총 7차례에 걸쳐 소집되었으며, 전국철로 및 중외 운수전문가들 사이에 토론을 거쳐 객화 운임에 대한 의견을 수렴하였다. 그러나 1920년대 군벌전쟁 등 국내정치의 혼란으로 말미암아 운임제도의 통일도 순조롭게 진행되지 못하였다. 더욱이 세제가 문란하고 厘金이 번중하였으며, 지방군벌들은 전쟁비용을 충당하기 위해 해당지역의 철로에 대해 각종 명목으로 세금을 임의로 징수하였다. 1930년 국민당 4중전회는 1931년 1월 1일부터 이금 및 유사이금의 철폐를 결의하여, 각 성에서 여하한 이유로도 이금의 징수를 연장하지 못하도록 하였다. 이금의 철폐는 각 철로의 운임을 통일하기 위한 중요한 조건을 마련하였다.

　　1928년 12월 국민정부 철도부는 화등운가위원회의 설립을 추진하여, 다음 해인 1929년 1월에 정식으로 설립되기에 이르렀다. 이것은 실로 철로 운임을 통일하기 위한 중요한 계기가 되었다. 국민정부 철도부가 성립된 이후 관리사장 蔡增基는 화물의 종류가 지나치게 번잡함에 비추어 통일적인 화물의 등급을 제정하는 일이 시급하다고 생각하였다. 이에 따라 등급을 정할 시에 마땅히 먼저 각 화물의 생산 및 소비상황과 시가의 고저, 화물 체적의 대소 및 경중, 수륙운수와의 경쟁 등을 상세히 조사하였다. 이와 함께 철로 운수의 코스트를 참작하고 사회경제 상황 및 손익을 참작하여 심의한 이후, 화물의 등급을 가능한한 저렴하게 결정하여 운임의 표준화를 시도하였다.

　　중국철로의 운임은 전술한 연계운수회의 및 운수회의 이후 점차 통일화의 방향으로 진전되었다. 철로 운임의 결정 과정에서 객운과 화운은 다음의 점에서 다소 차이가 있었다.

　　① 여객 운임은 등급이 간단하여 결정의 과정에서 특별히 어려운

장애가 없었다. 그러나 화물 운임의 등급은 화물의 종류가 지나치게 다양하고 복잡하여 운임의 고저 사이에 항상 많은 갈등과 분쟁이 있어 수시로 이러한 상황을 고려하지 않으면 안 되었다.

② 여객운수의 경쟁은 화물과 같이 치열하지 않았으며, 여객의 경우 운임의 인하에 대한 요구가 비교적 적었다. 그러나 화물의 생산자 혹은 貨主가 화물의 운임을 인하해 주도록 희망하는 경우는 매우 많았다.

③ 철로의 여객 모집은 화물의 모집에 비해 전체 경영에서 차지하는 비중이 작았다.

이상과 같은 여러 이유로 여객 운임의 제정은 화물과 비교하여 비교적 수월하였으며, 여객 운임의 경우 결정 이후 철로당국이 받을 비판 역시 그다지 많지 않았다.

3 여객의 운임(客運)

각 철로가 개통된 초기에 여객 운임은 대체로 華里, 英里(마일), 프랑스里로 거리를 계산하여, 등급에 따라 배를 더하거나 혹은 반을 더하는 방식으로 결정되었다. 더욱이 철로 운임을 제정한 초기에는 차관 관계로 말미암아 차관 공여국의 제도와 통례를 채택하는 것이 일반적이었다. 1918년 이전에 각 철로의 여객 운임은 다음과 같았다.

1918년 이전 각 철로의 여객 운임

철로별	거리 단위	1킬로미터당 여객 운임 가격표			
		1등	2등	3등	4등
경한철로	킬로미터	3分6	2분4	1분3	
농해철로	同	3분6	2분4	1분2	6厘
정태철로	同	4분8	2분6	1분6	
경봉철로	英里(마일) 킬로미터 환산	6分 4分	3분75 2분5	2분 1분34	2분 1분34
진포철로	同	同	4분 2분67	2분 1분34	1분 6厘6
滬寧鐵路	同	5분 3분34	2분5 1분67	1분25 8厘34	7厘5 5厘
滬杭甬鐵路	同	3분75 2분5	2분 1분334	1분25 8厘34	
道淸鐵路	同	4분 2분67	2분5 1분67	1분5 1분	
吉長鐵路	同	7분 4분66	5분 3분34	3분 2분	
廣九鐵路	同	6분 4분	3분 2분	1분5 1분	
廣三鐵路	同	1분8 1분2	1분5 1분	6厘 4厘	
京綏鐵路	華里 킬로미터 환산	2분4 4분8	1분6 3분2	8厘 1분6	
株萍鐵路	同	8리 1분6	6리 1분2	4리 8리	
湘鄂鐵路	英里(마일) 킬로미터 환산	6분 4분	4분 2분67	2분 1분34	
漳夏鐵路	華里 킬로미터 환산	1분5 3분	1분 2분	5리 1분	
四鄭鐵路	킬로미터	5분	3분	2분	

이러한 가운데 1918년 제1차 운수회의가 개최될 당시에 '보통여객 운가표준안'이 제출되었다. 회의에서는 토론과 심의를 거쳐 여객 운임의 경우 각 철로의 상황에 따라 자체적으로 결정하도록 함으로써 통일된 운임을 도출할 수는 없었다. 남경국민정부가 수립된 이후 각 철로는 상호 연계운수를 실시하였기 때문에, 이를 위해 다음과 같이 표준 5항을 제정하였다.

① 객운은 3등 객표를 기준으로 1킬로미터당 1分 4厘를 표준으로 한다. 단 3등 표가는 1角을 최소단위로 한다.

② 2등 여객 운임은 3등 표가에 0.5배를 더하여, 1킬로미터당 2분 1리를 표준으로 한다. 각 철로의 2등 표가는 대체적으로 3등 표가의 두 배로 한다. 따라서 2등 표가를 저감함으로써 3등 객차로 승객이 몰려 붐비는 것을 방지한다.

③ 1등 객표 운임은 3등 표가의 세 배로 하여 1킬로미터당 4분 2리를 표준으로 한다.

④ 각 철로는 특별한 사정이 있을 경우 위의 표준에 근거하여 증감하고, 교통부의 비준을 받아 그대로 시행한다.

⑤ 4등 객표는 지리나 운수에서 특별한 사정이 있는 12개 노선의 국유철로에만 한정하여 설치한다. 특별히 필요한 경우에는 해당 철로가 현지 사정을 반영하여 철도부에 심의를 요청한다. 따라서 4등 표가는 특별히 정하지 않는다.

이와 같이 운수회의에서 심의하여 결정한 5항의 판법은 토론에 부쳐졌다. 각 철로의 사정이 서로 달랐으며, 수로와의 운수경쟁이 있는 경우 표가를 저렴하게 조정할 수 있도록 합의하였다. 만일 일률적으로 가격을 정할 경우 어려움이 있을 수 있기 때문에, 특별한 상황이 있을 경우 참작하여 증감할 수 있도록 하였다. 만일 특별한 문제가 없을 경우 각 회원은 다시 토론을 거쳐 철도부에 보고한 이후 시행하도록 하였다.

1921년 이후 각 철로는 군벌전쟁의 영향으로 말미암아 운임에 많은 변화가 불가피하였다. 1929년에 이르러 '철도부화등운가위원회'가 설립된 이후 철도부는 운임의 개선을 둘러싸고 논의를 진행하였다.

1) 철로 여객 운임의 기본가율

여객 운임의 기본은 운수코스트 및 여객의 담보능력을 표준으로 삼았다. 그러나 각 철로가 통과하는 지역 내에 기타 운수기관이 있어 상호 경쟁이 있을 경우 객표 가격은 다소 저렴해야 하며, 경쟁 상대가 없을 경우 기본가율을 비교적 높게 책정하여 현지의 상황에 적당하게 하도록 결정하였다. 단 각 철로의 기본가율이 현지의 상황에 따라 상이한 까닭에 자체적으로 기본가율을 결정하여 철도부에 상신하도록 하였다.

1929년 화등운가위원회는 양자강 이북 소재 각 대철로의 여객 운임을 조사하여 운임의 통일화 방안을 강구하였다. 이에 근거하여 비교한 결과 강북지역 소재의 각 철로가 설정한 객표가격에도 큰 차이가 없어 통일의 가능성이 있었다. 이에 화등운가위원회는 토론을 거쳐 세 가지 방안을 결정하였다.

① 평한, 평수, 농해, 진포의 4철로는 3등 객표 기본가율을 일률적으로 1킬로미터당 1分 7厘로 정한다.

② 교제철로의 경우 3등 객표의 기본가율을 1킬로미터당 1분 2리 6毫 1絲로 정하고, 1킬로그램당 1분 3리씩 증가시킨다.

③ 북녕철로의 기본가율은 1킬로미터당 1분 5리로 정하며, 더 증
가시킬 수 없다.

이후 각 철로의 기본운임에는 큰 변화가 없었다. 1933년 3월 국민
정부 철도부가 조사, 작성한 운임표는 다음과 같다.

철로	거리(킬로미터)	1등	2등	3등	4등
粤漢鐵路	1-50	0.260	0.0195	0.0130	
	51-150	0.0320	0.0240	0.0160	
	151이상	0.0380	0.0285	0.0190	
柱萍鐵路		0.0270	0.02025	0.01350	
廣三鐵路		0.0360	0.0270	0.0180	
滬杭甬鐵路	滬杭段	0.03645	0.02430	0.01350	0.00800
	甬曹段	0.03645	0.02430	0.01350	0.00700
京滬鐵路	1-20	0.04500	0.03000	0.01500	0.00715
	21-100	0.03750	0.02500	0.01250	0.00650
	101-200	0.0337500	0.0225000	0.0112500	0.0064675
	201-400	0.030375	0.020250	0.010125	0.006435
湘鄂鐵路		0.03750	0.02500	0.01250	0.00750
膠濟鐵路		0.03900	0.02600	0.01300	
北寧鐵路		0.04500	0.03000	0.01500	
道淸鐵路		0.04500	0.03000	0.01500	
廣九鐵路	各站慢車快車	0.05980	0.03980	0.02650	
	直通省港聯標	0.03350	0.01900	0.00782	
杭江鐵路	江邊站諸暨站間	0.04500	0.03000	0.02650	
	暨站間蘭谿站間	0.06000	0.04000	0.02000	
津浦鐵路		0.05100	0.03400	0.01700	
平漢鐵路		0.05100	0.03400	0.01700	
隴海鐵路		0.05100	0.03400	0.01700	
正太鐵路		0.05100	0.03400	0.01700	
平綏鐵路		0.05100	0.03400	0.01700	
南潯鐵路		0.05400	0.03600	0.01800	

앞의 표에서 볼 수 있듯이, 평한, 진포, 평수, 농해, 정태 등 강북 5철로의 운임이 일치하였으며, 그 밖에 각 철로의 운임에는 다소 차이가 있었다. 철도부는 운임을 통일하기 위해 기본가율을 채택하여 각 철로의 표준으로 정하고자 하였다. 이로부터 전국 각 철로의 운임은 점차 통일화의 방향으로 들어섰다.

2) 1, 2, 3등 여객 운임 비율

객운 각 등급의 운임 비율은 각 등급의 운수코스트 및 각 등급의 여객 부담능력을 기준으로 책정되었다. 이전에 각 철로에서 1, 2, 3등 간의 비율은 대체로 2등을 3등의 3배, 1등을 3등의 4배로 하였다. 제1차 운수회의는 3등 열차로 승객이 몰리는 것을 고려하여 2등을 3등의 두 배 반으로 변경하고, 1등을 3등의 4배로 결정하려 하였다. 그러나 논의 끝에 2등을 3등의 3배, 1등을 3등의 4배로 변경하였다.

당시 경호철로 등은 수운과의 경쟁으로 말미암아 3등 운임이 비교적 저렴하였으며, 따라서 여전히 1, 2, 4의 비례를 채택하다가 이후에 비로소 1, 2, 3의 비례를 채택하였다. 남경국민정부가 수립된 이후에도 광구철로, 광삼철로 등의 경우 1, 1.5, 2의 비율을 채택하였다. 각 철로의 객운상황으로 살펴보면, 대체로 3등 열차가 가장 붐볐으며 1, 2등 열차는 상대적으로 공석이 많았다. 이를 해결하기 위한 방안으로서 1, 2등의 비례 확대를 지양하고 격차를 감소시키는 방향으로 개선하였다.

3) 객표 운임의 장거리 누진 할인

여객운임에 운송거리가 멀면 멀수록 누진 감가하는 원칙을 적용할 것인가, 아니면 평등가율을 채택할 것인가. 이 문제를 두고 화등운가위원회는 토론을 거친 결과 화운가율의 거리가 멀수록 누진 감가하는 방향으로 결정하였다. 그 이유는 장거리 운송의 운임에 혜택을 부여함으로서 화물의 운송을 확대하여 철로의 경영을 개선하기 위한 목적이 있었다. 장거리 화물의 부담능력을 고려할 때 원거리 운임을 저감할 수밖에 없었다. 여객운수의 경우 장거리 운임에 특별한 혜택을 부여할 이유가 없었으며, 당분간 현지의 평등가율로 계산하도록 하였다.

4) 4등 객표 운임

4등 객표의 운임문제와 관련하여 경호, 호항용 양 철로가 최초 4등 객차를 개설한 이유는 수운과의 경쟁력을 제고하기 위한 것이다. 북녕철로는 몇 년 동안 동삼성의 피난민과 재난민에 대해 운임의 면제를 시행하였으며, 평한철로 역시 동일한 조치를 취하였다. 북녕철로는 계절별로 小工(막노동꾼, 잡부)의 표가를 별도로 정하였으며, 대체로 겨울과 봄 두 계절에 시행하였다. 소공의 운임은 성인 남성의 경우 천진에서 遼寧 및 通遼에 이르는 표가가 5元에 지나지 않았다. 이를 보통 3등 표가와 비교할 경우 절반에도 미치지 못하는 수준이었다. 게다가 소공의 부녀와 어린이의 경우에는 요금을 면제해 주었다.

더욱이 차량의 부족이나 경제상황 등으로 인해 실제로 4등 객차를 운용하기 어려운 경우도 적지 않았다. 4등 객차를 설치할 경우 표가가 저렴하기 때문에 3등 객차의 수입이 감소하지 않을 수 없었기 때문이다. 이 문제에 대해 화등운가위원회는 토론을 거쳐 경호·호항용 양 철로는 이미 4등 객차의 설비가 있어 계속 운행이 가능하다고 승인하였다. 이 밖에 지역경제를 위해 4등 객차가 필요하다

고 인정될 경우 철도부에 상신하
여 비준을 거쳐 해당 철로의 책임
하에 결정하도록 하였다.

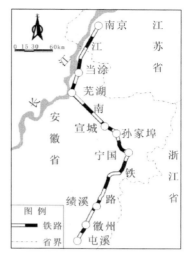

강남철로 노선도

강남철로의 사례를 살펴보면,
1935년에 개통된 이후 남경에서
孫家埠까지 매일 직통열차가 4차
례 왕복하였다. 열차의 주행 속도
는 무호에서 손가부에 이르는 구
간에서 시속 40킬로미터로 운행하
였으며, 남경에서 무호 사이의 구
간은 시속 30킬로미터로 운행하였
다. 남경에서 무호까지는 약 3시간
반이 소요되었으며 남경에서 손가부까지는 7시간 반이 소요되었다.
강남철로는 운수 가운데 객운이 다수를 차지하였다. 1935년 매일 평
균 객운량이 약 2,200명에 달하였다.

남경에서 무호까지의 票價는 3등이 1원 3角 5分으로서, 1킬로미
터당 평균 1分 5厘에 해당되었다. 4등은 7角이었다. 여객은 대부분
3, 4등표를 구매하여 승차하였으며, 소량의 화물을 휴대하고 승차할
수 있었다. 1935년 6월부터 1936년 12월까지의 통계를 살펴보면, 19
개월간 여객의 총수는 255만 명이었으며, 이 가운데 4등 여객이 168
만 명, 3등 여객이 73만 명으로서, 양자가 전체 여객수의 95퍼센트를
차지하였다. 강남철로공사는 농민과 소상인의 탑승을 장려하기 위
해 4등 여객이 상당량의 화물을 휴대하고 탑승할 수 있도록 허용하
였다. 이는 여타 철로국에서 엄격히 금지하고 있는 상태였다. 심지어
쌀을 운반하는 화주가 기차역에서 마대를 빌릴 수 있을 정도였다.

이러한 정책에 힘입어 강남철로가 개통된 이후 안휘성 남부지역에서 산출된 농산물의 外運이 크게 활성화되었다. 이 지역은 농산물, 특히 쌀과 차의 주산지였으며, 무호는 전국 4대 쌀 생산지 가운데 하나였다. 1936년 강남철로 각 역에서 남경, 상해, 항주 등으로 운반해 간 쌀이 무려 24만여 톤에 달하였다.

5) 아동 운임의 통일

아동의 운임 문제는 일찍부터 규정이 있어, 민국 초년 각 철로는 아동의 운임에 대해 반값의 규정을 두고 있었다. 그러나 아동의 규정이 3세에서 10세로 설정된 경우가 있었고, 4세에서 12세인 경우, 6세에서 12세인 경우도 있어 연령 기준을 어떠한 방식으로 표준을 삼을 것인가를 통일해야 했다. 1918년 각 철로의 아동 운임은 다음과 같다.

1918년 각 철로의 아동 운임

철로명	면제 범위	반액 범위
경한철로	4세 미만	4-12세
경봉철로	4세 미만	4-12세
경수철로	4세 미만	4-12세
진포철로	4세 미만	4-12세
호녕철로	3세 이하	3-12세
호항용철로	4세 이하	12세 이하
변락철로	3세 이하	3-12세
정태철로	3세 이하	3-10세
도청철로	3세 이하	3-12세
길장철로	6세 미만	6-12세
주평철로	품에 안은 아이	6-10세
광구철로	3세 이하	3-12세

아동 요금의 경우 각 철로마다 차이가 커서 제1차 운수회의를 거쳐 국내연운판법에 따라 처리하도록 하였다. 아동의 경우 4세 미만인 경우 운임을 면제하고, 4세 이상 12세 미만인 경우 운임은 성인의 반액으로 하며, 12세 이상인 자는 100퍼센트 받도록 하였다.

6) 침대차 운임

침대차 운임의 경우 종전에 객차운수통칙에 1등 3원, 2등 2원이었으며, 3등 침대칸에 대해서는 특정한 규정이 없었다. 그러나 이후 각 철로가 3등 침대차(臥車)를 설치하여 침대칸의 운임을 정하지 않으면 안되었다. 더욱이 침대차의 경우 상층, 하층의 구별 문제도 있었다. 아래층 가격은 비교적 높아 새로 가격을 정해야 했다. 각 철로가 일률적으로 집행하여 화등운가위원회의 심의를 거쳐 합의한 침대차 운임에 대한 개정판법은 다음과 같았다. 1등 위칸 3원 5각, 아래칸 4원 5각, 2등 위칸 2원 5각, 아래칸 3원, 3등 위칸 2원, 중간칸 1원 5각, 아래칸 2원이다. 이 판법에 의거하여 1930년 객차운수통칙을 개정하여 공포하고, 같은 해 7월 1일부터 시행하였다. 이후 3등 침대칸의 운임이 조금 높아 3등 위칸 1원, 중간칸 1원, 아래칸 1원 5각으로 개정하고, 1933년 2월 11일부터 일률적으로 실행하도록 하였다.

7) 수하물(行李) 운임

일찍이 1918년 제1차 운수회의 당시에 수하물과 관련하여 면제 및 비용 책정, 최저 중량 등 각종 방안이 제기되었다. 대체로 여객이 휴대하고 있는 수하물의 경우 운임을 면제해 주는 중량이 각 철로마다 서로 달랐으며, 수하물 비용 책정 방법에 대해서도 각 철로가 일치하지 않았다. 즉 25킬로그램부터 계산하는 경우가 있었고, 50킬로 그램부터 계산하는 경우도 있었다. 심지어 30, 40킬로미터를 넘을 경우 1擔으로 계산하는 경우도 있어 승객들의 혼란이 적지 않았다. 따라서 전국에 걸쳐 철로의 통일적인 표준을 마련하는 일이 매우 시급한 실정이었다. 1918년 당시 수하물의 비용 면제 중량 및 최소 중량은 다음과 같았다.

수하물 요금 부과 및 면제 및 요금표(1918)

철로별	수하물 과금 면제 중량(斤)			초과 수하물 과금 면제 최소중량
	1등	2등	3등	
경한철로	115	80	50	25
경봉철로	120	90	60	50
경수철로	120	90	60	25
진포철로	120	90	60	50
호녕철로	200	150	100	50
호항용철로	200	150	100	50
汴洛鐵路	100	75	50	
정태철로	100	75	50	
도청철로	150	100	80	100
길장철로	120	90	60	50
주평철로	140	100	60	50
광구철로	100	75	50	50
광삼철로	규정 없음			
漳廈鐵路	규정 없음			

8) 소포 운임

1921년 객차운수통칙 제75조는 소포 운임에 대한 규정을 두었는데, 중량 1킬로그램(1.675斤), 거리 50킬로미터당 銀元 2角 5分, 최소 운임은 본 철로의 경우 2각 5분, 연계운수는 1원이었다. 1925년 제6차 운수회의에서 소포 운임 전반에 대한 논의를 진행하였다. 이후 객차운수통칙 제75조를 개정하여 소포 운임을 다음과 같이 결정하였다.

250킬로미터 이내	중량 1킬로그램, 거리 50킬로미터 혹은 50킬로미터 이내	5厘
250-500킬로미터		4厘
500-750킬로미터		3厘
750킬로미터		2厘

소포 운임은 중량이나 용적에 따라 차등 적용하였다. 이후 철도부는 이를 개정하여 소포 운임을 약간 제고하여 다음과 같이 정하였다.

250킬로미터 이내	중량 1킬로그램, 거리 50킬로미터	7厘
251-500킬로미터		5厘 5毫
501-750킬로미터		3厘 7毫 5絲
751킬로미터 이상		2厘 5毫

소포의 최소 운임은 본 철로의 경우는 2각 5분, 연계운수의 경우는 5角으로 정하였다. 소포 중량은 킬로그램당 단위로 누진 계산하도록 하였다. 단 소포 중량 1킬로그램당의 체적이 3입방데시미터를 초과할 경우 매 3입방데시미터를 1킬로그램으로 계산하도록 하였다. 또한 탁송의 소포는 중량을 120킬로그램까지로 정하였으며, 대용적은 300입방데시미터를 한도로 하였다.

4 화물의 운임(貨運)

1) 화물의 등급 도량형

철로화물의 운수는 중량에 준거하였기 때문에 무게를 달아 운임을 결정하였다. 그런데 초기 중국철로는 타국으로부터 차관을 도입하여 부설한 결과 모든 제도와 방식이 기본적으로 해당 국가의 것을 채용하였다. 따라서 무게를 재는 단위중량의 표준도 각 철로마다 서로 상이하였으며, 이는 철로화물의 발전에 큰 장애가 아닐 수 없었다. 예를 들면 다음의 각 철로는 상이한 도량형을 사용하고 있었다.

① 프랑스톤을 사용하는 철로 : 경한철로, 변락철로, 정태철로 등
② 영국톤을 사용하는 철로 : 경봉철로, 경수철로, 진포철로, 호녕철로, 호항용철로, 도청철로, 길장철로, 주평철로, 광구철로, 광삼철로, 장하철로 등

이후 중국은 도량형의 사용에서 만국공제를 채택하여 입법원의 제정을 거쳐 공포하였다. 그러나 각 철로 마다 외국의 도량형을 사용한 기간이 오래되어 개혁의 초기에 신중할 수밖에 없었다. 첫째, 경제적인 문제와 관련된 것이다. 즉 이미 부설된 철로와 관련된 모든 수치가 영국제나 프랑스제, 미국제를 사용해 왔던 것이다. 부설공정 시에 사용한 것도 있고, 재료를 구매할 때 사용된 것도 있었다. 따라서 만일 이러한 도량형을 근본적으로 개혁하기 위해서는 모든 설비도 함께 갱신하지 않으면 안되었다. 이러할 경우 이를 위한 자금의 조달과 경제적 어려움이 수반될 것임은 명약관화하였다. 따라서 이를 시행하기 위해서도 기간을 나누어 점진적으로 진행해 나갈 수밖에 없었다.

둘째, 습관상의 문제를 들 수 있다. 이미 부설된 철로의 경우 타국의 도량형을 표준으로 사용한지 오래되어 직공이나 기관사가 여기에 익숙하여 이미 습관이 된 상태였다. 만일 법정도량형으로 개정하기 위해서는 이와 관련된 일체의 규장제도도 마찬가지로 개정하지 않으면 안되었다. 이러한 과정에서 오류가 발생할 가능성이 상존하였으며, 수속 역시 번잡하게 될 가능성을 피할 수 없었다.

1918년 북경교통부는 제1차 운수회의의 결의에 의거하여 각 철로로 하여금 다음과 같이 시행하도록 하였다.

① 각 철로 연도에 킬로미터로 이정표를 세운다.

② 이정표를 세운 이후 킬로미터로 기차역 거리표를 편제한다.

③ 객화 운임률은 이 거리표에 의거하여 책정한다.

④ 근수(斤數), 石數 및 英噸(longton)[1] 등은 농상부 도량형 비교표의 킬로그램, 톤으로 환산하고, 소수점 두 자리까지 남겨 계산한다.

⑤ 整車貨物의 경우 종래 영톤으로 계산한 것은 톤으로 고쳐 계산한다.

⑥ 환산표 내에 마땅히 입방미터 체적의 항목을 추가하여 작성한다.

2) 보통화물 분등 방법

중국철로는 창설 초기에 화물등급이 매우 문란하였을 뿐만 아니라, 각 철로화물 운송의 최소거리수 역시 통일되지 못하였다. 각 철로의 당시 '보통화물분등판법'은 다음과 같았다.

---

1) 영국에서 사용되는 중량 단위로서, 1톤의 중량이 1016.04킬로그램이며, 이는 2,240파운드에 해당된다.

각 철로의 보통화물 분등판법

철로별	등급	비고	최저거리
경한철로	6등급		25프랑스리
경봉철로	3등급	3등 이외에 위험물 분류	30마일 35마일
경수철로	4등급	4등 이외에 위험물 분류	50華里
진포철로	4등급	4등 이외에 高等	20마일
호녕철로	3등급	호항용 합판 이후 6등급으로 변경, 제1등급을 최저로 하고 제6등급은 위험물	10마일
호항용철로	4등급		10마일
한월천철로	5등급		각 역마다 규정
汴洛鐵路	6등급		10프랑스리
정태철로	등급을 나누지 않음	화물 가치의 고하를 살펴 잠정적으로 정한다. 1款부터 21款까지, 그리고 50관에서 56관까지 설정	8프랑스리
도청철로	3등급		무
광구철로	4등급		10마일
주평철로	5등급		각 역마다 규정
길장철로	4등급		15마일
장하철로	4등급		30華里
월한철로	3등급		

위의 표에서 보이듯이 동일 화물이 이 철로에서는 갑등, 저 철로에서는 을등, 심지어 제3로에서는 병등, 제4로에서는 정등으로 차이가 컸다. 또한 각 철로에서 최저거리, 톤수 역시 일정하지 않았다. 예를 들면 경봉철로의 경우 10톤이 최소 수량으로 정해져 있었지만, 경수철로, 경한철로의 경우 모두 최저톤수가 없었다. 진포철로의 경우 이전에는 2톤을 최저톤수로 정했지만 후에 취소하였다. 호항용철로의 경우 등급의 분류는 1등에서 6등까지로 구분한 이후, 1등을 최저로 하고 점차 높여 6등을 최고로 하였다. 이는 구미에서 사용되는

화물 등급의 고저 정도를 표준으로 삼아 설정된 것이다.

　그러나 중국의 사회습관은 어떠한 제도를 막론하고 모든 등급은 제1등을 최고로 하게 된다. 일본의 철로제도 역시 이와 같았다. 1915년 제3차 연운회의에서 각 철로 화물등급은 연계운수의 계산상 곤란을 해소하기 위해 다섯 철로가 화물등급을 논의하여 합치된 결과를 도출하고, 장래 연계운수 화물에 대비하였다. 경한철로, 진포철로, 경수철로, 호녕철로의 네 철로는 화물의 등급을 각각 제정하여 경봉철로에 보내 통합적인 화물등급표를 제정하였다. 이후 여기서 제정된 화물등급표를 1916년 10월 제4차 연운회의에 제출하고 의결한 이후 철도부에 보내어 신속히 심의하여 공포한 이후 실행할 수 있도록 요청하였다.

　1916년 10월 24일 교통부는 각국의 사례를 참조하여 각 철로의 화물등급을 통일적으로 구분하는 작업에 착수하였다. 이와 함께 각 철로에서 시행하고 있던 화물 및 그 명칭을 표로 분류하여 1916년 11월 30일까지 보고하도록 하였다. 이러한 결과 제정된 '교통부편정화물등급초안'은 경봉철로가 올린 시안을 참조하여 6등급으로 분류하였다. 6등 이외에 별도로 高等物과 위험물의 양 항목을 두었다. 그러나 6등을 최저로 하여 중국의 전통적 습관에 부응하였다. 1918년 제1차 연운회의에서 교통부가 이 초안을 회의에 상정하여 논의를 진행하였다. 이와 함께 연운회의에서는 통일적 화물등급 및 최저 거리수와 관련된 각 방안이 제기되었으며, 토론과 심의를 거쳐 다음과 같이 의결하였다.

　① 보통화물은 6등으로 정한다. 제6등을 최저로 하고, 점차 제1등을 최고로 한다. 이 밖에 별도로 고등물품, 특별물품, 위험물품의 3항을 둔다.

② 경봉철로국이 이전에 철도부에 상신한 화물등급초안을 화물
　분등의 표준으로 삼는다. 철도부는 이 표에 의거하여 각 화물
　의 등급을 분류하여 인쇄한 이후, 각 철로에 보내 공람하도록
　한다.
③ 운임을 산정하기 위한 최소거리수는 20킬로미터로 정한다. 킬
　로미터로 일괄적으로 개정하기 전에 만일 英里(마일)를 사용
　할 경우 15영리(마일)로 정한다.

　1920년 4월에 개최된 제2차 운수회의에서는 '화물운수통칙' 및
'보통화물분등표'가 상정되었으며, 이에 대한 상세한 검토를 거쳐
1921년 1월 1일부터 경봉철로, 경한철로, 경수철로, 진포철로, 호녕
철로, 호항용철로 등 각 철로에서 채택하여 실시하도록 하였다. 각
철로 대표가 분등표를 승인한 결과 안건이 의결되어 통과되었으며,
이에 따라 모든 국유철로는 1921년 1월 1일부터 시험적으로 1년간
이러한 규정을 준수하도록 하였다. 1년의 기간 동안 만일 수정해야
할 점이 발견될 경우 1921년 12월 31일 이전에 교통부에 보내어 회
의를 소집하여 토론하기로 합의하였다.
　최소거리수에 대해서는 이미 화물운수통칙 내에 모든 화물의 운
임을 최소 20킬로미터부터 계산하도록 규정하였다. 국유철로 이외
에 민영철로가 운임을 결정하는 과정에서도 정부의 통제는 효율적
으로 이루어졌다. 왜냐하면, 민영철로가 운임을 제정하거나 개정할
경우 반드시 주관부서의 심사비준을 받도록 규정하였기 때문에 국
영철로에서 시행되는 분등 기준 및 운임의 결정과 대동소이하게 결
정할 수밖에 없었다.
　1921년 5월 제3차 운수회의는 화물분등표에 대한 많은 제안이 제

출되었다. 제3차 운수회의에서 핵심적인 의제는 화등운가위원회를 설립하는 문제였다. 화등운가위원회가 설립된 이후에 비로소 전문적인 화물분등표의 작성 및 개정이 가능하기 때문이다. 이에 따라 화등운가위원회는 각 철로의 대표로 구성하도록 하였다. 그럼에도 위원회는 1928년 국민정부 철도부가 설립된 이후에 비로소 비준되었다.

1922년 11월 제4차 운수회의, 1923년 4월 제5차 운수회의, 1925년 9월 제6차 운수회의에서는 화물분등표에 대한 수정이 이루어졌다. 마침내 1929년에 이르러 화등운가위원회는 화물분등과 관련하여 다음과 같은 4항목의 판법을 의결하였다.

첫째, 원래의 분등표 양식을 수정하여 화물분류목록을 제정하고 구식의 목록을 수정한다. 그 이유로는 다음과 같이 세 가지를 들 수 있다.

① 중문분등표와 편정목록판법이 상호 일치하지 않는다.
② 각 철로의 회계인원으로 하여금 운수화물분류통계를 용이하게 편제할 수 있도록 하며, 아울러 화등(화물등급) 및 운임을 개정할 시에 비교적 쉽게 처리할 수 있다.
③ 번역문을 비교적 쉽게 편인할 수 있다.

대회는 의결을 통해 화물분등표를 교통부에 상신하고 간행, 인쇄한 이후 각 철로에 배분하고, 1930년 1월 1일부터 시행하는 것으로 결정하였다.

둘째, 화물 등급을 개정할 시에 화물의 심사방법은 의결을 거쳐 교통부에 보내어 비준을 득하도록 하며, 이를 위해 심의단을 조직해야 한다. 심의인원은 각 철로에 가서 철로원을 훈련시키고, 이들과 협조하여 사안을 처리한다. 본회는 장차 보고될 사안을 화물 등급 및 운임의 표준으로 정하기 위해 상무지남을 편정한다. 화물 등급을 개정할 경우 마땅히 다음과 같은 방법을 고려해야 한다.

① 화물의 가치
② 운수의 통상 수량
③ 통상 사용되는 포장방법
④ 매건 최적의 대소 혹은 척도와 중량과의 관계
⑤ 쉽게 훼손되는지 여부
⑥ 화물을 적재할 경우 어떠한 곤란이나 기타 상황이 있는지 여부
⑦ 철로영업의 부담 정도

셋째, 각 철로화물의 계산을 정차와 불만정차 양자로 구분하고 그 비율을 결정하는 문제.[2)]

철로화물의 운수에서 정차운수의 경우 동종화물의 운임이 킬로그램과 비교하면 낮은 편이었다. 중국의 철로화물 운임의 계산방식은 창설 초기에 대부분 擔으로 계산하거나 차량 단위로 계산하였다. 그

---

2) 앞서 지적하였듯이 철로화물의 운송은 크게 정차화물(整車貨物)과 영차화물 (零車貨物, 즉 不滿整車貨物)로 나눌 수 있다. 정차화물(carload lot, 1화차 적재)은 1화물차량을 채울 수 있는 분량의 화물을 가리키며, 대체로 톤 단위로 운임을 계산한다. 화물이 1톤에 미치지 못하는 우수리가 있을 경우 1톤으로 간주하여 운임을 계산한다. 영차화물(LCL, Less Than Carload Lot, 철로 소량화물)은 하나의 화차를 채울 수 없는 소량의 화물을 가리킨다. 따라서 1화물차량에 다른 화물주의 화물과 함께 실어 운반하게 되며, 혼재화물(Consolidated Cargo)이 된다. 일반적으로 10킬로그램 단위로 운임을 계산하며, 10킬로그램에 미치지 못할 경우 10킬로그램으로 간주하여 계산한다.

리하여 톤으로 운임을 계산한 것 보다 낮았다.

1920년 제2차 운수회의 시에 국유철로의 경우 1921년 1월 1일에 킬로그램, 톤제로 개정하도록 하고 종전의 담, 톤 및 정차 운임은 모두 킬로그램, 톤 및 정차 운임으로 개정하도록 하였다. 이러한 결과 통칙 제22조에서 모든 운임은 매 50킬로그램 1킬로미터, 1톤(혹은 정차 1톤) 1킬로미터로 계산하도록 하였다. 또한 33조에서 중량의 계산운임은 59킬로그램을 1擔으로 환산하며, 1,000킬로그램(16담75)을 1톤으로 환산하며, 250입방데시미터(80입방피트)를 1톤으로 규정하였다.

또한 제24조의 운임 계산방법에서 최소운임을 다음과 같이 규정하였다.

(갑) 킬로그램 : 모든 화물 중량 가운데 50킬로그램이 넘지 않는 운임은 50킬로그램으로 계산한다. 중량이 50킬로그램을 초과하는 것은 초과 중량에 따라 25킬로그램을 단위로 운임을 증가시킨다. 25킬로그램에 미치지 못하는 것은 역시 25킬로그램으로 계산한다. 화물 운임은 은원 5각을 최소 단위로 한다.

(을) 톤 : 무릇 톤으로 운임을 계산한 것은 적어도 1톤과 4분의 1을 단위로 한다. 즉 중량이 이에 미치지 못할 경우 역시 1톤과 4분의 1로 계산한다. 운임은 은원 1원을 최소의 단위로 한다.

(병) 정차 : 운임을 정차로 계산할 경우 소정의 정차 운임에 따라 계산한다. 그러나 최소의 수는 적어도 사용차량 적재중량에 따라 톤당 은원 5각을 받는다.

1921년 제3차 운수회의는 화차운수통칙 제24조 을항, 화차 적재화물 문제에 관하여 다음과 같이 수정하기로 의결하였다. (을) 톤 : 톤으로 계산한 운임의 경우 매건은 적어도 1톤 단위로 계산한다. 만일 1톤을 넘을 경우 1톤 4분의 1로 계산한다. 즉 여기에 미치지 못하는 중량은 이 수자로 계산한다. 매건 적어도 은원 1원을 최소로 한다.

이상의 방법에 따라 (1)킬로그램 운임은 1톤 이하의 작은 화물에 적용한다. (2)정톤 운임은 정차화물에 차지 않고 중량이 1톤 이상인 경우에만 적용한다. (3)정차 운임은 정차화물에만 적용한다.

1929년 화등운가위원회는 50킬로그램, 영톤 및 정차의 3종 운임 계산제도의 폐지를 제안하고, 항목을 단순화하여 계산에 편리하도록 하였다. (1)정차 적재, 운수 시에 철로의 운수코스트가 비교적 낮기 때문에 손실의 가능성도 비교적 적다. 차량에 적재할 경우 가득 차며, 차량 적재 및 사용시간도 비교적 짧다. (2)상인이 대량의 화물을 구입할 수 있도록 장려하고, 이를 통해 철로의 영업을 증진시킨다. 이를 위해 화등운가위원회는 토론을 거쳐 화물운임을 결정하고, 향후 整車와 不滿整車 양종제도로 구분하기로 결정하였다.

아울러 모든 정차화물은 현행의 장정에 따라 처리하도록 하였다. 불만정차의 경우 운임은 최소 50킬로그램으로 계산하도록 하였다. 만일 중량이 50킬로그램을 초과할 경우, 초과의 중량은 25킬로그램을 단위로 계산하여 운임을 가산하도록 하였다. 화물의 운임은 5각을 최소요금으로 하였다. 정차 운임과 불만정차 운임의 비율은 각 철로가 자신의 상황을 참작하여 자체적으로 결정하고, 철도부에 상신하여 비준을 득한 이후에 비로소 시행하도록 하였다. 불만정차 운임은 대체로 정차 운임에 30퍼센트를 가산하는 것을 표준으로 하였다. 각 철로의 보고에 따르면 불만정차 운임은 정차 운임에 비해 다음과 같이 증가하였다.

평한철로 : 35퍼센트 가산, 진포철로 : 70퍼센트 가산, 교제철로 : 50퍼센트 가산, 농해철로 : 30퍼센트 가산, 경호철로 : 100퍼센트 가산, 호항용철로 : 75퍼센트 가산, 도청철로 : 30퍼센트 가산, 평수철로 : 80퍼센트 가산, 정태철로 : 30퍼센트 가산 등이었다. 정차와 불만정차의 운임 차이 여하는 바로 화물의 운수 및 상인의 이해와 직결되는 문제로서, 그 영향이 매우 컸다. 각국 철로의 경우 이 양자의 비율이 일반적으로 50퍼센트를 초과하지 않았다.

넷째, 화물 운임률을 거리가 멀수록 누진 저감하는 방식을 적용한다. 철로운수의 코스트는 거리의 장단에 따라 동등하게 비례하여 증가하는 것이 아니며, 운송거리가 멀수록 매 구간 평균 운수에 소요되는 비용도 적어지기 마련이었다. 이러한 이유로 장거리 운수가 많을수록 철로의 수익 역시 증가할 수밖에 없었다. 따라서 장거리 운수는 단거리 운수에 비해 매 구간의 비용에서 차이가 컸다. 철로와 탑승자 양측의 이익이라는 입장에서 말하자면, 화주의 운수화물은 운송거리가 멀수록 운임의 총액 역시 증가하기 마련이었다. 만일 장거리운수의 운임을 누진하여 감가하지 않는다면, 화물부담 운송비의 부담능력이 한도를 초과한다면, 이는 바로 화물의 가격 상승으로 이어져 원활한 소비가 어렵게 될 것임을 짐작할 수 있다. 중국철로에서는 이전에 경호철로와 진포철로 등 일부 철로에서만 누진감가의 제도를 시행하였으며, 이 밖의 철로는 대부분 운송거리를 里 단위로 계산하였으며, 더욱이 계산방법 역시 천차만별이었다.

이러한 결과 1918년 제1차 운수회의는 이러한 문제점을 논의한 이후, 보통화물 장거리 운임의 누진 감가방법을 다음과 같이 의결하였다.

① 모든 선로의 이정이 150킬로미터 이내인 경우는 里(거리)에 따라 계산하고, 누진을 적용하지 않는다.

② 모든 선로의 이정이 150킬로미터 이상에 달할 경우 그 운수상황의 여하를 고려하여 거리에 따라 계산하거나 혹은 누진제의 방법으로 적용하거나 모두 각 철로가 처한 상황을 고려하여 결정한 이후 철도부에 상신하여 비준을 받은 이후에 시행한다.

③ 만일 누진제 방법을 적용할 경우 151킬로미터를 최소단위로 설정하여 다음과 같이 결정한다.

151킬로미터에서 300킬로미터 : 5퍼센트 할인

301-600킬로미터 : 10퍼센트 할인

601-900킬로미터 : 15퍼센트 할인

901킬로미터 이상 : 20퍼센트 할인

④ 킬로미터로 개정하기 이전에 英里(마일)의 계산은 다음을 표준으로 한다.

150킬로미터를 100마일로 한다.

300킬로미터는 200마일로 한다.

301킬로미터는 201마일로 한다.

나머지는 이 수치를 기준으로 한다.

국유철로는 보통화물에 대해 누진의 원칙에 따라 운임을 적용한 이후 1923년 제5차 운수회의에서 이 방법을 제안하여, 대체로 동의를 얻었다. 단 시행방법에 대해서는 다음과 같은 문제점들이 제기되었다.

① 철로 운임은 50킬로미터 이내의 경우 1톤 1킬로미터당 1分 5

厘, 51킬로미터 이상에서 100킬로미터의 경우 1톤 1킬로미터 당 1분 2리를 부과해야 하며, 100킬로미터 이상의 경우는 이 비율에 따른다. 만일 1톤 화물을 75킬로미터 운송할 경우 운임의 계산방법은 다음과 같다.

50킬로미터 × 0.015元 = 0.75원

25 × 0.012 = 0.30원

총수 1.05원

② 각 철로의 운임은 이미 누진제를 채택하여 보통 운임을 100퍼센트 누진한다면 특별원가 적용해야 한다. 각 철로의 보통 운임은 이미 누진제로 계산한 즉 누진제의 할인 비율 적용이 각 철로마다 다르다.

1929년 화등운가위원회는 '통일각로화물기본운임문제'를 제출하였다. 다양한 차이가 있었음에도 각 철로의 화물 운임 결정은 운임의 통일, 화물등급의 통일, 운송의 발전이라는 대원칙에서 다음과 같은 내용으로 통일하고자 하였다.

첫째, 각 철로의 화물 운임, 각 등급 간 고저의 비례

둘째, 거리가 비슷한 철로, 화물 운임, 누진 할인의 구성 방법

셋째, 정차 운임과 불만정차 운임 고저의 비율

이상의 원칙은 같은 해 제7차 운수회의에서 다음과 같이 의결되었다.

① 완전 통일해야 할 것 : 첫째 화물 등급의 다과, 둘째, 화물의 등급, 셋째, 정차화물의 최소중량

② 통일을 위해 계속 노력해야 할 것 : 첫째 정차 운임과 불만정

차 운임 고저의 비율, 둘째, 기본 운임, 세 번째, 누진감액 운
임 구성의 방법, 넷째, 각 등급 간 운임 고저의 비율

3) 운임의 계산

철로는 화물주로부터 운송할 화물을 수탁 받는데, 이를 화운이라
한다. 철로는 각 열차역에서 화운업무를 수행한다. 각 철로국은 업
무시간 내에 수탁인으로부터 화물을 수취하는 사람 혹은 화물인수
증을 가지고 있는 사람이 열차역의 업무담당자에게 화물의 탁송, 화
물의 수취, 혹은 기타 화물운수 관련 업무를 요청할 경우 이를 처리
한다.

(1) 운임의 계산

철로가 수탁 받은 화물은 모두 5등으로 분류된다. 제5등 운가는
최저이며, 제1등이 가장 높았다. 대체로 대종물품의 전체 중량(혹은
용적) 15톤, 20톤, 30톤 혹은 40톤은 철로 측에 '整車'화물 탁송에 의
거하여 정차화물(carload lot) 운임을 적용하며, 톤을 단위로 하여 운
임을 계산한다. 소수점 이하가 1톤에 미치지 못하는 것은 1톤으로
계산한다. 자잘한 물품들의 전체 중량이 상술한 톤수에 모자랄 경우,
혹은 원래 대종물품에 속하지만 상술한 각종 톤수에 미치지 못하는
경우, 혹은 끝수(우수리)가 있어 이를 탁송할 경우 전체 혹은 우수리
톤수는 '零担貨物(LCL, Less than Carload Lot) 託運'에 근거하여 영
단 운임을 적용하여 10킬로그램을 단위로 운임을 계산한다. 끝자리
가 10킬로그램에 미치지 못한 경우는 마찬가지로 10킬로그램으로
계산한다. '零担貨物(LCL, Less than Carload Lot) 託運'은 각각 다른

화주들의 화물을 모아 둔 화물차량을 이용하게 된다. 1화차 적재(a Carload)하기 부족한 소량화물을 가리키며, 이러한 소량화물이 철로 측에 인도되면 다른 소량화물과 혼재되어 1화차로서 운송된다.

화물 영업거리는 모두 킬로미터를 단위로 한다. 최저기본운임의 거리는 일률적으로 100킬로미터로 계산한다. 100킬로미터를 초과하는 것은 매 100킬로미터마다 더하여 계산한다. 화물의 최소 운임은 정차 혹은 영단화물 모두 규정에 따라 최소 100킬로미터를 최저기본운임의 단위로 한다.

(2) 추가운임의 추징(補罰) 판법

가. 整車 逾重(중량초과) 貨物

정차화물이 交運 수속을 마친 이후 조사하여 중량의 초과분이 2퍼센트 이내인 경우 출발역에서 발견되면 소화물 운임에 따라 照補(원래의 액수대로 채우다) 한다. 만일 중도역이나 도착역에서 발견할 경우 비용 청구를 면제한다. 2퍼센트 이상 중량을 초과한 경우 逾重分量(초과 중량의 수량)에 따라 소화물 운임 및 잡비의 규정에 따라 원래 보충해야 할 비용의 5배로 처벌한다.(시발역에서 2퍼센트 이상 중량이 초과된 사실이 발견될 경우 5퍼센트 이내의 경우는 2배로 처벌한다) 초과된 중량에 대한 운임의 부과는 시발역으로부터 도달역까지로 계산한다.

나. 逾積(체적 초과) 화물

정차화물의 체적 초과 부분은 '補收小貨物運雜費'에 근거하여 도달 역까지로 계산한다.

다. 捏報(거짓신고) 화물

운임이 비교적 높은 화물을 저렴한 화물로 거짓 신고한 경우는 모든 화물의 운임을 해당 화물 가운데 비교적 높은 운임을 적용하여 부과한다. 이와 함께 10배를 부과하여 처벌한다. 위험화물을 보통화물이라고 거짓 신고한 경우 위험부분의 운임은 '위험품운임'에 근거하여 부과하며, 10배로 처분한다.

라. 私運 화물

사운은 보통화물 혹은 위험화물을 정해진 운임에 따라 산정하여 부과한다. 아울러 10배로 처벌한다. 사운 화물의 운임이 최저기본운임에 미달할 경우 운임은 최저기본운임으로 계산하며, 이 밖에 다시 최저기본운임 만큼을 벌금으로 부과한다.

마. 화물의 탁송

탁송할 대상 화물은 먼저 기차역의 貨場으로 운송하고, 철로에서 제작한 '貨物託運單'을 작성한 이후 도착역까지 운송할 화물을 검사하고, 무게를 저울에 달아 탁운단과 상호 부합하는지를 검사한다. 이것이 통과되면 기차역의 운송직원(承運員司)이 탁운단 위에 도장을 찍고 난 이후 철로는 바로 운송 절차를 개시한다. 이에 따라 貨票를 발급하고, 아울러 운임과 잡비(예를 들면 하역비 등) 등을 정산한다. 인수증(提貨單)을 요청한 자는 바로 인수증을 작성하고, '代收貨價貨票'의 발급을 요청한 자는 즉시 이를 발급한다. 보통화표는 다시 발급하지 않는다. 화물차에 싣는 작업은 특수한 상황이나 화주가 스스로 열차에 하역하는 경우를 제외하고는 대체로 철로가 철로하

역부를 보내어 처리한다.

바. 화물의 수취

화물이 도착역에 도달했을 때 해당역은 이를 수화인(화물을 받는 사람)에게 통지해야 하며, 受貨人 혹은 '인수증(提貨單)'을 소지한 사람은 화물이 역에 도착했다는 통지를 받는 즉시 해당역에 가서 '貨票' 혹은 인수증을 제출하고 이에 근거하여 화물을 수취한다. 만일 운임을 화물이 도착한 이후에 지불할 경우(도착역에서 지불), 혹은 도착역에서 기타 잡비가 있는 경우(예를 들면 배차비(調車費), 보관비, 하역비 등) 역시 규정에 따라 납부해야만 비로소 화물을 수취할 수 있다. 만일 화표를 분실했거나 혹은 늦게 역에 도착하였을 경우, 혹은 인수증을 분실했을 경우 즉시 도착역에 통지해야 한다. 이와 함께 화물의 수취수속을 협의해야 하며, 이를 통해 거짓으로 수취하는 사태를 미연에 방지해야 한다. 화물이 열차역에 도착한지 24시간이 초과했음에도 여전히 화물을 수취하지 않은 경우에는 보관비를 지불해야 한다.

사. 화물손실청구배상

모든 화물은 철로가 책임지는 기한 내에 그 전부 혹은 일부가 훼손되었거나 분실했을 경우(화물이 마땅히 도착역에 도착해야할 시기부터 1개월이 경과되었는데도 도착하지 않거나 화물의 소재지를 파악할 수 없을 경우 역시 유실로 간주한다), 貨商은 증명(貨票) 혹은 인수증에 근거하여 화물을 부친 날로부터 계산하여(만일 화표나 인수증을 작성하지 않았다면 화물탁운단에 의거하여 운송한 날로부터 기산) 6개월 이내에 출발역 혹은 도착역에 배상을 청구할 수 있다. 貨商은 도착역으로부터 화물 분실의 통지를 받은 경우, 가능한 범위 내에서 신속히 현장에 도착하여 화물의 훼손 혹은 분실 정황을 상세히 조사한 이후 철로에 비치된 '화물분실배상신청서'를 작성하고 관련된 각종 증명('화물가치증명단', '貨名詳細單' 및 '貨票', 혹은 인수증 등)을 함께 열차역에 제출해야 한다.

열차역은 이러한 신청서, 증명서 등을 접수한 이후 빠른 시간 내에 이를 차무처장에게 전하여 심의, 조치해야 한다. 한편으로는 먼저 '화물손실배상청구서증명'을 배상신청인에게 교부하고 심사 후 손실배상액의 증명을 수령해야 한다. 화물의 도달역에서 만일 일부 훼손 혹은 분실이 발견될 경우 심사를 거친 이후 분실되지 않은 부분의 화물은 수화인(화물 수취인) 혹은 증명서를 가지고 있는 사람에게 먼저 인도한다. 수화인은 화물배상손실신청서를 작성하여 열차역에 제출한다. 그러나 수화인 혹인 인수증 지참인이 이 가운데 분실되지 않은 부분의 화물을 인수하기 원치 않을 경우 철로는 당연히 이를 보관해야 하며, 보관비는 심사를 통해 결정한 이후 수취한다.

철로는 '화물손실배상신청서'를 받은 날로부터 길어도 1개월 이내에 다음과 같이 규정에 따라 처리해야 한다.

① 모든 철로는 배상을 확정하기 이전에 만일 분실 화물의 전부 혹은 일부분이 조사하여 나올 경우, 마땅히 이 화물은 배상신청인에게 교부하여 그 전부 혹은 일부분 배상의 책임을 면한다.
② 훼손되거나 분실된 화물에 대해 만일 철로가 심사를 거쳐 배상을 해야할 경우 상황을 참작하여 품질이 상호 동등한 화물

로 이를 배상할 수 있다. 이를 통해 전부 혹은 일부 배상액의 지불을 대신할 수 있다.

③ 훼손되거나 혹은 분실된 화물을 철로가 심사하여 배상해야 한다고 결정할 경우, 배상해야 할 화물의 가치는 조사를 통해 확보한 해당 화물의 탁송열차의 출발시와 동등한 화물의 보통시가로 하고, 화물탁운단 상의 액수를 초과할 수 없다. 또한 화물탁운단 상에도 기재되어 있기는 하지만, 이 밖에도 실제의 가치는 배상신청인이 제출한 증명서를 근거로 한다. 운임 및 잡비는 모두 면제해 주거나 환급해 주어야 한다. 일부 분실의 경우 전체 화물의 비율에 근거하여 배상하고, 운임 및 잡비는 면제해 주거나 환급해 주어야 한다.

배상액을 최종 확정한 이후 만일 배상신청인에게 통지할 방법이 없을 경우 철로는 화물분실배상신청서에 적힌 주요사항 및 심사결정 배상액의 액수를 출발역 및 도착역에 1개월간 공고해야 한다. 만일 기간이 지나도 여전히 찾으러 오는 사람이 없을 경우 철로는 마땅히 대신 보관해야 한다. 보관기간이 화표 혹은 인수증에 적힌 기일부터 계산하여(만일 화표나 인수증에 적힌 것이 없을 경우 화물탁운단에 근거하여 운송일부터 기산) 1년 6개월로 한다. 이 기간 내에는 배상신청인이 언제든지 '화물손실배상신청서증명'과 함께 貨商領款 영수증을 첨부하여 열차역에서 수취한다. 만일 기간이 경과해서도 수취하지 않을 경우 자동 파기된 것으로 간주한다.

철로가 이미 배상한 이후 분실된 화물의 전부 혹은 일부를 조사를 통해 찾았을 경우, 즉시 배상신청인에게 통지한다. 이 때 배상신청인은 철로가 이미 지불한 배상금의 전후 혹은 일부를 환급하고 이

화물을 수취할 수 있다. 만일 이러한 통지를 낸 이후 1개월이 지나도 여전히 수취하지 않을 경우 해당 화물에 대해서는 철로가 스스로 처분할 수 있다.

만일 배상신청인의 주소가 불명하여 통지할 방법이 없을 경우 철로는 이미 분실된 화물의 상황을 조사하여 출발역 및 도착역에 1개월간 공고하고, 만일 지정기간이 지나도 수취하는 사람이 없을 경우 해당 화물은 철로가 자체적으로 처분할 수 있다.

화물의 분실배상신청권은 화표 혹은 인수증의 작성일, 즉 운송일로부터 기산하고, 6개월간 행사하지 않을 경우 자동으로 소멸된다. 철로운수 화물의 훼손, 분실의 원인이 다음과 같은 규정에 속할 경우 철로는 배상하지 않는다.

① 화물이 천재지변, 전쟁, 군중폭동 혹은 기타 의외의 사변으로 철로가 저항할 수 없거나 혹은 정부, 사법, 세무, 혹은 방역 등 기관의 제재로 철로가 간여할 수 없어 손실이 발생한 경우
② 화물이 그 자체적인 성질로 말미암아 자연부패가 발생하거나 혹은 자연 감축, 혹은 자연연소, 벌레, 쥐로 인한 손상 등으로 훼손이나 분실이 발생한 경우
③ 화물이 貨商의 포장이 부실하거나 문서기입이 부실하거나 혹은 발화의 위험이 있음에도 이를 철로에 알리지 않았거나, 혹은 스스로 하역하여 부실했을 경우, 혹은 화물포장이나 鉛封 (우편화물의 봉인) 등이 모두 잘되었는데, 내용이 부실(부적합)하였을 경우, 혹은 화상 스스로의 과실로 손실이 발생한 경우
④ 화물의 운송이 지연되어 시가나 혹은 교역에 영향을 준 경우
⑤ 화상이 사기로 배상의 이익을 도모한 경우

아. 화운의 변경

탁송인 혹은 인수증을 지참한 자가 탁송한 화물에 대해 만일 출발역에서 중도에 운송의 정지나 화물의 인도를 중지해 주도록 청구하였을 때는 규정에 의거하여 변경비를 지불해야 한다. 철로가 구비한 '운전변경청구서'를 작성하고 '화물탁운단'상의 동일한 서명과 인장을 찍어 출발역에 제출해야 된다. 심사를 거쳐 인가하게 되면, 그대로 처리한다. 그러나 이미 인수증이 발급된 화물은 반드시 인수증이나 혹은 다른 증명서를 제출해야 하며, 아울러 출발역에 제출해야 비로소 그대로 처리된다. 출발역에서 운수 변경을 청구할 경우 만일 탁송의 취소나 적재를 정지할 경우 운임은 전부 면제되거나 혹은 반환한다. 만일 원래 역으로 돌아갈 경우 운임은 마땅히 원래 출발역으로부터 도착역까지의 운임에 따라 그리고 화물 소재역으로부터 원래 출발역까지 각각 나누어 운임을 계산하고, 합산한 이후 원 계산운임과 비교하여 차액이 발생할 경우 더 받거나 돌려준다.

자. 인수증의 효력

철로가 발급한 인수증은 유가증권에 해당되어 현금과 동등한 가치를 갖는다. 인수증은 종으로 기명하는 記名式背書의 방식이며, 手票나 어음의 발행자, 또는 그것을 인수할 사람의 이름을 뒷면에 적어 넣는다. 만일 타인에게 양도할 경우 배서함으로써 저당이나 매매의 용도로 사용할 수 있다. 따라서 인수증에 명기된 수취인이 유효기간 내에 인수증을 지참하고 아울러 해당 인수증의 뒷면에 원래 탁송한 사람이나, 혹은 원래 탁송한 사람이 배서하여 양도할 사람이 명기된 경우 화물을 수취할 수 있는 권리를 갖는다. 단 탁송인이 원래 화물탁운단과 화표통지서를 나란히 하여 동일한 서명이나 도장을 찍어야 한다.

철로에서 발행한 인수증에는 철로국의 凸印이 찍혀있어야 하며, 회계처장의 官印 그리고 발행역장의 名章이 찍혀있어야 비로소 효력을 발생한다. 그 유효기간은 발행일부터 6개월 이내로 하며, 기간을 넘길 경우 효력을 상실한다. 인수증 상의 화물 운수시의 가치는 탁송인이 화물탁운단에 기입한 화물 탁송 당시의 가치와 같아야 한다. 철로는 탁송인이 신고한 탁송시의 가격을 엄밀히 조사, 감독하여 사실에 가깝게 근접하도록 노력해야 하며, 단 증명할 책임을 지지는 않는다.

차. 인수증 유실의 고지

이미 발행한 인수증 상의 화물을 수령할 시 반드시 인수증을 제시해야 한다. 만일 유실했을 경우 즉시 철로가 발행한 '인수증유실성명서'를 작성한 이후 도착역에 제출하여 인가를 받고, 즉시 '인수증유실성명서증명'을 작성하여 발부받아야 한다. 이와 함께 인수증 지참인은 신문에 게재하거나 혹은 기타 방법으로 유실 무효를 고지해야 한다. 그러나 인수증 지참인이 유실을 고지하기 이전에 화물이 이미 해당 인수증을 가진 사람에게 인도되었을 경우 철로는 이에 대한 책임을 지지 않는다.

인수증을 분실하여 고지한 이후 화물의 수취 방법에는 세 가지가 있다. 하나는 화물의 수취를 보증하기 위해 은행이나 商號가 철로 측이 발행한 '은행 상호보증장' 및 '보증인수청구서'를 기타 유관 증명과 함께 도착역에 제출하고, 승인을 거쳐 화물을 수취할 수 있다.

두 번째는 보증금을 내고 철로가 발행한 '압관제화청구서'를 구비하고 기타 유관 증명서와 함께 도착역에 제출하여 심사를 거쳐 인가를 받은 이후 화물을 수취할 수 있다. 보증금은 인수증의 유효기간이 만료된 이후 돌려받을 수 있다. 세 번째는, 기간이 되어서 화물을 수취하는 방법이다. 즉 인수증의 유효기간이 만료된 이후 10일 이내에 상인의 보증으로 철로에서 발행한 '도기제화청구서'를 기타 관련 증명서와 함께 도착역에 제출하여 심사를 거친 이후 화물을 수취할 수 있다.

카. 規章의 해석

철로는 화상의 운임 등을 명확하게 하기 위해 철로역에 '처리화물부책운수수지', '화차운수가목표', '정차, 소화물화운처리정서표' 등을 비치한다. 만일 의심스러운 부분이 있으면 열차역이나 운무처에 해석을 요청할 수 있다.

타. 路員違章의 청원(聲請, 이유를 밝히고 신청)

만일 열차역의 화물취급 인원(역장, 부역장, 역무사사, 포장 및 인부 기타 직공을 포함)이 규정을 위반하였거나 화상에 대해 업신여기거나(侮慢), 留難(트집을 잡거나), 소홀히 하거나, 강탈 협박하는 등의 일이 있을 경우 증거에 의거하여 運務處에 신고할 수 있으며, 철로국 혹은 교통부는 증거에 의거하여 조사를 실시한 이후 응분의 처벌을 내려야 한다.

1) 轉運公司와 책임운수제도

화물운수는 철로의 가장 주요한 업무 가운데 하나이다. 철로가 운임을 수취하는 것은 이에 상당하는 책임을 진다는 것을 의미하며, 실로 철로 본연의 업무에 속한다고 하겠다. 철로 부설 초기에는 貨主가 스스로의 화물에 대한 책임을 지는 것이 통상적인 관례였다. 즉 철로 운수의 화물이 분실되거나 훼손되었을 경우 그 과실이 철로에 있는지 없는지를 불문하고 철로는 책임을 지지 않았다. 따라서 철로는 훼손되거나 분실된 책임에 대해 어떠한 배상안도 마련하지 않았다. 따라서 화물주는 철로운수 화물에 대해 어떠한 보장도 기대할 수 없었다. 1921년 교통부가 소집한 제3차 철로운수회의에서 철로 화물에 대한 책임을 규정하는 내용의 '국유철로화차운수부책통칙'이 통과되었지만, 여전히 실시되지는 못하였다. 화물의 운수는 여전히 화물주가 책임을 지는 것이 원칙이었다.

화물의 손실에 대해 배상이 보장되지 않는 상태에서 화물주는 轉運公司의 힘을 빌려 화물의 운송을 위탁할 수밖에 없었다. 전운공사가 화상과 철로의 중간에서 철로의 화운업무를 도급 맡는 형태가 되어 자체적으로 인원을 파견하여 화물차를 호송하였다. 경우에 따라서는 전운공사가 중개인을 독점하여, 전운공사의 운임이 철로운임의 배 이상에 달하였으며, 이 과정에서 전운공사가 폭리를 취하였다. 철로를 통해 화물을 운송할 수밖에 없는 상인의 입장에서 이러한 방법은 당연히 상품의 생산코스트를 제고하여 가격을 상승시킬 수밖에 없었다. 더욱이 이러한 방식은 철로의 정상적인 운송을 저해하여 철로의 수입을 감소시키고, 나아가 경영을 악화시키는 주요한 원인이 되었다. 더욱이 철로의 화물 운송 기능이 약화됨에 따라 사회경제적 손실도 막대하였다. 이와 같은 폐단은 철로 스스로가 화운에 대한 책임을 지지 않는 관행이 양산한 결과라 할 수 있다.

일찍이 1918년 북경정부 교통부가 운수회의를 개최하면서 어떻게 책임운수제도를 추진할 것인가에 대해 논의를 진행하였으며, 아울러 몇 가지 방안이 강구되었다. 그러나 당시 이를 적극 제창한 사람이 매우 적었으며, 이를 실행하기 위한 기반 역시 갖추어지지 못한 상태였다. 뿐만 아니라 이와 관련하여 경험이 있는 인재도 부족하여 실행하기 어려운 점이 있었다. 1921년 북경정부 교통부는 '貨車負責運輸通則' 18條을 반포하여 시행하였다. 그러나 교통부가 각 철로에 대해 책임운수를 강제하기 위한 상세한 규정과 방법도 마련되어 있지 않았다.

두 차례의 실패를 거울삼아 1932년 철도부장 顧孟余는 철로책임운수제를 더 늦출 수 없다고 판단하여 '철로화물부책(책임)운수위원회'의 설립을 제안하고, 철도부 업무사 사장 俞棪과 帮辦 譚耀宗이 함께 이 업무를 담당하도록 하였다. 이와 함께 관련 전문가를 초빙하여 유관화물부책운수의 조례 및 실시장정을 연구하도록 하였다. 위원회는 '철로화차부책운수', '철로화차부책운수판사세칙' 등 11항의 법규를 마련하였다. 철도부는 남경과 상해에서 간담회를 개최하여 각계 인사를 모아 법규와 관련된 토론을 전개하고 의견을 구했다.

1932년 6월 업무사의 주관으로 먼저 진포철로에서 책임운수제를 시험적으로 실시하도록 지시하고, 아울러 업무사 방판 담요종을 파견하여 업무를 지도하도록 하였다. 이후 경호철로, 호항용철로 및 농해철로에도 책임운수제의 실시를 준비하도록 지시하는 한편, 담요종을 파견하여 업무를 지도하였다. 이후 남심철로, 평한철로, 교제철로, 북녕철로, 정태철로, 도청철로, 농해철로, 평수철로, 상악철로 등 각 철로도 속속 책임운수제를 실시하였다. 1935년 말에 이르러 전국 국유철로는 광구철로 및 광소철로의 양 철로를 제외하고는 기본적으로 모두 화물책임운수를 실시하였다. 이와 동시에 철로 간 연계운수와 결합하여 책임운수를 확대해 나갔다.

'부책(책임)연운운수법규'의 규정에 따르면 책임연계운수의 운임은 보통운임보다 10퍼센트 정도 가격이 높았지만, 철로가 화운에 대한 책임을 졌다. 이에 따라 전운공사가 자연스럽게 쇠퇴하고 화운의 중간착취가 감소되어, 화물상인이 자체적으로 차량의 호위를 강구할 필요가 없게 되었다. 화물을 탁송한 이후 발생한 훼손이나 분실이 만약 불가항력적인 천재지변으로 말미암았거나 혹은 화주가 스스로 튼튼하게 포장하거나 봉인하지 못하여 비롯되었거나, 혹은 화물의 속성상 자체적으로 자연변화가 발생했을 경우 등의 원인을 제외하고는 철로가 수탁한 화물에 대한 배상을 책임졌다.

철로화물의 책임운수가 실시되면서 객상의 편의가 크게 제고되었으며, 탁송화물의 안전성이 담보되었으며, 이와 함께 운송시간도 이전보다 단축되었다. 책임운수는 결과적으로 화운업무의 발전으로 이어져 철로의 수익과 수입의 증가를 가져왔다. 1934년 한 해 동안 철로의 운임 수익은 2,600만 원(동북, 화북 연계운수 미포함)으로서, 역사상 최고기록인 1923년 1,300만 원의 수입(동북, 화북 연계운수 포함)과 비교하여 약 97퍼센트 증가하였다. 1935년 3,000만 원으로 1934년에 비해 16퍼센트 증가하였다. 1934년 각 철로의 영업 수입(연계운수 수입 미포함)을 보면, 화운 수입이 8,898만 원에 달하였으며, 객운 수입이 6,413만 원으로서, 객화 운수의 총수입은 1억 5,311

만 원에 달하였다.

2) 철로 책임운수제도의 실시 과정

(1) 託運 및 承運 수속

① 貨商으로서 철로 운수를 통해 화물을 탁송하려는 자는 반드시 먼저 화물을 기차역까지 가지고 와서 '託運單'을 작성해야 한다. 이와 함께 화물을 견고하게 포장하거나 둘러싸서 중도에 손실되거나 파손되지 않도록 해야 한다. 만일 파손되기 쉬운 화물이라면 마땅히 탁운단 내에 명기해야 하며, 화물의 바깥면에 뚜렷하게 '깨지기 쉬우니 조심'(注意易破)이라고 명기해야 한다.

② 탁송인은 반드시 철로에서 정한 표기 방법에 따라야 한다. 만일 화물에 이전에 써놓은 표식이나 인명, 지명 등이 남아있을 경우 탁송인이 사전에 이를 깨끗이 제거해야 한다.

③ 탁송화물은 整車와 零擔의 두 종류로 구분한다. 정차화물은 모두 1종을 원칙으로 한다. 단, 화물의 성질, 모양, 중량, 체적 등이 다양하여 통일하기 어려울 경우 최대 5종을 넘어서는 안된다. 체적과 중량은 철로가 정한 법정도량형을 표준으로 한다.

④ 화물의 탁송 수속이 완료되면 철로가 화물을 조사하여 탁운단 내에 기재된 각 사항과 화물의 내용이 상호 부합하고, 포장에 기입된 표식 등의 내용이 일치할 경우 중량을 달아 운송을 허가한다. 운송 이후에는 일체가 철로의 책임이 된다. 화물의 보관, 하역, 화물의 호송, 중도에 타 차량으로의 이동 하역, 기타 모든 업무는 철로 관계자가 담당한다.

⑤ 화물의 발송이 불가능할 경우 철로가 우선 '화물의 인수증'을 발급하고 화물이 발송되기 이전까지는 무료로 보관을 책임진다.

⑥ 탁송인은 정해진 탁송 수속을 철저히 이행해야 하며, 이와 함께 운임 및 잡비와 관련된 일체의 수속을 완료하면 철로 측이 '책임화운영수증'이나 혹은 '提貨單(출하증, 출고증)'을 발급한다. 단 출고증의 발급은 반드시 탁송인이 탁운단 내에 '請發託運單'이라는 글씨를 명확하게 기입한 이후에 비로소 처리한다.

⑦ 출하증은 유가증권으로서, 현물과 동일한 가치를 갖는다. 그러나 채권과 같이 매매를 허가하지는 않는다.

⑧ 출하증 내에 기재된 사항은 다시 고쳐 쓸 수 없으며, 만일 고쳐 쓴 흔적이 있으면 무효로 한다.

⑨ 인수단이 발행된 화물의 경우 출하증 없이는 화물을 인수할 수 없다. 만일 인수증을 분실했을 경우 즉시 사유서를 작성하여 화물 소재역에 가서 '인수증유실증명서'를 작성하여 역장에게 제출해야 한다. 이와 함께 신문에 고지하거나 혹은 기타 방법으로 당시 발행한 호수의 인수증이 유실되어 폐기한다는 사실을 고지해야 한다.

(2) 철로책임운수의 운임 및 잡비

① 철로가 책임운수를 실시하는 화물이 廠車를 사용하여 실어 운반하거나 혹은 화물하역소 노천에 쌓아둘 경우 필요한 蓬布(포장용 천)나 끈은 철로 측이 공급하며, 별도의 비용을 받지는 않는다. 단지 운임에 10퍼센트를 추가하여 수수한 이후 철로직원의 증원, 설비의 증설, 배상 손실 등의 모든 추가비용을

책임진다.

② 철로책임운수를 위해 탁송한 화물은 철로 측이 대신 하역하며, 하역비용을 수취한다. 만일 岔道(철로가 갈라진 길)를 이용하여 스스로 하역한 경우는 배차비용을 수취한다. 화주가 자력으로 화물을 하역하여 만일 시간이 초과하면 차량 연기비용을 수취하며, 화주가 화물영수증을 유실한 경우는 보증인을 세워 수취한다. 화물을 수취한 자가 화물에 대해 의문이 생길 경우 철로 측에 화물의 내용을 검사해 주도록 요구할 수 있으며, 이때 검사비를 받는다. 발송역에서 이미 탁송한 화물을 다시 찾아 간 경우나 혹은 도달역에서 규정시간을 초과하였음에도 찾아가지 않을 경우 보관비를 받는다. 화주는 철로화재보험을 요구할 수 있는데, 이 때 화재보험비용을 받는다. 기타 화물의 성격에 따라 운송 시에 온난냉방 설비가 필요할 경우 온난비, 냉장비를 받는다.

③ 운임은 반드시 선불로 지불하는 것이 원칙이다. 그렇지만 철로 측이 사정을 참작하여 화물상인이 도착한 이후에 비용을 지불하거나 외상거래(記帳)를 하거나, 보증금을 맡겨 정산할 수도 있다.(즉 화물상인이 예치해 둔 예금에서 제하는 것을 가리킨다.)

④ 만일 운임 잡비를 더 많이 받았거나 덜 받았을 경우 규정에 따라서 각각 돌려주거나 보충하여 더 받을 수 있다.

(3) 적재 및 交貨(화물 발급)

① 모든 책임운수의 화물은 순서의 선후에 따라 차량을 배분하며, 순서에 따라 적재한다. 단 철로가 운수상 혹은 공익상 필요하다고 생각될 경우 이 규정에 속박되지 않는다. 또한 철로는 화

상(화물상인)이 화물의 시가나 혹은 교화계약의 필요에 따라 특별히 우선하역운반 및 최우선하역운반법을 마련한다. 이 때 별도로 운반비를 받게 되며, 우선적으로 열차에 하역한다.

우선 적재 운반 : 화상이 단시간 내에 탁송하는 화물로서 우선 적으로 하역해 주도록 요구할 경우 최우선 적재화물로 간주하며, 미리 배차하여 하역한다. 단 선어류, 선육류, 과일, 채소, 화초, 수목, 얼음, 죽은 짐승 등은 특종 화물로서, 화물을 수탁하면 즉시 배차하여 하역한다. 이때 보통책임운수화물의 규정에 따라 운임을 수취하며, 별도의 요금을 추가하지 않는다.

② 화물의 적재는 대체로 철로인부 혹은 청부노동자(包工)가 처리하며, 규정에 따라 하역비용을 수취한다. 단 특별한 사정이 있을 경우 철로 측의 허가를 받아 화상이 스스로 적재할 경우 하역비용을 수취하지 않는다. 단 적재 시 철로 책임자가 현장에서 이를 감시한다.

③ 탁송인이 전용 차로로 스스로 정차화물을 하역한 경우에는, 차량을 열차역까지 운반하기 이전에 역장 혹은 화물사사가 탁송인과 회동하여 화물의 조사를 거친 이후 철로 측과 탁송인이 철로 규정에 따라 봉인한다.

④ 책임운수의 화물을 탁송인이 호송할 수는 없다. 단, 만일 탁송인의 요청이 있어 열차에 탑승하여 화물을 살펴봐야 할 경우, 철로 측이 이를 허가한 경우에 한하여 규정에 따라 3등 객표를 구입해야 한다. 단, 차량당 많아도 2명으로 한정한다.

⑤ 탁송하여 운송 절차에 있는 화물에 대해 貨主(화물주)가 변경을 요청할 경우 다음의 각 사항에 한하여 허가한다.

(1)화운의 취소, (2)하역의 중지, (3)중도에 운송 중지, (4)중도

에 탁송의 해지, (5)원래 역으로의 회송, (6)도달역의 변경, (7)
화물 인도의 정지, (8)화물 인도의 취소 및 중지, (9)수화인의
변경, (10)적재 순서의 변경을 요청할 경우 반드시 탁송인이
탁송한 역에서 '변경탁운청구서'를 작성해야 하며, 이와 함께
탁운단 위에 동일한 인장을 찍거나 서명해야 한다. 또한 철로
측에 허가를 받아야 하며, 허가가 나오면 그대로 조치한다. 만
일 화물인수증을 발급했다면 반드시 이를 제출하고 나서 비로
소 조치해야 한다.

⑥ 화물을 변경할 시에 다음의 각 항에 따라 운임을 계산해야 하
며, 이미 운임을 받은 차액은 부족할 경우 더 내야 하며, 남을
경우 환급해 주어야 한다.

(1) 중도 운반의 중지 : 중도에 운송의 중지를 요청할 경우 이미
운반한 구간의 운임을 받아야 한다.

(2) 도달역의 변경 : 도달역을 변경한 화물의 운임을 계산하는
방법은, 짐을 부친 원래의 역에서 화물 소재역 사이의 이정과
그리고 화물 소재역에서 새로 지정한 도달역 사이의 이정을
모두 합산한 총거리 수에 따라 운임을 계산한다.

(3) 출발역으로의 회귀 : 출발역으로 되돌아왔을 경우 반드시
규정에 따라 이미 운송한 거리와 회귀해 온 거리의 운임을 수
취한다.

⑦ 화물이 운송되어 도달역에서 짐을 내줄 때, 수화인은 화물에
대해 만일 유실이나 혹은 손실이 있다고 의심되는 점이 있으
면 철로 측에 검사를 요구할 수 있다.

⑧ 화물이 도달역에 도착한 이후 수취인은 업무시간 내에 언제든
지 역으로 와서 화물을 수취할 수 있다. 화물을 찾을 때에는

반드시 화물수취영수증을 제출해야 한다. 만일 화물이 역에 도착한 이후 10일이 지났음에도 수취하지 않으면, 철로 측은 이러한 사정을 탁송인에게 알리고, 해당 화물의 처리 방법에 관해 협의한 이후 탁송인에게 빠른 시간 내에 상세한 답변을 하도록 요구한다.

(4) 철로와 貨商의 책임

① 철로는 책임운수의 화물에 대해 짐을 수탁할 때부터 화물을 수취인에게 내어 줄 때까지 모두 책임 기한에 속한다. 화물이 도달역에 도착한 이후 업무시간이 6시간을 경과했음에도 수취하지 않는 화물에 대해서는 철로가 이를 안전하게 보관해야 할 책임을 가진다. 화상은 당연히 보관비를 지불해야 할 책임이 있다.

② 화물의 훼손이 만일 천재지변이나 날씨 등 불가항력으로 발생하여 부패할 경우, 철로는 이에 대한 책임을 지지 않는다.

③ 화물 가운데 위험품목이 저절로 폭발하거나 불이 붙거나 혹은 포장이 튼튼하지 못하여 다른 상인의 화물이나 철로의 재산에 피해를 입혔거나, 화주 스스로 탑재한 것이 철로 차량을 파손하였을 경우 등은 貨商이 당연히 응분의 책임을 진다.

(5) 손실의 배상 방법

① 화물이 만일 훼손되었거나 분실되었을 경우 탁송인 혹은 수취인은 모두 배상을 청구할 수 있다. 단 배상을 청구하기 이전에 반드시 현장에서 역장과 회동하여 화물의 손실 정황을 철저히

조사해야 한다. 이와 함께 책임운수 화물의 영수증 혹은 인수 증 표 위에 이를 명기한 이후, 최단시간 내에 철로가 준비한 '배상청구서'를 한 부 작성하여 관련 각 항목의 영수증(증명 서)을 첨부한 이후 해당 역장에게 처리를 요청한다. 역장은 이 를 차무처장에게 전달하여 조사를 거쳐 처리한다. 배상을 실시 할 경우 '배상청구서영수증'을 작성하여 배상의 증거로 보관한 다. 만일 이러한 수속을 결여하고 배상을 청구하였을 경우, 철 로는 이와 관련한 처리를 거부할 수 있다.

② 배상이 청구되면, 철로는 빠른 시간 내에 조사를 실시해야 하 며, 이와 관련된 각 사항이 완료된 이후 즉시 배상을 결정해야 한다.

③ 배상가격은 해당 화물을 탁송한 역에서 탁송 시 동일한 화물 과 같은 시가를 표준으로 한다.

④ 철로가 배상금을 지불한 이후에 만일 분실한 화물이 조사하여 나올 경우 이를 즉시 배상을 청구한 자에게 통지해야 하며, 수 취인은 철로가 이미 교부한 배상금을 환불하고 화물을 찾을 수 있다. 만일 통고 후 1개월을 넘겨도 화물을 수취하지 않을 경우 해당 화물은 철로가 자체적으로 처리한다.

3) 철도부 책임운수제도 실행의 성적

철로 영업수익을 살펴보면, 진포철로, 경호철로, 호항용철로의 세 철로국을 제외하고는 일반적으로 화운업무 수입이 여객업무의 수입 을 초과하였다. 1929년 북녕철로의 영업수입 가운데 여객업무 수입 은 16,131,425.19원, 화운업무 수입은 20,436,116.25원이었다. 같은 해

해당 철로는 총무, 차무, 운무 및 설비 유지, 공무 유지, 잡항 등의 비용으로 총계 18,512,682.11원을 지출하였다. 만일 매년 철로의 지출을 여객업무 수입으로만 유지한다고 가정하면 매년 수백만 원의 적자가 발생하는 셈이다. 따라서 철로영업의 대종수입은 화운에 있다고 하겠다.

그러나 여객업무는 화운업무와 상호 긴밀한 관계를 가지고 있어, 양자가 항상 정비례하는 관계에 있었다. 철로 노선의 화운이 증가하는데 여객이 감소하는 경우는 없었으며, 마찬가지로 여객이 증가하는데 화운이 감소하는 상황도 있을 수 없었다. 화운은 실로 철로의 발전 및 쇠퇴와 불가분의 관계에 있다고 할 수 있겠다. 그런데 진포철로, 경호철로, 호항용철로의 세 노선은 예외적인 케이스라 할 수 있다. 경호, 호항용철로의 노선은 총연장이 길지 않았으며, 진포철로의 경우 총연장은 장거리에 속하였지만, 매년 군벌전쟁으로 말미암아 화운의 정상적인 운영이 쉽지 않았다. 더욱이 이들 세 노선은 모두 수운과 경쟁관계에 있었다.

이러한 이유에서 철로의 수익을 제고하기 위해서는 종래의 불편한 운수방식을 획기적으로 개선하지 않으면 안되었던 것이다. 일찍이 1918년에 책임운수가 제창되기는 하였지만, 종래 수십 년에 걸쳐 형성된 방식과 습관을 일거에 변경하기는 쉽지 않았다. 중국에서는 종래 貨商이 철로와 직접 교역하지 않았으며, 화물의 안전을 담보하기 위해 전운공사를 통할 수밖에 없었던 것이다. 이 경우 화물의 생산코스트의 상승을 불러와 상업의 발전을 제약하는 요인으로 작용하였던 것이다. 책임운수제가 실시된 이후 화상이 철로공사와 직접 화물의 탁송을 계약할 수 있게 되어 매우 편리하였다. 더욱이 책임운수제는 철로의 수익을 크게 제고하였으며, 철로 전반의 발전과 상업 등 사회경제의 발전에 크게 기여하였다.

이와 같이 책임운수제는 철로의 화운을 증대시켜 수익을 증가시키기 위한 경영전략의 일환이었지만, 운임의 경감과 철로 수익의 증대, 나아가 상업의 발전으로 이어졌다. 예를 들면, 책임운수제가 실시되기 이전에 천진에서 북경까지 20톤의 화물을 운송할 경우 철로의 운임은 140원이었지만, 轉運公司가 수취하는 비용은 200원으로 정해져 있었다. 화물주는 무형 중에 60원의 손실을 감당해야 하는 것이다. 포구에서 徐州까지의 경우 철로 운임은 88원이었으나, 전운공사를 경유할 경우 운임이 135원으로 상승하였다. 즉 전운공사를 거치면서 화물주는 47원의 비용을 추가로 지불하게 된 것이다. 만일 직접 철로와 계약한다면 간접적으로 철로를 이용하는 것에 비해 운임이 저렴할 수밖에 없었으며, 직접 계약의 경우 전운공사를 통할 경우의 번거로운 수속도 불필요하였다. 따라서 화물의 하역과 운송역시 더욱 신속하게 이루어질 수 있었다.

(1) 운임의 경감

하남의 紅煤의 사례를 살펴보면, 현지의 톤당 가격은 9.80원이었으며, 포구까지 운임은 톤당 약 11.85원이었다. 그러나 진포철로, 도청철로 두 철로가 실업진흥을 위해 매광공사에게 특가를 적용하는 규정을 마련하여 절반 정도로 운임을 경감할 수 있었다. 그리하여 실제 운임은 톤당 5.93원이었으며, 여기에 기타 비용 3원을 더하여 석탄가격의 원가는 총 18.73원이 되었다. 그러나 하남의 석탄이 남경에서 소비되는 시가는 톤당 약 32원 이상에 달하였으며, 이 가운데 13.27원, 즉 70-80퍼센트가 중개인의 수중에 떨어지게 된 것이다. 상품의 생산코스트가 너무 번중하여 소비자 가격이 상승하고, 시장의 구매력이 박약하여 화물 유통의 정체를 가져오게 되면서 자본의 회수 및 순환 역시 순조롭지 못하였다. 결국 책임운수제는 생산자의 이익과 철로의 수익을 보장할 수 있는 매우 유용한 제도였다고 할 수 있다.

(2) 화물의 안전

화물주가 전운공사를 통해 화물을 운송하는 방식은 기본적으로 화물에 대한 안전을 담보하기 위한 불가피한 선택이었다고 할 수 있다. 따라서 철로를 통한 화물의 운수에서 발생하는 화물의 훼손과 분실 등이 바로 이와 같은 모순을 가져온 근본적인 원인이었다고 할 수 있다. 따라서 책임운수제는 화물 운송의 안전성을 철저히 담보하는 것으로부터 시작하지 않으면 안되었다.

철로는 이를 위해 화물의 포장과 운수에서 안전성을 충분히 담보할 수 있는 여러 조치와 제도적 장치를 강구하였다. 화물을 포장할 경우 포장천과 끈 등을 구비하여 포장을 견고하게 할 수 있도록 하였으며, 철로경찰을 동원하여 화물을 호송하였다. 앞서 지적하였듯이 책임운수제를 통할 경우 화물의 운임이 일반화물에 비해 10퍼센트 정도 증가하게 되었다. 그러나 화주의 입장에서는 이전에 전운공사를 통해 운송할 경우와 비교하여 운임이 크게 경감된 것이다. 더욱이 화물의 훼손이나 분실이 발생할 경우 철저한 조사를 통해 철로 측의 책임이 밝혀질 경우 철도부 화차책임운수통칙 제42조의 규정에 따라 배상하도록 하였다. 배상의 방법은 다음과 같다.

① 배상이 결정되기 이전에 철로는 유실화물이 완정한 형태로 배상청구자나 대표인에게 인도될 수 있도록 노력한다.

② 만일 화물이 유실되거나 훼손되었을 경우 철로는 상황을 참작

하여 품질이 동등한 화물로 보상할 수 있도록 한다.

③ 만일 화물이 유실되거나 파손되었을 경우 배상 가격은 해당 화물을 탁송할 시 해당역에서 동등한 화물의 보통시가를 표준으로 한다. 이미 납부한 운임 및 잡비는 모두 반환한다. 단, 시가는 탁운단 내에 기입된 금액을 초과할 수 없다. 탁운단 내에 가격이 기입되어 있기는 하지만, 배상청구자는 실제 가격을 증명해야 한다. 화물이 일부 손실되었을 경우 전체에서 차지하는 비율에 따라 배상하고, 운임과 잡비는 반환해 준다.

(3) 신속한 운송

종래 貨商이 화물을 운송하기 위해서는 먼저 전운공사와 접촉하지 않으면 안되었다. 이후 전운공사는 다시 철로와 교섭하여 회신을 받은 이후에 비로소 화물을 공사에 전달하였다. 이러한 가운데 이미 수속의 과정에서 적지 않은 시일이 소요되기 마련이었다. 책임운수제는 화상이 직접 철로와 교섭, 계약함으로써 이와 같은 유통시간을 크게 단축할 수 있었다. 예를 들면, 생선, 생화 등과 같은 상품의 가격은 시간과 불가분의 관계를 가지며, 가격의 결정 역시 상호 연동되기 마련이었다. 우선화물, 최우선화물, 鮮花藏運(생화 등을 냉장차로 운송) 등의 경우 보통운임보다 20-30퍼센트 높은 가격이었지만, 상인들이 얻는 정시상의 효과와 가치는 이와 비교하여 수 배에 달하였다.

1) 개별 철로와 책임운수제도

철도부는 1932년 여름 '부책운수위원회'를 설립하고 4-5개월의 연구를 통해 비로소 부책운수통칙 및 각 분야에 걸쳐 수십 종의 장정규칙을 제작하여 1932년 9월 1일부터 실행하기로 결정하였다. 책임운수는 시범적으로 경호철로, 호항용철로 및 진포철로의 세 노선에서 실시하였다. 이 세 노선은 철도부에서 지리적으로도 멀지 않아 지휘감독에 편리하여 신속하게 효과를 거둘 수 있었다. 뒤이어 평한철로, 남심철로, 농해철로 및 북녕철로 관내 구간 등에서 책임운수제를 시행하였다. 교제철로의 경우는 독일이 관리하던 시기부터 이미 책임운수제를 초보적으로 실행해 왔기 때문에, 이를 바탕으로 책임운수제도를 실시하였다. 경호철로, 호항용철로, 진포철로에서 책임운수제를 실시한 이후 경영 성적을 살펴보면 다음과 같다.

(1) 경호철로, 호항용철로

양 철로는 모두 1932년 9월 1일 열차역을 선정하여 시범 실시하였으며, 10월 1일부터 전 노선의 모든 역에서 책임운수를 실행하였다. 이러한 결과 1932년 12월까지의 화운 수량이 40만 823톤, 연운이 4만 5,555톤에 이르러, 1931년도 같은 기간과 비교하여 약 16퍼센트 증가하였다.

(2) 진포철로

진포철로는 경호철로, 호항용철로와 거의 비슷한 시기에 서주 이남의 각 열차역에서 책임운수제를 개시하였다. 11월 1일부터 전 노선의 남북에 걸쳐 대소역에서 일률적으로 책임운수를 시행하여, 12월 말까지 화운 총액은 29,0161톤, 연운(연계운수) 37,840톤에 이르렀다. 11월분의 화운 수입은 전년도 같은 달 화운 수입과 비교하여 542,587원 2각 3분 증가하였으며, 12월분의 화운 수입은 전년도 같은 달의 수입과 비해 225,030원 8각 6분 증가하였다. 이 밖에 평한철로, 농해철로 등은 본래 화운을 대종으로 영업을 하였기 때문에, 책임운수제를 도입한 이후 양호한 성적을 거두었다.

2) 특별 운임 할인

(1) 진포철로

국민정부는 철로의 운임에 대해 외화, 특히 日貨에 대한 차별운임을 설정하여 운용하였다. 예를 들면, 진포철로에서는 동일 燐寸(성냥)에 대해서도 외국자본 공장에서 생산된 제품이거나 혹은 수입품에 대해서는 1등 운임을 적용하고, 중국인 공장에서 생산된 제품에는 3등 운임을 적용하였다. 이러한 양상은 성냥 이외에의 화물에서도 마찬가지로 적용되었다. 진포철로에서 성냥에 대해 적용한 차별운임의 양상을 살펴보면 다음과 같다.

진포철로의 성냥 운임 차별적용의 사례 (단위 : 달러)

구간	중국인공장 제품(3등 운임)	외국인공장 제품 및 수입품(1등 운임)
濟南 – 蚌埠	8.979	14.025
濟南 – 徐州	6.500	10.174
濟南 – 袞州	3.459	5.414
濟南 – 泊頭	4.462	6.994

(2) 개벽석철로

개벽석철로에서 객운(여객 운수)의 경우 개구, 임안 두 열차역의 수입이 가장 많았으며, 벽색채, 몽자, 석병역이 그 뒤를 차지하였다. 그러나 철로직원의 경우 무임승차 등의 규정이 있어 운영이 문란하였다. 심지어 권세가들조차 집단으로 무임승차하는 경우가 적지 않았으며, 차무인원도 이를 단속하지 않았다. 결국 이와 같은 행태는 객운 수입에 부정적인 영향을 미칠 수밖에 없었다. 대략 계산하더라도 이와 같이 통제되지 못한 손실이 1년에 30-40만 원에 달하였다. 이후 정리위원회가 무임승차와 관련된 장정을 만들어 집행하자, 비로소 객운 수입이 이전보다 크게 증가하였다.

(3) 滬寧鐵路

상해로부터 鎭江까지의 구간에서 21톤의 화물차를 임대하여 성냥을 수송할 경우, 외국제품은 1급품으로 취급하여 운임이 95달러 87센트, 그리고 교통부가세 6달러 71센트, 도합 102달러 58센트의 비용을 지불해야 했다. 그러나 중국제품은 4급품으로 취급하여 운임 33달러 27센트, 교통부가세 2달러 33센트, 도합 35달러 60센트를 지불했다. 즉 동일상품이면서도 외국제품은 중국제품에 비해 약 3배나 고율 운임을 부담한 것이다.

(4) 膠濟鐵路

青島 - 濟南 구간에서 면사, 면포의 운임을 1톤당 비용으로 살펴보면, 외국제품과 중국제품 사이에 차별이 있다. 이러한 양상은 다음의 표에서 잘 나타나고 있다.

교제철로 청도 - 제남 구간의 1톤당 요금 비교   (단위 : 달러)

	면사		면포(金巾 40反)	
	외국제품	중국제품	외국제품	중국제품
철로운임	8.09	8.09	12.83	7.55
貨捐	6.47	0	10.26	0
화물세	13.00	0	17.32	0
합계	27.56	8.09	40.41	7.55

위의 통계표에서 보이듯이, 貨捐, 화물세와 같이 국내세를 오로지 외국제품에만 부과하여 중국제품에는 이를 면제하고 있음을 알 수 있다. 이와 같은 조치는 중앙정부, 즉 국민정부의 적극적인 관여 하에서 이루어진 것이라 할 수 있다. 예를 들면 1933년 국민정부 실업부는 철도부에 대해 제품의 운송비를 개정하여 중국공장의 제품에 대해서는 운임을 인하하고, 외국자본 제품의 운임은 인상하도록 요청하였다.

(5) 길해철로

중국정부는 철로를 운영하는 과정에서도 남만주철로 및 중동철로와의 경쟁을 의식하여, 운임의 할인을 통해 기존 양 철로를 통한 화물 운송의 지분을 회수하는 데 힘을 쏟았다. 예를 들면, 앞서 언급한 심해철로와 길해철로 양 철로는 1929년 11월 10일부터 상호 聯運(연계운수)을 실시하면서, 화물의 운임을 일반 운임율보다 파격적으로 인하해 주기로 결정하였다.

예를 들면, 곡류의 경우 4급품의 한 차량분 운임을 보통 운임률의 43퍼센트로 인하하였다. 1930년부터 중국의 廣信公司가 제극철로 연선의 곡류를 수출하기 위해 중국이 스스로의 역량으로 부설한 사조철로와 조앙철로의 양 철로와 각각 25퍼센트의 운임을 할인해 주는 내용의 이면계약을 체결하였으며, 1931년의 수확기에도 전자에 20퍼센트, 후자에 10퍼센트씩 각각 운임을 할인해 주었다.

3) 기타 교통운수와의 경쟁

(1) 동청철로

중동철로의 수송 동향이나 운임정책도 철로 운영의 변천에 따라 영향을 받았고, 시기에 따라 서로 달랐다. 러일전쟁까지의 운임정책은 동북지역에 대한 러시아제품의 수출 촉진, 대련 중심의 농산물 수출, 동북산 농산물의 러시아로의 유입 저지를 기조로 삼았다. 러일전쟁 이후 장춘 - 대련 구간은 일본에게 양도되어 남만주철도주식회사가 운영하게 되었기 때문에, 운임정책을 재검토하여 1908년 대폭적으로 운임을 개정했다. 주요한 내용은 남만주철로를 경유한 수입 화물의 하얼빈 수송이나 농산물의 南行(大連行)에는 고운임을 설정하여, 철저하게 남만주철로와의 대항을 기조로 삼는 것이었다. 중동철로의 화물 운수 상황은 운임정책의 영향을 받아 1912년까지 수출입 모두 南行 화물은 없었고 東行이 대부분이었다. 자바이칼 (Zabaikal, 러시아 시베리아 남부 바이칼호 동쪽의 산악지방) 방면으로의 西行은 수송량 자체가 적어, 중동철로 전체 수송량에서 큰 비중을 차지하지 못했다.

러시아혁명 이후 중동철로의 운영이 혼란스럽게 된 결과 東行의 수출 화물량은 감소하고, 南行 화물은 증가했다. 남만주철도주식회사는 중동철로의 혼란을 틈타 할인운임을 책정하고, 또 중동철로와의 연계운수회의(제6차 1921년, 제7차 1922년)를 이용해서 특별운임을 설정하여 만주 북부의 농산물을 흡수하기 위해 모든 노력을 경주하였다. 그런데 1924년 '봉소협정'이 체결된 이후 중동철로가 재차 남만주철로와의 대항을 목적으로 한 운임정책을 전개하자, 이로 인해 東行 화물이 증가하여 동행과 南行이 길항하는 상황이 만주사변까지 유지되었다. 만주국은 1934년에 拉濱鐵路(拉濱 - 哈爾濱)를 부설하여 중동철로 남부 구간을 경유하지 않고도 하얼빈이나 대련까지 수송이 가능하게 되었다. 중동철로는 동행의 운임에 '비밀할인' 등을 실시하여 물류를 흡수하기 위한 노력을 경주하였지만, 東行 화물이 증가하지 못하자 결국 1935년 철로를 매각하지 않을 수 없었다.

(2) 월한철로

월한철로는 개통할 무렵부터 적자가 적지 않았다. 월한철로는 측량과 설계 당시부터 노선을 의도적으로 수로와 평행하게 설정하였다. 이러한 이유는 철로의 부설 과정에서 수운을 이용하여 철로를 부설하기 위해 필요한 자재를 실어 나름으로써, 부설비용을 절감하려는 목적이 컸다. 따라서 철로의 부설이 완료된 이후 노선이 번화한 도심을 통과하지 않았기 때문에, 철로의 운수는 객운보다는 화운의 비중이 컸다. 뿐만 아니라 광동지역의 발달한 수운과 물류를 두고 경쟁하지 않을 수 없는 입장에 처하게 되었다.

월한철로공사는 경영을 개선하여 객화 운수를 확대하기 위한 다양한 방안을 강구하였다. 먼저 수운과 경쟁하는 조건 하에서 객운을 활성화하기 위해 '便利平民'이라는 캐치프레이즈로 객운의 요금을 인하함으로써 승객을 유치하기 위한 전략을 강구하였다. 열차의 좌석을 1, 2, 3등석으로 구분하여 3등석의 경우 1킬로미터당 6.97厘로 계산하여 가격을 책정하였으며, 2등석은 3등석의 1.5배, 1등석은 3등석의 2배를 수취하였다. 더욱이 1928년 5월 월한철로공사는 당시 정세의 혼란으로 철로 요금에 부가하고 있던 군비부가세를 인하해 주도록 광동성정부에 요청하였으며, 마침내 성정부는 월한철로 객화 운임에 부가되던 군비부가세를 대폭 인하해 주기도 하였다.

(3) 교제철로

교제철로는 열차를 개통한 이후 독일공사가 고유의 운임정책을 결정하여 시행하였다. 즉 외국으로부터 수입된 화물의 경우 운임이 내지의 화물에 비해 저렴하였으며, 수출 화물의 운임은 수입 화물

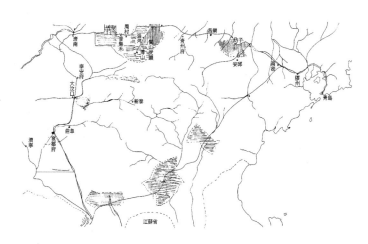

교제철로 연선의 탄광 위치도

교제철로(청도 - 제남) 연선지역에는 매장량이 풍부한 탄광이 즐비하였으며, 이 지역에 대한 독일과 일본의 철로 부설권 경쟁은 석탄의 확보와 불가분의 관계를 가지고 있었다. 지도에서 가로빗금선으로 표시된 부분은 중국이 개발한 탄광지역이고, 세로빗금선이 일본이 개발한 탄광지역을 가리킨다.

에 비해 저렴하였다. 저렴한 수출 운임을 설정함으로써 산동상인들로 하여금 화물을 청도의 조차지로 운송하도록 하고, 다시 청도에서 가공하여 제품을 생산한 이후 내지나 혹은 국외로 수출을 용이하도록 하기 위한 의도였다. 또한 이러한 조건을 설정함으로써 기존 진포철로를 통해 운송되던 화물을 흡수하려는 목적도 동시에 내포하고 있었다.

1905년부터 1913년까지의 9년간 교제철로가 운송한 여객은 총 8,127,082명, 화물은 5,567,734톤에 달하였으며, 1,950만 원의 수익을 거두었다. 1913년의 여객 발송량은 1905년에 비해 63퍼센트 증가하였으며, 화물 발송량은 두 배로 증가하여 이윤이 1.5배로 신장되었다. 1902년부터 1913년까지 독일이 산동지역에서 수탈한 석탄량은 총 3,414,632톤에 달하였다.

(4) 정태철로

정태철로는 석탄의 운임에 특별한 혜택을 부여하여 대량의 석탄이 太行으로 실려 나간 이후 다시 경한철로를 통해 각지로 운송되었다. 정태철로의 부설로 산서의 폐쇄성이 크게 해소되었으며, 이는 결국 산서와 하북 양성에서 석탄업의 발전을 가져왔다. 민국 초년에 陽泉과 井陘 일대에 탄광이 50여 개로 발전한 사실은 철로의 발전과 불가분의 관계를 가진다.

(5) 남심철로

남심철로는 수운과의 경쟁이 있어, 철로의 경쟁력을 제고하기 위해 관리국은 화물운수 요금을 대폭 인하하였다. 구체적으로 살펴보면, 수입품의 대종은 소금, 설탕, 밀가루였으며, 대체로 운임을 30퍼

센트 정도 인하하였다. 수출의 대종은 쌀, 잡곡으로서 40퍼센트 인하
하였다. 이 밖에 차, 석탄, 대나무, 목재의 운임은 30퍼센트 인하하여
수운과의 경쟁력을 제고하였다.

남심철로는 1929년 1월 국유화 이후 승차권을 구입하지 않고 탑
승하는 행위를 철저히 규제하였다. 승차권을 구입하지 않고 탑승하
는 행위를 방지하기 위하여 九江과 남창 등에 검표소를 설치하여
검표를 한 이후 비로소 승차하도록 하는 제도를 만들었다. 이전에는
열차에 탑승한 이후 차내에서 검표하는 관행이 있었다. 철로직원이
열차에 탑승할 경우에도 열차의 등급을 준수하도록 하고, 상급열차
를 허가 없이 이용할 경우 규정에 따라 벌금을 부과하도록 하였다.

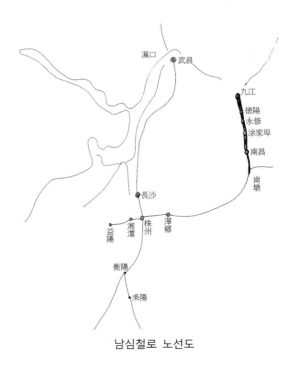

남심철로 노선도

4) 기타 일반철로 운임

(1) 대만철로

객화 운임을 통일하기 위해 '運價 및 貨物分等委員會'가 설립되어 객화 운임의 결정을 비롯하여 운수과정의 모든 업무를 총괄하였다. 대만철로의 객화 운임 및 징수방법은 최초 반포된 '대만철로장정'에 다음과 같이 규정되어 있다.

① 대북에서 錫口까지 승객 1등석은 3角, 2등석은 2각, 3등석은 1각으로 한다.

② 어린이는 5세 미만이면 차비를 받지 않으며, 5-10세의 경우 반값을 받는다.

③ 객차 내에 화물을 휴대하고 승차하여 공간을 차지해서는 안된다.

④ 승객의 행낭(짐)은 표를 구매하여 별도로 화차에 적재해야 하며, 짐이 모두 차면 봉쇄한다. 도착하면 검표사가 표에 근거하여 대조하여 내준다.

⑤ 細重貨物(귀중품 등)은 경중에 따라 가격을 매기며, 粗鬆貨物(쌀, 석탄 등 대량화물)은 부피에 따라 값을 매긴다.

⑥ 탑승을 위해서는 먼저 표방에서 표를 매입하여 표를 제시한 이후 승차한다.

⑦ 화물행낭 역시 표방에서 표를 구매하여 두 장을 발급받아, 하나는 차에 실은 화물에 매달고, 다른 하나는 승객이 지참하여 도착시 이를 대조하여 화물을 수령한다.

⑧ 승객과 화물은 표가 있어야만 탑승할 수 있다. 만일 표가 없을 경우 조사하여 발각될 경우 사람과 화물 모두 2배로 벌금을 부

과한다. 만일 검표사가 부정을 발각하면 중량에 따라 내지 않은 수량만큼 벌금을 부과한다.

(2) 사조철로

가. 사조철로의 객화 운임

사조철로는 票價, 운임, 잡비 등을 大洋으로 수취하였으며, 기타 화폐는 규정에 따라 대양으로 환산하여 수취하였다. 단위는 킬로미터, 킬로그램, 톤, 입방미터 등으로 계산하였다. 화물은 100킬로그램을 단위로 하는 整車貨物과 100킬로그램 미만의 경우 100킬로그램으로 환산하여 계산하는 零車貨物(不滿整車貨物)의 두 종류가 있었다. 100킬로그램이 초과하는 수량은 10킬로그램을 단위로 가산하였다. 운송거리는 30킬로미터를 기산으로 하였으며, 운임은 대양 5分을 기산으로 하였다.

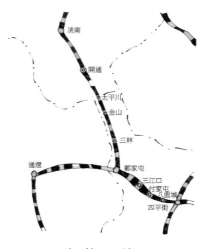

사조철로 노선도

사조철로 화물 운임(위험화물)

종류	零運 : 100킬로그램 1킬로미터로 환산	整車 : 100킬로그램 1킬로미터
석유, 성냥, 생석회, 酒精	0.005	0.04
폭죽, 煙火, 油紙, 油布, 强酸	0.006	0.05

사조철로 여객 운임

역명												
四平街	1등	2등	3등									
八面城	1.45	0.85	0.6	1등	2등	3등						
傳家屯	2.6	1.55	1.05	1.2	0.7	0.5	1등	2등	3등			
三江口	3.25	1.95	1.3	1.8	1.1	0.7	0.65	0.4	0.25	1등	2등	3등
鄭家屯	4.4	2.65	1.75	3	1.8	1.2	1.8	1.1	0.7	1.2	0.7	0.5

사조철로 화물 운임(보통화물)

등급	零運 : 100킬로그램 1킬로미터로 환산	整車 : 100킬로그램 1킬로미터
1등 화물	0.006	0.05
2등 화물	0.005	0.04
3등 화물	0.004	0.03
4등 화물	0.003	0.02

(3) 영성철로

개통 시에 영성철로는 영국제 기관차 2량, 1등과 2등 객차 각 2량, 3등 객차 6량, 花車 1량(양강총독 전용차), 貨車 4량을 구비하였다. 1923년의 상황을 보면, 영성철로(강녕철로)는 하루에 18차례 열차를 운행하였으며, 왕복으로는 9차례 운행하였다. 1시간에 한 차례 남북에서 각각 출발하였다. 열차표의 가격은 1等席 6角, 2등석 4각, 3등석 2각이었다. 무료로 소지하고 탈 수 있는 휴대품의 중량은 각각

200근, 150근, 100근이었다. 만일 정해진 중량을 초과할 경우 별도의 규정에 따라 비용을 부과하였다. 승객 수는 1929년 372,443명, 1930년 357,160명, 1931년 426,862명, 1932년 432,225명, 1933년 312,040명에 달하였다.

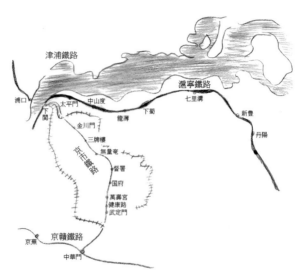

영성철로 노선도

참고문헌

鐵道部鐵道年鑑編纂委員會, 『鐵道年鑑』第一卷, 1933.
鐵道部鐵道年鑑編纂委員會, 『鐵道年鑑』第二卷, 1934.
鐵道部鐵道年鑑編纂委員會, 『鐵道年鑑』第三卷, 1935.
東亞同文會, 『支那年鑑』, 1935.6.
交通部編纂委員會, 『平漢鐵路年鑑』, 1933.

東亞同文會,『支那年鑑』, 1935.6.

김지환,『중국 국민정부의 공업정책』, 신서원, 2005.

宓汝成,『中華民國鐵路史資料』, 社會科學文獻出版社, 2002.9.

宓汝成,『中國近代鐵路史資料』1冊, 中華書局, 1984.

曾鯤化,『中國鐵路史』, 文海出版社, 1924.

姜明清,『鐵路史料』, 國史館, 1992.5.

金士宣,『鐵路運輸學』, 商務印書館, 1948.

白壽彝,『中華交通史』, 團結出版社, 2006.

王書城,『中國衛生事業發展』, 中醫古籍出版社, 2006.

張其昀,『建國方略研究』, 中國文化研究所, 1962.10.

郭沫若,『辛亥革命』, 人民出版社, 1981.

李新,『中華民國史』, 中華書局, 1982.

王曉華, 李占才,『艱難延伸的民國鐵路』, 河南人民出版社, 1993.

張瑞德,『中國近代鐵路事業管理的研究』, 中央研究院近代史研究所, 1991.

大阪對支經濟聯盟,『暴戾なる支那』, 岩波書店, 1931

馬廷燮,「我國各路制定運價之史的分析」,『平漢鐵路月刊』47期, 1934.

吾孫子豊,『支那鐵道史』, 生活社, 1942.

吾孫子豊,『滿支鐵道發展史』, 內外書房, 1944.

楊承訓,「三十年來中國之鐵路事業」,『三十年來之中國工程(下)』, 華文
    書局, 1967.8.

逸見十朗,『中華民國革命二十周年記念史』, 1931.4.

小島憲市,『支那鐵道概論』, 中日文化協會, 1927.

東亞經濟研究會,『支那經濟通說』, 嚴松堂書店, 1924.

山本有造,『滿洲國經濟史研究』, 名古屋大學出版會, 2003.

東亞問題調查會,『移り行く支那』, 朝日新聞社, 1937.

駐中日本公使館武官,『支那現狀ト國際管理論』, 1921.

麻田雅文,『中東鐵道經營史』, 名古屋大學出版會, 2012.

レーマー,『列國の對支投資』, 東亞經濟調查局, 1934.12.

日本外務省亞細亞局,『最近支那關係諸問題摘要』, 1923.

歐國立,「中國鐵路運價體制和運價政策的變遷」,『綜合運輸』2006年 2期.

吳紹曾,「鐵路聯運運價之減低與農村經濟之發展」,『北洋理工季刊』2卷 3期, 1934.9.

제3장
철로의 연계운수

1 철로 연계운수 개설

1) 철로 연계운수의 출현과 발전

　철로 연계운수의 장점은 주로 운임의 절감과 객화 운수의 연속성, 그리고 화물의 안전성을 담보할 수 있다는 점에서 찾을 수 있다. 그러나 중국철로는 초기 성립시기에 외채관계로 말미암아 각 철로마다 객화의 운수규장과 운임이 상이하였다. 더욱이 철로 간 레일 궤간이 상이한 까닭에 철로 상호 간 연계운수를 시행하기 곤란한 점도 있었다. 여객과 화물을 연계하여 운송하지 못한다면, 여객과 화물은 어쩔 수 없이 교차역에서 열차를 갈아타고, 화물을 하역하여 옮겨 실어야 했기 때문에 불편이 적지 않았다. 따라서 많은 사람들은 철로의 연계운수를 희망하고 있었다.

　중국철로에서 최초로 연계운수와 관련하여 논의가 시작된 것은 1905년 경봉철로와 남만주철로 사이에 개최된 회의가 그 기원이 된다. 그러나 관련 시설과 설비, 규정, 제도 등의 미비로 말미암아 연계운수가 실제로 실행되지는 못하였다. 북양정부가 성립된 이후 철로의 국유정책을 추진하면서 철로 간 연계운수를 실시하려 시도하였지만, 국유철로 역시 열강과의 차관관계 등으로 말미암아 철로마다 자체적으로 정책을 입안하는 등 상호 연계성이 긴밀하지 못한 실정이었다. 따라서 철로 사이에 객화의 운임이 통일되지 못하였을 뿐만 아니라, 철로의 객화 차량 역시 자체 선로를 넘어 운행될 수 없었다. 여객이나 화물의 운송 과정에서 다른 철로를 이용하기 위해서는 교차역에서 열차를 바꾸어 타거나 다른 철로의 열차로 화물을 옮겨 실어야 했으므로, 여객과 화주는 많은 불편과 손실을 감내하지 않으면 안되었다.

이러한 가운데 가장 먼저 철로 간 연계운수에 착수한 것이 바로 동북지역의 철로였다. 1912년 4월 상거래 화물이 증가하면서 경봉철로, 경한철로, 경장철로의 세 철로는 국내연운을 개시하기로 합의하였다. 1913년 4월 1일에는 중일 양국이 철로의 연계운수에 합의하고, 경봉철로와 남만주철로, 동청철로(중동철로) 사이에 여객의 연운협정을 체결하였다. 더욱이 1913년 6월에 경봉철로는 모스크바에서 개최된 국제연운회의에 참가하여 중국 동북지역의 철로가 유라시아철로 연계운수에 가입하는 것에 동의한다는 의사를 전달하였다. 이와 함께 일본 국내의 철로 및 남만주철로, 조선철로의 여객, 화물을 연계하여 운수하기 위한 계약이 체결되었다. 바로 전 해인 1912년 5월에 일본은 러시아와 남만주철로, 동청철로(중동철로), 러시아 우수리철로 간의 연운을 시행하기 위한 계약을 체결하였다.

이후 중일 간 연계운수를 이용하는 승객이 날로 증가하면서 남경, 상해, 한구 등 지역으로 가는 여정에서 중도에 차를 갈아타야 할 필요성이 생기자, 기타 각 철로 역시 경봉철로와 연운의 필요성을 느끼게 되었다. 이것이 국내5로 연운의 출발이었다. 1913년 10월 27일 교통부는 경봉철로, 경한철로, 京張鐵路, 津浦鐵路, 滬寧鐵路를 소집하여 五路聯運會議를 개최하고 聯運條例를 제정하여, 1914년 4월부터 다섯 노선의 철로에서 여객, 화물, 소포의 연계운수를 실시하기로 결정하였다. 당시 연운회의에서 논의된 내용은 단지 여객 연운, 수화물 연운 및 소포 연운에 그쳤으며, 대량화물의 연운은 포함되지 않았다. 또한 연계운수를 실시하기 위한 세부적인 방안 역시 미비한 실정이었다. 그러나 제1차 국내연운회의는 중국철로의 연계운수를 위한 초석이 되었다고 할 수 있다. 이후 호항용철로, 도청철로, 정태철로, 교제철로, 농해철로, 상악철로 등이 속속 聯運에 가입하였다.

연운업무가 증가함에 따라 미국 등 선진국의 사례를 모범으로 연운정산소를 설립하여 연운철로 사이의 비용을 정산해야 한다는 목소리가 높아졌다. 1917년 12월 북양정부 교통부는 철로연운사무처를 설립하여 연운업무를 처리하니, 이것이 중국에서 처음으로 설립된 연운사업을 위한 조직이었다. 이와 함께 별도로 철로연운청산소를 설립하여 각 철로의 연운 비용과 기장(帳目, 장부의 항목)의 결산을 비롯하여 열차 차량의 호환과 임대, 監査 등의 업무와 결산 등을 맡아 처리하도록 하였다.

1918년과 1920년에 교통부는 두 차례에 걸쳐 철로운수회의를 개최하고, '국유철로통일객화운수규장제도'를 제정하기 위한 논의를 진행하였다. 이 밖에도 '국유철로객차운수통칙', '국유철로화차운수통칙', '국유철로보통화물분등표' 등의 규정을 제정하고, 나아가 국제도량형제의 채택과 열차역에 비치된 주요 증빙서류 양식의 통일 등을 결정하였다. 결정된 사안은 1921년 1월 1일부터 경봉, 경한, 경수, 도청, 진포, 호녕, 호항용, 월한 및 농해철로에서 실행하기로 합의함으로써 철로 연운업무의 발전에 주요한 전기가 되었다.

연계운수를 실시하기 위한 각종 통칙에서는 객차를 3등으로 나누고 표가는 3등을 基數(기준, 기본수)로 삼아 각 철로가 스스로 정하도록 하였다. 대체로 2등을 일률적으로 3등의 두 배로 정하였으며, 1등은 2등의 두 배로 정하였다. 화물의 비용을 면제해 주는 중량은 객표 등급에 따라 증감하도록 하였다. 화물은 6등으로 나누어 운임을 계산하고, 50킬로그램 1킬로미터 혹은 1톤 1킬로미터 혹은 매 정차 1킬로미터의 3종으로 운임을 계산하도록 하였다.

1921년 이후 연운사업은 본격적인 발전의 시기를 맞이하였으며, 1923년 단계에서는 철로의 연계운수가 어느 정도 체계를 잡아가게 되었다. 그러나 이후 몇 년간 다시 군벌 간 전쟁으로 인한 사회적 혼란 등의 영향으로 여객운수와 화물운수의 수입이 크게 감소하였다. 군벌간 혼전과 북벌 등 사회적 혼란으로 말미암아 연계운수 업무는 일시 중단되고 말았다.

1926년부터 1937년까지의 시기는 크게 두 단계로 나눌 수 있는데, 1926-1931년의 쇠락시기와 1932-1937년의 회복 및 발전의 시기로 나눌 수 있다. 군벌의 혼전은 연운업무의 발전에 부정적인 영향을 주었으며, 이는 연운 수입의 감소에서 잘 나타난다. 여객 연운의 수입은 1925년의 2,932,494.98원에서 1926년에는 227,098.78원으로 대폭 감소되었다. 화물 연운의 수입도 1925년의 4,801,873.90원에서 1926년에는 284,715.10원으로 대폭 감소되었다. 일찍이 국민정부는 군벌전쟁의 기간 중에 각 군벌정권이 징발한 기관차와 객차, 화차의 수량이 무려 1,800여 량에 달한다고 지적한 바 있다.

국민정부에 의한 북벌이 완수되고 철도부가 철로업무의 정돈과 정리에 착수하자, 객화의 연계운수는 다시 발전하기 시작하였다. 국민정부의 철로정책에 힘입어 관내의 각 열차역이 속속 연운에 가입하여 정부의 정책에 조응하였다. 동북지역에서도 1928년, 1929년, 1930년을 전후로 북녕철로, 사조철로, 조앙철로, 제극철로의 西四路가 연운을 실시하였으며, 북녕철로, 沈海鐵路, 吉海鐵路, 吉敦鐵路의 東四路도 연운을 실시하였다. 1931년이 되면 연계운수는 이미 본격적인 발전의 도상에 접어들었다.

화물의 연계운수 분야에서는 1932년에 화물 책임연운을 개시하여 불가항력의 천재지변이나 화주가 스스로 포장한 화물이 부실한 까닭에 발생한 훼손, 혹은 화물이 자연적으로 변질된 경우를 제외하고는 모두 철로당국이 책임지고 배상하도록 하였다. 그러나 당시 각 철로의 열차 차량이 이를 실행하기 위한 준비를 갖추지 못하는 등 여러 이유로 말미암아 철로의 화물 책임연운은 일부 노선에서 국부적으로 진행될 수밖에 없었다. 진포철로, 경호철로, 호항용철로의 세 철로는 화물 책임연운을 실시하였으며, 농해철로, 진포철로 두 철로는 鹽斤(소금)의 책임연운을 실시하였다. 정태철로, 평한철로, 북녕철로의 세 철로는 산서성의 석탄(晉煤)을 중심으로 책임연계운수를 실시하였으며, 상악철로, 평한철로, 평수철로의 세 철로는 몽고의 차(蒙茶)를 중심으로 책임연계운수를 실시하였다. 책임운수는 이후 점차 모든 연운철로로 확대되었다. 이와 함께 장거리 화물에 대한 누진 할인제도를 실시하였다. 또한 연계운수를 시행하기 위한 직통열차를 운행하면서 화물의 연계운수 수입도 1932년의 67만 원에서 1934년에는 1,715만 원으로 2년 사이에 무려 20여 배나 증가하였다. 여객연운의 수입도 1932년의 545만여 원에서 1934년에는 863만 여 원으로 증가하였다.

2) 국민정부 시기 연운의 발전

(1) 연운 범위의 확대

근대 이후 철로는 화물 운수의 70% 내외를 담당하는 매우 중요한 운송수단이었다. 철로의 발전을 위해서는 철로 간 연계운수뿐만 아니라 도로(공로)와 해운, 하운 등의 수륙 연계운수도 매우 중요하였다. 국민정부 철도부는 제15차 연운회의에서 초상국으로 하여금 국내철로의 연운에 가입하도록 제안하였으며, 제16차 연운회의에서는 '국유철로국영초상국수륙연운판법' 21조를 통과시켰다. 이러한 법안에 근거하여 철도부와 초상국은 철로와 기선 간의 수륙연운의 실시를 개시하였다. 먼저 교제철로, 농해철로의 양 철로가 수륙연운을 선구적으로 실시하였으며, 이후 각 철로도 속속 수륙연운에 참여하였다.

수륙연운뿐만 아니라 철로와 공로(도로) 간의 연운 역시 본격적으로 시작되었다. 경호철로와 강남공사의 경무 구간 공로는 무호까지 연계운수를 실시하였으며, 진양공사는 양주까지, 석징공사는 강음까지, 호항용철로는 절강공로국과 막간산까지 연계운수를 실시하였다.

(2) 연운 운임의 결정

연운의 화물 운임은 운수 거리가 장거리일수록 운임을 저감하는 누진제 방식을 채택하였다. 그러나 철로마다 누진 할인하는 비율과 방식이 서로 달랐다. 국민정부 철도부는 장거리 화물운송을 장려하기 위한 취지에서 1932년 각 철로의 운임 및 운송거리가 장거리일수록 가격을 할인하는 차이를 통일하기 위해 '장거리부책화물연운보통운가'를 제정하고 각 철로로 하여금 이를 기준으로 가격을 책정하도록 하였다.

(3) 실시 효과

1933년 이래 연운의 수입이 급속히 증가하였다. 1934년 1년 동안 연운으로 거두어들인 총수입을 살펴보면, 종래 1923년의 1년 동안 308만여 원이 최고기록이었는데, 1934년에는 2,579만여 원에 달하여 약 79퍼센트 증가하였다.

3) 여객 연운

1913년에 철로 연운사업이 개시될 무렵에는 단지 여객 연운만이 실시되었다. 이후 점차 여객 연운의 규모가 확장되고, 이에 따라 철로사업도 나날이 발전하였다. 내전으로 말미암아 교통이 수시로 차단되면서, 1927, 1928년 사이에 연운사업도 잠정적으로 중단되고 말았다.

국민정부 철도부가 성립된 직후 연운사업이 국계민생에서 차지하는 중요성과 비중에 비추어 연운처를 설립하였으며, 이를 통해 연운과 관련된 일체의 업무를 전담하도록 하였다. 또한 연계운수에 참여한 각 철로의 차무 및 회계 주관인원을 소집하여 연운회의를 개최하고, 각 부문의 문제를 협의하여 의견을 수렴하였다.

각 철로는 여객연운표와 연운유람왕복표 등을 발행하였으며 평진, 호평, 평청, 경압, 경청 등 연운직통특별쾌속열차를 운행하여 여객의 편의를 도모하였다. 항전시기까지 월한철로, 광구철로의 두 철로도 무창, 구룡 간 구간에서 연운직통특별쾌속열차를 운행하였다. 이후 다시 절공철로, 월한철로, 상계철로의 세 철로가 金華-桂林 사이의 구간에서 연운직통특별쾌속열차를 운행하였으며, 월한철로, 상계철로의 두 철로는 曲江, 柳州 사이 구간에서 연운직통쾌속열차를 운행하였다. 연운직통쾌속열차는 중일전쟁 발발 이후 객화의 운송을 담당하여 항전에 크게 기여하였다. 더욱이 철로는 기선, 공로(도로), 항공 등과 수륙공 여객연운을 적극 모색하였다.

객운에서는 객차를 3등으로 나누고 표가는 각 철로에서 자체적으로 정하도록 하였다. 대체로 1등 표가는 2등 표가의 두 배였고, 2등 표가는 3등 표가의 두 배로 정하였다. 수운과 경쟁관계에 있던 철로의 경우 완행열차에 4등 객차를 연결하였으며, 3등 열차에 비해 저렴하게 표가를 책정하였다. 이 밖에 여객의 편의를 위해 편도연운표, 왕복유람표, 중국주유표, 단체여행표 등을 지속적으로 발행하였다. 1921년 북경에서 浦口로 직행하는 직통특별쾌속열차가 개통되었으며, 1929년에는 경호, 호항용 특별쾌속열차(수도윤도공정 완성 후 북평, 남경, 상해, 항주 직통쾌속열차 개통), 1930년 북경에서 길림에 도달하는 직통쾌속열차를 시험개통 하였다.

4) 화물 연운

철로의 화물 연운은 1920년에 이르러 비로소 전체적인 계획을 가지고 시작되었다. 1923년에 들어 본격적인 발전의 도상에 접어들었으나, 매년 군벌 간의 전쟁으로 철로 차량이 수시로 징발되는 등 화물의 연계운수가 사실상 운용되기 어려운 상황이었다. 1928년 국민정부 철도부가 수립된 이후 철로 전반에 대한 정리 정돈을 단행하면서 비로소 화물의 연운에 힘을 기울이기 시작하였다. 철로의 정돈 과정에서 기존 군벌세력에 의해 징발되었던 열차 차량에 대해 철저한 조사를 실시하여, 억류된 열차를 반환하도록 하였다.

1931년 3월 제15차 연운회의는 각 철로차량의 상황을 참작하여

'각로연운교환화차임시판법'을 제정하였다. 그러나 만주사변과 상해사변이 발생하면서 전국철로가 군사운수(軍運)에 힘을 기울일 수밖에 없었다. 이로 말미암아 철로의 연계운수는 여전히 시행되지 못하였다.

이러한 가운데 상해사변이 종결되면서 국내의 정국이 안정되기 시작하였다. 이와 같은 사회적 분위기 하에서 대종화물의 운수에 편의를 제공한다는 목적에서 각 철로는 부분적으로 연계운수를 실시하기 시작하였다. 1932년 10월 철도부는 진포철로, 경호철로, 호항용철로의 세 철로에게 화물 책임연운을 시행하도록 지시하고, 같은 시기에 각 철로에서도 부분적으로나마 화물 책임연운이 실시되기 시작되었다.

1933년 9월 개최된 제16차 연운회의는 '책임화물연운잠행판법' 42조와 '수륙책임화물연운판법'을 통과시키고, 이와 함께 '각로과궤차량체험장칙'을 제정하여 연운을 위한 전용차량을 지정하는 한편, 연운을 위한 각 항목의 판법을 제정하였다. 철도부는 이와 같은 일련의 규정을 심의하여 반포한 이후 각 철로에 보내어 시행하도록 하였다. 마침내 1933년 11월부터 전국의 철로는 일제히 '수륙책임화물연운'을 시행하게 되었다.

화물의 聯運은 '국유철로화차운수통칙'의 규정에 근거하여 화물을 6등으로 나누어 운임을 계산하였다. 50킬로그램 1킬로미터, 1톤 1킬로미터, 정차(1貨車) 1킬로미터 등 3종 운가율로 운임을 계산하였다. 이 밖에 장거리화물의 운송은 거리가 멀수록 가격을 경감해주는 누진제를 시행하였다.

1) 여객 연계운수

여객 연운은 여객이 두 노선 이상의 철로를 거치면서 출발역에서 도달역까지 열차를 갈아탈 필요가 없는 운수를 가리킨다. 직통열차와 聯票는 여객운수의 두 가지 기본 특징이었다. 그러나 평수철로 등 일부 철로에서 연운을 위한 직통열차를 운행한 외에 나머지는 대부분 여전히 여객이 열차를 갈아타야 했다. 여객 연운은 비단 여객의 운수뿐만 아니라 수하물, 소포 및 기타 객차운수를 포함하였다.

(1) 여객 연운표 및 표가

여객 연운의 객표, 수하물표 및 기타 각종 운수영수증(인수증)은 모두 출발역에서 구매하며, 중도에 차를 갈아탈 경우 표를 변경할 필요가 없었다. 연운표는 외형에 따라 長聯票와 紙板式의 2종으로 나눌 수 있다. 국내 각 철로 간의 편도 연운객표는 모두 지판식을 사용하며, 장련식 객표는 장거리 여행에 적용되었다. 예를 들면, 천진에서 하얼빈으로 가는 장련표는 6聯으로 나뉘어져 있었다. 제1련은 전체 노선, 날짜, 표가, 等次, 차의 종별, 유효기간, 수하물 무료 중량 등이 기재되어 있었다. 제2련은 아동 참조권, 출발 도착역, 연운표 경로, 제3련은 천진동역에서 심양 제1구간 사이의 표였다. 제4련은 심양에서 장춘 제2구간의 표였다. 제5련은 장춘에서 하얼빈으로 가는 제3구간의 표였다. 제6련은 중도에 하차할 경우의 설명이었다. 장련표는 매 구간 연결역에서 각각 잘라서 수취하도록 하였다. 지판식은 종점에서 수취(剪收)하였다.

연운객표는 유효기간이 있었으며, 특별한 규정이 없을 경우 모두 거리에 따라 운임을 계산하였다. 연운의 이정은 연운 표가를 계산하는 표준이었다. 일반적인 연운 표가는 연운 각 철로의 표가를 더하여 계산하면 되었다. 왕복유람표의 표가는 두 차례 편도 보통표 가격의 75折(75퍼센트)였으며, 국내 주요 연운 표가는 보통 표가의 7折(70퍼센트)로 계산하였고, 여기에 표인쇄비 명목으로 3角을 더 받았다. 아동은 반 값이며, 추가로 인쇄비 3각을 더 받았다.

만일 철로직공이 연운우대권은 이용할 경우 보통 표가의 4분의 1 상당의 금액만을 받았다. 철로직공의 가족들이 사용할 경우 보통 표가의 2분의 1을 수취하였다. 아동일 경우 4분의 1을 받도록 하였다. 단체연운 표가는 20명 단체 편도의 경우 10퍼센트를 할인해 주었으며, 왕복표는 20퍼센트 할인하였다. 만일 단체의 인원수가 21-49명에 해당될 경우 편도 표가는 15퍼센트 할인하였으며, 왕복의 경우 30퍼센트를 할인해 주었다. 단체의 인원수가 50-99명일 경우 편도 20퍼센트 할인, 왕복 표가는 40퍼센트 할인해 주었다. 단체인원이 100명 이상일 경우 편도 표가는 25퍼센트 할인하였으며, 왕복 표가는 50퍼센트 할인해 주었다.

(2) 수하물 연운업무

수하물 연운은 여객 연운의 주요한 부대사업 가운데 하나였다. 보통, 보험 및 代客收款交貨(업무대행)의 3종방식이 있다. 여객은 출발 시에 수하물을 철로에 교부하고, 영수증을 받아 종점에서 찾도록 하였다. 그러나 연운 수하물은 보통의 수하물 운수보다 복잡하였다. 따라서 연운 수하물의 처리에는 특별한 규정을 두었다. 두 철로 노선 이상을 경과하였기 때문에, 직통열차 이외에 기타 열차의 수하물은 연운역에서 반드시 옮겨 싣는 수속이 필요하였다. 수하물이 세관을 통과하여 세무국의 검사를 받을 경우 여객은 반드시 현장에서 이 과정에 입회하거나 혹은 철로에 세관비용을 지불하고 대행해 주도록 위탁할 수 있었다. 여객이 중도 열차역에서 수하물을 찾거나 부치는 것도 가능하였으나, 이것도 연운역에서만 가능하였다.

(3) 소포 연운업무

소포는 여객열차에 적재하는 소량의 화물을 가리킨다. 따라서 소포 연운업무는 여객열차 연운업무의 일종이다. 소포 연운업무는 보통소포, 보험소포, 代客收款交貨 소포의 3종이 있었다. 보통소포는 일반적인 소포였으며, 보험소포는 주로 귀중품에 속하였다. 代客收款交貨 소포는 철로가 소포를 대신 운반하여 소포를 받는 사람에게 비용을 청구하는 방식이었다.

운임은 10킬로그램 이하 혹은 용량이 50입방데시미터 이내의 경우 특가를 적용하였다. 중량이 10킬로그램 이상이거나 혹은 50입방데시미터를 초과하는 소포는 '보통소포운가방법'에 따라 비용을 청구하였다. 소포가 운송 도중에 훼손될 경우 철로당국이 배상을 책임졌다. 그러나 건당 물품에 대한 배상의 최대 한도액을 30원으로 제한하였다. 이후 배로 증가하여 최대한도가 60원으로 되었다.

여객이 분실하거나 찾아가지 않은 소포는 열차역의 수화물보관소에서 6개월 동안 보관하도록 하였다. 만일 정해진 기한 내에 여객이 수취할 경우 그 때까지의 보관비용을 청구하게 된다. 그러나 만일 수취하는 사람이 없을 경우 어떻게 처분할지, 판매할지 혹은 폐기할지 등의 여부는 차무처장이 결정하도록 하였다. 우정소포 역시 철로가 운송을 책임졌는데, 이 경우 비용이 상대적으로 낮았기 때문에 철로 자신의 소포 운임은 오히려 상대적으로 높아져 우정국 소포와 경쟁하기 어려웠다. 따라서 철로 소포업무의 발전을 위해 장거리 소포운수를 제창하여 거리가 멀수록 요금을 할인하는 방안을 창출하여 경쟁력을 제고하고자 하였다.

2) 화물 연계운수

(1) 화물 연운의 개황

화물운송은 철로업무의 핵심적 부분으로서, 관리상, 설비상, 수속상 객운에 비해 한층 복잡하였다. 1921년부터 화물 연운이 실행된 이후 운송 중 화물의 훼손, 분실에 대해 여전히 화주가 일체의 책임을 지는 실정이었다. 1921년 교통부가 소집한 제3차 철로운수회의에서 '국유철로화차운수부책통칙'이 통과되었지만, 화물운수는 여전히 책임운수를 실행하지 못하였으며, 貨主(화물주)가 스스로 책임을 부담하는 것이 원칙이었다. 1926년 이후 군벌전쟁이 끊이지 않자 전국에 걸쳐 화물 연운도 일시 중지되었다가 1932년이 되어서야 회복될 수 있었다.

철도부는 화물주가 스스로 화물의 연운에 책임을 지는 것이 폐단이 많은 점을 고려하여 철로책임연운을 실시하기로 결정하였다. 또한 장거리 연운화물의 경우 거리가 멀수록 누진적으로 요금을 인하해 주는 방식을 채택하였다. 이 밖에도 농산물, 광물, 공산품을 철로의 연계운수를 통해 운송할 경우 특가를 설정하여 혜택을 부여하였다.

화물 연운을 담당하는 열차역은 출입운수량의 다과에 근거하여 정해졌으며, 이러한 이유에서 대체로 대규모의 열차역이 화물의 연계운수를 시행하기 위한 역으로 지정되는 경우가 일반적이었다. 연운의 화물은 모두 6등급으로 구분되었으며, 이 밖에 특가(專價)화물이 있었다. 예를 들면, 석탄은 중국 연운화물 가운데 가장 많은 수량을 차지한 대종상품이었다. 철로는 대부분 연계운수를 위한 석탄의 전용출구를 마련해 두고 있을 정도였다. 예를 들면 정태철로 연선지역에서 생산된 석탄은 정태철로에서 평한철로를 거쳐 북녕철로에 도달하여 하역되었다. 도청철로 연선에서 생산된 석탄은 평한철로를 통해 농해철로를 거치거나 혹은 평한철로를 통해 북녕철로를 거쳐 하역되었다.

(2) 화물 연운영수증(인도증)과 운임

화물 연운영수증은 일반 철로화물 운수영수증과 유사하였으나, 수속은 한층 번잡하였다. 화물 연운영수증에는 연운화물운반증(報運單), 연운화물영수증, 연운화표, 화물도착역통지서, 운임영수증, 遺失화물표, 화물인수증명서 등이 있었다.

화물 연운 운임은 일반철로 운임에 비해 다소 낮은 편으로서, 보통운임과 특별운임의 2종으로 구분되었다. 일부 화물을 특별운임으로 운송하는 것을 제외하고는 대부분 화물연운보통운임표에 따라 운임을 산정하였다. 整車와 不滿整車의 兩種 운임이 있었다. 연운화물은 50킬로그램 1킬로미터, 1톤 1킬로미터, 1整車(1貨車) 1킬로미터의 3종 운임률로 운임을 계산하였다. 철로의 운임은 모두 연운역에 도달할 때까지의 거리로 계산하고, 마지막에 각 철로의 운임을 모두 합산하여 총운임으로 계산하였다. 제16차 연운회의 이후 연운화물의 운송거리가 멀수록 운임을 저감하는 누진제 방식이 실행되기 시작하였다. 즉, 연운을 시행하는 개별 철로의 운임을 모두 합산한 이후 이정이 멀수록 감가하는 규정에 근거하여 500킬로미터 이상의 경우 1퍼센트 할인, 이후 100킬로미터마다 운임의 1퍼센트를 추가로 할인하였다. 2,500킬로미터 이상의 경우는 20퍼센트 할인을 상한으로 하였다. 이후 다시 300킬로미터 이상의 경우 1퍼센트씩 추가 할인하는 것으로 개정하였다.

(3) 화물 연운 중의 交運과 接運

화물 연운업무의 처리와 관리는 보통의 화물운수와 비교하여 연운역의 交運과 接運의 수속에서 차이가 있었다. 화물을 적재한 열차차량이 연계운수를 시행하기 위해서는 타철로로 진입한 이후 통지서를 교부하여 책임을 이전하는 증빙으로 삼았다. 이때 整車의 경우는 상호 차량이 통지서를 교부하였으며, 不滿整車의 경우는 연운화물교부통지서를 작성하였다.

연계운수의 경우 현지 연운역에서 교운(인도) 수속을 하게 되는데, 적재화물 차량이 타철로로 들어간 이후 통지서를 교부함으로써 책임을 이관하는 증빙으로 삼았다. 만일 연운역에서 화물의 훼손이 발견될 경우 '화물의 훼손 혹은 유실증명서'를 작성하도록 하였다. 화물 연운을 실시하기 위한 전용차량을 마련하였으며, 필요에 따라 수시로 연운을 위한 열차를 준비하였다. 출발역에서는 일반창구와 별도로 연운화물표를 판매하기 위한 票房을 설치하였다. 연운화물을 보관하기 위한 장소도 별도로 마련하였다.

이 밖에 각 철로에서는 화물이 집중되는 열차역을 연운역으로 지정하였다. 예를 들면 평한철로와 농해철로의 화물 연운역은 정주였으며, 평한철로와 도청철로의 경우는 신향, 평한철로와 정태철로는 석가장, 평한철로와 평수철로는 廣安門, 평한철로와 북녕철로는 豊台, 북녕철로와 평수철로는 豊台東便門, 북녕철로와 진포철로는 천진충역, 진포철로와 농해철로는 徐州, 진포철로와 경호철로는 남경 강변, 경호철로와 호항용철로는 上海麥根路驛, 교제철로와 진포철로는 濟南이었다.

3 철로연운의 주요 유형 및 발전상황

1) 국내철로연운

철로에서 정식으로 연계운수가 시작된 것은 1913년의 五路聯運 이었다. 1914년 4월 1일 여객, 수화물, 소포의 연운업무가 시작된 이래 연운의 범위가 부단히 확대되어 호항용철로, 도청철로, 정태철로 등이 모두 연운에 가입하였다. 중일전쟁 이전까지 평한철로, 농해철로, 도청철로, 정태철로, 평수철로, 북녕철로, 진포철로, 교제철로, 경호철로, 호항용철로, 상악철로, 절공철로, 남심철로 등 총 13개 철로 노선에서 연운이 시행되었다.

철로의 연계운수를 전담하는 총기관이 바로 연운처였으며, 연운과 관련된 일체의 계획 및 규장, 제도 등은 연운회의에서 결정되었다. 연운업무는 원래 각 철로의 주요 역에서 처리하도록 하였다. 그러나 연운이 점차 확대되자 모든 철로가 통일적으로 연운을 운용하도록 하기 위해 여객표의 종류도 점차 증가하여 편도보통연운표, 왕복유람연운표, 國內周遊票, 단체여행연운표, 연운우대권의 5종을 발행하였다. 표가는 각 철로가 자체적으로 결정하였다. 철로는 연운역에서 각 철로의 표가를 모두 합산하여 연운 표가를 결정하였다. 예를 들면 제남에서 당산으로 갈 경우 3등 좌석표를 구매한다면 연운

표가는 진포철로의 제남에서 천진, 북녕철로의 천진에서 당산의 두 구간에 상당하는 표가를 합산하였다. 연운업무의 발전에 따라 연운 장정도 완비되고, 객운통칙과 국내연운규장 등도 제정되었다.

수하물 연운이 막 실행되었을 무렵 각 철로 사이에서 보험과 배상 방법 등을 둘러싸고 협상이 진행되었다. 이에 제2차 연운회의 이후 수하물을 보통과 보험의 두 종류로 나누어 철로의 책임을 명확히 규정하였다. 이와 함께 연운 수하물이 한정중량을 초과할 경우 운임 및 보험비용은 모두 거리에 따라 계산하도록 하였다. 이 밖에 연운 수하물의 운임도 가격표를 작성하고, 탁송의 연운 수화물은 연운역 에서 증명서를 교부하도록 하였다. 만일 훼손되거나 유실된 경우는 보고서를 작성하여 철로 측이 조사를 거친 이후 책임이 인정될 경우 배상하도록 하였다.

소포는 보통, 보험, 代客收款交貨의 3종이 있었다. 연운을 실시하는 각 역에서 철로 측이 객상을 대신하여 관세와 세관신고서를 작성하여 제출하고, 연운 소포의 운임 및 보험비는 각 철로 노선을 지나는 거리 의 비율에 따라 할당하였다. 代客收款交貨의 비용은 시작역과 도달 역이 각각 분담하였다. 연운역에서 소포를 교부할 시에 반드시 해당 수하물의 각종 보고서를 작성한 이후 비로소 처리하도록 하였다.

민국 초년에 연선지역에 대한 세금의 징수가 연운의 발전에 큰 걸 림돌이 되었다. 전국 범주의 화물 연운이 이로 말미암아 순조롭게 발전할 수 없었다. 최초 화물 연운은 단지 양 철로 사이의 모종 화물 에 대한 연운이라는 성격이 다분하였다. 그러나 각 철로 사이의 수 속과 방법이 상이하여 연운의 원활한 시행이 어려웠다. 따라서 철로 당국은 통일화운통칙, 화물 등급 등을 제정한 이후, 1919년 각 철로 를 소집하여 연운 화물을 6등급으로 나누어 연운 운임을 결정하였다. 이 과정에서 장거리화물의 운수를 장려하기 위해 거리가 멀수록 할인율을 제고하는 방안을 제안하였다.

1921년 2월 주요 철로에서 화물의 연운이 개시되었다. 연운 화물은 보통과 특별의 두 종류로 나뉘어졌으며, 화물 연운의 운임도 전문적인 '貨物價目表' 및 '特別運賃表'를 제정하였다. 모든 연운 화물은 각지의 보통운임에 근거하여 각각 계산한 이후 합산하여 수취하였으며, 수취한 운임은 각 철로의 운행거리 비율에 따라 분배하였다. 화물을 연운역에서 교부할 경우 교부하는 측의 철로는 '연운화물교부통지서'를 작성해야 하며, 접수하는 측의 철로에서는 여기에 서명하여 증빙으로 삼았다.

만일 손실이 발견되어 배상이 필요한 경우에는 별도로 '화물손실유오증명서'를 작성해야 했다. 연운화물에서 유실이나 잘못된 사항이 발견되었을 경우, 어느 철로 노선에서 발생한 것인지를 면밀히 조사하여 배상의 주체를 결정하였다. 만일 조사를 거쳤음에도 명확한 판별이 어려울 경우 각 철로에서 운임의 비율에 따라 이를 할당하도록 하였다. 연운장부의 청산은 각 철로에서 돌아가며 처리하도록 하였다. 당초에는 2년을 1기로 하였으나 머지않아 3년을 1기로 하였다. 연운사무처청산소가 설립된 이후 청산소가 전적으로 청산 업무를 관리하였다. 철도부가 설립된 이후 철도부 연운처 淸算股가 이를 관리하였다.

2) 화북철로 연운

화북철로 연운이란 사조철로, 평수철로, 북녕철로, 길장철로, 평한철로, 진포철로, 경한철로(평한철로), 호항용철로 및 교제철로의 아홉 노선의 철로와 남만주철로 사이에 체결된 여객, 수화물, 소포 연계운수를 가리킨다. 사조철로와 길장철로는 관외지역에 위치하였지만 남만주철로에 의해 가로막혀 있어 북녕철로와 사이에 연운을 실시할 수 없었다. 그러나 이후 남만주철로가 중일 연운에 가입하여 북녕철로와의 연운이 실현되자, 각 철로가 일제히 연운 범위의 확대를 희망하였다. 이러한 결과 1922년 9월 북경에서 제1차 회의를 개최하여 편도 및 왕복 연운 객표의 발매 및 연운 수하물의 각종 등기 방법을 협의하여 결정하였으며, 다음 해 2월 1일부터 실시하기로 합의하였다.

화북여객 연운의 좌석표는 頭等(1등), 2등, 3등의 세 등급으로 구분되었다. 연운 표가는 각 철로의 표가를 합산하여 종합하였다. 만일 왕복표를 구매할 경우 20퍼센트를 할인해 주었다. 연운 각 철로와 남만주철로 사이의 운임은 중일연운태환율에 의거하여 일본엔이나 혹은 銀元으로 환산하였으며, 前月 6일 기준 상해와 東京 사이의 환율을 표준으로 삼았다. 여객이 휴대하고 승차할 수 있는 무료 중량은 차량 등급에 따라 차이가 있었다. 1등은 80킬로그램, 2등은 60킬로그램, 3등은 40킬로그램으로 정해졌다. 수화물의 손실 배상방법은 국내 연운방법과 동일하였다. 1925년 10월 천진에서 제2차 회의를 개최하고 소포 연운을 새로 창설하기로 결정하였다. 또한 길림, 통요, 정가둔, 조남, 금주, 북평, 천진, 제남, 청도, 상해, 한구를 소포 연운을 실시하기 위한 열차역으로 지정하였다.

3) 국유철로와 남만주철로, 중동철로의 복합연운

1913년 북녕철로, 남만주철로, 중동철로의 세 철로는 東京에서 회의를 개최하여 중국, 일본, 러시아 사이의 연계운수에 합의하였다. 그러나 1차대전으로 말미암아 합의안은 원안대로 실행될 수 없었다. 1920년 중동철로가 중러의 공동관리로 변경되자, 1921년 10월 북경 정부 교통부는 중동철로연운회의를 소집하여 여객 연운합동과 수화물 연운방법을 결정하고, 1922년 2월부터 정식으로 실행하도록 선포 하였다. 중동철로, 남만주철로 양 철로 이외에 중국의 주요 간선철로인 평수철로, 북녕철로, 평한철로(경한철로), 진포철로, 경호철로, 호항용철로 등이 모두 연계운수에 참여하였다. 1923년 4월 각 철로 는 북경에서 제2차 회의를 개최하고 소포 연운계약을 체결하였다. 중동철로 연운의 객표는 등급에 따라 1, 2, 3등으로 나누고, 편도와 왕복의 2종으로 구분하였다. 중동철로를 제외하고 나머지 철로는 모두 편도의 연운표가를 20퍼센트 할인한 이후, 다시 각 철로의 표가 를 합산하여 계산하였다.

4 철로와 수로, 공로(도로)의 연계운수

1) 철로와 수로의 연운

철로와 수로 간 연운은 1910년 우전부의 제창에 따라 시작되었다. 우전부는 江海와 통하는 철로의 경우 마땅히 수륙 간 연계운수를 시행하도록 지시하였으며, 그 일환으로 4개의 수륙연운 노선을 선정 하였다. 이와 함께 진포철로와 초상국 간의 연계운수를 지시하였다. 그러나 신해혁명의 발발로 말미암아 이와 같은 계획은 실현되지 못 하였다.

1920년 초상국은 장강 항선 내에서 진포철로 및 평한철로와의 여객 연운을 추진하였다. 이를 위해 國內周遊票를 판매함으로써 철로와 수로 간의 연계운수가 비로소 정식으로 개시되었다. 1928년 초상국은 농해철로와 화물의 수륙 연계운수에 합의하였으나, 운영이 원활하지 않아 얼마 지나지 않아 폐지되고 말았다. 이후 몇 년간 북벌전쟁으로 말미암아 연운사업도 중단되고 말았다.

　　1931년 국민정부 철도부는 제15차 연운회의를 개최하고 수륙연운 대강을 제정하여, "연운사업은 국영 초상국의 항선과 철로가 상호 접속한다. 각 부두에서 기선과 철로 쌍방이 객화를 운송하기 위해 힘쓴다"라고 규정하였다. 그러나 초상국 측이 규정의 대강에 이의를 제기하면서 연운은 실행되지 못하고 계속 지연되었다. 1933년 제16차 연운회의에서 '초상국철로연운잠행판법'이 통과되면서 수륙연운이 비로소 실현될 수 있게 되었다. 연운에 참여한 철로는 경호철로, 호항용철로, 진포철로, 농해철로, 교제철로, 북녕철로, 평수철로, 평한철로(경한철로), 정태철로, 도청철로, 상악철로 등 11개 노선과 연해, 연강의 두 항선이었다. 연해항선은 천진, 상해, 광주 사이의 각 항선이고, 연강항선은 사천, 호북, 상해 사이의 각 항선을 가리킨다.

　　수륙 운임의 총비용은 열차와 선박의 운임을 합산하는 방식으로 산정되었다. 열차, 선박의 운임은 킬로그램, 톤, 미터로 계산하였다. 운임은 반드시 한 번에 전액을 지불하도록 하였으며, 출발역에서 교부하거나 도착역에서 교부할 수도 있었다. 관세와 세관수속의 경우 貨商이 철로나 초상국에 대리 신고와 납부를 요청할 수 있었다. 수륙연운의 책임과 배상은 철로와 기선이 모두 서명하고 교환한 증명서에 의거하였다. 철로 운수 및 화물의 보관 시에 손실이 발생할 경우 철로가 배상을 책임지도록 하였으며, 선박 운수 및 보관 시에 손실이 발생할 경우 초상국 측이 책임지고 배상하도록 하였다. 만일 책임 소재가 명확치 않을 경우 열차와 선박 양 측 모두가 운수로부터 획득한 운임의 비례에 따라 분담하도록 하였다. 화물에서 손실이 발생한 이후 貨商은 3개월 이내에 짐표를 도착역 혹은 도착항에 제출하여 배상을 요구할 수 있었다. 貨商이 출발역 혹은 출발항에 배상을 청구하면 이를 우선 배상한 이후, 출발역 혹은 출발항은 도달역 혹은 도달항에 통지하여 후자가 2개월 이내에 상환하도록 하였다.

2) 철로와 공로의 연운

철로와 공로(도로) 사이의 연운은 철로와 수로 간의 연운보다 뒤늦게 필요성이 제기되었다. 국가차원의 대규모 공로 부설공사는 1906년 광서성 龍州에서 鎭南에 이르는 50킬로미터의 공로 부설이 시초가 되었다. 그러나 이후 공로의 건설은 매우 완만하였다. 1922년 전국에 걸쳐 총 8,000여 킬로미터의 공로가 부설되었을 따름이다. 1928년까지 총 21,000킬로미터의 공로가 부설되었다. 동남연해의 각 성과 경제가 비교적 발달한 성에서는 모두 공로의 부설이 추진되었다. 그러나 중국영토의 광활한 면적을 고려할 때, 공로의 건설은 여전히 미진한 상태였다고 할 수 있다. 남경국민정부는 정부 수립 이후 대대적으로 공로 건설에 나섰다. 항전 전까지 이미 109,500킬로미터의 공로가 부설되었으며, 이 가운데 간선이 21선, 지선이 15선에 달하였다. 중국에서 철로와 공로의 연운은 1930년, 1934년 '철로공로간연운대강'이 제정된 이후 비로소 본격적으로 개시되었다.

철로와 공로 간의 연운업무는 대체로 여객, 수화물, 소포와 화물의 연운으로 나눌 수 있다. 가장 이른 시기에 철로와 공로 간의 연운이 실시된 사례는 경호철로, 호항용철로 양 철로와 절강성공로국이 체결한 '莫干山聯運合同' 및 절강성 曹崃汽車公司와 체결한 '杭甬聯運合同'에서 찾을 수 있다. 여기에는 여객 연운 이외에 수화물 및 소포 연운도 포함되었으며, 1930년에 시작되었다. 이후 수년간에 걸쳐 양 철로와 공로 간의 연운이 급속히 발전하였다. 1936년까지 경호철로와 공로의 연운이 모두 6곳에서 실시되었으며, 호항용철로는 4곳에서 양자 간 연운을 실시하였다. 그 외에 각 철로도 비록 정식의 연운은 아니었지만 상호 연락역에서 접속함으로써 여객을 상호 연계할 수 있었다. 연락역은 평수철로의 장가구, 大同, 綏遠, 包頭, 평한철로(경한철로)의 保定, 석가장, 진포철로의 서주, 蚌埠, 德州, 滄州, 북녕철로의 천진, 당산, 교제로의 濰縣 등에 있었다. 그러나 정식으로 직통운수를 실시한 것은 아니었다. 이 밖에 공로와 공로 간의 연운도 시작되었는데, 가장 대표적인 것이 1933년 4월에 실행된 蘇浙皖京滬(강소성, 절강성, 안휘성, 북경, 상해) 5성 도시 간의 공로연운을 들 수 있다.

3) 철로와 수로, 공로의 연운

소가철로의 개통으로 소주와 가흥 사이의 철로 운행거리와 시간이 크게 단축되었다. 소주 이서, 가흥 이남 사이를 왕래하는 객화운수가 더 이상 상해를 둘러올 필요가 없게 되어 약 110킬로미터의 여정을 단축할 수 있었으며, 운행시간도 3시간 정도 단축되었다. 이러한 결과 기존 호녕철로와 호항용철로의 양 철로를 통해 운송되어 포화상태에 이르렀던 물류 압력이 상당 부분 완화될 수 있게 되었다.

동시에 연선지역의 경제 발전을 크게 자극하였다.

이 노선은 강남의 가장 부유한 지역이라 할 수 있는 太湖 東岸을 지나며 남북운하와 평행으로서 이전부터 이미 공로(도로)와 윤선에 의한 운수가 이루어지고 있었는데, 여기에 철로까지 부설되어 3종의 물류 루트가 평행선을 이루게 되었다. 철로와 도로, 수로의 연계운 수가 시작되면서 주변의 湖州, 嘉善, 常熟 등 지역의 물류가 강절지 역의 경제 발전을 이끌기 시작하였다. 반면 소가철로의 개통으로 인 해 도로운수는 일정 정도 타격을 입었으며, 약 20퍼센트에 달하는 자동차가 감소되는 결과를 초래하였다.

5 연운업무의 관리와 청산

1) 연운업무의 관리

(1) 철로연운 조직

1917년 10월 29일 국제연운사무처가 설립되어 중일 간의 연운업 무를 담당하였다. 국제연운사무처 시기에는 조직이 비교적 단일하 였으며, 단지 국제연운업무만을 주관하였다. 1918년 7월 국제연운사 무처가 철로연운사무처로 개조되었는데, 이 때 總務股는 문서, 인 사, 규장 기획, 섭외 등의 업무를 관장하였다. 국내연운고는 각 철로 장정의 수정, 연운차량, 열차역의 관리, 수륙 연운과 關卡의 검사, 수 하물, 화물의 보관 등을 관장하였다. 국제연운고는 중일, 중러, 중미 간 연운업무를 담당하였으며, 이 밖에 국제수륙 연운, 국제연운합동 및 기타 조사업무를 담당하였다. 淸算所는 각 철로의 연운 운비와 장부의 청산을 담당하였다.

철도부 연운처가 설립된 이후 이전의 3股 1所의 조직을 사무, 청산의 2股로 개조하였다. 사무고는 국내국제연운회의의 소집 및 기타 각종 철로운수 및 교통회의의 주관, 국내국제연운과 관련된 일체의 기획, 업무의 개선, 규장합동의 수정, 심의, 보존 등을 주관하였다. 이 밖에도 연운열차역, 차량의 관리와 배차, 각 철로 연운시각표의 제정, 편정, 연운서적, 표책 및 연운처의 예산, 결산, 문서, 인사 등의 업무를 담당하였다. 청산고는 국내국제연운 회계장부의 계산 및 정리, 연운 심사, 차량 운행의 계산, 운행 통계 및 편정, 일체의 연운통계 등을 주관하였다.

연운처의 조직은 다음과 같이 구성되었다. 먼저 한 명의 처장이 업무사 사장을 겸하면서 모든 연계운수 관련 업무를 총괄하였다. 철도부장은 1명의 부처장을 파견하여 처장을 보필하고, 연운업무를 보좌하도록 하였다. 이 밖에 비서 2명을 두고 문서사무를 관할하였으며, 股長 2명을 두어 각 股의 업무를 관할하였다. 또한 2-4명의 專員을 두어 처장, 부처장을 보좌하여 연운처의 업무를 처리하도록 하였다. 이 밖에 처장이 사무원 몇 명을 임명하여 철도부장에 상신한 이후 철도부장이 파견 형식으로 이들로 하여금 각 고의 업무를 담당하도록 하였다. 이 밖에 필요시 股의 직원이나 혹은 연운업무와 관련하여 국내외에 경험이 풍부한 전문가를 고문으로 초빙할 수도 있었다. 연운처의 일상경비는 매월 국내연운을 실시하고 있던 각 철로가 보조하였다.

이상의 연운조직은 모두 철도부 내에 설치된 연운업무의 주관 조직이라 할 수 있다. 연운업무와 관련하여 각 철로에서는 일반적으로 별도의 조직을 설치하지 않고 관련 기구에서 함께 처리하였다. 연운

업무에서 가장 중요한 것은 차량의 상호 통행, 열차표의 발매, 연운 장부의 등기 등이었다. 차무처의 운수과가 차량의 운행 및 배차를 담당하였으며, 회계처의 검사과가 연계운수의 수입, 열차표, 영수증 등의 정산 및 編造업무를 담당하였다.

이 밖에 연운업무의 실시를 위해 3종의 회의가 개최되었는데, 즉 국내연운회의, 국내연운회계회의, 국내연운위원회로 구분할 수 있다. 국내연운회의는 연운업무의 최고조직으로서, 정기적으로 각 철로가 이 회의에 대표를 파견하여 참석하였다. 국내연운회계회의는 국내연운회의의 부속회의로서, 매번 연운회의가 끝난 이후 개최되어 전문적으로 국내연운의 장부와 관련된 업무를 협의하며, 필요시 언제라도 임시회의를 소집할 수 있었다. 회원의 5분의 4가 출석해야 법정인원수가 성원된 것으로 간주되었으며, 의결된 법안은 철도부의 비준을 거친 이후에 비로소 효력이 발생하였다. 회의의 주석은 회원이 추대하여 임명하였다.

철로연운회의는 연계운수 사업의 핵심이었다. 모든 연운업무상의 계획, 정책 등은 사전에 연운회의에서 의결되어야 하며, 철도부에 보내어 비준을 받은 이후 마지막으로 연운처에서 집행되었다. 회의 소집일은 매년 한 차례로 정해졌으나, 시국의 변화, 전란 등으로 말미암아 1925년에 제13차 연운회의가 개최된 이후 정기적으로 거행되지 못하였다. 매번 연운회의의 장소는 연운처가 사전에 통지하였다.

제16차 연운회의는 다시 매년 각 철로국에서 돌아가며 개최하는 것으로 정해졌다. 회의에 참석하는 대표는 각 철로의 차무처 처장이었으며, 만일 처장이 참석하지 못할 경우 대리인을 출석하도록 할 수 있었다. 각 철로의 대표 외에 업무사, 연운처 및 각 철로는 모두 소속 인원을 파견하여 열석할 수 있도록 하였다. 단, 회의의 표결권은 철로당 한 사람에게만 주어졌다.

연운회의의 법정 성원인수는 대표 총수의 5분의 4로 정해졌으며, 교통부 혹은 철도부가 제정한 규칙과 장정을 개정하기 위해서는 반드시 참석한 대표 총수 가운데 5분의 4 이상의 동의가 있어야 통과될 수 있었다. 회의의 주석은 연운처 처장이나 부처장이 담당하였다. 따라서 회의 이전에 회의와 관련된 모든 업무 준비 및 관리와 관련된 사안은 연운처가 기획하였다. 회의에서 토론할 각종 의제, 제안 등은 회의가 개최되기 6개월 전에 설명자료를 만들어 연운처에 보내어 심사를 받도록 하였다. 역대 연운회의에서 논의된 주요한 내용은 신철로의 연운회 가입 문제, 연운역의 지정, 화물 연운 문제 등이었다.

(2) 철로연운역의 설치

철로가 최초로 연계운수를 시작하였을 무렵 이와 관련된 규정, 설비, 방법 등은 모두 정해진 바가 없었다. 5로 간 연계운수가 실시된 이후에 비로소 규정, 시설이 점차 갖추어질 수 있었다. 새로 가입한 연운노선의 경우 일반적으로 노선 가운데 중요한 거점역을 선정하여 국내연운에 참여하도록 하였다. 이 밖에 일반 열차역이 여객 연운에 가입하려면 반드시 매년 2월 말 이전에 철도부에 신청하도록 하였으며, 대부분 3월 말 이전에 심사를 통해 공포하고, 7월 1일에 실행하는 것이 원칙이었다. 연운역으로 지정된 이후에는 반드시 연운을 실시하기 위한 전용레일을 설치하도록 하였다.

(3) 철로연운의 책임과 배상

철로로 화물, 소포, 수하물을 운송할 경우 화물의 종류가 달랐으며, 각 철로마다 포장의 방법도 저마다 상이하여 훼손이나 분실을 방지할 설비 및 제도가 미비한 실정이었다. 따라서 화물의 안전한 운송을 담보하기 위해 명확한 책임 규정을 마련할 필요가 있었다. 철로에서 훼손이나 분실 등의 사고가 발생할 경우 철로의 책임 유무를 명확히 조사하여 밝힘으로써 배상을 책임지도록 하는 것이 필요하였다. 만일 연계운수의 과정에서 어느 철로에서 발생한 과실인지 명확히 밝힐 수 없을 경우는 구간마다 운송을 담당한 철로의 비율에 따라 책임을 부과하도록 하였다. 또한 연운화물, 수하물, 소포가 한 철로에서 다른 철로로 교부될 때 각 철로가 작성한 표에 근거하여 책임을 분담하도록 하였다. 두 철로가 연계된 열차역에서 연운화물에 대한 교부통지서를 작성하고 화물을 주고받은 사실에 상호 서명한 이후에는 모든 책임이 접수받은 철로로 이관되었다. 화물의 이관 과정에서 발생한 훼손과 분실의 경우 반드시 연운화물유실증명서를 작성하여 서명한 이후 책임을 가리도록 하였다.

2) 연운의 청산

(1) 철로연운 청산의 개황

청산은 철로연운 업무 가운데 중요한 항목이었다. 각 철로가 상호 연계운수를 실시한 이후 여객, 화물과 차량의 상호 왕래 및 이와 관련된 사항, 그리고 각 철로의 장부는 반드시 서로 등기하도록 하였으며, 수속 역시 매우 복잡하였다. 이를 통해 철로와 철로 사이의 수익을 청산함으로써 연계운수 업무가 순조롭게 진행될 수 있었다. 최초 연계운수가 시작될 무렵에는 청산업무가 상대적으로 간단하였으며, 이를 처리할 전문적인 기관 역시 부재하였다. 그러나 이후 연계운수에 참여하는 철로가 증가하고 연운업무 역시 복잡해짐에 따라, 청산업무도 객관성과 공정성을 기해야 할 필요성이 점증하였다.

일반적으로 청산의 수속은 먼저 열차역이 각종 신고서(報單) 등의 문건을 회계처 검사과에 보내 조사 및 심의를 거친 이후, 다시 철도부 연운처에 보내 청산하게 된다. 연운장부의 청산은 3단계로 나눌 수 있다. 1단계는 먼저 청리(정리 청산)로서, 일상 신고서를 정리하는 단계이다. 2단계는 각종 帳單(계산서, 명세서)의 내용을 등기하게 된다. 등기한 명세서에는 주로 신고서(報單), 표준표(平準表), 월결산 및 각종 장부의 명세서 목록(清單) 등이 기재되어 있었다. 3단계는 청산이었다. 상호 대조를 완료한 이후 각 철로 사이에 주고받아야 할 금액을 청산하여 각 철로에 수납을 완료한 이후 통지하게 된다.

청산의 과정에서 각종 증명서가 필요하였으며, 이들 증명서는 표의 발매기관, 출발역, 경과역 혹은 도달역에서 작성하도록 하였다. 연운청산은 여객연운청산, 화물연운청산, 호통차량청산, 互用蓬布繩索淸算이 있었다.

(2) 여객 연운의 청산

여객 연운의 청산 순서는 대체로 다음과 같다. 먼저 각 역에서 기한 내에 "발매한 연운객표, 수입금액 및 수취한 발송 및 수탁 수하물, 소포의 명단을 만들어 각 철로의 검사과로 송부하게 된다. 그러면 각 철로 검사과 객화연운고는 신고서를 한 곳에 모아 다시 철도부 연운처로 보내게 된다. 철도부 연운처 淸算股는 심의를 완료한 이후 5종의 명세서 목록을 작성하여 연계운수의 각 철로로 보내고, 마지막으로 각 철로에서 청산고의 신고서 및 명세서 목록에 따라 결산하도록 하였다.

연계운수역으로 지정된 각 역에서는 정해진 기한에 따라 발매 및 회수한 연운객표, 수화물 소포표를 10일과 월 단위로 편조하여 신고서를 작성하였다. 철로국 객화연운고 객운부는 票號(표의 일련번호)를 검사하여 지난 시기와 잘 연결되는지를 살피고, 아울러 받아야 할 표 액수 등의 수치를 등기하고, 표를 발매한 역의 평준표와 대조하도록 하였다. 만일 해당역이 지불한 금액과 합치되면 등기한 이후 객표를 제외한 나머지 각 항목의 연운표영수증은 신고서와 함께 청산고로 발송하였다. 청산고는 각 철로의 신고서를 수령한 이후 모든 호수, 票價 계산방법 및 표가와 증명서를 조사하여 심사 및 등기하였다. 이를 상세히 대조한 이후 만일 중대한 착오가 있다면 해당 철로에 장부의 계산을 수정하도록 통지할 수 있었다.

청산고는 장부계산 명세서를 수정한 이후 각 철로로부터 보내 온 연운신고서와 함께 두 종류의 신고서에서 열거된 수치를 상호 합친 이후 각 철로 환급 표가 신고서를 제외하고 각 철로가 해당 월에 수령할 총액을 작성하였다. 각 철로는 청산고로부터 각 항목의 신고서 및 명세서를 받은 이후 비로소 각 철로 사이의 정산 금액과 각 열차역에 지불해야 할 액수 등을 명확히 알 수 있었다. 이후 10일 이내에 각 철로 사이에 청산을 진행하였다.

(3) 화물 연운의 청산

화물 연운의 청산은 먼저 각 철로가 매일 일보신고서를 작성하고 청산에 필요한 對照聯, 연운 蓬布 등의 문건과 함께 통지서 및 월신고서 등을 보내 해당철로 검사과에 보고하고, 검사과는 이를 종합하여 청산고에 보고하였다.

청산고는 각 철로의 신고서를 수령한 이후 화물연운월결산명세서, 화물수입명세서, 월평준표, 월결산요약 등 4종의 신고서를 작성하여 각 철로에 보내 참조하도록 하였다. 화물연운월결산명세서는 각 철로 수입의 총수 및 분담액 등을 상세히 기재하였다. 화물수입신고서는 양 철로 사이의 운수, 수입 및 연운화물을 하나하나 자세히 기재하였다. 월평준표는 각 철로 借貸 양쪽의 화물연운장부에 해당 월 각 철로가 지불하고 받아야 할 금액을 기재하였다. 신고서는 청산고의 심의를 거친 이후 다음달 10일 이전에 각 철로로 보내고, 각 철로국의 객화연운고, 화운부의 심사를 거친 이후 상호 결산을 진행하였다.

6 개별 철로로 보는 연계운수

1) 경봉철로와 동북철로의 연계운수

1920년대 이후 동북에서 중국자본으로 철로를 부설하자는 운동이 활발하게 전개되었지만, 각 철로는 상호 연계성이 취약하여 철로 네트워크의 필요성이 대두되었다. 각 철로가 상호 연계운수를 시행하지 않는다면 전체적인 철로 운수의 발전도 한계가 있을 수밖에 없었다. 객화 모두에서 개별 철로를 넘어 철로 간의 연계운수를 실현하는 일은 교통의 발전과 여객, 화물 운수의 확대를 통한 철로 경영의 개선 및 철로의 발전을 위해서도 매우 긴요한 일이 아닐 수 없었다.

동북4로(북녕철로, 심해철로, 길해철로, 길돈철로) 聯運會議

「東北東四路(北甯, 瀋海, 吉海, 吉敦)聯運會議十九年四月一日于天津北寧路局」,
『北寧鐵路車務公報』1卷 8期, 1930, p.7.(上海圖書館《全國報刊索引》數据庫)

 1927년 8월에 봉해철로가 개통되어 열차를 운행할 즈음에 북경
교통부는 봉계군벌 세력에 의해 장악되어 있었다. 같은 해 11월 교
통부는 경봉철로와 봉해철로 양 철로 사이의 聯運(연계운수)을 실
시하기 위한 회의를 개최하고, 최종적으로 양 철로 사이에서 객화의
연계운수를 실행하기로 결정하였다. 그러나 이후 봉계군벌이 북경
으로부터 관외지역으로 퇴각함에 따라 계획대로 실현되기 어렵게
되었다.

 이후 1928년 11월 봉천 소재의 경봉철로관리국과 봉해철로공사는
협의회를 개최하여 협정을 체결하고, 봉천역을 연계운수를 위한 거
점역으로 결정하여 12월 25일부터 객화의 연계운수를 개시하기로
합의하였다. 봉천역의 경우, 경봉철로의 봉천역은 객운의 연계운수
역이 되고, 봉해철로의 봉천역은 화물의 연계운수역으로 설정되었

다. 길해철로는 1929년 6월에 준공되어 朝陽鎭에서 봉해철로와 상호 연결되었으며, 같은 해 11월에 봉해철로와 길해철로는 '객화연운협정서'에 서명하였다. 이로써 경봉철로, 봉해철로, 길해철로는 상호간 연계운수를 실시할 수 있게 되었다.

1929년 9월 경봉철로는 北寧鐵路로 개명되어 동북교통위원회 위원장 高紀毅가 북녕철로국장을 겸임하게 되었다. 천진 소재의 북녕철로국에서 高紀毅는 四路鐵路局 대표를 초치하여 철로의 연계운수를 협의하기 위한 회의를 개최하였다. 회의에는 북녕철로국의 부국장 勞勉(회의주석을 겸함)과 車務副處長 王奉瑞, 회계부처장 常計高, 駐瀋陽辦事處 부처장 譚耀宗, 영업과장 周賢頌, 文牌課長 金士宜 등이 참여하였다. 회의는 길돈철로가 연계운수에 가입하는 것에 동의하고, '東四路聯運章程'을 제정하였다. 북녕철로, 길해철로, 길돈철로, 봉해철로의 4철로는 철로 경영의 발전을 모색하기 위한 필요에서 北平에서 敦化에 이르는 화운열차를 개설하며, 직통의 객운열차를 배정하기로 결정하였다. 그리하여 길해철로의 길림역(客運)과 東驛(貨運), 심해철로 심양역을 東四路聯運驛으로 정하고, 연계운수의 거리(里程)에 따라 운임을 계산하도록 하였으며, 차량이 부족한 철로국은 차량 임대료를 지불하도록 하였다.

연계운수를 통해 동삼성 동부의 양식과 목재 등의 운수가 활성화되면서 철로 수지도 점차 개선되었다. 또한 연계운수를 관리하기 위해 교통위원회가 東北鐵路聯運計核所를 설립하여 연계운수의 화물과 차량을 총괄하였다. 북녕철로, 심해철로, 길해철로의 세 철로는 총 36량의 객차를 제공하였으며, 4량의 직통특별쾌속열차를 운행하였다. 쾌속열차는 침대차량, 郵政車輛, 식당차량, 여행차량 등을 갖추었으며, 설비가 훌륭하여 국내의 일류 열차로 명성이 드높았다.

東四路의 연계운수는 1931년 만주사변이 폭발할 때까지 지속적으로 시행되었으나, 실행 기간은 2년여에 지나지 않았다. 그럼에도 연계운수를 통해 적지 않은 성과를 거두었다. 1930년의 여객 수입은 2,778,017원으로서 1929년 1,067,183원의 2배에 달하였으며, 여객의 운송에서도 편의성이 한층 강화되었다.

더욱이 연계운수를 실시한 이후 관내 거주민들로 하여금 동북으로의 이주를 장려하기 위해 이주자에 대한 운임을 절반으로 인하하는 정책을 실행하였다. 이로 말미암아 동북으로의 이주에도 크게 기여하였다. 연계운수제도를 통해 동삼성교통위원회는 동북지역 철로를 일본이나 러시아로부터 독립적으로 운영할 수 있었다. 또한 동삼성에서 철로의 연계운수는 북녕철로를 통해 관내의 경한철로, 경수철로, 진포철로와 연계운수 네트워크를 구축하였다.

2) 영성철로의 연계운수

영성철로는 호녕철로와 聯運(연계운수)을 실시하였다. 1934년 경호·호항용철로관리국과 남경시철로관리처는 聯運合同을 체결하고 다음과 같이 합의하였다.

① 연운의 범위는 3, 4등석 여객 및 해당 여객 수하물로 한정한다. 연운의 책임은 경호철로 구간 내에서는 관리국이 책임지며, 남경시철로 구간 내에서는 관리처가 책임진다. 쌍방 차량은 당분간 직통으로 연결하지 않으며, 연운 여객 및 수하물은 下關驛에서 갈아타야 한다.

② 연운 기차역은 경호철로의 경우 상해북역, 소주역, 무석역, 常州驛, 丹陽驛, 鎭江驛으로 한정한다. 남경시철로의 경우는 中

正街驛, 鼓樓驛, 國府驛으로 제한한다.

③ 연운 표가는 양 철로의 표가를 합산하여 계산한다.

3) 강남철로의 연계운수 및 사회경제적 영향

강남철로는 수운 및 공로와의 연운을 시행하였다. 예를 들면 강남철로공사는 안휘성공로국과 '試辦旅客聯運合同'을 체결하고 여객의 연운을 시행하였다. 1936년 4월 쌍방은 홍차의 연운협정에 서명하고, 祁門으로부터 宣城 사이는 공로국이 화차로 운반한 이후 선성에서 상해까지는 강남철로의 열차로 운송하도록 하였다. 강남철로는 인원을 파견하여 기문의 茶場에서 직접 연운화물표를 발급하였다. 당해연도 연운의 홍차는 총 40,215상자에 달하였는데, 이는 기문에서 1년간 생산하는 홍차액(약 65,000상자)의 60퍼센트에 상당하는 수량이었다.

더욱이 장강 상하류 지역과 소통하기 위한 목적에서 1935년 2월 5일 강남철로는 국영 招商局과 '水路貨物聯運合同'을 체결하였다. 이로써 안휘성 남북의 화물이 육로교통으로 장강의 연안까지 도달한 이후에 초상국의 기선에 실려 장강 남북의 漢口, 九江, 大通, 安慶, 鎮江, 烟台, 威海衛, 天津, 寧波, 汕頭, 廣州, 上海 등지로 운반되었다. 수륙연운은 운임을 절약하고 영업을 촉진하고 이윤을 촉진하며 시간을 절감하는 한편, 국가의 교통사업 발전에 이바지하였다.

강남철로가 개통된 이후 안휘성 남부지역에서 산출된 농산물의 外運이 크게 활성화되었다. 이 지역은 농산물, 특히 쌀과 차의 주산지였으며, 무호는 전국 4대 쌀 생산지 가운데 하나였다. 1936년 강남철로 각 역에서 남경, 상해, 항주 등으로 운반해 간 쌀이 무려 24만여 톤에 달하였다.

강남철로는 화물의 운송에서 거리가 멀수록 누진적으로 운임을 인하해 주는 방식을 채택하였으며, 이와 별도로 특정운임 할인 및 우대할인 등을 시행하였다. 강남철로의 화물 운임은 상품을 4개 등급(특등, 1등, 2등, 3등)으로 나누어 3등 화물 운임을 기준으로 3등이 100퍼센트, 2등이 120퍼센트, 1등이 210퍼센트, 특등이 340퍼센트로 부과되었다. 이정표는 24킬로미터를 기본단위로 하여 화물등급과 이정에 따라 운임을 계산하였다. 1930년 남경국민정부 철도부가 연운의 운임을 통일시키기 위해 각 철로로 하여금 일률적으로 整車와 不滿整車의 兩級 운임제를 채용하도록 지시하였다.

4) 호해철로와 납빈철로의 연계운수

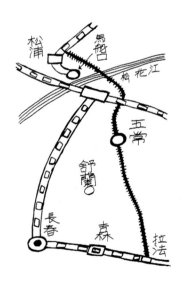

호해철로와 납빈철로의 연결

호해철로는 간선의 부설에 앞서 송화강의 하운을 통해 자재를 운송하기 위한 목적에서 먼저 松浦로부터 馬船口에 이르는 7킬로미터의 지선을 부설하였다. 1926년 5월 강안지선이 완공된 이후 비로소 주간선의 부설에 착수하였다. 호해철로는 특히 1934년 납빈철로가 부설된 이후 상호 연계를 통해 시너지효과를 불러 일으켰다. 拉法에서 하얼빈에 이르는 拉濱鐵道의 개통은 중동철로를 가로질러 하얼빈의 대안인 호란에서 해륜으로 통하는 호해철로와 접속되기 때문에, 북만주 상품 유통의 상당 부분을 흡수할 수 있게 되었다. 만주국 시기인 1934년 拉濱鐵路와 직통으로 연계가 가능하게 되어 대련으로의 운송이 손쉬워졌다.

송화강철교의 부설로 납빈철로와 호해철로가 상호 연결될 경우 북만주의 물류 유통에서 상당한 효과를 기대할 수 있었다. 일본은 납빈철로와 호해철로를 북만주에서의 주요한 물류 유통 네트워크로서 구상하였으며, 나아가 각 열차역을 중심으로 일본인의 이주 루트로서 적극 활용하였다. 이는 "현재 부설 중인 각 열차역은 일본인 農商民이 철로 연선으로 집단 이주하는 대상지역이 될 것이다. 이 철로의 연선에는 길림성 내에서도 비옥한 경지와 대삼림을 포함하고 있어 많은 발전이 기대되고 있다"라고 지적한 사실에서도 알 수 있다.

호해철로는 송화강철교를 통해 납빈철로와 연결되어 연선 지역의 물류 유통루트에 적지 않은 변화를 초래하였다. 기존 호해철로를 통해 남하하던 화물 가운데 절반 가량은 납빈철로를 통해 남하할 것으로 추정되었다. 송화강부두가 완공된 이후 납빈철로를 통해 운송될

호해철로 개통식(7월 1일)과 선박과의 연계 수송

左 : 호해철로 승객의 선박 연계 수송, 中·右 : 호해철로 개통식(7월 1일)

출처 : 詹明厰, 「黑龍江呼海鐵路七月一日通車典禮之遊覽之大機車」, 『北平華報』 47期, 1929, p.2.(上海圖書館《全國報刊索引》數据庫)

것으로 예상되는 수량은 호해철로로부터 250,000톤, 송화강 부근으로부터 100,000톤, 중동철로 서부선 부근으로부터 62,000톤으로, 총 412,000톤의 운송이 가능할 것으로 예상되었다. 북만주 상품의 수출뿐만 아니라 납빈철로의 출현으로 말미암아 일본상품이 저렴한 운임을 바탕으로 이 지역에서 상당 부분 유통될 수 있는 기반을 마련함으로써 일본산업의 수출시장으로서 역할도 기대할 수 있었다.

5) 제극철로의 연계운수

만주국이 수립된 이후 제극철로는 태안에서 克山과 접속하여 1932년 7월 준공하여 열차를 개통하였다. 이후 계속 연장하여 北安을 거쳐 호해철로의 연장선과 서로 접속하였으며, 다시 북쪽으로 연장하여 璦琿까지 연장되어 흑룡강안의 黑河에 도달하였다. 제극철로에서 필요로 하는 객화차량은 모두 경봉철로가 제공하였다. 제극철로는 경봉철로와 흑룡강성정부가 공동 투자한 것으로서, 부설 자금이 620만 원에 달하였다. 제앙철로는 1928년 12월 개축이 완료되었으며, 총연장 30.4킬로미터에 달하였다. 제극철로는 만주사변 폭발 전에 依安까지 개통되었으며, 총연장 128.9킬로미터에 달하였다. 나머지 26킬로미터는 완성되지 못한 상태였다.

연선의 克山이나 泰安에서 齊克鐵路가 개통되기 이전에는 농산물의 반출이 대부분 안달에서, 반입은 하얼빈과 안달에서 이루어졌다. 訥河나 嫩江은 齊齊哈爾를 경유하여 하얼빈에 이르는 루트를 통해 교역이 이루어져 왔기 때문에, 철로가 개통되기 이전에 제극철로의 연선지역은 하얼빈의 영향력이 강했다. 그러나 제극철로가 개통된 후 물자는 철로를 통해 운송되었고, 그 방향도 동청철로 경유가 아니라 洮昻鐵路(洮南 - 昻昻溪 구간, 1926년 개통)로 운송되는 물류 유통량이 증가했다. 또한 잡화 등의 반입 지역도 四洮鐵路, 洮昻鐵路 경유가 증가하고, 하얼빈 경유는 감소되었다. 제극철로의 개통으로 과거 齊齊哈爾의 창구였던 昻昻溪는 쇠퇴해 갔다. 게다가 1935년 중동철로가 명의상 만주국에, 실질상 일본에 양도된 이후 앙앙계는 통과역으로 전락하여 상업적 발전의 근거를 상실하고 말았다. 제극철로는 1933년 北安까지 연장되고, 北安 - 海倫 구간도 1933년에 완성되면서 호해철로와 연결되고, 결국 齊齊哈爾에서부터 하얼빈까지 반원모양의 철로 노선이 완성되었다.

제극철로는 열차를 개통한 즉시 조앙철로, 사조철로 양 철로와 연운협정을 체결하고 黑龍江官銀號가 탁송하는 콩, 콩깻묵, 잡량(잡곡) 등에 대해 운임의 할인을 실시하여, 남으로 대련이나 영구를 통해 수출할 수 있도록 하였다. 중동철로 서선의 각 역으로 운송되던 콩 등도 제극철로, 조앙철로, 사조철로 등을 통해 남쪽으로 운송되었다.

1930년에 齊克鐵路가 개통되고 1933년에 拉濱鐵路가 개통되면서 하얼빈을 거점으로 하는 중동철로의 운송 분담률이 더욱 저하되었다. 이에 따라 북만주에서 상품의 운송을 담당해 왔던 중동철로의 독점적 지위는 한층 동요되었다. 이러한 사실은 "제극철로가 완공된 이후 북만주의 상품 운송을 흡수하면서 중동철로의 가치가 옛날과 같지 않다"라고 지적한 사실로부터도 잘 알 수 있다.

6) 호녕철로와 진포철로의 연계운수

호녕철로와 진포철로 사이는 장강으로 나뉘어져 있어, 浦口와 下

關 사이는 기선으로 여객을 실어 나를 수밖에 없어 매우 불편하였다. 더욱이 화물의 운송 역시 매우 불편하였다. 특히 화북지역에서 많이 생산되던 석탄을 진포철로로 싣고 와서는 浦口에 이르러 선박에 적재한 이후 수운을 통해 목적지까지 운송하는 것이 일반적이었다. 포구에서 선박편으로 화물을 옮겨 실은 이후 다시 下關에 이르러 호녕철로로 옮겨 싣는 것은 채산에 맞지 않았다. 호녕철로의 화물 운수량 역시 이러한 영향으로 발전하기 어려운 상태였다.

1933년에는 장강 양안의 下關과 浦口 사이를 선박으로 열차를 실어 나르는 항로가 개통됨으로써 호녕철로는 장강 대안의 진포철로

선박 페리호에 열차를 싣고 호녕철로와 진포철로를 연결하는 모습

1933년에는 장강 양안의 下關과 浦口 사이를 선박으로 열차를 실어 나르는 항로가 개통됨으로써 호녕철로는 장강 대안의 진포철로와 상호 연결할 수 있게 되었다. 이로부터 여객은 상해에서 기차를 타고 북평까지 갈 수 있게 되었으며, 먼저 남경 하관역(현재의 남경서역)에서 하차하여 다시 배를 타고 장강의 대안인 포구역(현재의 남경북역)으로 가서 다시 북평(북경)으로 가는 열차에 탑승해야 하는 번거로움이 해소되었다.

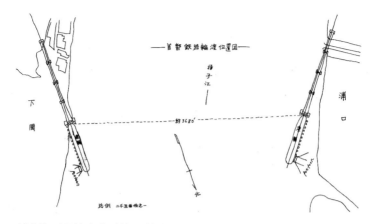

선박을 이용하여 호녕철로 하관역과 진포철로 포구역을 연결하는 항선도

호녕철로 종착역인 下關驛에 열차가 도착하면 그대로 선박에 탑재하여 장강을 건너 진포철로의 종단항인 浦口驛에 도달하게 된다. 포구역에서 열차는 그대로 선로에 진입할 수 있어 선박을 이용하여 두 철로가 연결되는 것이다.

와 상호 연결할 수 있게 되었다. 열차를 실어 나르는 선박의 길이는 113미터, 폭 19미터, 적재중량 1,550톤으로서, 시속 12.25해리로 항해하였다. 선박은 40톤 화물차 21량을 적재할 수 있었으며, 혹은 최장의 객차 12량을 적재할 수 있었다. 이러한 선박 및 항로를 조성하기 위해 철도부가 25만 원, 진포철로국이 6만 원을 지원하였으며, 경관차관 가운데 176,000파운드를 국외로부터 자재를 구매하는 비용으로 지출하였으며, 공사비용으로 4만 파운드를 지출하였다.

선박이 개통된 이후 진포철로와 호녕철로 두 노선의 연계운수가 가능하게 되었으며, 이를 통해 남북의 화물이 소통할 수 있게 되었다. 이로부터 여객은 상해에서 열차를 타고 북평까지 갈 수 있게 되었으며, 먼저 남경 하관역(현재의 남경서역)에서 하차하여 다시 배를 타고 장강의 대안인 포구역(현재의 남경북역)으로 가서 다시 북평(북경)으로 가는 열차에 탑승해야 하는 번거로움이 해소되었다. 1937년 12월 일본군대가 蕪湖와 南京을 점령하기 전에 이 선박을 장강 상류로 옮겨 갔으며, 항전 승리 이후에 다시 포구로 돌아와 운행을 계속할 수 있었다. 국민정부가 남경을 수도로 정한 이후 1928년부터 1949년까지 호녕철로는 京滬鐵路로 개명되었다.

7) 남심철로의 연계운수

1936년 절공철로의 개통으로 남심철로와 남창에서 상호 연결되었다. 이에 양 철로 사이에 聯運의 필요성이 제기되었다. 1936년 12월 양 철로는 '여객연운판법'에 서명하고 절공철로의 남창남역과 남심철로의 남창역을 연결역으로 지정하였다. 또한 구강, 德安, 永修, 涂家埠, 南昌 등 5개 역을 연운역(연계운수역)으로 지정하였다. 남심철로는 절공철로와의 연운업무가 개시되면서 전국철로의 네트워크로 편입되었다. 또한 이에 따라 여객 운수 수입도 함께 증가하였다.

8) 남만주철로와 금성철로의 연계운수

금성철로에서 운행된 기관차, 열차는 모두 남만주철도주식회사로부터 임대 형식으로 차입한 것이며, 남만주철로와 연계운수를 시행하였다. 당초 금성철로는 객운의 기점을 금주역으로 해 주도록 관동주 당국에 신청하였으나 실제로 기점이 된 것은 대련역이었다. 금성철로는 주로 관동주 동북 연안의 물자를 수출입하는 경로로 이용되었다. 철로의 연선지역은 물산이 풍부하였으며, 동남부는 바다를 끼고 있어 해산물과 소금의 생산이 매우 많았다. 매년 해산물의 생산이 1,200만 근에 달하였으며, 소금의 생산은 무려 1억 2,000만 근에 달하였다.

남만주철로와 금복철로의 교차 및 연계운수

여순에서 출발하여 金州를 거쳐 장춘, 하얼빈으로 향하는 왼쪽의 남만주철로의 노선
과 金州에서 출발하여 城子疃에 이르는 금성철로(금복철로)가 金州에서 교차하여
상호 연계운수가 가능하였다. 점선은 일본 조차지의 경계를 표시한다.

농산물 가운데에서는 땅콩이 위주였으며, 콩이 그 다음을 차지하
였다. 기록에 따르면 금성철로는 요동반도 황해 연선의 중요한 화물
의 운송루트로서, 주요 운송 물자는 땅콩, 콩, 콩깻묵,[1] 가축, 쌀, 양
식, 광석, 海鹽, 石材, 醃魚(소금에 절인 생선) 및 어류 등이었다. 당
초 하루에 2차례 왕복하였으며, 편도행에 5시간 반이 소요되었다. 승
객이 적어 객화를 겸영하였다.

---

1) 콩깻묵은 중국 동북지역에서 생산된 주요한 상품 가운데 하나로서, 수출에서
   도 큰 비중을 차지하였다. 콩깻묵은 콩에서 콩기름을 짜고 남은 찌꺼기로서,
   천연비료의 원료로 많이 사용되었다. 콩깻묵은 일정 시간 동안 腐熟(썩혀서
   발효시킴)의 과정을 거쳐 비료로 사용되었다.

금주역은 남만주철로의 정차역이자 금성철로의 역으로서 교통의 요충이 되었다. 금성철로는 남만주철로와의 聯運(연계운수)을 통해 수익을 제고하려는 경영 방식을 채택하였다. 그럼에도 금복철로의 노선이 너무 짧아 경영이 어려워졌으며, 마침내 1939년 5월 20일 남만주철도주식회사가 금성철로를 매입하여 자사의 관리 하에 편입하였다.

2차대전 종전 이후 1947년 1월 중국국민정부가 이 철로를 접수하여 복구하였다. 중화인민공화국 수립 이후인 1965년에 城子瞳은 城子坦鎭으로 명칭이 변경되었으며, 이에 따라 역명도 城子坦驛으로 변경되었다. 1980년대 莊河市가 城子坦으로부터 庄河에 이르는 구간의 부설공사를 시작하여 城子坦驛으로부터 장하역에 이르는 노선을 신설하였다.

참고문헌

鐵道部鐵道年鑑編纂委員會, 『鐵道年鑑』第一卷, 1933.
鐵道部鐵道年鑑編纂委員會, 『鐵道年鑑』第二卷, 1934.
鐵道部鐵道年鑑編纂委員會, 『鐵道年鑑』第三卷, 1935.
交通部編纂委員會, 『平漢鐵路年鑑』, 1933.
東亞同文會, 『支那年鑑』, 1935.6.
北京大學法律係國際法敎硏室編, 『中外舊約章彙編』第一冊, 三聯書店, 1959.
北京大學法律係國際法敎硏室編, 『中外舊約章彙編』第二冊, 三聯書店, 1959.
김지환, 『중국 국민정부의 공업정책』, 신서원, 2005.

宓汝成, 『中華民國鐵路史資料』, 社會科學文獻出版社, 2002.9.

宓汝成, 『近代中國鐵路史資料』上·中·下, 台北文海出版社, 1977.

曾鯤化, 『中國鐵路史』, 文海出版社, 1924.

姜明清, 『鐵路史料』, 國史館, 1992.5.

金士宣, 『鐵路運輸學』, 商務印書館, 1948.

金士宣, 『鐵路史話』, 中華書局, 1965.

王書城, 『中國衛生事業發展』, 中醫古籍出版社, 2006.

張其昀, 『建國方略硏究』, 中國文化硏究所, 1962.10.

郭沫若, 『辛亥革命』, 人民出版社, 1981.

李新, 『中華民國史』, 中華書局, 1982.

王曉華, 李占才, 『艱難延伸的民國鐵路』, 河南人民出版社, 1993.

張瑞德, 『中國近代鐵路事業管理的硏究』, 中央硏究院近代史硏究所, 1991.

白壽彝, 『中華交通史』, 團結出版社, 2006.

馬廷燮, 「我國各路制定運價之史的分析」, 『平漢鐵路月刊』47期, 1934.

吾孫子豊, 『支那鐵道史』, 生活社, 1942.

安東木部領事, 『鉄道貨物ニ対スル三分ノ一減税問題』第一卷, 1911.10.

楊承訓, 「三十年來中國之鐵路事業」, 『三十年來之中國工程(下)』, 華文書
　　　　局, 1967.8.

逸見十朗, 『中華民國革命二十周年記念史』, 1931.4.

小島憲市, 『支那鐵道槪論』, 中日文化協會, 1927.

南滿洲鐵道株式會社 工務課, 『南滿洲鐵道安奉線紀要』, 1913.

駐中日本公使館武官, 『支那現狀卜國際管理論』, 1921.

金志煥, 「중국 국민정부 철도부의 성립과 隴海鐵道」, 『東亞硏究』49, 2005.8.

金志煥, 「中國 東北地域 상품유통망의 변화와 東淸鐵道의 매각」, 『歷史學
　　　　報』217, 2013.3.

金志煥, 「安奉鐵道 改築과 中日協商」, 『中國近現代史硏究』59, 2013.9.

정재정, 「韓末·日帝初期 鐵道運輸의 植民地的 性格」上, 『韓國學報』8-3,
　　　　1982.

熊亞平, 「民國鐵道部與近代鐵路聯運」, 『重慶交通大學學報』2010年 1期.

熊亞平, 「民國鐵路聯運制度與鐵路運輸業的發展」, 『史學月刊』2012年 7期.

馬陵合, 「張靜江與淮南鐵路」, 『安徽師範大學學報』2005年 1期.

歐國立, 「中國鐵路運價體制和運價政策的變遷」, 『綜合運輸』2006年 2期.

吳紹曾, 「鐵路聯運運價之減低與農村經濟之發展」, 『北洋理工季刊』2卷 3
         期, 1934.9.

陸庭鑣, 「我國鐵路聯運業務」, 『交通雜誌』3卷 7,8期 合刊, 1935.6.

高鹿鳴, 「改善鐵路聯運運價之我見」, 『交通雜誌』3卷 7,8期 合刊, 1935.6.

俞棪, 「我國鐵路聯運事業之過去現在與將來」, 『交通雜誌』3卷 7,8期 合刊,
      1935.6.

譚耀宗, 「突飛猛進之鐵路聯運」, 『交通雜誌』2卷 12期, 1934.10.

馬場鍬太郎, 「支那鐵道會計統計」, 『支那研究』25號, 1931.3.28.

제4장
鐵路職工의 人事와 管理

1 중국 철로노동자의 출현

1) 청말 철로노동자의 탄생

중국 최초의 철로는 영국상인이 부설한 오송철로였다. 하지만 중국정부가 이 철로를 매입한 이후 해체하였기 때문에 중국철로의 발전과 연속성을 가질 수는 없었다. 이후 1881년 중국자본으로 당서철로가 부설된 이후 비로소 중국철로의 경영과 운행이 본격적으로 개시되었다. 당서철로는 편제상 개평광무국에 예속되어 있었으며, 개평광무국은 광업과 철로를 겸영하고 있었기 때문에, 철로에 종사하는 노동자가 반드시 철로업무에만 고정된 것은 아니었다. 이후 1887년 당서철로의 노선이 천진까지 연장 부설되면서 개평광무국으로부터 분리되어 독립경영으로 나아가게 되자, 철로노동자도 광공업으로부터 비로소 독립되어 철로의 업무를 전담하는 노동자로서의 성격을 갖출 수 있게 되었다.

통계에 따르면 19세기 말 중국의 철로노동자는 총 3,000명 정도에 지나지 않았다. 20세기 이후 일부 주요 간선철로, 예를 들면 경봉철로, 경한철로, 진포철로 등이 부설되어 열차를 개통하게 되자, 철로

노동자의 수자도 자연히 대폭 증가할 수밖에 없었다. 이러한 결과 중일전쟁 직전에 중국의 철로노동자 수자는 약 20만 명에 이르렀다.

2) 철로노동자의 來源

(1) 철로공정국 시기의 철로노동자

철로노동자의 채용과 기원을 살펴보면 크게 철로 부설을 위한 공정국 시기와 부설이 완료된 관리국 시기로 나눌 수 있다. 철로를 부설하기 위한 공정국 시기에는 노반을 조성하기 위해 많은 인력이 필요하였다. 노반을 조성할 경우 토목공정(土方)이 가장 많이 필요하기 마련이며, 일부 석조공정(石方)도 필요하였다. 토목공정은 대부분 인력에 의존하였다. 공정의 속성이 비교적 단순하여 일반 노동자가 충분히 감당할 수 있는 공사이기도 하였다. 석조공정의 굴착에서도 비록 폭약에 많이 의존하기는 하지만, 기계가 보편적으로 사용되기 이전에는 여전히 인력에 많이 의존하였다.

화북지역의 경우 기후 관계로 농번기가 단기간에 한정되었으며, 상대적으로 농한기가 길었다. 이 지역의 농민들은 농한기를 틈타 철로 부설공사에 노역을 제공하여 농업 이외의 수익을 창출하며 가계 수입을 보충하였다. 더욱이 공사 중 철로와 관련된 일부 지식과 기술을 학습할 수도 있었다. 경한철로, 진포철로, 변락철로 등의 부설공사 시에 노동자 가운데 하북성, 하남성, 산동성 지역 출신이 많았다. 화남지역의 경우는 농번기가 상대적으로 길어 농사일이 많고 향민의 체력이 북방만 못하였다. 따라서 노동자를 화북지역과 같이 대량으로 모집하기도 어려웠으며, 임금 역시 화북지역보다 상대적으로 높았다. 따라서 철로 부설 노동자 중에는 화남지역 출신이 비교적 적었다.

1904년 산서성의 정태철로를 부설할 당시에는 직예성과 산동성 양 성으로부터 가난한 수천 명의 농민들이 몰려들었다. 민국 초년 농해철로 정주 이동지역의 부설공사 시에는 안휘성 출신이 다수를 차지하였다. 당시 황하의 범람으로 인해 경제적으로 타격을 입은 지역주민이 대량으로 유입된 결과였다. 특히 하남의 석공은 자질이 뛰어나다는 정평이 있었으며, 평상시에는 귀농하여 농사에 전념하다 일단 석조공정이 진행되면 대량의 인원이 몰려들어 노반업무에 종사하였다.

(2) 철로관리국 시기의 철로노동자

철로 부설이 완공된 이후 철로의 운영 시기에 들어서면, 기존 철로 부설에 종사했던 농민들 가운데 일부는 농업을 포기하고 전적으로 철로업무에 종사하는 자들이 출현하였다. 물론 이들 가운데에는 여전히 농업과 철로업무를 오가는 자들도 적지 않았으며, 각 철로의 노동자 가운데 이와 같이 유동하는 노동자의 비율이 상당하였다. 유동 노동자 가운데에는 특히 공무처 소속의 인원이 많았으며, 이 밖에 기차역의 운반노동자 대부분이 철로 인근의 향촌 출신이었다. 이들은 농업에 종사하면서 부업으로 철로 관련 업무를 병행하였다.

3) 개별철로에서의 노동자 모집

(1) 공정국(건설국) 시기의 중동철로

가. 철로 부설현장의 러시아인 노동자

시베리아철로의 부설에는 러시아인 병사와 죄수가 상당수 동원되었다. 그러나 중동철로의 경우 중국 땅에서 이러한 방법이 가능할 수 없었다. 따라서 러시아인과 아시아계 일반노동자의 확보가 불가결하였다. 우수리철로를 부설할 당시에 비해 2배나 높은 급료를 제시하는 등 호조건이었음에도, 미지의 중국 동북지역에 대한 두려움 때문에 중동철로 부설에 참여하려는 러시아인 노동자는 많지 않았다.

이러한 결과 러시아인 노동자를 유치하기 위해 기사(공정사)의 경우와 마찬가지로 고액의 급여를 지급하기로 약속하였으며, 부임수당도 지급하였다. 유럽이나 러시아, 중앙아시아로부터 온 경우는 월급의 3개월분, 서시베리아로부터 온 경우는 2개월분, 아무르주와 외바이칼주로부터 온 경우는 1개월분을 특별 보너스로 지급하였다. 모집된 노동자는 평균 40명을 1조로 편성하여 유럽, 러시아로부터 기선회사, 함대를 통해 중국 동북지역의 현장으로 운송되었다. 그러나 1900년 의화단운동 이후 이러한 특전에도 러시아인 노동자의 확보조차 어렵게 되었다. 결국 러시아인 노동자를 고용하기 어렵게 되면서 노임이 저렴한 중국인을 중심으로 한 아시아계 노동자에 대한 의존율이 높아지게 되었다.

나. 부설현장의 중국인 노동자

부설을 담당한 노동자는 대부분 중국인으로서, 이들에 대한 대대적인 모집이 실시되었다. 중동철로는 부설공사에 들어가기 전에 우수리철로나 중국 내의 철로 부설현장에서 공사에 종사한 경험이 있는 15,000여 명의 노동자를 천진과 芝罘 등으로부터 모집하였다. 우수리철로의 부설공사에 참여한 경험이 있는 석공과 목수, 소목장이(指物師) 등 중국인 숙련노동자가 중동철로 부설에도 참여하였다. 러시아인 노동자에 비해 인내심이 강하고 척박한 노동환경 속에서도 크게 불평하지 않았다. 중국인 노동자는 저렴한 인건비에도 불만을 드러내지 않고 공사에 묵묵히 종사하였다.

중국인 노동자에 대한 급료의 지불과 공사자재의 구매는 루블화로 결제되었다. 이로 인해 부설지역에서는 루블화가 광범위하게 유통되기 시작하였다. 당시 기록에 의하면 중국인 인부(工夫)의 일급은 70錢에서 1円 정도였다.(당시 1円은 1루블 정도) 부설에 참여한 중국인 노동자의 수를 추산해 보면 다음과 같다. 1901년 중동철로 본선의 부설현장에서 러시아인 노동자는 8,600명, 중국인 노동자는 41,500명이었다. 러시아 연구자에 따르면, 철로 부설이 거의 완료된 1903년 7월 시점에서 노동자의 총수는 39,114명에 달하였다. 이 가운데 러시아인이 18,123명, 중국인이 29,488명, 이탈리아인 등 유럽인이 17명, 일본인이 17명, 조선인이 9명으로, 중국인 노동자가 전체의 50퍼센트 이상을 차지하였다. 중국인 노동자는 대다수가 요동반도의 금주와 산동반도의 登州, 萊州 출신이었다.

1903년 7월 14일에 건설국(공정국)을 계승하여 중동철로를 관리하게 된 주체가 바로 관리국이었다. 1903년은 1897년 8월 기공식으로부터 만 6년째 되는 해였다. 실제로는 부설작업이 지속되고 있었음에도 관리국으로 이행된 것은 부설계약 제3항에 6년 이내에 전 노선을 개통하도록 하는 조건이 명시되어 있었기 때문이다. 이행을 위한 준비 작업을 위해 1903년 2월 18일에 러시아 대장상 비테의 인가를 득한 위원회가 현지를 시찰하였다. 그리고 3월 30일 대장성의 포고에 의해 관리국에게는 철로의 운행과 중동철로 연선의 행정기관이라는 두 가지의 역할이 주어졌다.

(2) 공정국(건설국) 시기의 전월철로

전월철로 운남 구간의 부설 과정에서 하북성, 산동성, 광동성, 광서성, 복건성, 사천성, 절강성, 운남성 등으로부터 民工을 대량으로 모집하여 공사에 투입하였는데, 그 인원수가 총 20-30만 명에 달하였다. 지세가 험난한 까닭에 도처에 난공사가 많았으며, 터널, 가교 등 막대한 인력과 비용이 투입되었다. 이 구간에서 철로 부설공사 도중 총 800여 명의 사망자가 발생할 정도였다.

특히 운남지역의 높은 습도와 더위로 말미암아 노동자를 확보하는 데에도 많은 노력이 필요하였다. 철로 부설은 구간을 나누어 각 구간마다 包工頭(공사청부업자)가 包工(청부노동자)을 모집하여 철로를 부설하였다. 포공두는 이탈리아인이 가장 많았으며, 다음으로 그리스인이 뒤를 이었으며, 이들이 노동자의 모집을 담당하였다. 시공현장에 場長과 工程隊長을 두었는데, 대부분 유럽인이었으며, 그 가운데에서도 이탈리아인이 가장 많았다. 모집된 노동자는 소수의 베트남인 이외에 절대 다수가 광동, 광서, 천진, 연태, 복주, 영파 출신의 중국인 노동자들이었다. 이들 노동자 가운데 적지 않은 수가 노한철로 부설공사에 참여한 경험이 있었으며, 그 밖에 관내외철로 부설공사에 참여한 숙련노동자들도 적지 않았다.

서양인 노동자와 중국인 노동자 사이에는 대우에 차별이 존재하였다. 외국인 노동자의 경우 처우가 상대적으로 좋았으며 식량을 비롯한 각종 식품, 수건, 비누 등이 제공되었으나, 중국인 노동자에게는 쌀 등 식량만 제공될 뿐이었다. 거주 공간도 포공두와 외국인 노동자의 경우에는 신식주택이 제공되었으나, 중국인 직원, 노동자의 경우 총수가 65,000여 명에 달하였으나 각 공장에서 수용할 수 있는 인원은 48,000명에 지나지 않았다. 따라서 나머지 17,000명은 지붕

밑이나 천막 등 임시거처에 거주할 수밖에 없었다. 중국인 노동자의 수입은 박하여 土工의 경우 남계에서는 일당 5角, 기타 지역에서는 일당 3각 8분 정도의 수준에 지나지 않았다. 미장이와 석공의 경우 남계에서 일당 7각, 다른 곳에서는 일당 5각이었다. 더욱이 포공두, 감공 등에게 임금을 착복당하여 실제 수입은 이보다 더욱 적었다.

다음의 사진자료는 전면철로를 부설할 당시 동원된 민공의 임시거처(천막)와 이들의 열악한 생활상을 잘 보여주고 있다.

철로 부설공사 중의 민공 임시거처

전면철로의 부설에는 철로가 지나는 향촌의 주민 30만여 명이 징발되어 공사를 담당하였다. 그러나 작업환경이 열악하여 하루 노동시간도 무려 14시간에 달하였다. 식사도 옥수수로 만든 국수가 전부였고, 숙소는 천막으로 얼기설기 만든 임시거처였다. 노동자들은 학질과 말라리아에 시달렸으며, 제공되는 음식도 매우 열악하였다.

출처 : 杜澤垣, 「建築中之滇緬鐵路 : 滇西新平縣禮江渡口」, 『展望』7期, 1939, p.5. (上海圖書館《全國報刊索引》數据庫)

(3) 공정국 시기의 돈도철로

길장, 길돈철로관리국 내에는 남만주철도주식회사로부터 1명의 총공정사가 파견되어 부설을 위한 준비업무에 착수하고, 노선의 측량을 실시하였다. 돈도선을 부설하기 위한 답사는 일찍이 1911년 8월에 처음 시행되었다. 이후 1918년 3월부터 5월에 걸쳐 재차 대대적인 측량을 계획하였지만, 중국관민의 반대에 직면하여 순조롭게 진행되지는 못하였다. 만주사변 직후인 1931년 12월에 이르러서야 비로소 실측을 개시할 수 있었다.

1931년 12월 관동군은 남만주철도주식회사로 하여금 돈화－도문 간의 철로를 조속히 부설하여 완공하도록 요청하였다. 이에 따라 남만주철도주식회사는 측량 및 부설자재를 신속하게 수송하기 위해 3개 측량대를 구성하고, 제1대는 1931년 12월 3일, 제2대, 제3대는 같은 달 6일에 장춘을 출발하여 각각 측량을 개시하였다. 마침내 1932년 3월 24일에 이르러 측량을 완료하였다.

측량에 기초하여 1932년 4월 1일부터 약 3주간에 걸쳐 노선의 설계를 완성하였다. 전 노선을 8개 공구로 나누어 1932년 5월 부설공사에 착수하였다. 토목공정을 위해 동원된 노동자 수는 일본인이 23,400명, 조선인이 322,600명, 중국인이 1,289,900명이었다. 그러나 고된 작업으로 노동자들의 근무지 이탈이 심해지자 어쩔 수 없이 점차 현지 촌민 가운데 노동자를 모집할 수밖에 없었다. 1932년 8월 돈화로부터 레일을 부설하기 시작하여 1933년 4월 20일 전 노선의 부설을 완료하였다. 1933년 8월 말 전선이 준공되어 9월 1일 영업을 개시하였다.

⑷ 공정국 시기의 성투철로

1950년 6월 15일 등소평, 賀龍 등이 참석한 가운데 중경에서 성투철로의 기공식이 성대하게 거행되었다. 그러나 마침 1950년 6월 25일 한국전쟁이 발발하자 성투철로 부설을 담당하던 부대가 대부분 전선으로 이동하면서 부설을 위한 노동력이 대거 부족하게 되었다. 이에 사천성정부는 긴급히 실업노동자 및 농촌 민공의 모집에 나섰다. 1950년 6월부터 1952년 6월까지의 2년간 지방정부가 동원한 민공의 주도 하에 마침내 부설공사를 완료할 수 있었다.

성투철로를 부설하는 과정에서 28,415명의 軍工(공병)을 동원하였을 뿐만 아니라, 이 밖에도 실업노동자 18,981명, 民工 70,177명을 동원하였다. 군인을 제외하고 실업노동자와 민공은 철로의 부설을 통해 일자리를 창출할 수 있었으며, 이를 통해 약 9만여 명이 일자리를 구할 수 있게 된 셈이다. 보도에 따르면, 천남철로 연선지역에서는 5개 縣 15만 명의 주민들이 직간접적으로 성투철로의 부설로 인

성투철로 노선도

해 생계를 유지할 수 있었다. 연선 각지의 석공은 모두 철로 노반의 조성에 참여하였으며, 철공과 목공은 철로 부설을 위한 제반 설비를 제작하였다. 부녀와 아이들까지 동원되어 노반 조성공사에 참여하였다. 이 밖에 수십만 명이 침목을 운반하는 데 동원되었다. 이러한 노동을 통해 중국공산당은 중국 서남지역을 접수한 이후 지역 주민들의 생계를 보장하고 생활을 안정시키는 효과를 불러 일으켰던 것이다.

4) 철로기술자의 기원과 발전

근대 기계노동자의 탄생은 아편전쟁 이후 외자공업에서 종사하던 노동자로부터 시작되었다. 외국기업은 1845년 광동에서 부두, 도크(船塢)를 설립하면서 시작되었다. 5년 이후 상해에서도 외국 소유의 부두가 출현하였으며, 최초의 숙련 기계노동자도 광동에서 출현하였다. 청일전쟁 이후 하관조약에서 설창권이 보장되자, 열강은 각 통상항에서 대대적으로 공장을 설립하였으며, 이들 공장에 고용된 노동자들은 자연히 전문적인 기술을 학습하고 훈련할 기회를 갖게 되었다.

1860년대 양무운동의 일환으로 청조는 근대적 군사공업을 일으키기 시작하였으며, 대표적으로 강남제조국, 복주선정국과 천진제조국을 들 수 있다. 이후 속속 창설된 중소형의 병기공장 소속 기술자들 가운데에는 이들 3대 제조국 출신이 많았다. 통계에 따르면 1894년 당시 청조가 경영한 군사공업과 탄광업에 고용된 노동자 수는 약 12,000-13,000명 정도에 달하였다. 조기의 민영공업은 대다수가 각 통상항에 집중되었으며, 청일전쟁 이전 민영조선, 철공, 기기수리업에 고용된 노동자수는 이미 27,000여 명에 달하였다. 청조가 철로를 부설하기 시작하였을 당시 기계노동자는 광동, 복건, 천진, 영파 등 출신이 다수를 차지하였다. 이하 몇몇 철로기기창의 노동자의 사례를 통해 이들의 출신 배경을 살펴보자.

경봉철로는 1888년 기기제조창을 설립하였는데, 설립 당시 영국인 총공정사가 홍콩에서 광동적의 기술노동자를 모집하였다. 민국 초년에 전체 공장의 노동자는 총 2,500-2,600명 정도였는데, 기술노동자(工匠)의 출신을 보면 광동인이 가장 많았고, 천진인이 그 다음이었으며, 현지인은 극히 적었다. 唐山人은 쿨리(苦力)[1]의 대다수를 차지하였다.

京漢鐵路는 창립 당시 원래 남북 양 구간(段)으로 나뉘어져 있었으며, 段마다 각각 하나의 기무수리창이 있었다. 북에는 長辛店에, 남에는 江岸에 설치되어 있었다. 장신점기창의 기술노동자는 다수가 德州, 天津 및 광동으로부터 왔으며, 일반노동자의 경우 다수가 인근 定州 일대로부터 모집되었다. 덕주가 장신점 기술노동자의 주요한 공급원의 하나가 된 이유는 덕주병공장이 다수의 工匠을 배출하였으며, 더욱이 진포철로 연선에 위치하고 있어 대외교통이 편리하였기 때문이다. 강안기창의 노동자는 호북, 복건 및 강절 출신들이 많았다.

1923년 경한철로에서 발생한 2·7참안 가운데 강안공회의 사상자

---

1) 쿨리는 주로 정규직 일자리가 없는 단기 하층노동자를 가리킨다. 이 용어는 원래 힌디어의 쿨리에서 비롯되었으며, 인도에서 단기 고용된 인부를 쿨리(cule)라 부른 말에서 비롯되었다. 중국에서 고된 일을 하는 노동자라는 뜻의 苦力으로 음차되었으며, 광동에서는 노예를 의미하는 구레이(咕哩)로 사용되었다.

수는 총 64명에 달하였다. 이 가운데 省別로 구분해 보면 호북성이 36명, 복건성이 13명, 강소성 4명, 광동성 2명, 안휘성 1명, 不明이 3명이었다. 호북인 중에서는 특히 孝感縣, 黃陂縣, 鄂城縣 등의 출신이 많았다. 이들 현의 경제상황은 상대적으로 빈곤하였으며, 漢口와 비교적 가까웠다. 따라서 한구로 가서 직업을 구한 경우가 매우 많았다. 한구는 일찍부터 공업이 발달하여 크고 작은 공장이 많았으며, 여기에서 적지 않은 기술자가 양성되었다. 예를 들면 저명한 자본가 劉歆生이 1901년 창판한 歆記工廠은 매년 100여 명의 학도를 길러냈으며, 각종 기기를 학습하도록 하였다. 민국 초년의 각 기기창 및 철로 각 工匠의 다수가 이 곳 출신이었다. 2·7참안 당시 죽거나 부상당한 13명의 복건적 江岸 노동자는 전부가 閩縣 출신이었다. 민현은 복주선정국의 소재지로서, 조기 기술노동자들이 배출된 주요 지역의 하나였다.

2 철로노동자의 모집과 채용

1) 철로노동자의 모집 방식

(1) 學徒制

각 철로기기창은 모두 학도를 모집하였으며, 학습기간이 만료되면 工匠으로 채용하였다.

(2) 包工制

철로에서 비교적 많은 기술을 필요로 하지 않는 부문의 업무, 예를 들면 철로 레일을 부설하거나 토목 기반의 조성, 석조 기반의 조성 등의 공정에서는 대부분 포공제(노동청부제)를 채택하였다. 노동자는 包工頭(공사청부업자)가 책임을 지고 모집하였다.

학도제 및 포공제 하에서 노동자를 고용하는 권한은 대부분 工頭 및 包工頭의 수중에 장악되어 있었다. 학도나 노동자가 철로계로 진입할 때에는 運動費가 필요하였으며, 임용 이후에는 상시적으로 착취당하는 입장에 처하여 불리한 입장이었다. 이러한 이유에서 노동자들은 파업을 통해 포공제를 취소하도록 요구하기도 하였다.

초기에 공회가 포공제의 취소를 요구한 목적은 상대적으로 자유로운 노동시장을 요구했다기 보다는 공회가 포공제를 대신하여 노동자를 모집하는 권한을 장악하고자 하였기 때문이다. 따라서 파업 시에 내건 조건은 항상 각 공장에서 노동자의 진퇴와 관련하여 공인 구락부, 혹은 기타 명의의 노동단체가 소개권이나 혹은 결정권을 가질 수 있도록 요구하였다. 국민정부가 수립된 이후에 각 철로의 공회도 철로업계에 포공제를 취소하도록 요구하였다. 이 시기에는 자유로운 노동시장을 수립하기 위한 목적이 있었다.

(3) 직접 고용

주로 기술노동자나 장기간에 걸쳐 필요한 노동자를 대상으로 실시하였다. 철로공사가 직접 채용하는 방식의 경우 고용의 권한은 명의상 철로국에 있었지만 그럼에도 상당 기간 공개적인 경쟁을 통한 심사와 선발(甄選) 제도가 마련되어 있지 않았다. 이러한 이유로 일반적으로 노동자의 채용은 여전히 중간인(예를 들면 員司나 工頭)을 통해서 이루어졌다.

남경국민정부가 수립된 이후 각 철로의 중하급 직원의 고용은 점차 告示라는 방법을 통해 이루어지게 되었으며, 선발의 기준도 점차 객관화되었다. 예를 들면 북녕철로 기무처가 새로 직공을 채용할 경우 먼저 기무처에서 필기시험을 치른 이후 체격, 연령 등을 살펴보고, 다시 당산공장, 진황도공장으로 보내어 기능을 시험 보도록 하였다. 세차공(擦車夫), 보일러공(司爐), 기관사의 시험은 먼저 의원에 보내어 체격, 시력, 청력을 검사하여 합격한 이후에야 비로소 필기시험과 誦讀(소리 내어 읽음) 시험을 볼 수 있는 자격을 부여하였다. 합격한 경우 세차공 이외에는 다시 성적 심사(考績)와 기능 심사를 병행하여 채용 여부 및 배치를 결정하였다.

2) 사회관계망을 통한 철로노동자 모집과 폐해

(1) 사회관계망을 통한 사적채용의 관행

철로노동자의 모집과 채용의 과정 중 가정, 개인 간의 관계 및 賄賂(뇌물, 부정자금) 등이 매우 중요한 요인으로 작용했다는 점에서 일반노동자와 크게 다르지는 않았다. 철로노동자의 회고록 및 전기 등을 살펴보면 항상 친우의 소개를 통해 철로업계로 채용되는 기록을 볼 수 있다. 철로 측에서는 이를 일종의 직공에 대한 복리의 하나로서 간주하기도 하였다.

청말 교통계에서는 채용과 인사에서 사적관계를 중시하는 관행이 매우 보편적이었다. 예를 들면 唐紹儀가 郵電部 侍郎으로 재직할 당시 400명을 채용하였는데, 이 가운데 혈친, 인친 혹은 同宗이 350명을 차지하였다. 그리하여 당시 사람들이 우전부를 '股份公司', '廣東會館'이라고 부를 정도였다.

선통 3년(1911) 京漢鐵路 廠務處는 규정에 기기창이 학도를 모집할 시에 당해 철로직공의 자제나 혹은 이전에 근무했던 구직원의 자제가 우선적으로 선발될 수 있는 권리를 갖는다고 명문화하였다. 직공이 친우를 소개할 수 있는 것도 대다수 철로에서 명문화되지 않은 관행이었다. 다른 한편, 철로노동자의 경우 다른 업계에 비해 자제와 친우가 철로 관련업계에 취업할 수 있는 기회가 더욱 많았다. 만일 간접관계를 통해 소개로 철로업계로 진입할 경우 운동비가 필요하였으며, 그 액수가 심지어 매월 월급의 상당한 비율을 차지할 정도였다.

더욱이 각지의 군벌들은 철로를 개인자산으로 간주하여 관리권을 장악하고 관리 기구를 증설하였다. 예를 들면 吳佩孚는 1922년 京漢鐵路에 漢口辦事處를 설립하고 자신의 심복인 馮澐을 처장에 임명하였다. 처음에 개설할 때에 처 내에 판사인원은 15-16명에 지나지 않았으며, 경비도 많아야 20,000여 원을 넘지 않았다. 그러나 3년 후 員司가 37명으로 증가하자 매년 경비도 55,000원으로 증가하였다. 교통부는 이 철로의 판사처 경비가 이미 2배 이상 초과하였다고 보아 1924년 12월에 명령을 내려 판사처를 정리하려 하였으나 실행되지 못하였다. 풍운은 아무런 불이익도 받지 않았을 뿐만 아니라, 심지어 철로국 부국장 겸 한구판사처 처장으로 승진하였다.

남경국민정부가 수립된 초기에도 철로업계의 직원 과채용 문제가 여전히 횡행하여 1930년 당시 철로계 인사는 다음과 같은 관찰결과를 서술하였다. "각 철로에는 여전히 관행이 존재한다. 매번 장관이 새로 임명되면 종종 필요 이상의 과잉인원(冗員)의 자리를 마련해 주고, 마음대로 임명하고 파견하니, 많을 때에는 그 수가 수백 명에 달하고 적을 때에도 수십 명에 달한다. 들어오기는 쉬워도 나가기는 어려우니 인건비가 늘어날 수밖에 없다."

경한철로가 국유로 환원된 이후의 기록을 살펴보더라도, 전체 철로위원은 모두 총판과의 사적관계를 통해 임용되었다. 더욱이 매번 국장이 교체될 때마다 새로운 인원이 증가하였다. 각 부문의 중하급 직원에 대해서는 주관자의 감독이 엄격하지 않아 임의로 채용하는 현상이 비일비재하였다. 따라서 필요 이상의 직원이 매년 증가하였다. 예를 들면 安福係의 丁士源이 평한철로, 평수철로국장으로 재직하였을 당시 증가한 員司가 1,200여 명에 달하여 매년 급여가 574,000원에 달할 정도였다.

(2) 철로노동자의 과채용과 노동생산성의 저하

사적관계를 통한 불필요한 인원의 채용과 증가는 업무의 효율성을 크게 저하시킬 수밖에 없었다. 漢猛德 장군의 개혁방안을 보면 철로에서 구간마다 관리를 맡기는 분구관리제를 채용할 경우 매년 1,000원 이상의 경비를 절감할 수 있을 것이라 주장하였다. 이 밖에도 철로전문가들의 주장에 따르면, 1킬로미터당 철로에서 필요로 하는 노동자는 평균 1.5명을 초과하지 말아야 한다. 그러나 중일전쟁 발발 이전에 중국철로 가운데 이와 같은 기준에 부합하는 것은 교제철로 하나뿐이었다. 정태철로의 경우도 1킬로미터당 노동자의 수가 1.56명으로서 이러한 표준에 근접하였다.

중일전쟁 전 철로직공의 총수는 1935년의 통계(동북 및 관내외철로(경봉철로) 관외 구간을 제외)에 따르면 모두 129,828명이었다. 이 가운데 직원 및 기관사(員司)가 25,407명으로서 전체의 20퍼센트를 차지하였으며, 노동자가 104,422명으로서 천제의 80퍼센트를 차지하였다.

중국철로에서 1킬로미터당 직공수를 살펴보면, 1916년도 8.8명,

214

1921년 14.6명, 1935년 18명으로 증가하였다. 세계 각지의 직원 수자와 비교하면 1里를 단위로 할 경우 미국이 6명, 일본이 20명, 만주국이 25명, 중국철로가 27명이었다. 미국과 비교하여 이렇게 인원수에 차이가 나는 이유는 첫째, 미국의 철로는 기계의 이용 정도가 비교적 높아 인력의 필요성이 덜하였으며, 둘째, 미국철로는 대부분 민영으로서 고용 직원은 모두 운수 수요에 따라 정해지기 때문에 불필요한 과잉인원이 적을 수밖에 없었다.

중국철로의 직원 수가 많은 것은 철로업무의 발전을 반영하기도 하지만, 상당 부분이 사실상 불필요한 직공을 과채용한 결과로 나타난 현상이었다. 남경국민정부 철도부의 고문이었던 맨텔(Mantell)은 1929년 중국철로를 조사한 이후 철로직공 가운데 필요 이상으로 채용한 인원이 전체의 약 45퍼센트에 달한다고 추산하였다.

주목할 점은 남경국민정부 철도부가 각 철로에 대한 감독을 강화하고 기타 다방면의 노력을 통해 중일전쟁이 발발하기 직전에 일부 철로의 과채용 인원이 이미 현저히 감소하는 추세를 보이고 있었다는 사실이다. 여러 차례에 걸친 감원 이외에 교통부와 철도부는 1916년과 1929년에 '국유철로관리국편제통칙'을 반포하였다. 이를 통해 직공편제를 확정하고 직공수의 무절제한 증원을 억제하려 하였다.

1936년 철도부는 직원 수의 감축 조치를 단행하였다. 우선 각 철로국 직공의 최고 월급을 한정하고, 이를 넘어서는 직공의 경우를 대상으로 3년 내에 감원을 실시하도록 하였다. 다음으로 각 철로에서 임의로 채용하는 직원을 제한하고 각 처의 직원, 기관사, 월급 60원 이상인 자의 경우 모두 철도부에서 선발하여 파견하도록 하였다. 이 밖에 직공 등기심사 및 敍用 규정을 제정하여 사적인 관계를 통해 직원을 채용하는 관행을 방지하고자 하였다. 이러한 조치를 통해 불필요한 인원의 증가를 통제하였으며, 이러한 결과 일부 철로에서는 과채용된 직원의 숫자가 현저히 감소하였다.

남심철로의 경우를 살펴보면, 1929년 1월에 국유로 전환된 이후 경영의 정돈과 개선을 지속적으로 추구하였다. 1929년 1월 남경국민정부는 남심철로를 국유화하는 동시에 남심철로관리국을 설립하고 龔學遂를 국장으로 임명하였다. 관리국은 성립 이후 지속적으로 일련의 정책을 마련하여 제도를 정돈하고 경영을 개선하였다. 우선 불필요하게 남아도는 60여 명의 과잉인원(冗員)을 정리하고, 관리를 강화하여 부패를 청산하였다. 또한 감찰위원회를 설립하여 자재의 구매를 공개적으로 시행함으로써 경영의 투명성을 제고하였다. 동시에 경상예산과 임시예산을 모두 표로 만들어 공개하였다.

3 철로직공의 채용과 복무규정

철로의 직공은 직원과 기관사, 노동자를 포함하며, 중추 관리계층, 각 철로의 관리계층 및 보통 직공의 세 종류로 나눌 수 있다.

1) 중앙기관의 관리계층

1906년 1월 관독상판의 중국철로총공사가 철폐되고, 전국철로의 행정이 명의상 商部의 통일적 지휘로 귀속되었다. 그럼에도 이미 완공된 경봉철로(관내외철로)와 공사가 진행 중이었던 津鎭鐵路, 경장철로는 모두 북양대신 원세개의 통제 하에 있었다. 또한 경한철로

(노한철로)와 호녕철로의 경영은 唐紹儀의 통제 하에 있다. 따라서 비록 상부가 전국의 철로를 총괄한다고는 하지만 명실상부하게 모든 철로의 지휘권을 장악하지는 못한 상태였다.

1906년 9월 청조는 중앙관제를 개정하여 새롭게 우전부를 설치하여 路電郵航의 4政을 관할하도록 하고, 이전에 상부 및 각 독판대신이 관장하던 철로를 모두 우전부의 관할로 이관하였다. 이로써 우전부는 명실상부하게 교통사업을 관리하는 중추기관이 되었다. 그러나 우전부는 여전히 원세개의 통제 하에 있었으며, 상서, 대신의 직위에는 모두 원세개의 측근이 임명되었다. 우전부는 尙書 1명을 두고, 侍郞 2명을 두어 承政廳 (예하에 항정, 노정, 전정, 우정, 서무 등 5司를 둠)을 관할하였다.

1907년 철로총국을 설립하여 梁士詒를 초대 국장으로 임명하고, 각 철로의 차관을 총괄적으로 관리하였다. 양사이는 1907년 2월 우전부 五路總提調으로 임명되고 머지않아 철로총국의 국장이 되었다. 처음에는 경한철로, 호녕철로, 도청철로, 정태철로, 변락철로의 5개 노선의 철로를 관할하였지만 후에는 경봉, 광구 등을 합쳐 7개 노선의 철로로 증가하였다.

2) 각 철로국의 관리계층

청말의 경우 국외에서 유학하여 철로 관련 학습의 경험이 있는 인원수 자체가 매우 적었을 뿐만 아니라, 귀국 후 반드시 철로업계에서 근무하지도 않았다. 1897년까지의 통계에 따르면 외국에 유학하여 철로공정을 학습한 학생이 귀국하여 철로 관련 업무에 종사하며 공정사로 충원된 자는 첨천우와 우경양 두 사람뿐이었다. 귀국 후에

철로업계에 종사한 자들은 대부분 우전부의 도서통역국과 교통연구소에 집중되었다. 더욱이 초기 철로의 부설 시에 대부분 외채를 많이 차용하였기 때문에 철로의 공정, 운행(行車), 기무 및 회계 등의 관리인원은 대부분 외국인으로 충원되었다.

일반직무에서 1903년 상부가 철로행정을 총괄하기 이전에 각 철로의 인사권은 대부분 督辦의 수중에 있었으며, 당시 외국어 숙달 증서가 선발의 주요한 원칙이었다. 각 철로가 우전부에 의해 접수된 이후 인원의 선발에서 비로소 인재의 육성에 눈을 돌리기 시작하였다. 1907년 9월 상서 진벽은 러시아삼보철로학당을 졸업하고 공정에 지식과 경험이 풍부한 진한, 범기광을 특별 주청을 통해 우전부에 채용하였으니, 이것이 철로 전문인원을 선발한 효시이다. 선통 원년, 즉 1909년 9월 일본유학생 수봉표 등 4명은 우전부의 학과시험에 합격하여 각 철로에 채용되었다. 이것이 철로인원만을 전적으로 선발하기 위한 시험의 효시였다. 같은 해 10월 우전부는 교통전습소를 창설하여 철로관리, 공정 등의 졸업자를 규정에 근거하여 각 철로에 견습을 보내었다.

농해철로의 사례를 살펴보면, 차관관계로 말미암아 1927년 이전 공정분야 및 공정시기 영업분야의 인사 채용은 계약에 근거하여 모든 권한이 총공정사의 수중에 있었다. 따라서 각 처의 고급직원은 대부분 외국국적이었고, 중하급 원사는 비록 학력이나 경험 등을 표준으로 한다고는 하지만 프랑스어에 숙달된 자질을 필요조건으로 하였으며, 직무명칭 역시 규정이 없었다. 1927년 8월 영업관리권을 회수한 이후 각 처의 고급직원이 점차 중국국적 인원으로 충원되었다. 중하급 직원의 경우 전적으로 능력을 중시하였으며, 재정권은 아직 회수되지 못했다.

3) 남경국민정부의 철로원공복무조례

1930년 3월 3일 국민정부는 '철로원공복무조례'를 반포하였는데, 이 가운데에는 철로직원의 채용과 고용, 직위해제 등의 내용이 담겨 있었다. 즉, 직공의 임면, 고용 혹은 해고는 철도부 임면 혹은 심사 외에 주관인원 겸 철로국 장관 혹은 철로공사 총경리가 관할하도록 하였다. 노동자 혹은 공회가 이에 간섭할 수 없도록 하였다. 매일 업무는 8시간이며, 12시간을 초과할 수 없었다. 고용 노동자의 연령 역시 제한이 있어, 14세 미만인 자는 고용 및 견습공으로 받아들일 수 없었다. 연령이 60세 이상인 자는 고용할 수 없었으며, 직원의 연령이 만 60세가 되면 상황을 보아 퇴직시키도록 하였다.

노동자들의 업무, 상벌과 관련해서도 명확한 규정이 있었다. 임금의 인상과 관련된 규정도 마련되어 있었다. 즉, 철로기술상 특별한 공헌 혹은 발명이 있는 자, 큰 공적을 세 차례 세운 경우, 특별사고를 맞아 용감하게 철로의 권리를 보존하고 지킨 자의 경우 상황을 참작하여 급여의 인상을 고려하도록 하였다.

1조의 규정에서 직공이 만일 다음과 같은 하나의 범죄를 저질렀을 경우 법원에 보내 처벌하도록 하였다. (1)의도적으로 열차를 전복시키거나 혹은 열차 운행을 방해한 경우, (2)거짓 선동을 통해 노동운동을 선동한 자, (3)금지품목을 사사로이 운반하거나 감춘 자, (4)사리를 꾀하여 부정한 행위를 저지른 자, (5)절도 혹은 고의로 공공기물을 파괴한 자, (6)기타 중대한 범죄행위자

직원이 다음과 같은 각 조항의 하나에 해당될 경우 직원의 직위를 해제하거나 강등할 수 있었다. (1)명령 불복종, 규칙을 위반하여 여

러 차례 징계를 받았음에도 뉘우치지 않는 자, (2)직무를 감당할 능력이 없는 자, (3)업무에 태만하면서 뉘우치지 못하는 자, (4)큰 과실을 세 차례 이상 저지른 자

만일 아래 각 조항 가운데 하나를 저지를 경우 大過로 간주하였다. 즉, (1)휴가를 신청하거나 혹은 규정에 의거하지 않고 무단으로 업무를 이탈한 자, (2)고의로 물건을 훼손하거나 혹은 자재를 허가 없이 마음대로 가져간 자, (3)과실을 세 차례 저지른 자

제34조에 따르면, 직공이 만일 아래의 행위에 해당된 경우 과실 한 차례로 간주한다고 규정하고 있다. (1)업무 불량자, (2)품행이 단정하지 못한 자, (3)지각이나 조퇴가 여러 차례에 이르러 징계를 받았음에도 뉘우치지 못하는 자, (4)업무시간에 제복을 착용하지 않은 자, 5)기타 철로국 혹은 철로공사의 규장을 위반한 자

鐵路員工工作寫生 (采金員) 徐金鑑繪

호항용철로 매표소 창구의 직원

출처 : 徐金鑑, 「鐵路員工工作寫生」, 『京滬滬杭甬鐵路週間』19期, 1930, p.1.(上海圖書館《全國報刊索引》數據庫)

1932년도 농해철로 직원 직무분류통계표

직별	국장실	비서실	총무처	공무처	차무처	기무처	회계처	경찰서	총계
局長	1								1
富局長	1								1
處長			1	1	1	1	1		5
副處長			1	1	1	1	1		5
專員		4					1		5
秘書		2							2
課長			4	3	5	3	4		19
辦事			2	3	2		4		11
段長				2	4	2			8
分段長				9	12	2			23
副分段長					4				4
廠長			1			3			4
副廠長						1			1
所長			3						3
署長								1	1
副署長								1	1
警務長								3	3
護路大隊長								1	1
隊附								1	1
醫務長			1						1
醫院院長			7						7
醫師			6						6
工程司				2					2
帮工程司				1		1			2
試署帮工程司				1					1
試用辦事						1			1
辦事處處員			1						1
工務員				22		20			42
繪圖員				9		2	1		12
課員			67	17	52	23	83		242
事務員			5	8	10	12		9	44
查賬員							4		4
署員								8	8
商務調查員					1				1
收料員			1						1

직별	국장실	비서실	총무처	공무처	차무처	기무처	회계처	경찰서	총계
機車視察員						1			1
保管材料員						4			4
站款監驗員					1				1
苗圃管理員				1					1
監工				39		20			59
總查票					17				17
站長					75				75
副站長					30				30
替班站長					9				9
代理員					2				2
車長					52				52
行李員					17				17
查票員					27				27
售票員					46				46
管車員					3				3
貨物主任					1				1
貨棧司事					1				1
貨物司事					12				12
站務司事					43				43
司電主任					3				3
司電副主任					1				1
電務領班					2				2
司電					79				79
月台票司事					11				11
調車員					4				4
分警務長								9	9
檢事員								4	4
稽事員								16	16
護路中隊長								4	4
護路分隊長								16	16
特務長								4	4
巡官								9	9
巡查員				1				9	10
見習所教務主任					1				1
庶務員					1				1
文牌員			1						1

직별	국장실	비서실	총무처	공무처	차무처	기무처	회계처	경찰서	총계
駐滬轉運所主任			1						1
辦事員			2						2
藥劑師			2						2
看護			3						3
司藥			2						2
司事			36	32	54	41	32	30	225
書記			11	3	3	3	4	1	25
學習司事				5		3			8
練習員						2			2
練習生				1	12	2			15
交大實習生				16	5	2	1		24
총계	2	6	158	177	604	150	136	126	1359

철로직원(사무) 모습 1

철로직원(회계) 모습 2

철로직원(열차표 발급) 모습 3

4 **철로직공의 연령**

1925년 북경정부 교통부 직공교육위원회가 직공의 상황에 대해 조사한 기록에 따르면, 전국의 각 철로노동자의 연령은 다음과 같았다.

전국 각 철로노동자의 연령(1925)

철로명	노동자 연령	
	최고	최저
농해철로	40	18
동성철로(동청철로)	–	–
경한철로	72	16
경봉철로	72	14
진포철로	59	20
호녕철로	54	17
호항용철로	65	17
경수철로	69	18
길장철로	56	16
상악철로	50	16
정태철로	63	17
도청철로	66	15
광구철로	54	15
주평철로	60	18
사조철로	43	13
교제철로	48	15
장하철로	–	–

1) 개별 철로의 연령 분포도

진포철로의 경우를 살펴보면, 직공 가운데 15-20세가 전체의 10퍼센트, 20-30세가 40퍼센트, 30세 이상이 50퍼센트를 차지하였다. 각 열차역에서 조사한 직공의 연령 비율은 다음과 같다.

진포철로의 직공 연령(1925년)　　　　　　　　　　　　　　　　　　　(단위 : %)

역별	15–20세	20–30세	30세 이상	합계
天津	10	30	60	100
滄州	20	50	30	100
德州	10	60	30	100
濟南	10	30	60	100
泰安	10	40	50	100
兗州	–	40	60	100
徐州	10	40	50	100
蚌埠	–	40	60	100
明光	–	40	60	100
浦鎭	10	40	50	100
浦口	9.5	40.5	50	100

5　임금 수준과 경제생활

1) 철로직원의 임금규정과 변천

1912년 10월 17일 대총통의 명령으로 중앙정관 官俸法이 공포되고, 11월 3일 技術官官俸法이 공포되었다. 관봉분급표에 따르면, 기술관의 급여는 행정관과 비교하여 높은 편이었다. 1916년 10월 23일 교통총장 許世英은 각 철로직원의 급여에 일정한 표준이 없어 상세한 규정이 필요하다고 여겨 월급분급장정 9조를 정하여 공포하고, 11월 1일부터 이를 시행하도록 하였다. 장정에 따르면, 철로직원의 급여를 48급으로 나누고, 최고 및 최저급 급여는 모두 기술관관봉법이 정한 규정과 동일하게 정하였다. 철로직원의 명칭은 국장, 부국장, 공정처장, 처장, 과장, 과원, 站長(역장), 段長, 分段長, 副站長,

車隊長, 총공정사, 공정사, 公務員 등 14종으로 제한하고, 司票 및 書記, 核算 이하는 각 철로국에서 자체적으로 규정을 마련하여 실행하도록 하였다.

급수(敍級)는 처장 이상을 교통총장이 조사하여 결정(核定)하고, 과장 이하는 국장이 상부에 보고하여 准駁(승인, 불승인을 표시)하도록 하였다. 국장, 부국장, 공정처장, 총공정사에게는 판공비(公費)를 지급할 수 있으나, 아무리 많아도 월급의 절반을 넘을 수 없도록 하였다. 이후 각 철로의 봉급제도가 대체로 통일되었다. 그러나 철로총공소 가운데 독판이라는 명의가 있는 경우, 혹은 철로감독국에 차관 관계자가 존재할 경우는 모두 별도로 조사하여 결정하도록 하였으며, 외국직원의 경우는 계약에 따르도록 하였다. 1928년 교통부는 철로직원신급급표를 새로 정하였으며, 이후 시행한지 얼마 되지 않아 철도부가 다시 철로기술인원신급직수대조표를 제정하였다.

민국 이후 각 철로는 이미 급여의 기준을 兩에서 元으로 변경하고, 급여 역시 이를 참작하여 결정하였다. 철로가 부설되는 기간 동안은 공사가 주로 산간벽촌에서 진행되었기 때문에 현지의 생활수준이 비교적 낮은 반면 철로업계의 인사는 상대적으로 대우가 좋아 가족들을 대동하고 현지로 가서 업무에 종사하였으며, 가족들도 경제적으로 특별한 어려움이 없었다. 예를 들면 월한철로 株韶段의 부설공사 시에 대학졸업생의 초임이 80여 원 정도의 수준이었는데, 국장 겸 총공정사의 월급이 600원에 달하였다. 당시 보통 가정의 매월 지출이 40-50원에 지나지 않았으며, 머슴(하인) 1명을 고용하는 비용이 한 달에 1원에 지나지 않았기 때문에 생활이 풍족하였을 것으로 추측할 수 있다.

2) 철로직공의 임금

중국근대 철로직공의 대우는 일반적으로 여타 행정기구에 비해 양호한 편이었다. 청말 唐紹儀가 철로업무를 주관할 때 "교통사업은 탐오에 빠지기 쉬우니 廩給(급여)을 후하게 하여 後顧(가족의 걱정)가 없도록" 많은 노력을 기울였다. 따라서 급여의 결정은 매번 기타 관서와 비교하여 양호한 편이었다. 1906년 우전부가 성립된 이후 인재를 널리 초빙하기 위해 외무부, 농공상부, 탁지부를 참조하여 전문인재의 급여를 결정하였다.

철로총국 국장의 경우 각 철로의 독판업무를 겸할 경우 급여와 판공비가 1년에 약 27만여 량에 달하였다. 梁士詒가 국장으로 임명되었을 당시 1년의 급여가 20,000여 량 정도에 달하였다. 양사이는 당시 관급이 5품 승상 參上行走에 지나지 않았다. 만일 국장직무를 담당하지 않았다면, 1년의 공식 수입은 4,000량에도 미치지 못하였다. 양사이가 국장으로 임명된 이후 이미 일반 순무의 수입을 초과할 정도였다.

청말 독판철로대신이 임용하는 총판, 提調 등의 경우 각 철로에 따라 급여제도에 차이가 있어 동일하지 않았다. 예를 들면, 경한철로 총판의 월급은 1,000元으로서 경봉철로 會辦과 같았다. 그러나 대체적으로 일반 행정기관과 비교하여 높은 편이었다. 예를 들면 각 철로국 총판의 1년 급여는 대부분 12,000량 정도에 이르러, 尚書의 수입을 초과하였다.

총판 이하 각급 員司의 대우 역시 좋은 편이었다. 특히 기계, 공정 등 기술인원의 급료는 일반 행정인원과 비교하여 높은 편이었다. 예를 들면 청말 京張鐵路의 부설 기간에 정공정사 候選郎中 顔德慶

의 연봉(薪膳)은 6,400여 량으로서, 4品 知府보다 많았다. 일반 직공의 대우는 기타 공영사업인 우정, 전신, 해관 등과 비교하더라도 높은 편이었다. 단지 급료의 높고 낮음의 편차가 상대적으로 컸다는 점이 있을 뿐이다. 예를 들면 경장철로의 정공정사와 급여가 가장 낮은 직원 사이의 대우를 보면 차이가 거의 80배에 달할 정도로 격차가 커서 합리적이지 못하였다. 더욱이 각 철로직원의 대우는 왕왕 장관의 재량에 따라 높고 낮음이 정해져 표준이 없었다. 따라서 매번 지위는 같더라도 급여에서 몇 배나 차이가 나는 경우도 있었다.

철로노동자의 임금은 종류에 따라 다음과 같았다.

① 기관차(車頭) 노동자 : 이 가운데 기관사(司機)의 임금이 가장 높았다. 북양정부 시기 기관사의 월급은 30원에 지나지 않았다. 그러나 열차의 운행 시에 시간당 식비 보조가 있었으며, 한 번에 초과근무가 10시간 이상인 경우 별도의 초과근무수당(加點費)을 수령할 수 있었다. 따라서 실제 매월 수입이 50-60원에 이르렀으며, 100원 이상의 경우도 있었다. 기관사 아래에 있는 司火(기관차에 석탄, 땔감을 조달하는 화부) 역시 열차의 운행 시에 마찬가지로 식비와 초과근무수당을 수령할 수 있었으며, 매월 수입이 10-30원에 달하였다. 사화 아래에는 幇工, 擦車 등의 노동자가 있었다.

② 공장노동자 : 북양정부 시기 철로공장 노동자의 임금은 매월 4-77원 사이였으며, 고저의 차가 매우 컸다. 예를 들면 1921년 당시 경한철로 장신점 공장노동자는 매월 임금이 평균 16원이었으며, 하급 工匠은 9원, 學徒는 더욱 적었다. 나이가 든(경력이 많은) 工匠은 30원이었으며, 소수 기능공(技工)은 더욱 많

아 60원에 달하였다.

③ 노반공사 노동자(修路工人) : 1925년 당시 평균 매월 임금이
7.5-12.5원에 달하였다.

④ 열차역 인부(車站夫役) : 북양정부 시기 車站脚夫(짐꾼, 지게
꾼)의 매월 소득은 10원 전후였다.

3) 개별 철로의 임금 수준

철로노동자의 임금은 철로마다 수입이 각기 달라 일정하지 않았
다. 예를 들면 북녕철로, 진포철로, 평한철로, 교제철로, 정태철로 등
의 경우 영업수입이 비교적 많아 노동자의 임금도 상대적으로 높은
편이었다. 반면 平綏鐵路, 월한철로, 道淸鐵路 등의 경우 수입이 적
어 노동자의 임금 역시 비교적 낮았다.

1932년 철도부직공교육위원회의 조사에 따르면, 철로노동자의 최
저임금은 평수철로, 도청철로, 정태철로 세 철로의 경우 모두 하루
1角이었고, 湘鄂鐵路, 膠濟鐵路는 하루 3角이었으며, 나머지 각 철
로는 모두 하루 2角부터였다. 최고임금은 京滬鐵路, 교제철로로서
노동자 가운데 임금이 높은 자는 하루 4원 이상인 경우도 있었으며,
그 외에는 많을 경우 3원이었다. 이로부터 각 철로 임금의 격차가
매우 컸음을 알 수 있다. 전체 인원수로부터 평균적으로 계산하면,
하루 노임의 경우 1원 전후가 대다수를 차지하였다.

민국시기 철로노동자 소득의 장기적 변동 추세를 이해하기 위해
서는 광동성정부 농공청과 劉心銓이 편제한 임금지수로부터 추론할
수 있다. 광동성정부 농공청은 북양정부 시기에 각 성으로부터 자료
를 받아 임금지수를 편제하였는데, 이 가운데 1913-1921년의 '廣九

鐵路, 廣三鐵路工人工資指數' 및 '광주도매물가지수'가 있다. 상해의 철로, 郵政노동자의 평균 월급은 25원으로서 기타 업종과 비교하여 높은 편이었다.

철로노동자의 경우 정규수입 이외에 기타 수입이 있었는데, 이 가운데 가장 주요한 것이 연말상여금(보너스) 항목이었다. 직원 가운데 징계처분을 받지 않은 한, 철로의 영업수입의 유무나 다과와 관계없이 매년 연말보너스가 주어지는 것이 관례였다. 연말상여금 이외에 연료(석탄) 및 침목을 구매하거나 노동자숙소 및 의원, 학교의 시설, 무료차표의 지급 등이 모두 일종의 별도 수입이라 할 수 있다.

철로직공의 경우 이직률이 기타 업종에 비해 적었으며, 장기간 복무한 자가 많았다. 교통관련 기관은 비록 청말부터 퇴직과 관련된 규정을 두고 있었지만 규정이 철저히 집행되지는 않았으며, 퇴직연령이 지난 자 가운데 계속 근무하는 사례가 많았다. 그러나 직공의 연령이 지나치게 많거나 연로한 기관사나 轍夫의 경우는 사고 발생의 우려도 있었다. 또한 연장자가 퇴직하지 않으면 인사의 신진대사를 방해하기 마련이었다. 따라서 민국 이후 각 철로는 점차 강제 퇴직판법을 실시하고, 규정에 따라 양로금을 지급하였다. 직공이 사망한 이후의 구휼과 관련해서는 각 철로가 모두 이와 관련된 규정을 두었다.

철로노동자 가운데 기술공(기능공)의 생활이 부유한 것은 말할 나위도 없었다. 예를 들면 기관사, 司火는 초급 員司와 비교하여 수입이 3배 이상 많았다. 이들 이외에 보통 철로노동자의 경우 수입이 일반 생활에 지장이 없을 정도였다. 따라서 민국 초기 각 철로공창은 이미 '平均包工制'를 채용하고 있었다. 즉 대다수 노동자가 스스로 도급노동자로서, 이익을 균분하였다. 북벌 이전에는 경한철로의 경우 모든 소공정도 대부분 노동청부제를 통해 노동자를 고용하였다. 청부받은 공정이 비록 적지만 최소한 자본이 600-700원 이상이 었다. 따라서 이들을 소자본가라 부를 정도였다.

철로노동자의 임금은 대부분 월단위로 계산하였다. 각 항 노동자 의 임금률은 모두 고저가 상이하였다. 대체로 기술노동자의 노임이 비교적 높았으며, 노역(육체)노동자의 노임이 비교적 낮았다. 매년 연말에는 모두 상여금을 받았다. 1932년 철로 간선 가운데 심해, 사 조, 호청, 길장, 길돈, 제극, 조앙 등 7개 철로 및 북녕철로 관외 구간 이 일본군에 의해 무력으로 점령되었다. 상세한 내역을 알 수는 없 지만, 대체로 매일 노임과 수당(獎貼, 장려금)을 받았으며, 노임 수 준은 다음과 같았다.

진포철로와 교제철로의 노동자 월급 수준

진포철로		교제철로	
월급(원)	인수	월급여(원)	인수
10-15	3612	14-25	5136
16-20	6238	26-35	985
21-30	3965	36-45	855
31-40	1459	46-55	191
41-50	403	56-65	57
51-60	423	66-75	25
		86-	5

직능별 노동자 임금 수준(북녕철로)

일급(원)	기능노동자	반기능노동자	인부(夫役)	합계
0.20-0.74	2480	9899	3930	16309
0.75-0.99	1393	164	51	1603
1.00-1.34	995	34	11	1040
1.35-1.94	676	9	1	686
1.95-	337			337

철로노동자 1일 평균임금 비교표(철도부)   (단위 : 元)

철로명	총무처	기무처	차무처	공무처	회계처	평균
경호철로, 호항용철로	0.71	1.31	0.76	0.76	0.72	0.99
진포철로	0.50	0.96	0.46	0.50	0.66	0.69
평한철로	0.65	0.88	0.70	0.69	0.61	0.76
북녕철로	0.53	0.86	0.54	0.47	0.65	0.72
평수철로	0.35	0.79	0.47	0.65	0.60	0.55
농해철로	0.57	0.74	0.59	0.48	0.54	0.58
교제철로	0.74	1.02	0.72	0.77	0.73	0.89
상악철로	0.46	0.75	0.48	0.47	0.45	0.57
정태철로	0.67	0.97	0.62	0.63	0.65	0.79
도청철로	0.56	0.80	0.63	0.63	0.57	0.68
南潯鐵路	0.43	0.57	0.44	0.43	0.42	0.43
월한철로남단	0.79	1.29	0.91	0.96	0.91	1.06
광구철로	1.10	1.43	1.02	1.27	1.22	1.27
총평균	0.61	0.94	0.61	0.58	0.60	0.74

(1) 경한철로 노동자의 급여 수준

1920-1929년 경한철로(평한철로)의 노동자 월평균 임금은 1920년 13.62원, 1921년 13.49원, 1922년 13.92원, 1923년 16.72원, 1924년 17.51원, 1925년 16.93원, 1926년 18.78원, 1927년 19.4원, 1928년 19.37원, 1929년 20.68원이었다. 1933년 경한철로 총무처의 하루 최고 임금은 1.78원, 최저는 0.25원, 기무처는 최고 3.33원 최저 0.20원, 차무처는 최고 1.65원, 최저 0.20원, 공무처는 최고 1.65원, 최저 0.30원, 회계처는 최고 1.17원, 최저 0.40원에 달하였다.

철로노동자 평균연봉(年薪) 비교표

(단위 : 元)

연도	직공인수	연봉총액	1인 평균
1913	57318	3750963	65
1914	71173	4452385	63
1915	93466	5036137	54
1917	96501	4960450	51
1918	96130	5597486	58
1919	99939	6136504	61
1920	105166	6418343	61

교제철로 1일 노임표(1920년 4월)

(단위 : 元)

직능별	1일 노임	직능별	1일 노임
拔道夫	0.49-0.31	機見	1.07-0.64
制動	0.42-0.27	機助	1.01-0.41
接車夫	0.36-0.27	機助兒	0.60-0.29
站務見習	23.00(月給)	檢車夫	0.88-0.70
站務見習	0.65-0.40	電夫	0.72-0.42
現業助手	0.37-0.35	注油夫	0.77-0.26
站夫	0.47-1.80	客貨車掃夫	0.33-0.26
列次侍役	0.20	機夫	0.48-0.29
列次掃除夫	0.32-0.23	掃機夫	0.33-0.25
開車夫	0.45-0.41	信號夫	0.62-0.32
雜役夫	0.42-0.18	機械夫	1.26-0.39
車號夫	0.57-0.37	巡察	0.58-0.32
煤炭夫	0.39-0.26	給水夫	0.42-0.27
雜役夫	0.52-0.26	制罐夫	1.32-0.47
保線定傭夫	10.00-13.00(매월)	喞筒夫	0.81-0.29
通信工夫	15.00-14.40(매월)	線路工夫	11.00(매월)

교제철로 四方工廠 每日 노임표(1918년 3월)   (단위: 元)

직능별	노임	직능별	노임
機械工	0.52	職工試驗工	0.30
制罐工	0.55	車台工	0.51
涂工	0.48	縫工	0.53
旋盤工	0.49	電工	0.47
完成工	0.57	工廠火夫	0.55
銅工	0.57	供水火夫	0.47
鍛冶工	0.58	職工練習	0.21
鑄工	0.55	庫守	0.36
模型工	0.70	雜役夫	0.26
木工	0.54	事務傭人	0.53
听工	0.28	巡察	0.37

철로노동자의 임금(경봉철로 노동자의 월급표)(1932, 1933년)   (단위 : 元)

업종별	최고	최저
司機	66	24
副司機	33	18
升火工人	25	20
擦車工人	15	9
學徒	11.1	8
小工	16.2	11.8
工廠工匠	66	24
學徒	11.1	8
小工	15	9

농해철로 開封 노동자 매월 노임표(1921)   (단위 : 元)

직무별	노임
行車	26-46
小工	7.5-9
升夫	13-21
大工	19.5-30
木工	12-20
鐵工	18-27

(2) 국제철로의 차별

러시아, 일본, 독일, 프랑스 각국이 직접 경영하는 중동철로, 남만주철로, 교제철로, 전월철로에서 중국인 노동자는 노임이 상대적으로 낮았을 뿐만 아니라 수많은 차별이 존재하였다. 이들 철로국의 규정을 살펴보면, 자국 직공의 경우 노임을 높게 책정하였으나 중국인 직공의 경우 상대적으로 노임을 낮게 책정하였다. 심지어 같은 직무라도 보수에 차이가 있었다. 예를 들면 1920년 일본이 경영하던 시기에 교제철로의 노임을 살펴보면, 중국인 직공은 일본인 직공에 비해 3분의 1 수준에 지나지 않았으며, 일본인 직공의 노임은 일반적으로 중국인 직공의 3-4배에 달하였다. 남만주철로에 종사하던 중국인 직공의 경우 하루 노임이 1 : 2.6 심지어 1 : 5.3도 있었다.

남만주철로 직공 평균 노임표 (단위 : 元)

부처별	1인 1日		1인 1시간	
	중국인	일본인	중국인	일본인
經理課	0.59	2.35	0.049	0.240
計劃課	–	2.30	–	0.288
保線課	0.67	2.37	0.072	0.253
機械課	–	1.87	–	0.232
大連鐵道事務所	0.67	2.55	0.067	0.257
奉天鐵道事務所	0.65	2.70	0.064	0.277
長春鐵道事務所	0.61	2.78	0.061	0.272
安東鐵道事務所	0.67	2.61	0.066	0.273
碼頭事務所	0.75	2.73	0.079	0.287
철로 합계	0.66	2.64	0.066	0.271

남만주철로 고용인원 평균 노임표 (단위 : 元)

직무	1일 노임	
	중국인	일본인
공무	0.60	2.58
역무	0.62	2.15
차무	2.02, 0.52	2.56, 0.58
기무	0.64	2.43
保線	0.70	2.77
通信	0.60	2.56
工廠	0.95	3.88

4) 철로직원의 경제생활

여기에서는 철로노동자의 생활 상태를 개별 철로의 사례를 통해 살펴보자.

(1) 진포철로

진포철로 노동자 가운데 浦口로부터 蚌埠 이남 지역 출신은 모두 쌀을 주식으로 하였다. 米價는 1石에 10원 정도였다. 방부 이북은 면 (밀)을 주식으로 하였는데, 밀가루 1자루(포대, 袋)에 4원 정도였다. 최저노임인 10원으로는 겨우 노동자 한 사람의 생활을 유지할 수 있을 뿐이었다. 따라서 가정생활을 유지하기에 이 정도의 노임으로는 불가능하였다. 직공들은 철로국에 철로 주변의 부지 공터에 임시주택을 가설하여 거주할 수 있도록 요청하였다. 포진, 제남, 천진 등의 지역이 모두 이러하였다.

(2) 교제철로

교제철로 노동자의 식료는 밀이 대종이었다. 식량의 매입과 분배는 교제철로의 합작사가 전매하였다. 따라서 개인이 부담하는 가격은 가족을 거느린 자가 기창의 경우 약 35원 정도였으며, 외부 기차역에 거주하는 경우 약 30원 정도에 이르렀다. 가족을 거느리지 않은 자는 약 15원 정도였다.

(3) 평한철로

평한철로 노동자의 총계는 약 2만 명에 달하여 개인별로 생활수준의 차이가 컸다. 전체 철로 노선에서 생활정도가 가장 높았던 역은 한구였으며, 이 밖에 鄭州, 信陽 역시 한구와 비슷한 수준을 유지하였다. 高牌店琉璃河의 경우가 가장 낮은 편이었다. 대체로 월 30원 이상의 급여를 받는 노동자라면 어디서 여하한 업무에 종사하든 기본적인 생활을 유지할 수 있었다. 만일 노동자의 월 수입이 10원 정도라고 한다면 한구, 정주 등지에서 생활을 유지하기 쉽지 않았으며, 가족을 거느리지 않고 단신으로 생활한다면 자급할 수 있는 정도였다.

(4) 平綏鐵路

중일전쟁 직후 평수철로의 경우 전쟁의 영향으로 말미암아 급여 연체가 무려 18개월분에 달하였다. 이로 인해 노동자의 사망이나 퇴직에 대한 자금도 지급할 수 없었다. 일반 노동자들은 생활이 어려워 끊임없이 철로국에 체불임금의 지급을 요구하였으며, 일부 노동자들 가운데에는 생활이 어려워 도피하는 현상마저 출현하였다.

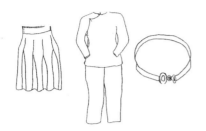

철로직원의 복장과 요대   철로직원 복장

철로직원 복장   국민정부 철도부 직원 모자 및 휘장

철로직원의 단화와 장화

6 노동시간과 근로형태

노동시간의 장단은 중국근대 기계제 공장에서 업종에 따라 상이하였다. 설사 동일 업종이라 하더라도 서로 다른 경우가 많았다. 그러나 일반적으로 말하자면, 민국 수립 이전에 각 공장의 노동시간은 많을 경우 12시간, 심지어 14시간도 있었지만, 민국 이후에는 많을 경우가 12시간이었다. 1930년 공상부가 전국의 29개 성시에서 각 업종의 노동자 하루 노동시간을 조사한 결과에 따르면, 보통이 8-12시간이었으며 10시간이 가장 보편적이었다.

북양정부 시기에 철로노동자는 일부 필수적으로 연속작업을 필요로 하는 공정 이외에는 대부분 하루 10시간 노동제를 실행하였다. 실업부의 조사에 따르면 1933년까지 철로노동자의 노동시간은 최단의 경우가 하루 8시간, 보통이 10시간이었다. 가장 긴 경우가 12시간이었으며, 심지어 연장하여 18시간 노동하는 경우도 있었다. 각 분야의 업무가 서로 상이하기 때문에 업무시간의 장단도 달랐다. 그 중에서도 기무처 노동자의 노동시간이 가장 짧았다. 예를 들면, 각 철로기기창은 민국 원년부터 대부분 매일 10시간 노동에 종사하였다. 공무처가 그 다음을 차지하였으며, 차무처의 노동시간이 평균적으로 가장 길었다. 국민정부가 수립된 이후 각 철로는 비로소 점차 38制(8시간 3교대)를 시행하였다.

그러나 대규모의 전쟁과 같은 조건에서 노임은 종종 연체(拖欠)되거나 심지어는 지급하지 못하는 경우도 있었으며, 근무조건도 열악한 경우가 많았다. 1924년 제2차 직봉전쟁 이후 화북지역 소재 각 철로직공의 노임은 수개월이나 연체되었으며, 경수철로 역시 7개월이나 연체되었다. 1925년 말 철로노동자들은 파업을 통해 당국으로 하여금 밀린 4개월분의 임금을 청산하도록 요구하였다. 1926년 직봉연합 반풍옥상 전쟁이 발발한 이후 월급의 연체는 경한철로, 경봉철로, 津浦鐵路, 정태철로, 京綏鐵路 등 주요 철로에서 일반적인 현상이었다. 급여의 체불이 많을 경우 18개월 이상에 달하였으며, 적은 경우도 4, 5개월에 달하였다.

철로노동자가 설사 임금을 받았더라도 70-80퍼센트에 지나지 않았으며, 그것도 불태환지폐인 軍用票로 지급받았다. 군용표의 유통지역(산동, 천진, 북경 일대)에서 물가는 종종 급등하였으며, 경우에 따라서는 심지어 3배 이상 폭등하여 노동자의 손해가 막심하였다. 전시에 철로노동자의 근로시간은 일상적으로 증가하였다. 예를 들면 1926년 직봉연합 반풍옥상전쟁이 진행되던 시기에 철로노동자의 근로시간은 9-12시간으로부터 12-14시간으로 급증하였다.

군사적으로 긴박한 시기에 다수의 기관사, 司火 및 각종 차무노동자는 심지어 24시간까지 연장업무를 지속하기도 하고, 주야 쉬지 않았으며, 우중에도 노동에 종사할 정도였다. 전쟁이 종료된 이후에도 전쟁으로 인한 손실을 복구하기 위해 동원되었다. 철로노동자의 수입은 "한 가족의 생계를 유지하기 어려운 상황"이라고 보도할 정도였다.

철로노동자의 노동시간은 기무처 노동자의 경우가 비교적 짧았으며, 공무처가 다음이었고, 차무처의 노동시간이 가장 길었다. 북녕철로 노동자의 근로시간은 대부분 하루 8시간에서 14시간까지였다. 진포철로의 노동시간을 살펴보면, 기무 10-11시간, 차무 10시간, 공무 9.5-11.5시간, 항무 11시간 정도였다. 1932년 북녕철로 노동자의 근무시간을 조사한 결과는 다음과 같다.

① 기무처 : 車房 업무시간은 10시간이고 일야 2班으로 나뉜다. 주간반의 근로시간은 오전 6시 45분부터 오후 6시까지이며, 오찬 휴식 1시간 15분을 더할 경우 총계 업무시간이 10시간으로서 겨울과 여름이 같았다. 야간반 업무시간은 오후 6시 반부터 오전 6시 45분까지이며, 만찬 휴식 1시간 15분을 더 할 경우 총계 업무시간이 11시간에 달하였으며, 겨울과 여름이 동일하였다.

② 공무처 : 동계는 매일 업무시간이 9시간, 하계는 10시간이었다.

③ 차무처 : 업무가 비교적 많은 노동자, 예를 들면 洋旗夫, 倒車夫 등의 경우 매일 업무시간이 약 8, 9시간 정도였다. 업무가 비교적 적은 노동자, 예를 들면 侍役(사환, 급사), 信差(파발꾼. 공문서를 전달하기 위해 파견된 사람) 등은 매일 업무시간이 11-12시간 정도였다.

④ 電務課 : 전무과 소속의 각 공장 駐廠者는 평일 주간근무만 있고 야간근무는 없는 工頭의 경우 하루 6시간을 한도로 하였다. 駐站 電務銅匠 工頭 등은 낮밤을 구분하지 않았다. 업무시간 역시 특별한 규정이 없었으며, 부품, 선로가 파손될 경우 수시로 수리해야 했다.

다음 철로공장의 노동시간은 북경농상부가 조사한 결과로서, 주로 경봉철로, 경한철로, 진포철로, 남만주철로, 교제철로 및 동삼성 각 철로를 대상으로 하였다. 경봉철로 등 세 철로는 북경교통부철로 직공위원회의 조사결과이고, 남만주철로, 교제철로 및 동삼성 각 철로는 남만주철도주식회사 소속의 일본인이 조사한 결과이다.

각 철로의 노동시간표 1

철로별	노동시간	철로별	노동시간
경한철로	10	길장철로	9
경봉철로	9-10	농해철로	10
경수철로	9-10	변락철로	10
진포철로	10	주평철로	10
호녕철로	9	광구철로	9
호항용철로	9	漳廈鐵路	9
정태철로	10		

각 철로 노동시간표 2

철로별	노동시간	철로별	노동시간
중동철로	8	경봉철로	10.5
남만주철로	9	경한철로	10-12
호항철로	9	경수철로	10-12

경한철로 노동시간(1925년 9월)

노동시간	인수(名)	백분비(%)
無定時	1505	11.64
6	1	0.01
7	–	–
8	11	0.08
9	95	0.73
10	6262	48.44
11	901	6.97
12	2573	19.90
不詳	1581	12.23
합계	12929	100.00

철로별	휴식, 휴가	임금
중동철로	매주 일요일 하루 휴식 매년 1개월의 휴가	휴가기간 중 임금은 그대로 지급
남만주철로	매주 일요일 하루 휴식	임금은 반일분을 지급
호항철로	매주 일요일 하루 휴식 매년 휴가일 15일	휴가기간 중 임금은 그대로 지급
경봉철로	매주 하루 휴식 매년 2주일 휴가	휴가기간 중 임금은 그대로 지급
경한철로	매주 하루 휴일 매년 14일 휴가	휴가기간 중 임금은 그대로 지급
경수철로	매주 하루 휴가	휴가기간 중 임금은 그대로 지급

7 승진과 전보

1) 철로노동자의 해고와 직무 안정성

　淸代 鐵路員司의 직위는 그때까지도 법률적인 보장이 제대로 갖추어지지 않은 상태에 있었다. 예를 들면 철로총판이 새로 부임하여 오면 다투어 줄을 대니, 인사의 변동성이 매우 컸다. 1912년 4월 施肇基가 교통총장으로 임명되어 부임한 당일에 500여 명의 직원에 대한 정리를 단행한 결과 남은 자가 40명에 지나지 않았을 정도였다. 북양정부 시기에는 내각의 변동이 빈번하여 매번 개조될 때마다 철로분야에서도 인사의 변동이 뒤따랐다. 신임총장이 일단 임명되면 바로 차장과 司長을 경질하였으며, 더욱이 경비의 절약을 명분으로 대대적인 인원의 감축에 착수하였다. 한편으로는 이를 명분으로

자신과 이해가 다른 자를 배척하고, 다른 한편으로는 사적 관계를 통해 직원을 채용하였다.

1922년 양사이내각이 물러난 이후 신임 교통총장 高恩洪 및 재정총장 董康은 철로직원에 대한 대대적인 감원 조치를 단행하였다. 이로 인해 생계를 잃은 자가 3-4만 명에 이른다고 회자되었다. 당시 철로직원의 감원을 단행한 주요한 목적은 교통계 관련 인사를 제거하는 것이었다. 단 면직자는 대부분 편제 외의 인원으로서, 실질적으로 주로 직무가 정해져있지 않은 직원에 한정되었다.

철로국의 경우 직원은 대부분 국장과의 사적 관계를 통해 채용과 이동이 결정되는 경우가 많았다. 새로운 국장이 부임하면 학식, 경험 및 연령과 관계없이 자신의 계파에 속한 인원인지의 여부에 따라 인사를 단행하곤 하였다. 1922년 오패부가 권력을 잡은 이후 교통기관의 인사를 대폭 교체하였다. 전화, 전보 및 철로의 관리, 기술 분야를 막론하기는 하였지만, 철로의 경우가 특히 두드러졌다. 철로 분야에서 유경험자, 상급자를 막론하고 대량 해고 사태가 발생하였으며, 사적 관계에 따라 직원을 추천하고 임명하였다. 따라서 직원은 일단 채용되었다 할지라도 수시로 선물을 공여하는 등 갖은 방법을 통해 자리를 보존할 수밖에 도리가 없었다.

철로직원이 임의로 감원되는 현상은 청말부터 국민정부 성립 초기까지 관행적으로 존재하였다. 그러나 철로업계의 경우 업무의 특성상 기술과 경력을 중시할 수밖에 없었기 때문에 전문기술자의 경우 이러한 영향을 비교적 덜 받았다. 더욱이 철로업계에서의 대우와 복리가 기타 업종에 비해 상대적으로 양호하였기 때문에 이직률이 낮았고, 장기복무자가 많은 편이었다. 남경국민정부 철도부는 여러 차례 명령을 내려 특별한 사유 없이 직원을 감축할 수 없도록 하였으며, 이로부터 철로업계의 직원은 직무상 일정한 보장을 받게 되었다고 할 수 있다.

2) 승진과 전보

철로는 전문분야로서 보통의 여타 행정과는 다른 성격을 지닌다. 직무에 대한 소임은 반드시 해당 분야의 학식과 경험을 중시하였으며, 직원의 채용과 승진 등은 공로와 업적 및 자격의 평정, 판단이 매우 중요하였다. 이렇게 해야만 비로소 요행으로 채용되는 폐단을 방지할 수 있었다.

철로직공의 승진, 이동은 관리계층과 일반직공의 두 부류로 나누어 살펴볼 수 있다. 중국근대 철로업계에서 관리계층의 승진과 전보 제도(升遷制度)는 郵部와 電部의 양 부와 비교하여 독립성이 떨어졌다. 후자는 자격을 특히 중요시하여 郵務員의 자격은 반드시 郵務生이 우무장으로 승진하였고, 전무원의 자격은 반드시 電報生이 電報局長으로 승진하도록 하였다.[2]

그러나 유독 철로업계에서는 일약 局長, 督辦으로 발탁되는 현상이 적지 않았다. 심지어 정리 해고된 직공이 다시 중용되기도 하였다. 1930년대에 이르기까지 매년 교통대학의 졸업생이 이미 1,000여 명에 달하였으며, 더욱이 구미로부터 철로공정 및 관리를 전문적으로 학습하고 귀국한 자도 점차 증가하였지만, 이들 가운데 철로업계에서 주요한 직위를 차지한 경우는 여전히 소수에 속하였다.

국장 이하 인원의 승진, 이동 제도는 비록 郵, 電의 2政에 비해

---

2) 1917년 葉恭綽이 우정총국의 장이 되어 중국인과 외국인을 불문하고 華洋이 동등하게 승진하도록 자격을 규정하였다.

뒤쳐졌지만 일반 행정기구와 비교하여 건전하였으며, 특히 공정, 기술인원의 경우 더욱 그러하였다. 예를 들면, 청 말 첨천우가 경장철로를 부설할 당시에 공정연습생(6급으로 구분)과 공정졸업생(6급으로 구분) 제도를 제정하였다. 공과교육을 받지 않고 철로업계로 진입한 청년의 경우 공정연습생으로 파견하여 한편으로는 실습하면서 다른 한편으로는 기본공정교육을 실시하도록 하였다. 6학년으로 졸업하도록 하고 이후 다시 품행과 경력을 참작하여 幇工程司, 副工程司의 직위를 주어 우대하였다. 따라서 조기 국내대학에서 공과졸업생이 배출되기 이전에 철로 부설과 관련된 인재는 대부분 이로부터 배출되었다.

선통 원년(1909) 경장철로가 개통되고 경수철로 노선의 공정이 진전된 이후 비로소 각급 員司의 급여등급을 정하였으며, 정, 부, 방공정사는 3급으로 분류하고, 공정졸업생 및 연습생은 각각 6급으로 분류하였다. 1913년에는 다시 '공정사승진장정'을 제정하였다. 장정 가운데 방공정사의 자격을 외국대학의 유학자나 고등학교 학당의 토목공정학과 졸업생으로 한정하고, 학위증명서나 졸업증명서를 첨부하도록 하였다. 만일 이러한 자격이 없을 경우 비록 학당 졸업생이라고 하더라도 철로공정 분야에서 적어도 6년 동안의 실습훈련을 받은 이후에 비로소 총공정사가 그 정도의 고하에 따라 심사하여 임용하도록 하였다.

방공정사에서 부공정사로, 혹은 부공정사에서 정공정사로 승진하는 자격과 관련해서는 적어도 3년의 경험을 필요로 하였다. 청 말 민국 초에 유사한 승진제도가 각 철로에서 속속 제정되었으며, 이후 인재의 증가 및 교육의 보급에 따라 승진의 기준도 점차 높아졌다. 중일전쟁 이전에 월한철로의 株韶段(구간)과 같은 경우에는 대학

졸업생이 철로업계에 부임한 이후 공무원으로 일한 시기부터 1년 후의 성적이 양호한 자는 工程助理員으로 승진시켰다. 국외에서 유학하거나 혹은 실습한 이후 귀국한 경우 바로 공정조리원으로 근무하도록 규정하였으며, 이로부터 1년 후에 비로소 방공정사로 승진할 수 있는 기회를 부여하였다.

전형적인 승진모델은 대학을 졸업한 이후에 철로업계에 투신하여 工務員이 된 1년 이후 공정조리원으로 승진하였으며, 6년 후에 방공정사로 승진하였다. 이로부터 다시 2년 반 이후에 부공정사로 승진하였으며, 11년 이후에 정공정사로 승진하였다. 승진 과정 중에 공정조리원이 방공정사로 승진하거나, 부공정사가 정공정사로 승진하는 단계는 직위에 비해 인원이 매우 많았기 때문에 비교적 어려운 편이었다. 그러나 대학졸업생이 철로업계에 투신한 이후 순서에 따라 승진을 할 경우 50세 정도가 되면 정공정사로 승진할 수 있었으며, 또한 교통대학과 비교통대학 졸업생 사이에 승진의 속도에서 큰 차이가 없었다. 학력 이외에도 철로업계에서 근무 경험의 장단 및 다과 역시 상당히 중요한 요소로 고려되었다.

부총공정사의 굴기과정을 살펴보면 좋은 사례가 된다. 容祺勳은 일찍이 첨천우를 따라 학습하였으며, 경장철로 공정졸업생을 역임하고, 장가구에서 綏遠에 이르는 第二段(구간)의 공정사, 한월천철로 기무총관, 부총공정사, 대리총공정사, 총공정사, 교통부철로기술위원회 위원, 광동월한철로 공무처장, 광삼철로 총무과 과장, 광주시 공무국취체과 과장 겸 技正, 공무국건축과 과장 겸 기정 등의 직위를 역임하였다. 비록 대학에서 수학한 적은 없었지만 현장경험이 풍부하여 1932년 주소단 공정국 부총공정사 겸 공무과장으로 발탁되었는데, 이 때 그의 나이가 60세였다.

철로업계에서 일반직공의 승진에도 일정한 모델이 있었다. 예를 들면 사무인원은 售票(열차표 판매), 剪票(개찰) 등의 업무로부터 점차 車隊長, 副站長, 站長(역장) 등의 직위로 승진하였다. 노동자는 임시공으로부터 長工(장기고용 노동자)으로 승진하며, 日薪工(일급노동자)으로부터 月薪長工(월급노동자)으로 승진하였으며, 車站站夫로부터 轍夫, 鉤夫로 승진할 수 있었다. 기창노동자 가운데 學徒, 小工(막노동꾼)은 工匠으로 승진할 수 있었으며, 擦車夫(차량 세차 인부)는 生火夫(불을 피우는 인부)로 승진할 수 있었으며, 생화부는 擦車頭目이나 司機(기관사)로 승진할 수 있었으며, 擦車頭目 역시 司機로 승진할 수 있었으며, 司機는 工務員으로 승진할 수 있었다.

철로직공의 승진 기준을 살펴보면, 일반적으로 철로업계에서 전문인재의 승진은 비교적 객관적이며, 학식, 경력, 고과평정 등의 항목을 표준으로 하여 선발하게 된다. 중일전쟁 이전에 철로업계의 인사는 공정인원의 승진제도에 대해, "그 당시 매년 두 차례에 걸쳐 고과평정을 실시하였는데, 어떤 이는 조리원으로부터 공정사로 승진하였다. 그것은 전체 철로에서 영광이었다. 부공정사와 정공정사는 더욱 많은 경력을 필요로 하였다. 각 철로에 걸쳐 정공정사는 단지 4-5명에 지나지 않았다."

일반직공의 승진제도의 경우 이하 몇 가지 특징이 있었다.

첫째, 직원과 노동자 사이에 경계가 있었다. 노동자 중에 기무처의 升火, 開車工人이 단계적으로 員司로 승진할 수 있는 경우를 제외한다면 그 나머지는 모두 불가능하였다.

둘째, 기술적 업무는 경험과 학력을 중시하였다. 예를 들면 경한철로의 廠首 직위는 반드시 司機, 升火工人(증기기관에 석탄을 공급하여 화력을 유지하는 노동자)으로부터 발탁하도록 하는 규정이 있었다. 따라서 많은 員司, 甘葉員의 경우는 廠首 직위에 오를 수 없었다. 開車工人, 升火工人의 경우 시기에 따라 창수가 될 수 있는 기회가 주어졌다. 그러나 교육의 보급에 따라 점차 정식의 학교교육을 중시하는 경향이 출현하였다. 예를 들면, 각 철로기관사 및 機匠은 工役으로부터 승진하였다. 국민정부 시기에 이르러 점차 철로국에서 초중졸업생을 모집한 이후 다시 훈련을 시키는 것이 일반적 추세가 되었다.

세 번째로, 승진권한은 기층에 장악되어 있었다. 예를 들면 각 구간(段)에서 결원이 발생할 경우 本段員工을 승진시켰다. 따라서 결원이 없는 각 구간 직공의 경우 승진의 기회가 드물었다. 다른 한편, 사적관계를 통한 추천의 기풍도 성행하였다. 북양정부 시기부터 국민정부 시기에 이르기까지 철로노동자들은 항상 이 문제로 파업을 단행하거나, 노동자의 승진 시에 경력연수에 의거하여 단계적으로 승진할 수 있도록 요구하였다. 연차승진제가 비록 합리적이지는 않더라도 외래의 정치환경의 영향을 벗어날 수 있었기 때문에 권한을 가진 자가 개인적인 선호에 의해 승진을 결정할 수는 없었다. 따라서 직공이 쉽게 받아들일 수 있는 것이다. 국민정부가 수립된 이후 각 철로의 중하급 직공의 승진에서 비로소 채용고시가 시행되었다.

이상에서 서술한 바와 같이 중국근대 철로직공의 대우 및 복리는 다분히 일반 공무원에 비해 양호한 편이었으며, 승진의 기회도 적지 않았다. 따라서 많은 우수인재가 철로사업에 투신하기를 희망하였다. 또한 철로에 들어오면 평생직장으로 간주하여 철로를 가정으로 간주하였고, 생활의 안정성과 업무정서도 높았다. 민국시기 이후 직공의 급여는 다소 낮아졌지만, 그럼에도 업무의 안정성으로 말미암아 인사 역시 안정되었다.

8 구휼과 복지

1) 의료 및 구휼

주지하듯이 철로노동자의 경우 업무를 수행하는 과정에서 위험한 상황에 직면할 가능성이 상당히 큰 편이었다. 심지어 때로는 생명을 잃거나 부상을 당할 수도 있었다. 따라서 위험에 대비하여 상응한 구휼정책이 마련되지 않으면 안되었다. 예를 들면, 평한철로 노동자의 경우 일찍부터 노임 및 대우 이외에도 노동자의 질병 치료, 부상 및 사망에 대한 구휼제도가 마련되어 있었다.

1930년 12월 29일 철도부는 제2차 '수정국유철로원공구휼통칙'를 공포하고, 여기에서 구체적인 구휼방안을 제시하였다. 예를 들면 철로직공이 직무를 집행하던 도중에 사망하였거나 부상한 경우 혹은 직업으로 질병을 얻은 경우 각각 상응한 구휼정책을 강구하도록 하였다. 공공업무로 사망한 경우 50원을 장례비로 지급하는 이외에 근무기간의 장단에 따라 1년에서 2년 상당의 평균 임금을 구휼비로 지급하였다. 공적인 업무로 말미암아 부상을 당해 일정 기간 동안 업무에 종사할 수 없는 노동자에게는 철로국이 의약비를 부담하였다. 평한철로 연선 소재의 의원과 진료소는 승객에게 필요한 의료서비스뿐 아니라, 철로노동자를 위해 치료 및 요양장소를 제공하는 것이 주요한 업무의 일환이었다.

2) 공휴일과 휴식

경한철로 노동자의 하루 평균 노동시간은 10시간이었으며, 근로 중에는 외출할 수 없도록 하였다. 그러나 일반적으로 휴일과 매주 일요일에는 휴식을 취하였다. 또한 원단, 설날, 추석 및 국정기념일의 경우에도 하루를 쉬었으며, 이 경우 급여를 차감하지 않고 그대로 지급하였다. 1932년에 제정된 '平漢鐵路工人診病簽假考核辦法'에 따르면 노동자가 병원에 가서 병을 진찰하는 시간은 최대 2시간을 초과할 수 없도록 하였으며, 이를 초과할 경우 규정에 따라 하루급여를 차감하였다. 휴일에는 노동자의 급여를 차감하지 않고 그대로 지급하였다.

3) 열차표의 지급

철로노동자가 열차를 탑승할 경우 우대하는 제도를 마련하였다. 단 員司(직원과 기관사)의 직급별, 그리고 노동와의 사이에 대우의 차별이 존재하였다. 員司 및 그 가족의 경우에는 매년 전 노선에 걸쳐 무료 왕복승차권의 발급을 청구할 수 있도록 혜택을 부여하였다. 근로기한이 2년을 초과한 원사의 경우 聯運(연계운수) 시에 가격 할인의 우대권을 지급하였는데, 매년 한 차례 왕복할 수 있는 승차권을 신청할 수 있었다.

4) 철로직공의 노동 보호

철로직공이 직무를 집행하던 중 사망하거나 부상을 당한 경우 이를 3등급으로 구분하였다. 사망에 이른 경우가 1등, 불구가 되어 업무를 수행할 수 없는 경우가 2등, 부상 및 질병 등으로 말미암아 일시적으로 업무 수행이 불가능할 경우를 3등으로 구분하였다. 천재지변 등으로 인력으로 어쩔 수 없어 사망에 이른 경우에는 복무연수에 따라 12개월에서 24개월의 평균 급여에 상당하는 금액을 유족들에게 구휼비로 지급하도록 하였다.

직무를 집행하다 사망한 자에게는 앞서 말한 구휼비 이외에 철로국에서 장례비용조로 50원을 추가 지급하였다. 직무를 집행하다 장애를 입어 업무를 수행할 수 없게 된 자에게는 '직공복무조례' 제19조에 의거하여 3개월에 해당하는 급여를 급양비로 지급하고, 아울러 급여의 절반을 죽을 때까지 평생 지급하도록 하였다. 직무를 집행하다 부상, 병 등을 얻어 일시적으로 업무를 수행할 수 없는 경우 역시 원공복무조례 19조에 따라 철로국에서 의약비를 부담하는 이외에도 치료기간 중에 종전대로 급여 전체를 지급하고, 만일 3개월이 경과해도 차도가 없을 경우 보조금은 평균 급여의 절반으로 감하여 지급하도록 하였다. 단 이 경우 1년을 기한으로 한정하였다. 재직기간이 이미 3년을 채웠거나 혹은 3년 이상에 해당되는 자가 병사할 경우 철로국은 복무연수에 근거하여 1개월에서 12개월의 평균 급여를 구휼비로 지급하도록 하였다.

5) 진포철로의 사례

진포철로관리국은 철도부가 1930년 12월 29일 공포한 제2차 '修訂國有鐵路員工撫卹通則'에 의거하여 당해 철로 '임시고공잠행무휼부칙' 총 8조를 제정하였다. 철도부의 심사를 거쳐 1931년 5월 16일 공포 시행하였으며, 주요한 내용은 다음과 같다.

① (갑)천재지변으로 인력으로 어찌할 수 없는 경우 구휼통칙 제2조 제1항에 따라 사고자는 180원 이내에서 한 차례 구휼비를 받을 수 있다. (을)전체 철로의 이익을 보전하기 위해 위험을 분명히 인지하고서도 구호에 나선 자는 2배로 구휼비를 받을

수 있다. (병)과실로 인한 경우 사건의 경과 및 철로국이 입은 손실의 정도에 따라 80원 이내에서 한 차례 구휼을 받을 수 있다.

② 직무를 수행하기 위해 앞의 갑항의 이유로 구휼통칙 제2조 제2등의 사고에 이른 자는 50원 이내의 한 차례 급양비 이외에 날짜에 따라 급여의 절반을 지급하며, 이 경우 6개월을 한도로 한다. 6개월 이내에 사망한 경우 전 조항에 의거하여 구휼을 받을 수 있다.

③ 직무를 집행하는 도중 사망에 이른 자는 규휼 이외에 별도로 상장비로 30원을 지급한다.

④ 공무로 부상을 입은 자는 어느 항에 속하는지 불문하고 의사가 일시적으로 업무를 수행할 수 없다고 인정할 경우 철로국에서 의료비를 부담하는 이외에, 치료 기간에 매일 반일 노임을 보조금, 수당(津貼)으로 지급하고 최대 2개월을 한도로 한다.

9 노동 관련 법률과 규정

1) 국유철로직공통칙초안
　　(1925년 북경교통부 발표)

제1장 총칙

제1조　국유철로는 직공사무에 관하여 법령에 따라 별도의 규정을 제정하는 이외에 본 통칙에 의해 시행한다. 민유철로의 직공 사항은 본 규정을 준용한다.

제2조　본 통칙이 말하는 직공은 철로 장기고용 노동자로 한정하고

단기고공, 청부노동자(包工), 하급노동자(及差役), 사환(侍役) 등의 비정규직은 여기에 포함되지 않는다.

제2장 고용

제3조 직공은 시험을 거치지 않고 합격되어 고용될 수 없다.

제4조 연령이 14세에 미치지 못한 자는 고용할 수 없으며, 아울러 견습공(工徒)으로도 채용할 수 없다.

제5조 직공은 14세-18세를 소년공이라 하고, 18세 이상을 성년공이라 한다.

제6조 직공의 강등과 승진, 상벌은 인사고과(考績)에 따라 정한다.

제7조 과실을 이유로 직공을 해고할 경우 일주일 전에 통지해야 한다.

제3장 업무 및 휴식

제8조 소년공(童工)은 간단한 업무에만 종사할 수 있다.

제9조 위험이 발생하기 쉬운 업무에는 소년공을 배치할 수 없다.

제10조 직공이 질병에 걸렸거나 부상을 당했을 경우 상황을 참작하여 업무를 감소해 주거나 정지한다.

제11조 직공의 업무시간은 매일 평균 10시간을 초과할 수 없다. 계절이 바뀌는 시기나 혹은 작업상의 관계에 따라 증감할 수 있다.

제12조 직공에게는 매월 적어도 2일간의 휴식시간을 부여해야 한다. 중단할 수 없는 업무는 마땅히 교대로 휴식하는 날을 지정해야 한다.

제13조 국경일, 특별기념일 및 설날, 중추절 등에는 직공으로 하여금 하루 동안 휴식하도록 해야 한다.

제14조 특수한 사고 혹은 업무관계가 있을 경우 앞에서 열거한 휴식 기간을 감축하거나 정지할 수 있다.

제4장 임금

제15조 직공 노임은 통용화폐로 지급해야 한다.

제16조 노임은 매월 특정시간에 한 차례 지급한다.

제17조 휴일에도 노임을 차감하지 않는다.

제18조 휴일에 업무에 종사하는 자에게는 하루 노임을 더 지급해야 한다. 업무시간을 연장하는 경우 연장시간에 해당되는 노임을 지급해야 한다. 그러나 교대로 근무하는 자는 이에 해당되지 않는다.

제19조 저축이나 보험 및 기타 일체의 수익은 노임의 지급을 우선적으로 고려한 이후 지출을 산정해야 한다.

제5장

제20조 직공은 법정조건이 구비되었을 시에 양로금을 수령할 수 있으며, 별도로 규정을 정한다.

제21조 직공은 철로영업 가운데 남은 이윤(餘利)이 있어 장정의 규정에 부합하는 경우 상여금을 수령할 수 있다.

제22조 직공이 특수한 기술을 보유하고 있거나 특정 분야에서 근무할 경우 근로자에게 상이나 훈장 등을 수여할 수 있다.

제23조 직공의 기술이 뛰어나거나 업무에 충실하였으며, 과실이 없음에도 해고할 경우 이들의 생활비를 일정 부분 지급해야 한다.

제24조 직공에게는 상당한 정도의 교육을 받을 수 있는 기회를 제공

해야 한다.

제25조 철로는 직공의 편의를 위해 마련한 공공장소에 대해 위생, 안전 및 오락 등의 조치 및 시설을 구비해야 한다.

제26조 직공이 업무를 수행하던 중 부상을 당하거나 이로 인해 장애를 입었거나 심지어 사망에 이를 경우 이에 상응하는 의료서비스(치료)를 제공해야 하며, 아울러 구휼금을 지급해야 한다.

제27조 직공이 철로에서 복무하던 중 스스로의 이익이 침해되었다고 여겨질 경우 이를 철로국에 진정할 수 있다. 이에 대해 철로국의 조치와 처리가 부당하다고 여겨질 경우 상급기관인 교통부에 진정할 수 있다.

제6장

제28조 직공은 철로의 모든 법령을 준수해야 하며, 정성을 다해 철로를 위해 복무해야 한다.

제29조 직공은 철로의 모든 설비를 양호하게 유지 및 보존해야 하며, 고의나 과실로 이를 훼손한 자는 응분의 배상 책임을 진다.

제30조 직공이 고의나 과실로 다른 사람의 생명을 해치거나 재산 혹은 철로재산을 손상시킨 자는 형사상, 민사상의 책임 이외에 철로국은 그 사정을 참작하여 처분을 시행한다.

제7장

제31조 직공의 각 항 규정은 별도로 정한다.

제32조 본 통칙은 공포일부터 시행한다.

2) 국영철로공인고용통칙
(1931년 12월 3일 철도부 공포)

제1조 국영철로 고용노동자는 철로원공복무조례에서 고용과 관련된 규정을 준수해야 하며, 이 밖에 본 통칙을 적용해야 한다. 공영철로 혹은 민영철로도 모두 이에 준한다.

제2조 실질적인 필요로 말미암아 반드시 보충하거나 노동자의 수를 증가시켜야 할 경우 마땅히 관련 책임자가 먼저 노임 등을 명확하게 작성하여 해당 부서 관리처장의 심의, 비준을 거쳐 철로국에 비준안을 보내야 한다.

제3조 노동자의 선발 시에 체격과 업무에 필요한 지식, 기능 등을 측정하기 위해 적절한 심사 및 평가를 실시해야 한다.

제4조 체격 검사 및 시험사항은 마땅히 각 해당 부처 주관인원이 의사와 함께 각각의 관련 규정을 마련하여 실시해야 한다.

제5조 노동자의 지식, 기능시험은 필기시험이나 구술시험, 실제업무 등의 여러 형식으로 실시할 수 있다.

제6조 노동자의 모집은 마땅히 체격의 검사 및 시험사항을 미리 고지하거나 알려주어야 한다.

제7조 신체가 건강하고 성품이 올바르며 상당한 정도의 관련분야 지식을 갖춘 자로서 노동자로 지원하고자 하는 사람은 2寸 규격의 반신상 사진을 첨부하여 지원서류를 작성하고, 이에 대한 심사를 거치게 된다. 이와 함께 확실한 신원을 보증할 수 있는 보증인을 세워야 한다.

제8조 고용노동자는 본 통칙에 의거 부표를 3부 작성하여 철로국과 철도부에 보존한다.

제9조 이전에 다른 철로에서 근무한 경험이 있는 경우 증명서를 제출하여 검사를 면제하거나 시험의 전부 혹은 일부를 면제할 수 있다.

제10조 다음의 사항 가운데 하나에 해당될 경우 비록 시험에 합격했다 하더라도 고용할 수 없다.
(1)제척사유로 말미암아 과거에 채용되지 못한 경력이 있는 경우, (2)전과(범죄) 경력이 있는 자, (3) 아편 등을 흡연한 경험이 있는 자

제11조 고용노동자는 기능의 고하를 참작하여 3개월 동안 임시로 고용한 이후 급여를 산정하며, 고용이 만 6개월이 지난 이후에 성적이 우수할 경우 비교적 높은 임금을 지급할 수 있다. 단 2급을 초과하여 산정할 수 없다.

제12조 고급노동자가 부족할 경우에는 당연히 하급노동자 가운데 기능의 정도가 고급노동자에 적합한 자를 우선적으로 승진시켜 절차에 따라 보충한다. 기능이 서로 대등할 경우 근무연한이 오래되거나 혹은 노임이 가장 높은 수준에 도달한 자를 우선 선발하여 승진시킨다.

제13조 노동자의 고용 혹은 해고는 주관인원에 의해 매월 공인진퇴월표를 작성하여 주관부처에 보내고 다시 각 처가 편사한 이후 이를 철도부에 보고한다.

제14조 본 총칙이 공포되기 이전에 고용된 노동자의 경우 관련서류를 작성하여 주관부처에서 유관 명부를 만들어 철로국이 철도부에 보고한다.

제15조 단기 임시노동자의 경우 본 통칙을 적용하지 않는다.

제16조 본 통칙의 시행세칙은 별도로 정한다.

제17조 본 통칙은 공포일로부터 시행한다.

3) 平漢鐵路職工計薪章程

제1조　본 철로 소속 직공의 임금은 시작과 마감 날짜, 그리고 기능 및 업무상황에 따라 주관부처가 각각 표로 만들어 정한다.

제2조　각 처는 직공의 최고, 최저 급여를 표에 따라 집행한다.

제3조　각 처 소속 직공의 경우, 총무처 소속의 막노동꾼이나 식당노동자, 잡부 등 월급이 9원인 경우를 제외하고는 일률적으로 일급 4각, 월급 12원을 최저액으로 한다.

제4조　工匠夫役의 경우 매번 별도로 다음과 같이 장려금(加薪)을 지급할 수 있다.
(1)일급 3角에서 6각 혹은 월급 9원에서 18원에 해당되는 경우 每回 일급 5分 혹은 월급 1원 5角을 장려금으로 지급할 수 있다. (2)일급 6각에서 1원 혹은 월급 18원에서 30원의 경우 일급 8분 혹은 월급 2원 4각을 장려금으로 지급할 수 있다. (3)일급 1원에서 1원 6각 혹은 월급 30원에서 45원의 경우 일급 1각 혹은 월급 3원을 장려금으로 지급할 수 있다. (4)일급 1원 5각 이상 혹은 월급 45원 이상의 경우 매회 일급 1각 2분 혹은 월급 3원 6각을 장려금으로 지급할 수 있다.

제5조　匠首와 副匠首의 경우 별도로 상세한 표를 만들어 아래와 같이 장려금을 지급할 수 있다.
(1)일급 1원 1각 이내 혹은 월급 33원 이내인 자는 每回 일급 1각 혹은 월급 3원을 장려금으로 지급할 수 있다. (2)일급은 1원 1각에서 2원 혹은 월급 33원에서 60원의 경우 일급 1각 5분 혹은 월급 4원 5각을 장려금으로 지급할 수 있다. (3)일

급이 2원 이상 혹은 월급이 60원 이상인 자는 일급 2각 혹은 월급 6원을 장려금으로 지급할 수 있다.

제6조 기관사로서 월급이 40원 이내인 자는 매회 3원을 장려금으로 지급할 수 있다. 이미 40원에 도달한 자는 5원을 장려금으로 지급할 수 있고, 升火(기관사 보조)는 일률적으로 매회 3원의 장려금을 지급할 수 있다.

제7조 직공이 나이가 많아 체력문제로 한직으로 이동할 시에 원래 급여는 지급하되 이동한 이후에는 상여금을 지급하지 않는다. 그러나 체력을 회복하여 원직무에 복귀하거나 비교적 업무가 많은 직무에 충원될 경우에는 다시 장려금을 지급할 수 있다.

제8조 모든 각 처 각 항의 직공의 급여는 표에 근거하여 끝까지 장려금을 지급한다.

제9조 직공은 매번 장려금의 경우 제6조 규정 외에 제4조의 장려금 급여표에 근거한다.

제10조 직공 장려금의 연한은 경력과 직종에 따라 정한다.

제11조 직공의 장려금 연한은 병가 등의 날짜를 제한 이후에 계산하여 지급한다.

제12조 직공이 병가 등을 신청하였을 경우 그 날짜가 喪事를 제외하고 12일 이상이 될 경우, 초과일수가 1일에서 10일에 해당될 경우 장려금 지급을 1개월 연기하며, 11일-20일에 이를 경우 3개월 연기하며, 21-30일에 이를 경우 6개월이 경과한 이후에 비로소 지급한다.

제13조 직공이 병가를 신청할 경우 '직공병가잠행규칙'에 따라 28일 이상에 해당될 경우, 그 기간이 경과한 이후 10일 이내에 장려금의 지급 1개월 연기를, 20일 이내일 경우 2개월 연기를

신고해야 한다.

제14조 직공 가운데 자리를 이동하였거나 승진, 혹은 강등 등의 경우에는 다음과 같은 방법으로 처리한다.

(1)동등한 직위로 이동한 직공의 경우 반드시 규정 연한을 채워야 비로소 장려금을 지급할 수 있다.

(2)높은 직급으로 승진한 직공의 경우 이전에 장려금을 지급받은 이후 1년이 지나야 비로소 장려금을 지급받을 수 있다.

(3)과실로 인하여 감봉 처분을 받은 직공의 경우 감봉 처분을 받은 이후 최소한 반 년이 지나야 비로소 원래의 직무, 원래의 급여 혹은 장려금을 지급받을 수 있다.

제15조 직공의 이동 배치는 동등한 직무에 한정한다.

제16조 매번 장려금은 임금 인상이나 승진장려금을 불문하고 마지막 장려금 지급일에 지급한다.

제17조 직공 가운데 철로의 장정을 위배하거나 과실을 저지른 자는 그 정도를 참작하여 상여금 지급을 연기할 수 있다.

제18조 學徒나 견습공 등의 경우 상여금 지급 방법을 별도로 정한다.

제19조 본 장정의 미진한 부분은 수시로 수정할 수 있다.

제20조 본 장정은 공포일로부터 즉시 시행한다.

4) 철도부 직할 국유철로원공저축통칙
(1931년 12월 28일 철도부 공포)

제1조 철로국은 직공의 원활한 업무 수행과 직공생활의 안정을 위해 저축을 실시하며, 이를 본 통칙에 따라 규정한다.

제2조 저축금은 전체 철로직원 및 工匠, 의무인원 가운데 급여 금

액(주거비 보조금은 일률적으로 제외)이 월 20원 이상에 달하는 자는 다음의 비율에 따라 매월 공제하여 적립한다.

급여 20원 이상인 자 저축금으로 2퍼센트 공제

급여 100원 이상인 자 저축금으로 3퍼센트 공제

급여 200원 이상인 자 저축금으로 4퍼센트 공제

급여 300원 이상인 자 저축금으로 5퍼센트 공제

제3조 철로국은 각 원공(직공)의 매월 급여 액수에 따라 다음의 비율로 금액을 공제하여 해당 원공의 보조금으로 예비한다.

급여 20원 이상인 자   5퍼센트 공제

급여 50원 이상인 자   4퍼센트 공제

급여 100원 이상인 자   3퍼센트 공제

급여 200원 이상인 자   2퍼센트 공제

제4조 원공 급여에 증감이 있거나 혹은 벌금으로 공제되었을 경우 증감되거나 차감된 실제 액수에 따라 공제한다.

제5조 원공이 사유가 있어 잠시 급여가 정지될 경우 마찬가지로 일정 기간 동안 저축금의 공제를 중지하고 마찬가지로 보조금의 불입도 중지된다.

제6조 공제금액 및 보조금의 보관 및 예치, 이자 발생 등과 관련된 사항은 철로국이 저축관리위원회를 설립하여 처리한다. 저축관리위원회의 장정은 별도로 정한다.

제7조 원공이 철로국과 관계를 청산할 경우 공제하여 예비한 금액의 원금과 이자를 일괄적으로 돌려준다. 원공이 불입한 금액은 만 10년이 될 때마다 원금 이자의 2분의 1을 반환할 수 있다.

제8조 앞 조항에서 규정한 경우 이외에는 복무기한 내에 저축금을

인출할 수 없으며, 이를 저당이나 담보로 제공할 수도 없다.

제9조 원공은 다음과 같은 경우 불입한 금액을 모두 지급받을 수 있다.
(1)법이 정한 연령에 도달하여 퇴직한 자, (2)스스로 사직한 자, (3)사고로 이직한 자, (4)재직 중 사망한 자

제10조 중대 과실범죄로 정직 혹은 파면당한 자는 저축금만 반환할 뿐 보조금은 지급하지 않는다.

제11조 보조금은 다음과 같은 규정에 의해 각각 발급한다.
(1)복무 1년 이상 2년 미만자 보조금 발급 원금 이자 합계 10퍼센트, (2)복무 2년 이상 4년 미만자 보조금 발급 원금이자 합계 30퍼센트, (3)복무 4년 이상 6년 미만인 자 보조금 발급 원금이자 합계 50퍼센트, (4)복무 6년 이상 8년 미만인 자 보조금 발급 원금이자 합계 70퍼센트, (5)복무 8년 이상 10년 미만인 자 보조금 발급 원금이자 합계 90퍼센트, (6)복무 10년 이상인 자 보조금 발급 원금이자 전액

제12조 통칙 제2조의 규정에 근거하여 보조금을 지급받았을 경우 5년 이후 해당 이자를 철로국에 반환해야 한다.

제13조 원공이 재직시 사망하는 경우 생전에 이를 승계 받는 자를 서면으로 지정한 경우를 제외하고는 저축금의 원금 이자 및 받아야 할 보조금 원금 이자는 모두 그 유족에게 지급한다. 유족의 범위와 순서는 국유철로원공구휼통칙의 제12조의 규정에 따른다.

제14조 본 통칙 제11조에서 말하는 복무경력계산방법은 철도부가 반포한 원공경력계산방법에 따라 처리하며, 이 경우 철도부 및 철로국에서 근무한 연한도 합산하여 계산할 수 있다.

제15조 원공의 복무 시 그 저축금과 보조금은 다음과 같은 규정으로 나누어 처리한다.

(1) 이미 저축을 시행하고 있는 철로 간 상호 이동한 경우는 그 저축금 원금 이자 및 보조금도 함께 이전하여 그 경력에 따라 계산한다.

(2) 이미 저축을 시행하고 있는 철로에서 아직 저축을 실행하고 있지 않은 철로로 이동한 경우 그 저축금 원금 이자 및 보조금 원금 이자는 일괄 지급한다.

(3) 아직 저축을 실시하고 있지 않은 철로에서 이미 저축을 실시하고 있는 철로로 이동한 경우 이동하여 도착한 날부터 계산하여 본 통칙에 의거하여 저축금과 보조금을 공제하고 이전의 경력은 합산하여 계산할 수 없다.

제16조 각 철로가 고용하고 있는 외국 국적 인원에게는 본 통칙을 적용하지 않는다.

제17조 본 통칙은 공포한 날부터 시행한다.

5) 국유철로원공구휼통칙

(1930년 5월 21일 철도부 공포, 같은 해 12월 29일 수정 공포 행정원에 상신하여 비준함)

제1조 철로 복무의 직원, 임시직원(雇員) 및 장기고용의 직공, 인부 등 모든자로서 직무를 집행하던 중 사상하거나 혹은 질병에 걸린 경우 본 통칙에 모두 적용된다.

제2조 직무를 집행하다 사상한 자는 다음의 3등으로 구분한다.
제1등 - 사망자, 제2등 - 불구로 업무를 수행할 수 없는 자, 제3등 - 부상, 질병 등으로 일시 업무를 수행할 수 없는 자

제3조 천재지변 등 인력으로 어쩔 수 없어 전 조항 제1등의 사고를 당한 자는 근무연한에 따라 한 차례 다음과 같이 구휼비를 지급한다.

복무 2년 미만자　　　　　　　12개월 평균 급여
복무 2년 이상 3년 미만자　　 12.5개월 평균 급여
복무 3년 이상 4년 미만자　　 13개월 평균 급여
복무 4년 이상 5년 미만자　　 13.5개월 평균 급여
복무 5년 이상 6년 미만자　　 14개월 평균 급여
복무 6년 이상 7년 미만자　　 14.5개월 평균 급여
복무 7년 이상 8년 미만자　　 15개월 평균 급여
복무 8년 이상 9년 미만자　　 15.5개월 평균 급여
복무 9년 이상 10년 미만자　　16개월 평균 급여
복무 10년 이상 11년 미만자　 16.5개월 평균 급여
복무 11년 이상 12년 미만자　 17개월 평균 급여
복무 12년 이상 13년 미만자　 17.5개월 평균 급여
복무 13년 이상 14년 미만자　 18개월 평균 급여
복무 14년 이상 15년 미만자　 18.5개월 평균 급여
복무 15년 이상 16년 미만자　 19개월 평균 급여
복무 16년 이상 17년 미만자　 19.5개월 평균 급여
복무 17년 이상 18년 미만자　 20개월 평균 급여
복무 18년 이상 19년 미만자　 20.5개월 평균 급여
복무 19년 이상 20년 미만자　 21개월 평균 급여
복무 20년 이상 21년 미만자　 21.5개월 평균 급여
복무 21년 이상 22년 미만자　 22개월 평균 급여
복무 22년 이상 23년 미만자　 22.5개월 평균 급여
복무 23년 이상 24년 미만자　 23개월 평균 급여
복무 24년 이상 25년 미만자　 23.5개월 평균 급여

복무 25년 이상자   24개월 평균 급여

평균 급여는 최후 재직 시의 1년으로 계산한다.

본 철로의 이익을 수호하기 위해 명백히 위험을 알면서도 구호업무를 위해 뛰어 들었다가 전조 제1등의 사고를 당한 자는 전항에 열거한 규정에 따라 구휼비를 그 유족에게 지급하는 이외에 철로국에서 철도부에 상신하여 별도의 구휼비를 지급한다.

과실로 전항 제1등의 사고를 당한 자는 사건 발생의 정황과 철로국이 입은 손실을 심사하여 구휼비를 지급한다. 가장 많아도 본조 제1항에서 열거한 반수를 넘을 수 없다.

제4조   직무를 집행하던 중 사망한 자는 앞에 서술한 구휼비 지급 이외에 철로국에서 별도로 장례비 50원을 추가로 지급한다. 전 조항 장례비는 유족이 구휼비를 수령할 때 함께 발급한다. 사망자의 유족이 없을 경우 주관 수령이 국장에게 청하여 구휼장례 등 각종 비용을 지정인원에게 지급하여 대신 장례를 치루도록 한다. 유족이 입관(棺殮)할 때까지 너무 멀어서 올 수 없는 경우 전 조항의 방법으로 대신 입관하고, 남은 금액을 유족이 도착하면 지급한다.

제5조   직무를 집행하던 중에 제2조 제2등의 사고를 당한 자의 구휼 방법은 철로원공복무조례 제19조 제2항의 규정에 따라 시행한다. 위험을 알고서도 구호에 나서서 제2조 제2등의 사고를 당한 자는 전 조항의 방법 이외에 철로국에서 철도부에 청원하여 별도의 구휼비를 지급한다. 과실로 인하여 제2조 제2항의 사고를 당한 자는 그 사정을 살펴 철로국이 입은 손실을 고려하여 그 급양금액을 경감한다.

제6조   직무를 집행하다 제2조 제3등의 사고를 당한 자는 원공복무

조례 제19조 제3항의 규정에 의거하여 처리한다. 만일 업무의 수행에 위험이 수반된다는 사실을 인지하고서도 공무를 수행하던 중 사고를 당한 경우에는 1년 급여 전액을 보조금(수당)으로 지급하고, 불가항력으로 발생한 경우 반년 급여 전액을 수당으로 지급하며, 과실로 발생한 자에게는 3개월 급여 전액을 수당으로 지급한다.

제7조 부상, 질병 등으로 장애를 갖게 되거나 사망한 자는 각 조례에 따라 처리한다. 단 위의 질병으로 장애를 갖게 되어 이미 3개월치 급여 전액을 수령한 자는 다시 3개월치 급양비를 발급받을 수 없다. 장애로 사망에 이른 자 혹은 장애로 구휼비를 받은지 5년이 못되어 사망한 자는 제3조에 따라 처리한다.

제8조 재직한지 이미 만 3년이 되었거나 혹은 3년 이상인 자가 과로로 병을 얻었을 경우 철로국은 그 복무연수에 의거하여 다음과 같은 규정에 의거하여 각각 한 차례에 걸쳐 구휼을 실시한다.
복무 기간이 이미 만 3년 이상이고 4년 미만인 자
　　1개월 평균 급여
복무 기간이 이미 만 4년 이상이고 5년 미만인 자
　　1.5개월 평균 급여
복무 기간이 이미 만 5년 이상이고 6년 미만인 자
　　2개월 평균 급여
복무 기간이 이미 만 6년 이상이고 7년 미만인 자
　　2.5개월 평균 급여
복무 기간이 이미 만 7년 이상이고 8년 미만인 자
　　3개월 평균 급여
복무 기간이 이미 만 8년 이상이고 9년 미만인 자

3.5개월 평균 급여

복무 기간이 이미 만 9년 이상이고 10년 미만인 자
   4개월 평균 급여

복무 기간이 이미 만 10년 이상이고 11년 미만인 자
   4.5개월 평균 급여

복무 기간이 이미 만 11년 이상이고 12년 미만인 자
   5개월 평균 급여

복무 기간이 이미 만 12년 이상이고 13년 미만인 자
   5.5개월 평균 급여

복무 기간이 이미 만 13년 이상이고 14년 미만인 자
   6개월 평균 급여

복무 기간이 이미 만 14년 이상이고 15년 미만인 자
   6.5개월 평균 급여

복무 기간이 이미 만 15년 이상이고 16년 미만인 자
   7개월 평균 급여

복무 기간이 이미 만 16년 이상이고 17년 미만인 자
7.5개월 평균 급여

복무 기간이 이미 만 17년 이상이고 18년 미만인 자
   8개월 평균 급여

복무 기간이 이미 만 18년 이상이고 19년 미만인 자
   8.5개월 평균 급여

복무 기간이 이미 만 19년 이상이고 20년 미만인 자
   9개월 평균 급여

복무 기간이 이미 만 20년 이상이고 21년 미만인
   9.5개월 평균 급여

복무 기간이 이미 만 21년 이상이고 22년 미만인 자
   10개월 평균 급여

복무 기간이 이미 만 22년 이상이고 23년 미만인 자
    10.5개월 평균 급여
복무 기간이 이미 만 23년 이상이고 24년 미만인 자
    11개월 평균 급여
복무 기간이 이미 만 24년 이상이고 25년 미만인 자
    11.5개월 평균 급여
복무 기간이 이미 만 25년 이상인 자
    12개월 평균 급여

평균급여는 당연히 최후 재직 시의 1년으로 계산한다.
3년 미만의 직공이 질병으로 사고를 당한 경우 특별한 성적이 있을 경우 철로국이 철도부에 상세한 사정을 보고하고 철도부가 이를 비준할 경우 특별 구휼금을 지급할 수 있다. 그렇지 않을 경우 구휼금을 지급할 수 없다.

제9조 질병으로 철로의원에서 치료받는 자는 철로국에서 3개월을 기한으로 부담한다. 급여의 지급 방법은 철로원공복무조례 제17조의 규정에 따른다.

제10조 철로의원에서 치료 중 기한이 다되어 만료 이후 6개월 내에 치료가 되지 못하여 병으로 사망한 경우는 제8조에 의거하여 구휼비를 지급한다. 단 반드시 치료기한이 만기된 날로부터 취득한 洋醫(양의가 없을 경우 中醫)의 진단서 1부를 구비하여 원 주관인원이 철로국에 보낸다. 전항 6개월 기간의 규정은 복무 10년 이상인 자는 1년을 연장할 수 있고, 20년 이상인 자는 2년 연장할 수 있다.

제11조 복무 연수 및 구휼비의 계산법에 대하여
(갑) 복무연수의 계산법
(1) 계속해서 한 철로국에서 복무한 자는 그 연수에 따라 계

산하여 해당 철로국이 구휼비를 지급한다. 일찍이 한 철로국에서 1년 이상 복무하다 과실이 아닌 이유로 이직하였다가 다시 해당 철로국에 임용된 경우는 규정에 따라 전자와 같은 방법으로 계산한다.

(2) 한 철로국에서 다른 철로국으로 이직하여 복무한 자는 해당 철로국의 복무연수를 합하여 계산하고, 구휼비는 구휼사고가 발생한 철로국이 발급한다. 일찍이 한 철로국에서 1년 이상 복무하다 과실이 아닌 이유로 이직하여 다시 다른 철로국에 임용된 경우 규정에 따라 전과 동일하게 계산한다.

(3) 철로국에서 철도부로 혹은 철도부(이전의 교통부)에서 철로국으로 이직하여 복무한 자는 철도부에서의 경력을 합하여(혹은 교통부), 그리고 철로국 혹은 철로국의 복무연수를 합하여 계산한다.

사고가 해당 철로국에서 근무하던 중 발생한 경우 구휼비는 해당 철로국이 지급한다. 철도부에서 근무하던 중 사고가 발생할 경우에 급여를 철로국에서 지급받고 있는 경우 철로국에서 구휼비용을 지급하며, 철도부에서 급여를 받고 있는 자의 경우는 통칙에 근거하여 철도부에서 구휼비용을 지급한다. 일찍이 철로국에서 1년 이상 복무하였으며 근무 중 과실이 없는 자로서 철도부로 이직하여 임용되었을 경우 규정에 따라 이전의 경력을 합산할 수 있다. 1년 이상 철로국에서 근무하던 중 과실이 아닌 이유로 실직하였다가 다시 철로국으로 복직한 경우 이전의 경력을 합산할 수 있다.

(을) 구휼비의 계산법

(1) 구휼사고 발생 시의 월급으로 기산한다.

(2) 정액급여 이외의 각종 수당은 합산하지 않는다.

(3) 일급으로 급여를 지급받는 자의 경우 30배로 월급을 계산

한다.

(4) 사고 발생 당시의 해당 월로부터 1년 이전까지의 실수령 총액을 월수로 나누어 평균 월급으로 계산한다.

제12조 직무를 집행하다 사망한 자, 혹은 직무 중 과로로 병사한 자의 구휼비 수령 유족은 다음과 같은 범위와 순서로 정한다. 남성의 경우, 처, 아들, 아들의 처, 딸 손자 손자의 처, 손녀, 부모, 조부모, 형제자매(처, 모, 조모, 아들의 처, 손자의 처는 모두 재혼하지 않은 경우로 한정한다. 딸, 손녀, 자매는 모두 시집가지 않은 경우로 한정한다.)

여성의 경우, 남편, 아들, 아들의 처, 딸, 손자, 손자의 처, 손녀 남편의 부모, 남편의 조부모, 자신의 부모, 자신의 조부모 (재혼 출가의 제한은 전과 동)는 순서에 따라 구휼비를 지급한다. 단 권리를 상실하지 않았는지, 사망하지 않았는지 등의 사항을 명확히 확인한 이후에 비로소 집행해야 한다.

제13조 유족이 구휼비를 받는 경우 만일 생전에 사망자의 유훈이 있다면 유훈에 따라 정한다.

제14조 구휼비의 신청은 6개월 이내에 주관인원에게 신청해야 한다. 이 때 의사의 진단서를 구비하여 장관에게 6개월 내에 이를 집행하지 않을 경우 기한을 지난 이유를 석명해야 한다.

제15조 본 통칙이 시행된 이후 모든 각 철로의 구휼에 관한 규장을 일률적으로 폐지한다.

제16조 공무로 장애를 갖게 된 사람에게 구휼비를 지급할 경우 구휼금증서를 심사한다.

전항 증서 및 제14조의 신청서는 별도로 부표로 정한다.

제17조 본 통칙은 공포일부터 시행한다.

6) 진포철로임시고공잠행구휼부칙

(1931년 5월 16일 철도부 심사 비준 공포)

제1조 본 부칙은 국유철로원공구휼통칙에 의거하여 '임시고용일공 장역' 등이 직무를 집행하다 사망에 이른 자에 대해 적용한다.

제2조 (갑)천재지변 등 인력으로 어쩔 수 없는 경우 구휼통칙 제2조 제1등의 사고자는 사정을 참작하여 180원 이내에서 한 차례 구휼비를 지급한다. (을)철로의 이익을 수호하기 위해 위험을 알면서도 희생을 무릅쓰고 구호작업에 참여한 자는 그 배로 한다. (병)과실로 인한 자는 그 사정을 참작하고 철로국이 입은 결과 등을 참작하여 80원 이내에서 한 차례 구휼비를 지급한다.

제3조 직무를 집행하다 전조의 갑항으로 구휼통칙 제2조 제2등의 사고를 당한 자는 50원 이내의 1차 급양비 이외에 하루의 급여 절반을 지급하며 기한은 6개월이 기한이다. 6개월 이내에 이로 말미암아 사망한 자는 전조의 구휼비 이외에 급양비 및 반일치의 급여를 지급하며, 기한은 그 두 배로 한다.

제4조 직무를 집행하다가 사망한 자는 전 조항의 구휼비 이외에 별도로 장례비용 30원을 지급한다.

제5조 공무로 인해 부상을 입은 자는 의사증명을 첨부하여 일시적으로 업무를 지속할 수 없을 경우 철로국에서 의약비를 부담하는 이외에도 치료기간 중에 매일의 절반의 급여를 위로금으로 지급하며, 최대 2개월을 기한으로 한다.

제6조 구휼의 신청 및 수령, 구휼비의 제한 및 각 비용의 계산은 본 통칙의 규정에 이외에는 모두 구휼통칙에 따라 처리한다.

제7조 본 부칙이 미진한 부분이 있을 경우 하시라도 수정할 수 있다.

제8조 본 부칙은 공포일로부터 시행한다.

7) 수정국유철로원공 소비합작사통칙

(1931년 1월 15일 철도부 공포 2월 3일 수정)

제1조 국유철로원공소비합작사는 기타 법령을 적용하는 이외에 본 통칙에 의거하여 처리한다.

제2조 소비합작사는 소비부담을 감경하여 경제생활을 개선하기 위한 목적에서 합작사를 주지로 사원들이 스스로 조직한다. 단 진행의 편의를 위해 철로국에서 인원을 파견하여 지도한다.

제3조 철로에서 복무하는 직원 및 직공, 의료인, 경찰 모두 소비합작사의 사원이 될 수 있다.

제4조 소비합작사 자본은 사원이 그 총액을 분임하며, 총액 및 모집방법은 社章에 상세히 규정한다. 그러나 매 股는 1元을 한도로 하며, 한 명당 주식응모는 자본총액의 10분의 1을 초과할 수 없다.

제5조 아무리 많은 주식을 보유했다 하더라도 사원은 단지 한 표의 선거권 및 표결권을 가질 뿐이다.

제6조 소비합작사는 매년 사원대회를 한 차례 개최해야 하며, 여기서 1년 전체의 총판매를 보고하고 주요 사항을 의결한다.

제7조 소비합작사는 동사(이사)와 감사 각각 약간 명을 사원대회를 개최하여 선거를 통해 선발하며, 업무의 진행을 처리, 감독한다. 봉급과 수당은 지급하지 않는다.

제8조 소비합작사는 경리 및 사무원을 초빙하여 사무를 처리한다.

제9조 소비합작사 사원이 납입한 자본이 부족하여 물품의 지출이 부족할 경우 철로국으로부터 차입할 수 있다. 단 그 총액은 자본 납입액 전체의 절반을 초과할 수 없다.

제10조 소비합작사가 구매하는 물품은 일상생활에 필수적인 것, 예를 들면 쌀, 면, 잡량(잡곡), 연료, 석탄 등으로 한정한다. 만일 특별한 사정이 있어 위에서 열거한 이외의 물품을 구매할

경우에는 반드시 구매 전에 동사회 의결을 통해 철로국의 비준을 거쳐야 한다.

제11조 소비합작사가 구매하는 물품이 본 철로를 통해 운송될 경우 무료로 하며, 다른 철로를 통해 운송할 경우 운임의 半價로 한다.

물품 품목 및 수량은 본 철로를 거치든 혹은 다른 철로를 거치든 반드시 명세서를 갖추어 철로국의 재가를 받아 철도부로 보내 심사하여 결정한다.

제1항 운임의 감면 규정은 철도부가 사정을 참작하여 제한한다.

제12조 소비합작사 물품의 판매가 표준은 원구매가액에 각 항목 운임 및 지출을 더하여 시가를 참조하여 결정한다. 전 조항의 가격 결정이 시가와 비교하여 감경액수가 많아도 15퍼센트를 초과할 수 없다.

제13조 소비합작사 직원의 임금 및 거주 잡비 등 일체 지출은 예산서를 갖추어 동사회(이사회)에서 결정한다.

제14조 소비합작사는 각 철로원공의 거주가 가장 많은 곳에 분사를 설치한다.

제15조 모든 사원은 소비합작사에서 물품을 구매할 수 있다. 단 자신과 가족의 사용 물품에 한정한다. 또한 타인을 위해 대신 구매해 주거나 혹은 전매할 수 없다.

제16조 소비합작사의 주식배당은 최고 연리 5厘를 초과할 수 없다.

제17조 철로원공이 소비합작사에서 구매한 물품은 현금으로 구매하는 것을 원칙으로 한다. 단 현실적으로 곤란한 사정이 있을 경우 경리의 허가를 득한 자에 한해 외상거래(記賬)를 허용한다. 이 때 그 가격은 해당 원공의 매월 급여 3분의 1을 초과할 수 없으며, 이와 함께 철로국 회계처에 매월 급여 시에

이를 차감하도록 통지해야 한다.

제18조 소비합작사가 구매 및 발매한 물품의 출입 경비 등은 상세히 기록하여 책으로 만들어 보관해야 하며, 이후 결산 검사를 시행해야 한다.

제19조 소비합작사는 매년 회계연도가 끝날 때에 영업보고서를 작성해야 한다. 지출 및 주식배당 이외에 다음과 같이 이윤을 분배한다.
(1)적립금 20퍼센트, (2)직원 위로금 10퍼센트, (3)공적금 20퍼센트, (4)사원 소비紅利 50퍼센트

제20조 소비합작사 각 항목의 장부는 매월 감찰 검사를 한 차례 받는다. 필요할 경우 철로국은 인원을 파견하여 감사를 진행할 수 있다.

제21조 소비합작사의 매 회계연도 마지막에 업무처리 경과상황을 철로국에 보고하고, 본부에 서류를 보내 보관해야 한다.

제22조 소비합작사는 회의를 개최하여 영업회계를 심의하고, 규정에 따라 설립 시에 상세한 장정을 마련하여 철로국에 보내어 재가를 받아 이를 본부에 보내 심사하여 결정한다.

제23조 본 통칙은 공포한 날로부터 시행한다.

참고문헌

『勞動年鑑』
『隴海年鑑』
『平漢年鑑』

宓汝成, 『近代中國鐵路史資料』上・中・下, 台北文海出版社, 1977.

宓汝成, 『中華民國鐵路史資料』, 社會科學文獻出版社, 2002.

姜明淸, 『鐵路史料』, 國史館, 1992.5.

彭澤益, 『中國近代手工業史資料』2卷, 中華書局, 1984.

中國第二歷史檔案館編, 『中華民國史檔案資料匯編』第三輯(外交), 江蘇
　　　　古籍出版社, 1991.

鐵道部總務司勞工編, 『民國22年國有鐵路勞工統計』, 南京京華印書, 1934

嚴中平, 『中國近代經濟史統計資料選輯』, 科學出版社, 1955.8.

陳眞, 『中國近代工業史資料』第4輯, 三聯書店, 1961.

張瑞德, 『中國近代鐵路事業管理的硏究』, 中央硏究院近代史硏究所, 1991

李國祁, 『中國早期的鐵路經營』, 中央硏究院近代史硏究所, 1961.5.

李抱宏, 『中國鐵路發展史』, 三聯書店, 1958.

吳相湘, 『帝俄侵略中國史』, 國立編譯館, 1964.

許滌新・吳承明, 『舊民主主義革命時期的中國資本主義』, 人民出版社, 1990.

傅啓學, 『中國外交史』上, 臺灣商務印書館, 1972.

金士宣, 『中國鐵路發展史』, 中國鐵道出版社, 2000.

李占才, 『中國鐵路史』, 汕頭大學出版社, 1984.6.

楊勇剛, 『中國近代鐵路史』, 上海書店出版社, 1997.

陳樹曦, 『中華民國史交通志』, 國史館, 1993.

郭廷以, 『近代中國史綱』上, 中文大學出版社, 1980.

胡繩, 『帝國主義與中國政治』, 北京人民出版社, 1961.

薩福均, 「三十年來中國之鐵路工程」, 『三十年來之中國工程』(上), 華文書
　　　　局, 1967.

丁英順, 「試論滿鐵在朝鮮的鐵路經營及影響」, 『日本硏究』1994年 4期.

徐金鑑, 「鐵路員工工作寫生」, 『京滬滬杭甬鐵路週間』19期, 1930

王業鍵, 「甲午戰爭以前的中國鐵路事業」, 『中央硏究院歷史語言硏究所
　　　　集刊』31, 1960.12.

高志華, 「李鴻章與中國早期鐵路」, 『學術界』1999年 1期.

276

郭洪茂, 「日本收買中東鐵路淺析」, 『社會科學戰線』1997年 2期.
丘松慶, 「南京國民政府初建時期的鐵路建設述評」, 『中國社會經濟史研
　　　究』2000年 4期.

제5장
鐵路工會와 노동운동

1 전국 철로노동자 조직의 출현과 활동

　1880년대부터 양무파 관료들이 철로 부설의 당위성을 주창하기 시작하면서 중국사회에는 일군의 철로노동자가 출현하기 시작하였다. 1881년부터 1919년까지 38년간 철로노동자의 대오는 약 84,000명으로 발전하였다. 1881년 중국 최초로 자력으로 부설한 당서철로에서 근대 중국사회의 첫 번째 철로노동자가 탄생하였다.

　철로노동자가 전개한 최초의 투쟁은 외국인 工頭와 監工에 집중되었다. 일찍이 1891년 4월 당산개평철로공사 노동자 100여 명이 외국인 공두의 압박에 분연히 떨치고 일어나자, 개평매광공사와 진고철로 소속의 외국인 직원들이 모두 천진으로 도주하였다. 진포철로 津鎮機廠 노동자들은 영국인 總監工의 학대와 착취에 못이겨 1901년과 1914년, 1920년에 세 차례에 걸친 파업을 단행하여 노동자를 압박하던 세 명의 총감공을 구축하는 성과를 거두었다. 이러한 투쟁은 노동자들이 자신의 노동환경을 개선하기 위한 경제적 목적으로부터 비롯된 것이다.

물론 중국철로노동자의 투쟁에는 정치적 성격도 내포되어 있었다. 1903년부터 전국 각지에 걸쳐 광범위하게 철로이권 회수운동과 보로운동이 전개되었다. 1911년 5월 청조가 선포한 간선철로의 국유화정책은 전국 각지에 걸쳐 광범위한 반대운동을 촉발하였다. 이에 앞서 4월 18일에는 호남에서 월한철로의 장사, 주주단(구간) 소속의 1만여 명에 이르는 철로노동자들이 대대적인 시위에 나섰다. 천한철로 宣昌地區에서 3만 명에 이르는 노동자들은 노임의 연체에 항의하는 투쟁을 전개하였다. 이러한 일련의 투쟁은 광동, 호북, 사천에서 보로운동으로 이어졌으며, 마침내 신해혁명의 도화선이 되었다.

1차대전이 폭발한 이후 국내 철로의 신축공정이 대부분 순조롭게 진행되지 못한 까닭에 철로노동자의 숫자는 크게 증가하지 못하였다. 그럼에도 노동자의 투쟁은 그치지 않았다. 1912년 민영 강소철로공사의 淸(江浦)楊(莊)鐵路가 원세개정부에 의해 벨기에차관으로 부설된 농해철로로 귀속되자 철로노동자들이 이에 반대하는 파업을 단행하였다. 이것은 철로업계에서 반원세개 투쟁의 기치를 높이 든 최초의 항거였다. 러시아혁명 이후 마르크스주의 교육과 영향을 받은 지식인들의 지지 하에서 동북철로 노동자들이 전개한 노동운동은 정치적 색채가 농후하였다. 동청철로 소속의 철로노동자들은 모두 네 차례에 걸친 파업을 통해 러시아에 항거하였다.

1919년 5·4운동 이후 러시아 10월혁명의 영향으로 철로노동자들은 각 지역에서 공산주의 소조를 조직하였다. 이 가운데 경한철로 장신점기창 소속의 노동자들이 선봉에 섰다. 1918년 겨울과 1919년 봄, 모택동은 두 차례에 걸쳐 장신점을 방문하여 혁명이론을 선전하며 혁명의 씨앗을 전파하였다. 1919년 李大釗는 경한철로 장신점기창에서 노동보습학교의 창설을 지원하기 시작하여 마침내 1921년

원단에 노동보습학교를 창설함으로써 철로교육을 실시하기 위한 기구가 설립되기에 이르렀다. 이러한 영향 하에서 1921년 5.1기념회의 석상에서 공회조직의 건의를 통과시키고 마침내 공인구락부가 성립됨으로써 공회의 전신이 되었다.

노동자들은 보습학교를 외층조직으로 삼아 비밀활동을 활발히 전개하였다. 1921년 국제노동절에 장신점 철로노동자들은 대규모 시위에 나서는 동시에 당일 공인구락부를 성립시키니, 이것이 철로공회의 전신이 되었다. 북녕철로공회도 구락부 조직을 이용하여 비밀활동을 전개하였다. 공인구락부는 당초부터 노동자 대중의 이익을 위해 투쟁함으로써 노동자들의 광범위한 지지를 이끌어냈으며, 북방 철로노동자로 하여금 투쟁의 기치를 높이 들도록 고취하였다.

1921년 중국공산당이 성립된 이후 노동자계급은 든든한 투쟁의 지휘부를 보유하게 되었다. 중국공산당은 중국노동조합 서기부를 설립하고 노동운동을 영도하였다. 중국공산당의 탄생으로 노동운동이 크게 고양된 이후인 1922-1923년 중국노동운동의 1차 고조기가 도래하였다. 이 시기의 노동운동은 사실상 철로노동자에 의해 주도되었다고 할 수 있다.

1921년 10월 13일 월한철로 소속 81명의 노동자들이 영국인 總管에게 임금의 증가를 요구했다는 이유로 모두 해임되고 말았다. 이에 월한철로 桂州, 長沙, 岳州 徐家柵 소재 각 열차역의 노동자들은 공산당의 영도 하에 전면적인 투쟁을 선언하는 한편, 5일간의 파업을 단행하여 마침내 요구조건을 관철시키고 말았다. 같은 해 11월 농해 철로 기무노동자들은 프랑스인 기무처장에 반대하여 전 노선에 걸쳐 10일간의 파업을 단행하였다. 당시 경한철로 노동자들은 당국이 자신들을 농해철로로 전보시키려는 명령을 거부하고 파업노동자에 대한 지지를 공개적으로 표시하였다. 이러한 결과 마침내 프랑스인 기무처장이 해직되기에 이르렀으며, 이와 함께 기타 조건 역시 당국에 의해 모두 받아들여졌다. 1922년 1월 홍콩해원들이 파업에 돌입하자, 각 철로공회는 다투어 이를 성원하는 통전을 발표하였다.

1922년 8월 노동조합 서기부는 국회제헌의 시기를 틈타 노동입법운동을 전개하여 전국 노동자들의 열렬한 호응을 이끌어 내었다. 이에 가장 먼저 호응한 것이 경한철로 장신점노동자들이었다. 8월 24일 3,000여 명에 달하는 장신점의 철로노동자는 노동조합서기부 서기인 鄧中夏와 공인구락부의 영도 하에 파업을 단행하였다. 이에 각지에서 속속 동정파업에 동참하였다. 금번 파업은 노동자에 대한 학대에 반대하고 처우의 개선을 목적으로 단행된 것으로서, 마침내 교통부와 경한철로국으로서도 노동자들의 요구를 받아들이지 않을 수 없었다. 장신점노동자 파업은 중국노동조합서기부 호남분회 모택동의 영도 하에 총 17일 동안 진행되어 오패부로 하여금 그들이 제시한 조건을 받아들이도록 함으로써 완전한 승리를 획득하였다. 이를 바탕으로 모택동은 친히 월한철로공회를 조직하였으니, 이것이 철로노동자가 가장 먼저 설립한 전국 규모의 철로 통일조직이었다.

전국 노동운동의 절정은 경한철로노동자의 대파업이었다. 1923년 1월 경한철로 연선 16개 열차역의 站區 공인구락부는 모두 공회로 개조되었으며, 이로 인해 공회조직이 매우 충실해졌다. 오패부가 경한철로노동자의 조직을 분열시키기 위해 조직한 司機傳習所, 同人通誼會 등도 와해되었으며, 오히려 이들 양 조직에 참가했던 노동자들이 대부분 공회에 참가하였다. 이러한 형세 하에서 1923년 2월 1일 경한철로총공회가 정주에서 성립되었다.

1923년 2월 4일 총공회의 영도 하에 전 노선에 걸쳐 총파업에 돌입하는 동시에, 7개 항의 요구사항을 제출하였다. 성립대회에 대한 오패부의 박해와 탄압에 대항하여 경한철로노동자들은 2·7대파업을 단행하였다. 파업은 오패부의 잔혹한 진압을 받았으며, 2월 7일 한구의 노동지도자 林祥謙과 施洋이 살해당하며 파업은 실패로 끝나고 말았다. 이 파업은 비록 봉건군벌에 의해 잔혹하게 진압되기는 했지만, 전국 노동자계급의 대단결을 촉진하는 계기가 되었다.

경한철로 대파업은 전국 노동자계급의 단결과 반제, 반봉건 통일전선의 형성을 여실히 보여주었다. 2·7파업 1주년이 되는 1924년 2월 7일 중국공산당의 영도 하에 9개 철로 노선의 노동자대표가 북경에서 비밀회의를 개최하고 중화전국철로총공회를 성립시켰다. 총공회는 성립선언을 통해 노동조건을 개선하고 노동자의 지위를 제고하며, 철로노동자의 복리를 도모하고, 아울러 전국노동자 및 세계노동자와의 긴밀한 연계를 선포하였다. 아울러 만국운수공인연합회에 가입하기로 결정하였다. 대회는 孫雲鵬을 위원장으로, 張國燾를 총간사로 선출하였으며, 회지를 북경에 설립하였다. 1925년 2월 7일 총공회는 정주에서 제2차 대표대회를 개최하고 철로노동자의 전통을 계승하여 국민혁명에 적극 투신하기로 결의하였다.

전국철로총공회가 성립될 즈음에 전국 공회조직의 상황은 다음과 같았다. 경한철로공회 이외에 주요 열차역에서는 수 명에서 수십 명에 달하는 비밀조직이 다수 존재하였다. 경봉철로 당산공회는 공회기금이 1,000여 원에 달하였다. 경수철로 차무공회 역시 회원이 1,500여 명에 달하였으며, 정태철로공회도 이미 건립되어 있었다. 월한철로에서도 공회가 설립되었으며, 교제철로공회는 회원이 1,500여 명으로 발전하였다. 1924년 11월 전국철로총공회 소속의 철로노동자는 총 44,800명에 달하였다. 5·30운동에서는 중국공산당의 영도 하에서 전국의 크고 작은 省市에서 3파투쟁[1]을 단행하였으며, 각지 철로공회는 5·30운동 후원회 조직을 발족하여 투쟁을 지원하였다.

1925년 5월 상해에서 5·30운동의 발발하자 철로노동자들은 전국에 걸쳐 지원활동에 나섰다. 각 철로공회는 모두 '5.30참안후원회'를 성립시켜 시위를 전개하고 모금을 통해 파업노동자의 구제에 나섰다. 교제철로총공회는 청도 소재 일본사창노동자와 상해노동자의 파업투쟁을 지원하기 위해 동정파업에 돌입하였다. 1926년 6월 국민혁명 북벌군이 광동을 출발하자 월한철로, 광삼철로, 광구철로 소속의 노동자들이 연합대오를 형성하여 군대를 따라 출발하였으며, 이를 통해 戰線의 철로를 부설하고 교통운수를 보위하였다.

북벌군이 호남, 강서로 진입한 이후 안원탄광 및 주평철로, 월한철로의 상악단(구간) 노동자들은 철로 노선을 파괴하여 북양군벌 군대의 운수를 저지하고, 정보를 탐지하여 북벌군에게 알려주었다. 북벌군이 상해에 도달하였을 당시 상해에는 80만 명의 노동자가 있었다. 여기에는 호녕, 호항용 양 철로노동자가 포함되어 있어 중국공산당과 상해시총공회의 영도 하에 1926년 10월부터 1927년 사이에 세 차례에 걸쳐 기의를 주도하였다. 특별히 제3차 무장기의에서는 파업에 참가한 노동자들이 호녕, 호항용 양 철로의 교통시설을 파괴하여 당시 상해지역을 점령한 직노연합 군벌군대의 운수를 저지하였다.

북벌전쟁에서 승리하면서 각지 철로공회는 비로소 정상화될 수 있었다. 철로노동자들이 조직화하여 북벌군에게 양식을 제공하였고

---

1) 3파투쟁(三罷鬪爭) : 학생의 수업거부(罷課), 상인의 철시(罷市), 노동자의 파업(罷工)

탄약을 운반했으며, 부상병을 구호하였다. 아울러 철로 노선을 부설하고 운수를 보위하여 적극적으로 북벌전쟁을 지원하였다. 특히 호녕철로 호항용총공회는 철로노동자를 영도하여 무기를 소지하고 무장투쟁에 참가하였다.

1927년 4월 12일 장개석은 4·12정변을 발동하여 수많은 철로노동자를 탄압하였다. 국민정부는 노동자의 정치자유를 박탈하고 '공회법', '공창법'을 공포하였으며, '철로원공복무조례'(1930년 3월)을 반포하여 철로노동자에 대한 통제를 강화하였다. 또한 국민정부는 어용공회를 조직하여 노동자들의 노동운동에 대한 통제를 획책하였다.

그러나 철로노동자들은 정부가 급조한 어용공회에 현혹되지 않고 불굴의 정신으로 노동운동을 전개하였다. 월한철로 상악단 및 주평철로 전체 노동자들이 서명한 加薪運動(임금인상 요구), 평수철로 노동자들의 노동자 감원 반대운동, 진포철로노동자들의 저축금 반환 요구 등 다양한 형식을 통해 노동운동을 전개하였다. 남심철로, 월한철로 상악단 등의 철로노동자들은 수차례에 걸쳐 철로 노선을 파괴하여 공산당군대(공농홍군)를 지원하였다.

북벌군이 승리를 획득하고 한편으로 노동운동이 활발히 전개되던 차에 장개석, 왕정위는 중국공산당이 영도하던 공회조직에 대한 엄중한 단속을 실시하였다. 즉, 공회조직을 해산하고 폐쇄하였으며, 공회통일위원회, 공회정리위원회, 공회개조위원회 등의 어용공회를 건립하여 노동자조직의 와해에 나섰다. 공장마다 어용공회의 관리자가 상주하며 노동자를 감시하고 통제하였다. 철로총위원장 王荷波, 호녕철로, 호항용철로 양로 공회위원회 위원장 孫津川 등 수많은 철로노동자 영수가 속속 살해되었다. 1932년의 통계에 따르면, 전국철로공회 회원수는 총 69,406명이었으며, 소요 경비 총액은 교제철로의 경비가 파악되지 않은 것을 제외하면 매월 총 6,460원에 달하였다.

1929년 10월 21일 국민정부는 '공회법'을 공포하여 공회활동을 축소하는 한편, 공회에 참가하는 노동자의 수를 제한하고자 하였으며, 파업과 태업을 엄격히 금지하였다. 1931년 4월 남경국민정부는 다시 '신공회법'을 반포하였다. 북녕철로공회는 1934년 국민당중앙에 의해 조직이 취소되었다. 남심철로공회는 改選되었기 때문에 법령과 합치되지 않는다는 이유로 비준을 받지 못하였으며, 무형중 중단되고 말았다. 경호, 호항용철로는 이전 조직 및 위원의 자격문제로 인해 법령과 부합되지 않는다는 이유로 비준을 받지 못하였다. 월한철로 상악구간은 공회 내부의 분열로 인하여 국민당 중앙에 의해 활동정지 명령이 내려졌다. 이로 인해 양 철로는 공회정리위원회를 성립시켜 정돈을 진행하였다.

이에 중화전국철로총공회는 지하로 숨어들었으며, 어려운 조건 하에서도 투쟁을 이어 나갔다. 공회법의 규정에 의거하여 국유철로 각 공회는 改選을 진행하였다. 1935년 6월 30일 평한철로, 진포철로, 교제철로, 평수철로, 월한철로 廣韶段, 농해철로, 정태철로, 광구철로, 도청철로 등에서 이감사회가 정식으로 성립되었다. 이들 공회는 모두 국민당 특별당부의 영도 하에서 이루어진 것으로서, 대체로 조직계통이 유사하였다.

1937년 7월 7일 중일전쟁이 폭발한 이후 중국공산당의 적극적인 영도와 지지 하에 국공합작을 기초로 민족통일전선이 성립되었다. 7·7사변이 폭발한 초기에 철로노동자들은 항적후원회를 성립시켜 항일운동의 선전과 모금에 돌입하였다. 심지어 '철로노동자유격대'를 조직하여 일본의 침략에 맞서 유격전에 뛰어들기도 하였다. 철로공회는 항전의 각 단계에서 장기간에 걸쳐 지난한 투쟁을 전개하였다.

중일전쟁이 발발한 초기에 전국 각지에 분포한 공회는 '중국노동자항적총회'를 발기하였다. 1938년 3월 5일 무한시 국민당부는 제1차 발기인대회를 개최하였다. 회의는 朱學范이 주재하였으며 평한철로공회, 진포철로공회, 월한철로공회와 경호철로, 호항용철로 등을 포함한 18개 단체를 주비위원으로 추대하였다. 7월에 제1차 주비회의를 개최하고 '발동전국공인참가항전', '개선전시공인생활조건' 등 6건의 의안을 제출하였다. 회의 후 각 철로는 분분히 선전대를 조직하여 연선지역에서 광범위한 항일선전을 전개하였다. 적후전장에서 철로노동자들은 팔로군, 신사군 등과 함께 항일전쟁을 전개하였다. 정태철로가 적의 수중에 떨어진 이후 각 역단 노동자들이 속속 항일공회를 조직하여 일본침략자에 대한 장기적인 태업투쟁을 전개하였다.

2차대전이 종결된 이후 미국의 지지 하에 국민정부는 철로를 접수하였으며, 공회조직도 속속 원래의 지위를 회복하였다. 철로노동자들은 전국에 걸쳐 해고, 감원의 반대, 복직의 요구, 護路護廠의 요구 등을 통해 노동운동을 전개하였다. 철로노동자들은 파업, 태업 및 시위를 통해 전국적으로 학생운동을 지원하였으며, 수복구(전시윤함구)에서 반국민당접수공회의 투쟁을 전개하였다. 1947년 6월 13일 국민정부는 새로운 '공회법'을 선포하고, 철로공회에 대한 통제를 강화하였다. 1947년 12월 1일에서 3일까지 남경에서 소위 '중화민국철로공회전국연합회' 제1차대회가 개최되었다.

1949년 8월 1일에서 22일까지 하얼빈에서 제6차 전국노동대회가 개최되어 '중화전국총공회장정'이 통과되어 전국 노동자계급의 통일조직인 중화전국총공회가 새롭게 건립되었다. 중화전국총공회는 '회복전국철로총공회의 결정에 관하여'에 근거하여 7월 1일부터 6일까지 북평에서 전국철로직공임시대표대회를 개최하였다. 회의에는 98명의 대표, 후보대표 10명이 참석하여 전체 철로에 종사하는 38만 명의 직공을 대표하였다. 朱德은 중국공산당 중앙을 대표하여 중국 철로노동자들에게 전국의 모든 철로를 조속히 복구하고 신철로를 부설하도록 호소하였다.

2 남경국민정부의 철로공회 조직규정

남경국민정부가 1929, 1930년 두 해에 걸쳐 공회법 및 공회법시행 법을 공포하여 시행한 이후 철도부는 소속 각 철로공회에 대해 법에 의거하여 개조하도록 하였다. 이후 농해, 정태, 상악, 진포, 교제, 평수, 북녕, 평한, 도청철로 등 9개 철로공회를 심의 비준하였다. 1932년 10월 5일 남경국민정부 행정원은 철로공회조직규정을 공포하였으며, 주요한 내용은 다음과 같다.

제1조 철로공회는 지식과 기능을 증진하여 국가 교통사업의 발전을 촉진하고 근로 조건 및 생활을 유지하고 개선하는 것을 종지로 한다.

제2조 철로공회의 명칭은 앞에 철로의 명칭을 넣어야 한다.

제3조 철로공회는 그 철로의 관리구역을 구역으로 한다.

제4조 무릇 동일 철로구역에서 19년 이상을 복무한 자는 50명 이상의 노동자를 모집하여 법이 정한 절차에 따라 철로공회를 발기, 조직할 수 있다.

제5조   철로공회는 각 구간(段)에 분회를 조직하고 각 역에 지부를 조직하며, 지부의 아래 소조를 둘 수 있다. 각 소조의 회원은 5명에서 30명까지로 한정한다.

제6조   철로공회는 이사 5-9명, 후보이사 1-3명, 감사 3-5명, 후보감사 1-2명을 두며, 전체회원대회 혹은 대표자대회에서 선출한다.

제7조   철로공회 분회는 간사 1-3명, 후보간사 1-2명을 두며, 해당 분회 회원대회 혹은 대표대회에서 선출한다.

제8조   철로공회 지부는 간사 1-2명을 두고, 지부 소속회원대회에서 선출한다.

제9조   철로공회 소조는 조장 1명을 두고 소조회원이 선출한다.

제10조 철로공회 이사, 감사 및 분회간사의 임기는 1년이며, 지부 간사 및 소조 조장의 임기는 6개월로 한다.

제11조 동일구역의 철로노동자는 하나의 철로공회만을 조직할 수 있을 뿐이다.

제12조 철로공회의 주관 관서는 철도부이다. 단 업무범위 내에서 반드시 본 철로관리국의 관리 및 지휘를 받는다.

제13조 철로공회는 본 규칙을 준수하는 이 외에도 마땅히 공회법 및 공회법시행법 각 조항의 규정에 근거해야 한다. 단 공회법 제15조 제1항 및 제10항의 규정은 적용하지 않는다.

제14조 본 규칙은 행정원이 공포하고, 실시일은 행정원이 행정원령으로 정한다.

3 전국철로공회의 성립과 파업

중국철로노동자의 수자는 장기 이래 정확한 통계가 없었다. 19세기 말 철로노동자는 약 3,000명, 1911년 전후에는 약 74,000명, 1919년에는 약 84,000명, 1924년에는 115,000명에 달하였다. 그런데 이 숫자는 새로운 철로 노선을 부설할 경우 임시로 모집한 철로노동자를 포함하지 않은 수치였다. 철로노동자의 절대 다수는 농촌에 거주하는 농민이었으며, 특히 대부분 철로가 지나는 지역의 농민이었다.

1911년 이전 철로노동자에게는 정기적인 휴가제도가 없었으며, 휴가신청(請假)[2]이 허락되지 않았다. 북양정부 시기 철로노동자는 대부분 10시간 노동제를 시행하고 있었으며, 매월 1일과 15일 이틀을 돌아가며 쉬었다. 중국인 고용인과 외국인 고용인의 노임에는 상당한 차이가 있었다. 남만주철로의 사례를 살펴보면 1907년 일본인 고용인의 평균 월급은 중국인 고용인의 2.6배에 달하였으며, 1920년에는 무려 5.3배에 달하였다. 중국인 철로노동자에게는 저렴한 노임뿐만 아니라 월급 지급의 체불현상이 보편적으로 존재하였다. 1926-29년의 2, 3년간 철로노동자의 임금 체불은 경한, 경봉, 진포, 농해, 정태, 경수 등 몇몇 주요 철로에서 보편적으로 출현한 현상이었다.

더욱이 철로노동자의 정치적 권리는 대부분 박탈되었다. 1902년 청조가 반포한 '청조광무장정'의 규정에 따르면, 노동자의 파업은 허용되지 않았다. 1912년 4월 북양정부가 반포한 新刑律은 노동자의 파업을 刑律에 저촉하는 행위로 규정하였다. 따라서 동맹파업의 경

---

2) 결근, 조퇴, 외출, 휴가, 병가 등의 신청 및 허가

우 주모자는 4등 이하의 유기도형에 처하며, 拘役(단기징역형, 1-6개월 사이) 혹은 300원 이하의 벌금에 처하도록 하였다. 나머지 사람들은 단기징역형 혹은 30원 이하의 벌금에 처하였다. 오래지 않아 북양정부는 다시 노동자 집회, 결사의 자유를 박탈한다는 지시를 명문화하였다.

1923년 2월 경한철로노동자 대파업은 중국공산당이 영도한 첫 번째 노동운동 중 최대 규모였다. 1922년 8월 長辛店 공인구락부가 성립되어 경한철로 노동자대표가 정주에서 주비회를 개최하고 2월 1일에 정식으로 총공회의 성립대회를 개최하기로 결정하였다. 2월 4일 경한철로 전 노선에 걸쳐 총파업을 단행하여 객화, 군운(군사운수) 등이 모두 중단되었다.

1924년 1월 국공합작의 혁명통일전선이 성립되고 군벌 타도의 국민혁명의 기운이 급속히 고조되었다. 국공합작이 성립됨과 동시에 전국철로총공회의 조직도 출범하였다. 1924년 1월 경한, 경봉, 진포, 정태, 도청, 농해, 교제, 월한, 광삼, 호녕, 호항용철로 등 11개 철로의 노동자 대표가 회합하여 2·7참안 1주년 기념일에 전국철로총공회를 발족하기로 의결하였다. 2월 7일 당일 전국철로노동자 제1차 대표대회가 북경에서 비밀리에 거행되어 총 11개 철로의 40여 명의 대표가 출석하여 10일 종료되었다. 회의는 정식으로 중화전국철로총공회의 성립을 선포하고, 다음과 같은 4항의 요지를 제출하였다. 즉, (1)생활의 개선, 지위의 향상, 전체 철로노동자 복리의 증진, (2)연락, 호조 실행, (3)지식의 증진으로 노동자계급의 성장 도모, (4)각 철로노동자의 상호 방조를 통해 각로 총공회의 조직과 전국 각계 노동자 및 세계노동자와의 긴밀한 관계 형성

전국철로총공회가 성립된 이후 공산당의 영도 하에 각 철로공회

의 회복과 창건작업에 박차를 가해 1925년 하반기 전국에서 동청철로, 남만주철로를 포함하여 18개 노선에 공회조직을 창설하였다.

1930년대 중국철로 간선은 모두 21개에 달하였으며, 여기에서 근무하는 노동자는 실업부 조사에 따르면 총 99,754명이었다. 만일 동북지역에서 일본이 점령한 7개 철로 노선의 노동자 24,260명을 제외한다면, 나머지 14개 철로노동자는 75,494명이 된다. 그러나 이 숫자는 中央工人課의 조사와 상당 부분 부합되지 않는다. 중앙공인과가 직접 각 철로공회를 조사하여 보고한 바에 따르면, 동북지역을 제외하고 나머지 14개 철로의 노동자 총수는 96,705명에 달하였다. 그러나 각 철로공회는 다분히 철로 이외의 노동자가 가입되어 순수한 철로노동자의 숫자는 철도부의 보고를 표준으로 하였다. 철도부의 보고에 의하면, 1933년 4개 간선의 노동자 총수는 81,448명에 달하였다.

공회는 남경국민정부가 1929년 10월 21일 반포한 공회법에 다음과 같이 명확히 규정되어 있다. "모든 하나의 산업 혹은 동일 직업의 남녀노동자는 지식과 기능을 증진하고 생산력을 제고하고, 노동조건 및 생활을 유지하고 개선하기 위한 목적에서 16세 이상 현임으로 업무에 종사하는 산업노동자를 모아 100명 이상, 혹은 직업노동자의 수자가 50명 이상일 경우 본 법안에 의거하여 공회를 조직할 수 있다."

공회법에서는 공회의 직무를 주로 이하의 몇 가지 부문으로 나누어 언급하고 있다. "단체협약의 체결, 수정 혹은 폐지, 단 주관 관서의 인가를 거치지 않고서는 효력을 발생할 수 없다. 회원의 직업소개 및 직업소개소의 설치 : 저축기관, 노동보험, 의원진료소 및 탁아소의 설치, 생산소비, 구매 신용 주택 등 각종 합작사의 조직, 직업교육 및 기타 노공교육의 실시, 도서관 및 잡지사의 설치, 출판물의 인쇄 유통, 회원 친목회 구락부 및 기타 각종 오락 설비, 공회 혹은 회원 간 분쟁사안의 조사 및 처리, 노자분쟁 사안의 조사 처리, 노동법규의 규정에 관하여 개폐사항은 행정기관법원 및 입법기관에 요청할 수 있다. 조사 노동자의 가정생계, 경제상황 및 취업 기타 업무의 개선과 회원 상호 간의 이익의 증진 등이다." 특히 공회법은 공회의 조직으로 하여금 반드시 소재지 정부의 비준을 받도록 하였으며, 정부는 공회를 해산시킬 수 있는 권리를 갖는다는 점을 명시하였다.

4 공회의 형성과 발전

1) 중국 조기의 노동자조직

(1) 洛潼鐵路路工同人共濟會

낙동철로 영수 徐士遠이 '철로로공동인공제회'를 발기하였으며, 노동자로서 회의에 참가한 자가 총 67명이었다. 먼저 주석 서사원이 연설한 이후 선거를 통해 서사원을 회장으로 선출하였다. 서사원은 총 46표를 획득하였으며, 부회장에는 張洛濃이 29표를 얻어 선출되었다. 이 밖에 동사(이사) 9명을 선출하였다. (1912년 『時報』 기사)

(2) 호녕, 호항용철로공회

중화민국이 수립된 이후 노동자들이 자신의 정체성과 권리에 대해 자각하면서 해당 철로의 직공들도 조직을 결성하기 시작하였다. 조직은 모두 3개가 있었다. (1)양로동인회 : 참가자는 관리국의 일부 직원이며, 표면적으로는 오락과 상호 결합되었다. (2)員工協進會 : 오송기창 직공들이 조직한 기구이다. (3)進德會 : 상해에서 남경에 이르는 각 노선의 직공들이 조직한 것이다.

(3) 중동철로공회

1917년 중국인 노동자가 공회를 조직하려고 흑룡강성 독군 鮑貴卿에게 청원하였으며, 마침 러시아혁명의 성공으로 각국이 중동철로를 탈취하려던 시기에 공회가 설립되었다. 이후 철로 노선을 따라 각지에 분공회가 속속 성립되었다. 1917년 8월 루블화의 가치가 폭락하자 두 차례에 걸친 파업을 단행하여 승리로 이끌었다. 그러나 1920년 공회는 파괴되어 와해되고 말았다.

(4) 평한철로공회

평한철로공회(경한철로공회)는 1923년에 성립되었으며, 鄭州에 총공회 본부를 설립하였다. 그러나 군벌의 핍박으로 2·7참안이 발생하였으며, 자연히 공회도 와해되고 말았다. 이러한 가운데 1926년 겨울 국민정부 혁명군이 무한에 도달하면서 총공회는 한구에 성립되었다. 1927년 淸共(공산당 숙청)이 개시되자 평한철로공회의 활동도 일시 중단되고 말았다. 이후 1928년이 되어서야 공회가 다시 활동을 개시할 수 있게 되었다. 국민혁명군이 평한철로에 도달한 이후 각지 노동자가 다투어 공회를 결성하였다. 1929년 평한철로 특별당부 주비위원회가 성립되었으며, 동시에 中央民訓會가 전문가를 파견하여 평한철로공회정리위원회를 조직하여 이를 통해 공회를 개조하였다.

1929년 4월 8일 장신점에서 공회 대표대회가 개최되었다. 회의에는 장신점, 석가장, 정주, 창덕, 순덕 등 15곳의 공회 대표 20여 명이 참석하였으며, 한구와 廣水 소재의 공회는 참석할 대표의 부재로 인해 참가할 수 없었다. 대표대회의 결과 최종적으로 자신들의 대표를 선출하고, 북평철로국에 파견하여 실업노동자의 구제, 공인자제학교의 설립과 임금 인상, 그리고 평한철로 공회연합판사위원회의 설립을 요구하기로 결의하였다.

철로국이 남천함에 따라 공회법 및 공회법시행법에 의거하여 평한철로공회는 제6차 대표회의를 개최하고 평한철로공회를 성립시켰다. 이러한 과정에서 철로 연선 소재의 18처 공회를 공회 분사무소로 개조하였으며, 1932년 3월에 이르러 비로소 평한철로공회가 정식으로 성립되었다. 공회가 성립되는 과정에서 노동자들은 자신들의 경제적 요구와 더불어 교육, 구휼 등의 제반 권리를 끊임없이 요구하였다.

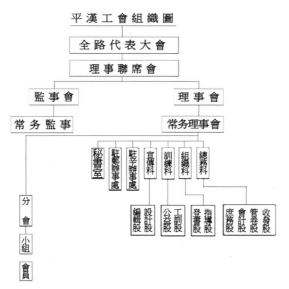

평한철로공회 조직도

1932년 사업부 통계에 따르면 국내 각업 공회는 총 872개, 회원은 743,764명이었다. 당시 평한철로공회는 총 18개 사무소가 있었다. 사무소에 속한 철로노동자의 수를 살펴보면, 前門사무소 839명, 장신점사무소 3,753명, 유리하사무소 209명, 高碑店사무소 277명, 보정사무소 660명, 석가장사무소 1,101명, 高邑사무소 338명, 順德사무소 604명, 창덕사무소 1027명, 신향사무소 432명, 황하남안사무소 559명, 정주사무소 1,285명, 허주사무소 409명, 鄴城사무소 444명, 주마저마무소 479명, 信陽사무소 959명, 廣水사무소 674명, 江岸사무소 1,450명으로 총 16,299명으로 집계되었다.

2) 黨部와 鐵路局, 工會

당부, 철로국과 공회의 관계는 매우 긴밀하였다. 가장 중요한 것은 소속 인원 사이의 교류였으며, 심지어는 동일인이 당부, 철로국, 공회 중에서 중요한 직무를 담당하고 있었다. 平漢鐵路의 劉文松, 周培卿 등은 모두 여러 직책을 겸임하고 있었다. 이들은 당부위원이자 공회의 이사 신분이기도 하였다. 공회 이사의 경비는 철로국에서 지출하였으며, 공회와 철로국 간의 관계는 비교적 우호적이었다. 공회의 이사가 동시에 철로국의 직원을 겸하였다.

이와 같은 당부, 철로국과 공회 간의 관계는 노동자의 이익과 관련하여 긍정적이 측면과 부정적인 측면이 모두 있었다. 1927-1937의 10년간 공회 중 대다수의 이사가 이중 심지어 다중의 신분을 겸하였으며, 따라서 공회는 업무와 운영이 대체적으로 비교적 순조로웠다고 할 수 있다. 그러나 공회의 관리자가 동시에 당부와 철로국 신분을 겸하고 있다는 점은 노동자들이 공회에서도 철로국과 마찬가지로 피관리의 신분에 처해 있음을 의미하였다. 따라서 공회의 운영이 주로 당정과의 관계 속에서 고려되었으며, 다시 말해 노동자의 권리나 이해가 우선적으로 고려된 것은 아니었다.

3) 개별 철로의 사례로 본 工會

1933년 중앙민중운동지도위원회의 조사에 따르면, 전국 철로공회는 모두 11개가 있었으며 회원 총수는 92,234명이었다. 철도부가 출판한 1933년도 국유철로 노공통계의 기록에 의하면, 각 철로공회의 회원 숫자는 다음과 같다.

국유철로공회표

철로명	설립 시기			회원 수	분사무소 수
	조직 맹아 시기	정식 성립 시기	비준신청 시기		
평한철로	1919	1927. 3.	1932. 3.	16292	18
북녕철로	1919	1928. 8.	1932. 2.	5892	7
진포철로	1924	1928. 4.	1931. 9.	16117	14
평수철로	1921	1928. 10.	1932. 1.	8193	9
상악철로	1921	1931. 7.	1931. 9.	2330	4
농해철로	1922	1928. 10.	1931. 7.	2207	8
정태철로	1930	1930. 3.	1931. 7.	1113	3
도청철로	1922	1931. 2.	1932. 7.	1188	2
교제철로	1925	1931. 1.	1931. 8.	5553	6
총계				58875	71

1933년 5월 진포, 북녕, 평수, 평한, 농해, 도청, 교제의 각 철로노동자는 일찍부터 전국철로공회연합회의 설립을 준비해 왔다. 그러나 국민정부가 이전에 설립된 각종 공회의 경우 종전 조직을 그대로 허용치 않는다는 규정에 따라 실현될 수 없었다. 1932년 7월 광구철

로공회 대표 劉璋, 黃藝博 등은 광동성 소속의 각 철로공회를 대표하여 화북지역의 각 철로공회 대표와 비밀리에 간담회를 개최하고, 전국철로공회 조직의 설립을 논의하였다. 회의에는 진포, 교제, 북녕, 평수, 정태, 평한 등 각 철로공회 대표들이 참가하였으나 의견이 합치되지 않아 합의된 결과를 도출할 수 없었다.

이후 광구철로공회 대표가 상해에서 진포, 교제 양 철로공회 대표를 만나 협의한 끝에 전국철로공회주비위원회를 발족하기로 결정하였다. 이 밖에 진포, 교제, 광구, 월한, 도청철로의 5개 철로공회를 상무위원으로 추천하고, 경비는 진포, 교제, 광구의 세 철로에서 각각 100원씩을 부담하기로 하였다. 회지는 잠정적으로 진포철로공회 내에 두었다.

(1) 진포철로공회

1928년 8월 국민정부 중앙민중훈련위원회는 인원을 파견하여 浦鎭에서 진포철로공회주비위원회를 조직하고, 중앙으로부터 월 1,300원을 보내어 경비로 사용하도록 하였다. 주비위원회는 성립 이후 각종 조사에 착수하여 전 노선을 9段(구간)으로 나누고 각각 단구공회 주비위원회를 설립하였다. 단구공회의 아래에 노동자 업무의 유형에 따라 지부를 설립하고, 다시 소조를 설립하였다.

1931년 4월 중앙민중훈련위원회의 지도 하에 제1차 전로대표대회를 개최하여 제1계 정식대회를 성립시켰다. 4월 16일 국민정부 철도부는 이 안건을 심의하였으며, 같은 해 9월에 이르러 제2차 전로대표대회를 개최하고 진포철로공회를 정식으로 성립시켰다. 공회의 조직 체계는 기본적으로 이감사제로서 선거를 통해 선출하였다. 이사 9명, 상무 3명, 그 아래 1, 2, 3과로 나누어 각각 정부주임 한 사람씩을 두고, 이사가 겸임하도록 하였다. 감사 5명은 상호 추천하여 1명을 상무로 하였다. 진포철로공회의 회원수는 총 20,353명이었다.

공회의 첫 번째 업무는 공회의 규정에 의거하여 각 단구공회를 폐지하고 공회분사무소를 개설하여 회원의 훈련에 종사하도록 하는 동시에, 각 분사무소의 관할구역을 다시 배분하였다. 포구에서 천진에 이르기까지 모두 14개 분사무소를 설치하고 이사회로부터 인원을 파견하여 지도하였다.

(2) 평한철로공회

경한철로(평한철로)는 1923년 철로노동자의 노동운동과 탄압으로 발생한 2·7참안으로도 널리 알려져 있다. 1920년대 초 대부분의 철로에는 공회가 결성되어 있었는데, 이 가운데에서도 경한철로공회는 가장 강력한 조직이었다. 조합에는 모든 기기창의 노동자들, 열차 승무원, 그리고 견습공까지 가입되어 있었다. 이들은 일당의 절반 정도를 공회 회비로 낼 정도로 노동운동에 적극적으로 참여하고 있었다.

평한철로공회(경한철로공회)는 1920년 겨울에 조직되었는데, 처음에는 16개의 공인구락부로 시작하여 1922년에 18개의 공회로 개조되었다. 경한철로의 노동자들은 總工會를 결성하기로 결정하고 1923년 2월 1일 하남성 鄭州에서 경한철로총공회의 결성대회를 소집하였다. 노동자들은 신문에 이미 수차례 광고를 통해 여타 노동조합에도 지원을 요청하였으며, 초청장도 발송한 상태였다. 또한 당시 북경정부를 지배하고 있던 군벌 吳佩孚에게 4명의 대표를 파견하여 총공회 결성의 취지를 설명하였다.

그러나 총공회의 결성에 대해 오패부는 부정적인 견해를 견지하고 있었다. 오패부는 이들에게 정주당국의 허가를 득하지 않은 일체의 집회를 불법으로 규정하였다. 2월 1일 오패부의 명령을 받은 군인과 경찰이 대표들의 강당 진입을 저지하였다. 그러나 대표들은 한바탕 소동 끝에 회의장으로 진입할 수 있었다. 그러나 곧 군인과 경찰들이 난입하여 대표들을 체포하고 저항하는 자를 구타하였다.

　이에 2월 4일부터 2만 명에 달하는 철로노동자들이 참여한 총파업이 시작되었다. 2월 7일 군인들이 노동조합 사무실을 폐쇄하고 무력으로 파업을 탄압하기 시작하였으니, 이것이 소위 오패부의 철로노동자 학살사건이었다. 각 기차역에서 노동자들이 체포되고 살해되었다. 한구 부근의 江岸驛에서는 매우 격렬한 유혈충돌이 발생하였다. 당시 총공회 강안 분회장은 공산당원인 林祥謙이었다. 당국은 그에게 파업 중지를 명령하였으나 수용하지 않자 즉시 처형하였다. 이에 1만여 명의 철로노동자들이 모여들어 군대가 총공회의 사무실을 폐쇄하는 것을 막기 위해 저항하였다. 이 과정에서 약 40명이 사망하고 100명이 부상당하였다.

　2월 7일의 참안으로 수많은 공회가 해체되고 공인구락부도 와해되었다. 공개적인 노동운동이 불가능하게 되면서 이들은 지하로 잠복하였다. 이로 인해 철로노동자들의 노동운동이 일시 소강 상태로 접어들었으나, 오히려 이러한 참안은 노동자들의 정치의식을 성장시키는 계기가 되었다. 뿐만 아니라 철로학교의 부설과 이를 통한 교육은 철로노동자들의 현실에 대한 정치의식을 제고하는 중요한 통로가 되었다.

　1926년 겨울 국민혁명군이 무한에 도달하였을 때 마침내 총공회가 한구에서 성립되었다. 1927년 淸共(공산당 숙청) 시에 경한철로

300

공회 역시 국민정부 중앙의 명령으로 활동이 중지되었다. 1928년 북벌군의 진전에 따라 경한철로공회의 활동도 개시되어 신양으로부터 석가장에 이르기까지의 각 열차역에 분공회 조직을 설립하였다.

1929년 봄 경한철로 특별당부 주비위원회가 성립되고 뒤이어 경한철로공회정리위원회가 발족하여 지도기관이 되었다. 제3차 전로대표대회를 개최하고 장신점에 '평한철로공회연합판사위원회주비처'를 설립하기로 의결하는 한편, 4월에 제4차 대표대회를 개최하고 중앙의 비준을 거쳐 정식으로 연합판사처위원회가 성립되었다. 이후 연합판사처위원회를 이감사제로 개조하여, 이사 9명, 감사 5명을 선출하였으며, 이사회의 예하에 총무, 조직, 훈련, 선전의 4과를 설치

경한철로 장신점 職工識字學校 졸업생

출처 : 「平漢鐵路長辛店職工識字學校第十五班畢業學生暨教職員合影(二五年七月一日)」, 『鐵路月刊 : 平漢線』80期, 1936, p.7.(上海圖書館《全國報刊索引》數据庫)

하였다. 총공회의 회원은 16,707명이었으며, 전체 철로 노선에 걸쳐 직공자제학교 18개 학교를 설립하였다. 이 밖에 직공목욕탕 14곳, 소비합작사와 도서관을 설치하였으며, 『평한공회주간』을 출간하여 삼민주의 및 공회공작을 선전하였다. 총공회의 경비는 해당 철로관리위원회가 매월 2,000원을 보조하였다.

1931년 철도부가 발령한 공회법 및 공회법시행법에 의거하여 경한철로공회는 제6차 대표대회를 개최하여 철로 연선 소재의 18처 공회를 공회분사무소로 개조하고, 이감사를 선발하였다. 1932년 3월에 이르러 경한철로공회가 정식으로 설립되었다.

(3) 농해철로공회

농해철로는 1920년에 이미 각 大驛에 공회조직이 설립되어 있었다. 1927년 겨울 하남성총공회주비위원회가 인원을 파견하여 농해철로공회를 지도하여 鄭州, 開封, 洛陽, 陝州, 歸德 등에 각각 분회를 설립하였다. 1928년 여름 중앙당부민중훈련위원회는 해당 철로에 孫佑齊 등 정리위원 7명을 파견하여 정주에 정리위원회를 설립하였으며, 10월 3일 선거를 통해 농해철로공회를 설립하였다.

1931년 1월 31일 공회조직을 이감사회로 개조하여 선거를 통해 이사 9명, 후보이사 4명을 두었으며, 이사 가운데 3명을 상무이사로 추천하였다. 감사 5명, 후보감사 3명이었으며, 감사 가운데 1명을 상무감사로 추천하였다. 이감사회 예하에 총무, 경제, 훈련, 선전, 조직의 5과를 두었다. 1931년 당시 공회 회원은 총 7,202명에 이르렀다.

공회의 적극적인 노력에 힘입어 철로 연선의 大驛에는 부륜학교가 설립되었으며, 특히 가장 규모가 큰 5개 열차역에는 공인보습학교가 설립되었다. 정주에는 원공소비합작사가 설립되었으며, 기타 大驛에 원공소비합작사 분사를 두었다. 정주에는 철로직공을 위한 도서관도 설립되었다. 더욱이 大驛에는 철로직공에 대한 의료서비스를 제공하기 위해 의원을 설립하였으며, 정주에는 交誼會를 설립하여 직공의 집회 및 오락장소로 제공하였다. 이 밖에 정기간행물인 『路工半月刊』을 출판하여 철로지식의 보급과 노동자의 기능 향상에 기여하였다. 이를 위한 경비로 농해철로국이 매월 400원을 보조금으로 지원하였으며, 1932년 7월부터는 당부가 매월 200원의 보조금을 추가로 지원하였다. 보조금의 지출 내역을 살펴보면, 생활비가 50퍼센트, 판공비가 10퍼센트, 활동 및 선전비가 35퍼센트, 임시비가 5퍼센트 등이었다.

(4) 교제철로공회

1928년 산동성 당무지도위원회가 비밀리에 인원을 청도로 파견하여 교제철로의 회원 등기업무를 진행하였으며, 활동범위는 청도, 제남, 四方, 坊子 등에 국한되었다. 같은 해 10월 교제철로특별당부주비위원회가 설립되어 교제철로공회주비위원으로 손의창 등 9명을 파견하여 공회를 설립하기 위한 준비에 착수하였다. 같은 해 10월 해당 철로 특별당부주비위원회가 성립되어 비로소 해당철로공회주비위원회가 설립되었는데, 당시 공회에 가입한 노동자는 약 700여 명이었다.

1929년 4월 교제철로 당부집행감사위원회가 정식으로 성립되어 교제철로특별당부주비위원회를 정리위원회로 개조하였으며, 전체 철로를 총 7개의 분회로 구분하였다. 각 분회의 아래에 지부를 두고, 지부 아래에 다시 소조를 두었다. 소조회의는 분기마다 한 번씩 개최되었는데, 이 때 공회가 인원을 파견하여 소조회의를 지도하였다. 교제철로의 工警夫役(직공, 경찰, 인부)은 약 7,000여 명에 달하였는데, 이 가운데 공회에 가입한 자가 6,000여 명에 달하였다. 같은 해 10월 산동성당부는 다시 교제철로공회를 산동성당부의 회원으로 귀속시키고, 당부의 회원으로 등기하도록 하였다.

교제철로공회는 법률에 의거하여 會章을 제정하고, 이를 산동성당부에 상신하여 허가증서를 발급받았다. 1931년 2월 8일에 제1차 전로대표대회를 소집하여 이사와 감사를 선출하고, 철도부에 상신한 이후 정식으로 성립되었다. 이후 각지 분회 및 지부의 조직이 법령에 부합되지 않는다는 이유로 취소되고, 공회분사무소와 소조를 개설하였다. 이사회 산하에 총무, 조직, 훈련, 선전의 4과를 두었다. 전체 철로에 분사무소 6처를 두었으며, 회원은 총 5,567명에 달하였으며, 700여 명의 노동자가 미가입 상태로 있었다. 1931년 전 노선에 걸쳐 직공보습학교 7개교를 설립하고, 도서관 한 곳을 설립하여 200여 권의 책을 비치하였다. 제1, 제4, 제5, 제6등 분사무소는 모두 공인구락부를 설립하였다. 철로국이 매월 1,200원을 보조금으로 지원하였다.

(5) 북녕철로공회

북녕철로는 1928년 7월 하북성당부의 영도 하에 前門, 풍태, 天津, 塘沽, 唐山, 古冶, 山海關 등 7곳에 공회를 설립하였다. 1929년 3월 천진에 공회연합판사처가 성립되었으나 같은 해 4월 북녕철로당부의 지도 하에 북녕철로공회주비위원회를 설립하고, 전문, 풍태, 산해관, 금현, 황고둔 등 14개 지역에 분사무소를 설립하였다. 이후 같은 해 8월에 북녕철로전로대표대회를 거행하고 공회를 설립하였다. 이후 북녕철로공회정리위원회가 설립되었으나 오래지 않아 북녕철로공회정리위원회 역시 철폐되었다. 이에 따라 노동자들은 자체적으로 산해관에서 공회를 조직하였으나, 이후 여러 이유로 활동이 잠정 중단되었다.

1931년 4월 해당 철로 당부는 인원을 파견하여 8월 11일에 전로대표대회를 소집하여 이사 및 감사를 선출하고 북녕철로공회를 정식으로 설립하였다. 동시에 전문, 풍태, 천진, 당고, 당산, 고야, 산해관, 錦縣, 北票, 溝幇子, 營口, 大虎山, 通遼, 皇姑屯 등 14개 분사무소를 동시에 설립하였다.

1932년 2월 철도부에 공회의 조직을 신청하였다. 신청서에 의하면 북녕철로공회는 이감사제를 기본조직으로 채택하였으며, 상무이사 3명, 상무감사 1명을 두었으며, 이사회 예하에 1, 2, 3股를 설립하여 각각의 사무를 분장하도록 하였다. 가입회원은 총 10,096명에 달하였다. 노동자 가운데 약 300명이 미가입 상태였는데, 그 원인은 대부분이 관외지역으로부터 退回(원래의 지역으로 되돌아감)하였거나 혹은 임시고용된 단기공이었기 때문이다. 만주사변 이후 관외지역 소재의 금현 등 7개 분사무소는 일본군의 수중으로 떨어져 무형 중에 와해되고 말았다.

북녕철로공회는 원공소비합작사, 구판미면위원회, 직공야간학교, 공인구락부 등의 설립에 적극 나섰으며, 일본의 침략에 맞서 구국운동의 선전, 노동지식 보급 및 회무 소개 등 다양한 활동을 전개하였다. 소요경비의 내역을 살펴보면, 매월 철로국이 보조금 800원을 지원하였으며, 회비 200원을 더하면 총 1,000여 원에 달하였다. 지출 용도는 직원생활비 약 20퍼센트, 각 분사무소에 대한 보조금 지급이 약 30퍼센트, 판공비 및 선전비 30퍼센트, 사업비 약 20퍼센트 등이었다.

(6) 평수철로공회

일찍이 1921년에 평수철로 소속의 기무처 직공들은 외형상 기무연구소라는 조직을 설립하여 직공의 권리와 복리를 위한 방안을 연구하기 시작하였다. 1925년에 이르러 기무연구소는 평수철로공회로 개조되었다. 1928년 국민정부의 북벌이 진행됨에 따라 각 철로 구간(段)에서 속속 공회가 설립되었으며, 4월 21일 평수철로공회연합판사처가 결성되었다. 이에 국민정부는 정리위원 3명을 파견하여 공회 정리위원회를 조직하여 南口에서 총공회를 설립하고, 공회의 정리에 착수하였다. 마침내 1931년 10월 1일 평수철로공회가 정식으로 설립되었다.

평수철로공회의 조직은 이감사제로서 이사 9명, 후보이사 4명, 상무이사 3명, 감사 5명, 후보감사 2명, 상무감사 1명 등으로 구성되었으며, 西直門, 南口, 康莊, 張家口, 大同, 豊鎭, 平地泉, 綏遠, 包頭 등 各驛에 분회를 설립하였다. 이사회가 간사를 추천하여 각 분회의 모든 업무를 처리하였다. 경비 지출을 위해 평수철로국이 매달 800원을 지급하였으며, 평수철로특별당부가 400원을 지원하였다.

(7) 武長株萍鐵路工會

무장주평철로공회는 1927년 일시 업무를 중단하였으나, 이후 1931년 3월 徐家柵站 노동자들이 자체적으로 공회주비회를 결성하여 국민정부 철도부에 비준을 요청하였다. 이에 철도부는 인원을 파견하여 공회의 설립을 지도하였다. 이러한 결과 1931년 7월 1일 제1차 무장주평철로공회 대표대회를 개최하여 이감사를 선발하고 공회가 정식으로 성립되었음을 선포하였다. 공회의 본부는 徐家柵에 설립하였으며, 徐家柵, 岳州, 新河, 安原의 4개 주요 지역에 각각 분사무소를 설치하였다.

(8) 正太鐵路工會

정태철로공회는 1929년 2월에 설립되었으며, 국민정부 철도부와 하북성당부가 설립의 과정에서 적극적인 역할을 하였다. 공회의 조직은 이감사제를 채용하였으며, 이사회의 아래 4股를 두었다. 이사 9명 가운데 3명이 상무를 담당하는 이외에 나머지 이사들은 각 股의 주임을 맡았다. 회원은 2,226명에 달하였다. 철로노동자를 위한 사업으로서 원공소비합작사 한 곳, 공인도서관 한 곳, 정태의원 한 곳, 합작사, 도서관 등이 있었다. 정태철로국이 매월 공회에 보조금 40원을 지원하였으며, 이 밖에 철로직공의 의료서비스를 제공하기 위해 설립된 철로의원의 경비는 전액 철로국으로부터 지출되었다. 이 밖에 정기간행물로서 『正太工會月刊』을 출판하였으며, 매번 발행 부수가 2,000부에 달할 정도로 많은 독자층을 확보하였다. 공회의 경비를 위해 철로국이 200원, 당부가 100원을 보조하였으며, 회비가 80원으로 총 380원에 달하였다. 경비의 용도는 급여, 활동, 문건, 보조금 등이었다.

(9) 도청철로공회

도청철로는 1922년 4월 도청철로 공인구락부의 설립을 준비하였는데, 이것이 해당 철로에서 노동자가 조직한 최초의 기구라 할 수 있다. 같은 해 11월에 공인구락부를 폐지하고 도청철로공회로 개진하였으며, 공회의 조직은 會長制를 채택하였다.

1923년 2월 1일 경한철로공회가 정주에서 총공회를 설립하고 총파업을 단행하자, 이에 대해 오패부 등 군벌세력이 이를 철저히 탄압하였다. 이에 각 지역의 공회는 전국철로공회의 명의로 역량을 결집하여 동조파업에 적극 참여하였다. 이러한 가운데 도청철로공회역시 대표를 파견하여 전국철로공회의 대책회의에 참석하였으며, 나아가 군벌의 탄압에 항의하여 노동자 처우의 개선을 요구하며 파업에 동참하였다. 그러나 이러한 과정에서 군벌의 탄압으로 말미암아 파업이 성과를 거두지 못하였을 뿐만 아니라, 공회도 와해되고 말았다. 그럼에도 도청철로 소속의 철로노동자들은 암암리에 노동운동을 지속해 나갔다.

1925년 5·30운동을 계기로 도청철로공회가 다시 노동운동의 전면에 나섰다. 공회는 위원제를 채택하였으며, 같은 해 연말에 상여금문제를 둘러싸고 파업을 단행하였다. 다음 해인 1926년 4월에 공회 회원 왕사존을 광동에서 개최된 제3차 전국노동대표대회에 파견하였다. 1927년 국민정부의 북벌과 더불어 공회가 다시 활동의 전면으로 나서게 되었으나, 공산당과의 협조가 문제가 되어 다시 탄압을받게 되면서 무형 중에 공회조직이 크게 약화되었다.

1930년 3월 12일 도청철로공회의 집행위원회가 이사회로 개조되고, 감찰위원회도 감사회로 개조되었으며, 이감사의 임기는 법률에 따라 1년으로 정해졌다. 전체 철로 소속의 소조 수는 총 125개에 달하였으며, 회원은 총 1,194명에 이르렀다. 이 가운데 공무처 소속의 회원이 474명으로서 회원 전체의 40퍼센트를 차지하였다. 기무처 소속 노동자는 465명으로 전체의 40퍼센트를 차지하였으며, 차무처는 250명으로 전체의 20퍼센트를 차지하였다.

⑽ 경호·호항용철로공회

경호·호항용철로는 1931년 국민정부 철도부의 명령에 따라 경호·호항용철로공회정리위원회를 설립하였으며, 같은 해 7월에 다시 경호호항용철로공회개조판사처로 개조되었다. 9월 30일 전로제1차 대표대회를 개최하여 이감사를 선출하고 정식으로 공회의 성립을 선포하였다. 예하에 상해오송상주남경잡구 분사무소, 상해소주상주진강남경 5공창분사무소, 경호·호항용소삼단분사무소, 상해북참맥근로차참 등 7개 지부가 있었다. 조직은 이감사제를 기본으로 채용하여 상무이사 5명, 이사 4명, 후보이사 4명, 상무감사 1명, 감사 4명, 후보감사 2명을 두었다. 이사회의 산하에 총무, 조직, 선전, 훈련의 4과를 두었다. 철로노동자로서 공회에 가입한 회원은 총 15,000여 명에 이르렀다. 공회는 매월 약 600원을 경비로 사용하였으며, 경호철로당부와 호항용철로당부가 재정을 지원하였다. 지출 경비 가운데 직공의 생활비가 약 50퍼센트를 차지했으며, 판공비가 20퍼센트, 활동비가 30퍼센트를 차지하였다.

⑾ 산동박산경편철로공회

1931년 2월 서진형, 악증량 두 사람은 산동박산경편철로공회를 조직하여 박산현당부에 공회의 허가를 신청하였다. 이후 이들은 산동박산경편철로공회주비위원의 자격으로 주비위원회를 조직하였다. 6월 주비위원회 대표대회를 소집하여 이감사를 선출하고, 정식으로 공회의 성립을 선포하였다. 공회의 관리조직은 이사회, 감사회로 구성되었다. 산동박산당부가 공회의 경비로 매월 500원을 지원하였다.

⑿ 상악철로공회

1929년 상악철로정리위원회가 설립되었으나 1931년 3월에 주비위원회로 개조되어, 같은 해 7월 정식으로 공회로 개조되었다. 아울러 무창주평철로특별당부 및 철도부에 허가를 신청하였다. 공회의 관리조직으로는 상무이사 3명을 두고, 예하에 등기, 조사, 총무, 지도의 각 과를 분설하였다. 각 과에 정부주임을 한 명씩 두었으며, 직원이 약간 명을 두었다. 서가책 등 4곳에 분사무소를 설치하였다. 설립 시 회원은 총 5,778명이었으며, 소요 경비로 철로국이 매월 450원을 지원하였고, 당부에서 90원을 보조하는 외에 철로노동자가 매월 900여 원을 부담하였다. 대부분 이감사의 활동비 및 철로직공의 생활비로 사용되었다.

5 철로노동자의 노동운동

1) 경호·호항용철로 직공의 태업

상해사변이 발발하자 국민정부 철도부는 이 두 철로의 운행이 軍運(군사 운수)을 비롯하여 운수교통에서 매우 중요하다는 사실을 인식하였다. 항일전쟁을 수행하기 위해 戰區에 위치한 직공들은 평시대로 근무하지 않을 수 없었다. 철도부는 이들 직공들을 격려하기 위한 취지로서 전쟁이 종결된 이후 공훈에 합당한 대가를 지불하기로 약속하였다. 아울러 구체적인 장려방안을 강구하도록 양 철로국에 지시하였다. 전쟁으로 말미암아 戰區 내에 근무하는 철로직공 가운데 월급이 50원 이하인 자는 급여 2개월치를 차압하고, 51-100원인 자는 1개월 반치를 차압하였으며, 101-200원인 자는 1개월치를 차압하였다. 상황이 급박해지자 월급의 10퍼센트를 추가 공제하여 전비로 충당하였다.

전쟁이 종결된 이후 양 철로노동자들은 공회로 하여금 철로국과 교섭하여 철도부가 공제한 차관을 상환하도록 하기 위한 교섭에 착수하도록 하였다. 그러나 양 철로국은 이들의 요청에도 국민정부 철도부와의 교섭에 적극적으로 임하지 않았다. 이와 같은 철로국의 태도는 해당 철로노동자들을 격분시켰다. 더욱이 철로 소속 공장노동자들의 경우 자신들의 주택이 戰區 내에 위치하여 훼손된 부분도 적지 않았다. 이에 철로노동자들은 철로업무의 태업을 선포하였다. 이에 양 철로당국은 태업이 확대될 것을 우려하여 서둘러 공제한 급여를 발급하고 노동운동을 사전에 차단하였다.

2) 조산철로직공의 대우 개선 요구

조산철로공회 이사회는 물가의 상승으로 말미암아 노동자의 생활이 어려워지고 있음을 지적하며, 이를 위한 개선책을 강구해 줄 것을 철로국에 요청하였다. 이를 위해 다음의 7항 요구안을 제출하여 철로공사가 받아들이도록 요구하였다. 즉, (1)전체직공에게 특별 장려금(加薪) 지급, (2)근속장려금의 회복과 1928-1931년 총 4년간에 상당하는 장려금 발급, (3)숙소의 증설, 숙소가 완공되기 이전에 숙소 보조금으로 1명당 大洋 10원을 지급, (4)전체직공의 제복 및 근무복의 제공, (5)공회가 설립되기 이전에 철로공사와 체결한 철로노동자에 대한 대우와 조건은 이행되어야 하며, 아울러 직공급여의 규정에 제한이 없어야 한다. 철로경찰에 대해서는 특별히 처우를 개선해

야 한다. (6)직공이 8시간을 초과하여 근무할 경우 마땅히 그에 합당
한 초과수당을 지급해야 한다. (7)紅利의 발급

3) 진포철로 분규

1932년 11월의 조사에 따르면 진포철로 노동자의 경우 한 사람당
체불된 급여가 무려 7, 8개월분에 달하였다. 비록 철로국이 8년 동안
에 나누어 상환하겠다고 약속하기는 하였으나, 상환 기간이 지나치
게 길다고 여겨졌다. 이에 공회 상무위원회는 각 조의 組長 160여
명을 대동하고 진포철로관리위원회로 몰려가 이 문제에 대한 해결
방안을 요구하였다. 이에 진포철로관리위원회는 철도부에 긴급 전
보를 보내어 답변을 얻을 수 있었다. 이러한 결과 다음과 같은 합의
에 도달하였다. 1925-27년과 1928-29년 기간 동안 체불된 직공의 임
금은 면밀한 조사를 거친 이후, 철로국의 매월 수입이 100만 원에
미치지 못할 경우 평상의 지출을 유지하기 위해 발급하지 않도록 합
의하였으며, 수입이 100만 원이 될 경우 이 가운데 2만 원을 떼어
체불 임금을 상환하는 용도로 지출할 수 있도록 하였다. 수익이 120
만 원이 되었을 경우에는 3만 원을, 140만 원이 되면 4만 원을, 160만
원이 되면 5만 원, 180만 원이 되면 6만 원, 200만 원이 되면 7만 원
을 한도로 상환을 위해 지출할 수 있도록 하였다. 아울러 당해연도
12월분부터 이를 실시하기로 하였다. 단 매월 다음 달 10일 이전에
전체 철로의 수입을 명확히 산정한 이후에 실행하도록 하였다. 아울
러 철로공회와 철로관리위원회각 각각 대표를 파견하여 체불임금청
산위원회를 조직하여 이러한 업무를 수행하도록 하였다.

참고문헌

鐵道部鐵道年鑑編纂委員會, 『鐵道年鑑』第一卷, 1933.

鐵道部鐵道年鑑編纂委員會, 『鐵道年鑑』第二卷, 1934.

鐵道部鐵道年鑑編纂委員會, 『鐵道年鑑』第三卷, 1935.

北京大學法律係國際法敎硏室編, 『中外舊約章彙編』第一冊, 三聯書店, 1959.

北京大學法律係國際法敎硏室編, 『中外舊約章彙編』第二冊, 三聯書店, 1959.

金起田, 「間島協約」, 『朝鮮及國際條約集要』, 天道敎靑友黨本部, 1932.7

宓汝成, 『中華民國鐵路史資料』, 社會科學文獻出版社, 2002.9.

宓汝成, 『中國近代鐵路史資料』1冊, 中華書局, 1984.

宓汝成, 『近代中國鐵路史資料』上·中·下, 台北文海出版社, 1977.

中國第二歷史檔案館編, 『中華民國史檔案資料匯編』第三輯(外交), 江蘇 古籍出版社, 1991.

鐵道部總務司勞工編, 『民國22年國有鐵路勞工統計』, 南京京華印書, 1934

嚴中平, 『中國近代經濟史統計資料選輯』, 科學出版社, 1955.8.

陳眞, 『中國近代工業史資料』第4輯, 三聯書店, 1961.

金志煥, 『鐵道로 보는 中國歷史』, 학고방, 2014.

吳承明著, 金志煥譯, 『舊中國 안의 帝國主義 投資』, 高麗苑, 1992.

金士宣, 『中國鐵路發展史』, 中國鐵道出版社, 1986.11.

李占才, 『中國鐵路史』, 汕頭大學出版社, 1984.6.

李國祁, 『中國早期的鐵路經營』, 中央研究院近代史研究所, 1976.12.

許滌新, 吳承明, 『中國資本主義發展史』3卷, 人民出版社, 2003.

蕭一山, 『淸代通史』下, 商務印書館, 1967.5.

楊承訓, 『三十年來之中國工程(下)』, 華文書局, 1967.8.

隗瀛濤, 『四川保路運動史』, 四川人民出版社, 1981.

陳樹曦, 『中華民國史交通志』, 國史館, 1993.

鐵路總局, 『敦化圖們間鐵道の完成と日滿關係』, 1933.9.

滿洲經濟年報編輯委員會, 『滿洲經濟年報』上, 1937.

高成鳳, 『植民地鐵道と民衆生活 : 朝鮮·臺灣·中國東北』, 法政大學出版
　　　局, 1999.

町田耘民, 『滿蒙の鐵道戰』, 民衆時論社, 1926.1

米澤秀夫, 『上海史話』, 畝傍書房, 1942.

中村玄濤, 『外地統治史』, 大陸之日本社, 1936.

安東木部領事, 『鉄道貨物ニ対スル三分ノ一減稅問題』第一卷, 1911.10.

井上勇一, 『東アジア鐵道國際關係史』, 慶應通信株式會社, 1990.2.

滿鐵調查課, 『滿蒙鐵道の社會及經濟に及ぼせる影響』, 1931.7.

關東都督府, 『軍事上ヨリ觀察シタル滿蒙一般狀態圖表(經濟之部)』, 1914.

Kungtu C. Sun, The Economic Development of Manchuria in the First Half
　　　of the Twentieth Century, Harvard University Press, Cambridge, Mass,
　　　1969.

제6장
철로의 사회, 경제적 영향

1 關內地域

1) 철로와 광업의 발전

중국인이 자력으로 부설한 최초의 철로는 당서철로였다. 이 철로는 북양함대와 근대적 기업에서 기계제 생산공정에 연료를 보급하기 위해 부설된 철로였다. 청말 자강운동의 일환으로 추진된 양무운동의 슬로건은 부국강병이었으며, 서구의 '선견포리'(튼튼한 선박과 날카로운 대포)와 근대적 생산설비를 도입하는 것이 핵심적인 내용이었다. 전근대적 수공업을 대체하기 위해 서구로부터 도입된 근대적 생산은 기계를 이용한 대량 생산을 의미하였다. 이러한 과정에서 철광 및 석탄의 채굴과 공급을 위해서는 광업의 발전이 불가결하였으며, 더욱이 생산된 대량의 화물을 저렴한 운임으로 신속히 운송할 수 있는 철로의 등장이 필요하였던 것이다. 이와 같이 철로는 최초 성립부터 광업의 발전과 불가분의 관계에 있었다.

(1) 唐胥鐵路와 광업의 발전

중국이 자력으로 부설한 최초의 철로인 당서철로는 개평탄광에서 생산된 석탄을 운송하는 데 크게 기여하였다. 1883년 한 해 동안 개평탄광으로부터 국내 각 항구로 운송된 석탄의 수량이 총 8,503톤에 달하였으며, 1886년에는 무려 33,677톤으로 비약적으로 증가하였다. 같은 시기에 천진항으로 수입된 외국산 석탄은 9,728톤으로부터 301톤으로 크게 감소되었다. 이와 같은 수치는 철로의 부설과 운영이 중국사회와 경제의 발전에 매우 효과적이라는 사실을 내외에 잘 보여준 것이라 할 수 있다.

(2) 正太鐵路와 광업의 발전

정태철로의 연선지역에서는 농산물과 광물이 풍부하게 생산되었다. 井陘炭鑛과 正豊炭鑛의 석탄, 그리고 陽泉의 무연탄이 모두 이 철로를 통해 북경, 천진, 상해, 한구 등지로 운송되었으며, 壽陽의 양식, 楡次의 면화, 가죽 등도 외부로 운송되었다. 본 철로의 영업수입 가운데 貨運(화물운수)이 전체의 5분의 4를 차지하였으며, 특히 석탄이 주산품이었다.

정태철로는 석탄의 운송에 다양한 혜택을 부여하니, 대량의 석탄이 太行으로 실려 나간 이후 다시 경한철로로 옮겨 실어 각지로 운송되었다. 정태철로의 부설로 산서성의 폐쇄성이 크게 해소되었으며, 이는 결국 산서성와 하북성 두 성에서 석탄업의 발전을 가져왔다. 민국 초년에 陽泉과 井陘 일대에는 탄광이 50여 곳으로 발전하였다.

(3) 경한철로와 광업의 발전

경한철로 연선에는 북경, 한구를 비롯하여 保定, 正定, 順德, 彰德, 鄭州, 許州, 信陽 등 수많은 도시가 자리하고 있었다. 북경 노구교에서 경봉철로와 통하고 한구에서 奧漢鐵路, 석가장에서 正太鐵路, 新鄕에서 道淸鐵路, 정주에서 汴洛鐵路, 信陽에서 浦信鐵路와 통하여 교통의 일대 동맥을 형성하였다. 이러한 이유로 영업성적이 경봉철로와 더불어 중국철로 가운데 가장 양호한 편에 속하였다. 1919년의 총수입은 2,600만 원, 총지출은 900만 원으로서, 순익이 무려 1,760만 원에 달하였다.

경한철로의 부설은 연선의 광업과 산업의 발전에 크게 기여하였다. 화북의 각 성에는 매장량이 풍부한 철광과 탄광이 폭넓게 분포되어 있었지만, 이전에는 교통 운수가 불편하여 본격적으로 개발되기 어려운 실정이었다. 경한철로 연선에는 개발되지 못한 탄광이 무려 30여 處에 달하였다. 철로의 개통은 석탄, 철광 등 화운의 운임을 크게 절감시켰으며, 이는 광공업의 발전과 유통의 확대에 크게 기여하였다.

(4) 주평철로와 광업의 발전

주평철로는 개통 이후 경영성적이 매우 양호했다고 할 수는 없었다. 1919년 총수입이 697,000원, 총지출은 667,000원으로서, 수입의 내원은 대부분 석탄의 운임으로부터 획득된 것이며, 객운의 수입은 상대적으로 적은 편이었다. 평향탄광은 서양의 신기술을 받아들여 하루 3,000여 톤의 석탄을 생산하였다. 주평철로가 부설된 이후 평향의 석탄은 열차로 株州까지 운반된 이후, 여기서 다시 선박에 선적되어 湘江, 장강을 거쳐 漢陽으로 운송되었다. 1936년 浙贛鐵路로 귀속되어 함께 관리되었다.

주평철로는 호남성 경내를 지나는 최초의 철로로서, 교통운수뿐만 아니라 지역경제의 발전에도 매우 중요한 역할을 수행하였다. 주평철로는 한야평공사의 경영을 위해서도 매우 중요한 철로였다. 한야평공사는 중국과 독일, 영국, 일본의 합자기업으로서, 여기에 필요한 석탄은 강서성 평향의 안원탄광으로부터 공급되었다. 주주－평향(安源) 철로는 강서성과 호남성 두 성 사이의 교통을 연결하며, 또한 강서성의 주요 공업도시인 평향시와 호남의 株洲市를 연결하며, 양성 간의 물류 유통과 경제 발전에 크게 기여하였다.

(5) 도청철로와 광업의 발전

1930년 12월 5일, 남경국민정부 철도부는 도청철로관리국을 철폐하고 도청철로를 평한철로 지선으로 개조하였다. 이후 철로와 광업이 상호 긴밀히 결합하면서 焦作의 광업은 전대미문의 호황을 구가하였다. 하남성 북부의 修武, 懷慶 일대는 무연탄의 매장량이 풍부하였다. 도청철로는 석탄 생산지를 경한철로 및 衛河와 연결하여 하남의 석탄을 철로와 수로를 통해 성 밖으로 운송함으로써 하남성의 광업 발전을 조장하였다. 더욱이 청조가 도청철로를 회수한 이후 일반에 객화운수를 개방함으로써, 이 철로는 전문적인 석탄 운송용 철로로부터 일반의 보통철로로 그 성격이 크게 전환되었다. 이에 따라 당연히 철로의 경영상황도 크게 개선되었다.

焦作市의 탄광업이 급속히 발전하자 인구가 대량으로 유입되면서 이 지역에 미증유의 이주 열풍이 불어 닥쳤다. 도청철로는 바로 이들 인구를 신속히 실어 날라 석탄 관련산업의 발전을 선도하였다. 도청철로 노정관리 분야의 통계에 따르면, 외지인구가 焦作으로 이주해 온 경우는 대부분 석탄광산의 노동자로 취업하는 경우가 많았다. 1921년에는 100명, 1925년에는 850명으로서, 이 가운데 일부는

정주하거나 상업에 종사하기도 하였다. 1928년에 焦作으로 유입된
인구는 1,500명으로 증가하였으며, 1931년에는 무려 22,000명으로 비
약적으로 증가하였다. 도청철로의 운송 능력이 제고되면서 1937년
항일전쟁 전야에는 무려 35,000명에 달하였다.

도청철로를 통한 인구의 유동을 살펴보면, 안휘성 북부지역의 彰
德(현재의 安陽), 衛輝府(현재의 新鄕)의 농촌인구가 대량으로 유입
된 경우가 많았다. 이 밖에 사립의 焦作工學院에 입학하기 위해 학
생들이 몰려들었으며, 여기서 공직에 근무하던 교사와 정부기관의
공무원들도 증가하면서 外籍의 관리인원이 증가하였다. 이러한 과
정을 통해 이 지역은 새롭게 공상업 도시로 변모해 나갔다.

도청철로 노선도

(6) 회남철로와 광업의 발전

회남철로는 완공 이후 매일 11차례 열차를 운행하여 석탄을 유계
구까지 운송하였다. 유계구에 도달한 이후 다시 기타 교통수단을 통
해 3-5일 이내에 안경, 구강, 한구나 남경, 진강, 남통, 상해 등에 도

달하였다. 1936년의 통계를 살펴보면, 회남철로가 개통된 이후 전년도에 비해 포구, 무석, 상해 3곳의 운임 비용이 20.4퍼센트, 23퍼센트, 31퍼센트 인하되었다. 운임의 인하는 다시 판매가격의 인하로 이어져, 1935년 1톤당 11원으로부터 1936년에는 9원으로 인하되었다. 포구에서의 판매가격은 8.9원에서 8원으로 인하되었다.

1936년도 회남의 구룡강과 대통의 두 탄광에서 생산된 석탄은 66만 톤에 달하여 1935년의 36만 톤에 비해 2배 증가하였다. 회남탄광의 총생산량은 열차가 개통하기 이전인 1935년의 29만 톤으로부터 열차가 개통된 이후인 1936년에는 일약 58만 톤으로 2배 증가하였다. 1937년에 이르러 회남 九龍崗과 대통의 두 광산에서 생산되는 1년 석탄 생산량이 100만 톤을 돌파하여 당시 중국 5대 탄광의 하나로 성장하였다.

회남의 석탄은 시장에서 경쟁력이 높았으며, 이에 따라 자연히 시장 점유율도 제고될 수밖에 없었다. 회남철로가 개통된 이후인 1936년과 1년 전을 비교하면 회남석탄이 浦口, 無錫, 上海 세 곳에 도달하는 운임이 각각 20.4퍼센트, 23퍼센트, 31퍼센트 절감되었다. 상해에서 석탄의 판매가는 톤당 11원으로부터 9원으로 하락하였으며, 무석에서의 판매가도 9원에서 8.2원으로 인하되었다. 포구에서도 8.9원에서 8원으로 인하되었다.

당시 正太鐵路가 대량의 석탄을 운반하여 전국 철로 가운데 수위를 차지하였는데, 회남철로가 그 다음으로 많은 석탄을 운반하였다. 이로 인해 合肥가 일약 상업도시로 크게 성장하였고, 蕪湖港의 무역이 번성하였으며, 철로 연선에 위치한 도시에서도 경제가 크게 발전하였다. 1936년과 1937년의 회남철로의 객운수입이 96만 원과 91만 8천 원이었음에 비해 1936년의 화운수입은 12만 원에서 1937년에

는 130여만 원으로 증가하였다. 그리하여 회남철로의 객화수입은
1937년에 무려 277만 원에 달하였다.

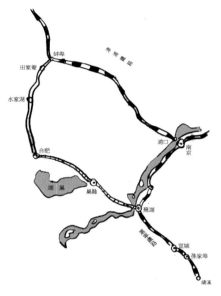

회남철로 노선도

(7) 津沽鐵路와 광업의 발전

李鴻章은 津沽鐵路의 부설로 당진철로가 완성되자, 다시 이로부
터 동으로 山海關까지 철로 노선을 연장하여 부설하려는 계획을 수
립하였다. 그러나 중국철로공사는 산해관으로 연장하는 노선 이전
에 먼저 天津으로부터 북경 부근의 通州(현재의 通縣)에 이르는 津
通鐵路의 부설이 긴요하며 시급하다고 조정에 상주하였다. 이 철로
는 여객과 화물의 유통이 집중된 북경과 천진 사이를 잇는 노선으로
서 당서철로, 당로철로(개평철로), 진고철로의 세 철로를 축으로 연

결하여, 당산의 석탄을 끊임없이 천진으로 실어 나를 수 있었다.

천진시장에서는 이전부터 막대한 수량의 일본산 석탄이 수입되어 시장을 장악하고 있었다. 그러나 개평탄광에서 생산된 석탄은 뛰어난 품질과 저렴한 철로 운임에 힘입어 높은 경쟁력을 갖추고 있었다. 실제로 천진시장에서 1880년대 말이 되면 일본산 석탄의 수입이 크게 감소하였다.

2) 철로와 농업의 발전

(1) 강남철로와 안휘지역 경제의 발전

강남철로가 개통된 이후 안휘성 남부지역에서 산출된 농산물의 外運은 크게 활성화되었다. 이 지역은 농산물, 특히 쌀과 차의 주산지였으며, 무호는 전국 4대 쌀 생산지 가운데 하나였다. 1936년 강남철로 각 역으로부터 남경, 상해, 항주 등으로 운반해 간 쌀이 무려 24만여 톤에 달하였다.

강남철로는 화물의 운송에서 거리가 멀수록 누진적으로 운임을 인하해 주는 방식을 채택하였으며, 별도로 특정운임 할인 및 우대할인 등을 시행하였다. 강남철로의 화물 운임은 상품을 4개 등급(특등, 1등, 2등, 3등)으로 나누어 3등 화물 운임을 기준으로 3등이 100퍼센트, 2등이 121퍼센트, 1등이 210퍼센트, 특등이 340퍼센트로 부과되었다. 이정표는 24킬로미터를 기본단위로 하여 화물등급과 이정에 따라 운임을 계산하였다. 1930년 남경국민정부 철도부가 연계운수의 운임을 통일시키기 위해 각 철로로 하여금 일률적으로 整車와 不滿整車의 兩級 운임제를 채택하도록 지시하였다.

강남철로는 수운 및 공로(도로)와의 연운(연계운수)을 시행하였다. 예를 들면 강남철로공사는 안휘성공로국과 '試辦旅客聯運合同'을 체결하고 여객의 연운을 시행하였다. 1936년 4월 쌍방은 홍차의 연운협정에 서명하고, 祁門으로부터 宣城 사이에서는 공로국이 홍차를 운반한 이후 선성에서 상해까지는 강남철로의 열차로 운송하도록 하였다. 강남철로는 인원을 파견하여 기문의 茶場에서 직접 연운 화물표를 발급하였다. 당해연도 연운으로 운송된 홍차는 총 40,215상자에 달하였는데, 이는 기문에서 1년간 생산된 홍차 총 65,000상자의 60퍼센트에 상당하는 수량이었다.

더욱이 장강 상하류 지역과의 소통을 위해 1935년 2월 5일 강남철로는 국영 招商局과 '水路貨物聯運合同'을 체결하였다. 이로써 안휘성 남북의 화물이 육로교통으로 장강 연안까지 도달한 이후에 초상국의 윤선으로 장강의 남북 各岸, 예를 들면 漢口, 九江, 大通, 安慶, 鎭江, 烟台, 威海衛, 天津, 寧波, 汕頭, 廣州, 上海 등지로 운반되었다. 수륙연운은 운임을 절감하여 영업을 촉진하고 이윤을 증진하며 운송시간을 절감함으로써 국가의 교통사업 발전에 이바지하였다.

1935년에 개통된 이후 남경에서 孫家埠까지 매일 직통열차가 4차례 왕복하였다. 주행 속도는 무호에서 손가부 구간은 시속 40킬로미터로 운행하였으며, 남경에서 무호 구간은 시속 30킬로미터로 운행하였다. 남경에서 무호까지는 약 3시간 반이 소요되었으며, 남경에서 손가부까지는 7시간 반이 소요되었다. 강남철로는 운수 가운데 객운이 다수를 차지하였다. 1935년 매일 평균 객운량이 약 2,200명에 달하였다. 남경에서 무호까지의 票價는 3등이 1원 3角 5分, 평균 1킬로미터당 1分 5厘에 해당되었다. 4등은 7角이었다.

여객은 대부분 3, 4등표를 구매하여 승차하였으며, 일부 짐을 휴대하고 승차할 수 있었다. 1935년 6월부터 1936년 12월까지의 통계를 살펴보면, 19개월간 여객 총수는 255만 명이며, 이 가운데 4등차 여객이 168만 명, 3등차 여객이 73만 명으로서, 양자가 전체 여객수의 95퍼센트를 차지하였다. 강남철로공사는 농민과 소상인의 탑승을 유도하기 위해 4등차의 여객이 상당량의 수하물을 휴대하고 탑승할 수 있도록 허가하였다. 이는 여타 철로국에서 엄격히 금지하고 있는 상태였다. 심지어 쌀을 운반하는 화주는 열차역에서 마대를 빌릴 수 있을 정도였다.

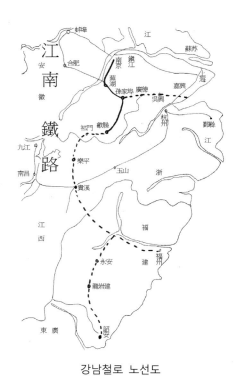

강남철로 노선도

(2) 경한철로와 연선지역의 농업 발전

경한철로의 개통은 연선지역의 농업에 큰 변화를 이끌어 내었다. 기존 하남성 등 화북지역에서 농작물의 상품화 정도는 비교적 완만한 편이었다. 그러나 철로가 개통된 이후 물류 유통을 활성화하기 위한 조건이 갖추어지자 면화, 담배, 깨 등 환금작물의 상품화 비율이 제고되면서 본격적으로 재배되기 시작하였다. 이에 따라 이들 상품작물을 재배하기 위한 경지도 대대적으로 확대될 수밖에 없었다. 화북지역에서 생산된 면화 등 상품작물은 기존의 수로로부터 대량의 수송이 가능하면서도 운임이 저렴한 철로로 유통루트가 변화되었다. 물류 유통의 변화는 다시 이 지역의 농업이 식량작물의 재배로부터 환금성의 상품작물의 재배로 변화하는 데 결정적인 영향을 미친 것이다.

(3) 남심철로와 농산물 유통의 활성화

1916년 6월 남심철로의 전 노선이 개통되었다. 객운에서는 객차를 1등(頭等), 2등, 3등으로 나누고 이후 다시 4등 차표를 추가하였다. 화운에서는 1916년에 총 운송량이 5만여 톤이었으며, 1918년 이후 대체로 10만 톤 이상을 유지하였다. 1922년에는 화운이 43만 톤에 달하였다. 화운의 주요 내역은 농산품, 특히 쌀의 운송이 많았다. 남심철로가 개통되기 이전에 수출된 九江의 쌀 수량은 매년 10만 擔에도 미치지 못하였으나, 철로가 개통된 이후 1916년에 36.6만 擔으로 증가하였으며, 1924년에는 244.8만 담으로 비약적으로 증가하였다. 철로의 개통으로 구강지역에서 생산된 쌀의 유통이 크게 촉진된 것이다. 남심철로가 개통된 첫 해에 구강을 통해 수출된 쌀과 잡곡은 366,497擔으로서 1914년의 72,442담을 크게 초과하였다. 1936년 전국 27개 해관에서 수출된 쌀은 723.7만 公擔(100킬로그램)이었는데, 구강에서 수출된 것이 183.7공담으로 가장 많았다.

(4) 도가철로와 농업의 발전

도가철로가 부설된 이후 농산물의 운수가 크게 증가하였다. 1934년 도가철로를 통해 운송된 농산물은 30,751톤이었으며, 1936년에는 61,128톤에 달하였다. 도가철로가 막 부설된 1935년에 나진항의 수출입품은 26,000톤이었는데, 철로를 운영한지 1년 이후인 1938년에는 무려 84만여 톤으로 증가하였다. 이 가운데 콩의 수출이 64만 톤으로 당해 연도 나진항 수출 총량의 91퍼센트를 차지하였다. 도가철로는 농산물의 운송에서 매우 중요한 역할을 수행하였다.

1938년 도가철로의 객운량은 3,698,000명이며 1940년에는 6,088,000명이었다. 1942년에는 7,415,000명으로 증가하였다. 1938-1942년 사이의 5년간 중국 동북 및 조선 북부의 48개 철로 노선 가운데 여객 운수의 통계를 살펴보면, 도가철로가 1938년 2위, 1940년 4위, 1942년에 4위를 차지하였다.

도가철로는 중국 동북지방과 조선을 연결하는 주요 물류 유통루트라 할 수 있다. 1935년 5월 22일 일본과 만주국은 수도 '新京'(長春)에서 두만강을 통과하는 열차의 운행 및 관세 간략 수속 협정에 서명하였다. 이후 만주국의 철로는 조선 북부의 철로와 직통으로 운수가 가능하게 되었다. 이 철로를 통해 수많은 식량이 운송되고, 軍運이 실시되었다. 일본은 이 철로를 통해 콩, 식량, 식용유, 석탄 등의 주요 물자를 두만강을 경유하여 자국으로 운반해 갔다.

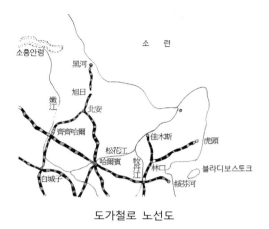

도가철로 노선도

만주국의 철로네트워크

3) 철로와 상업 유통의 발전

(1) 화북지역 철로와 水系의 상호 연결

청조 말기에 화북지역의 화물 운송은 주로 강과 운하를 통한 수운에 의존하고 있었기 때문에 갈수기가 장기간 지속될 경우 불가피하게 계절성 운행을 하지 않으면 안되었다. 또한 시간이 흐름에 따라 運道의 협착, 수심의 深淺 등과 같은 자연적 제약으로 인해 내하 수송은 점차 쇠퇴해갔다. 20세기 들어 철로망이 확대되기 시작하면서 화북지역의 운송체계에는 일대 혁신적인 변화가 출현하였다. 청말 수로에 의존하여 화물을 운송하던 시기에는 화북지역의 수로들이 각기 서로 다른 방향으로 흐르는 까닭에 기본적으로 수로와 수로 간의 연결이 불가능하였다. 그러나 철로네트워크가 화북지역과 동북지역의 각 방향으로 확대되면서 각기 서로 다른 방향으로 형성되어 있던 水系와 水系를 상호 연결시킬 수 있게 되었다. 이것은 화북의 각 지역 간의 화물 운송시간을 단축하는 데 크게 기여하였다.

화북지역에는 경봉철로, 경한철로, 진포철로, 경장철로, 정태철로 등의 철로 노선이 부설되어 있었다. 1903년에 완성된 경봉철로는 화북지역과 동북지역에 형성되어 있던 海河水系, 深河水系와 遼河水系를 연결시켜 줌으로써 화북 각 지역과 동북지역 사이의 화물 운송시간을 크게 단축시킬 수 있었다. 1907년 완공된 경한철로는 중원을 관통함으로써 西河流域의 갈수기로 인한 운송의 공백을 메우는 데 크게 기여하였을 뿐만 아니라, 화북지역과 장강 중류지역을 상호 연결시켜 주었다. 이로 인해 하남성 일대의 농부산물을 화북 일대는 물론, 장강 유역의 공업도시로 신속하게 운송할 수 있도록 하는 데 크게 기여하였다.

(2) 대만철로와 수출입 무역의 증가

대만철로가 부설된 이후 이 지역의 교통상황이 크게 개선되어 객운과 화운이 대폭 증가하였다. 대만의 특산품인 차와 장뇌1) 등의 상품은 철로가 부설된 이후 아침에 출발하여 저녁에 목적지에 도달할 수 있게 되었다. 철로의 부설이 대만의 경제 발전을 위해 선도적 역할을 하게 된 것이다.

대만철로 노선도

---

1) 樟腦는 장나무에서 나오는 진을 원료로 하여 만든 것으로서, 옴과 버짐, 문둥병으로 인해 발생하는 열을 낮추는 작용을 한다. 이 밖에 향료로도 사용되며 昭腦라고도 불리운다.

대만철로 부설 이후 차, 樟腦 수출의 증가 상황

연도	차 (1000파운드)	樟腦 (1000파운드)
1887	16,816	336
1888	18,053	509
1889	17,384	555
1890	17,107	1,064
1891	18,055	2,793
1892	18,230	2,906
1893	21,908	5,321
1894	20,533	6,877

(3) 경한철로(노한철로)와 상업의 발전

경한철로의 화물 운송 내역을 살펴보면, 연선지역이 광대한 옥토 평야로 조성되어 있어 면화, 잡곡, 기타 농산물이 위주였으며, 이 밖에 석탄 등도 적지 않았다. 경한철로가 부설되기 이전에 漢口에서 北京까지 화물의 운송은 대체로 수로를 통해 이루어졌다. 대략 30일 정도의 기간이 소요되었으며, 눈비, 폭풍 등 악천후일 경우 40일 정도 소요되었다. 그러나 철로가 완공된 후 하루, 이틀이면 도달할 수 있게 되었다. 노한철로의 부설을 계기로 이 지역의 물류 유통량이 대폭 증가하였으며, 이러한 결과 철로 연선에 걸쳐 상업이 크게 발전하였다.

노한철로가 개통된 이후 하북, 하남 등 화북의 연선지역에서는 상거래가 크게 확대되었다. 이러한 원인은 무엇보다도 교통운수의 발달로 인해 물류 유통이 크게 촉진되었기 때문이다. 예를 들면 철로 연선의 鄭縣, 郾縣, 申驫에서는 철로가 개통되기 이전에는 타지로 나아가 상업에 종사하는 자가 드물었으나, 경한철로가 부설된 이후 장거리무역에 종사하는 상인이 급증하였다. 하남지역에서 상업이

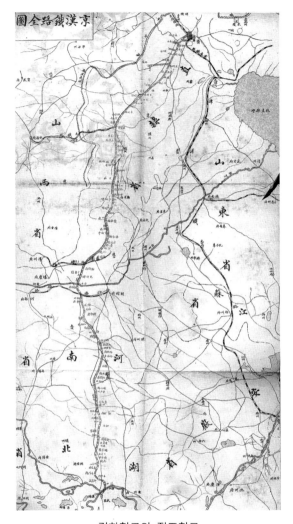

경한철로와 진포철로

중국 중부를 종관하는 두 노선 가운데 왼쪽 노선이 바로 로한철로(경한철로)이며, 오른쪽 노선이 진포철로이다.

출처:「京漢鐵路全圖」,『京漢旅行指南』5期, 1914, p.40.(上海圖書館《全國報刊索引》數据庫)

발전하면서 이들이 복건, 광동, 산서상인들과 경쟁하며 무역에서 자신들의 입지를 확보해 나갈 수 있게 되었다.

뿐만 아니라 상업의 발전으로 인해 철로 연선지역에서는 수많은 城鎭이 흥기하였으며, 대도시가 출현하여 각지의 향민들을 불러 모았다. 이로 인해 도시의 인구는 점점 증가하였다. 예를 들면 노한철로와 농해철로가 교차하는 鄭州는 전성 가운데 최대의 공업 중심도시로 부상하였다. 철로가 개통되기 이전에 정주에서는 상공업의 발전이 매우 지체되었지만, 철로가 부설된 이후 공업과 상업의 발전이 급속도로 진전되면서 인구가 증가하고 각종 서비스업도 부수적으로 발전하면서 일약 대도시로 성장하게 된 것이다.

(4) 정태철로와 상업의 발전

1907년에 개통된 정태철로는 正豊, 陽泉 등에서 생산된 석탄과 壽陽, 楡次 등 지역에서 생산된 면화와 식량을 천진과 북경 일대로 대량으로 신속하게 운송할 수 있게 해 주었다. 石家莊은 경한철로와 정태철로가 개통된 이래 북경, 천진지역과 서북지역을 연결하는 교통의 요지로 발돋움할 수 있게 되었다. 석유, 궐련(紙烟), 布疋, 면사 등의 공산품이 북경, 천진지역으로부터 석가장을 거쳐 서북 일대로 공급되었다. 석가장을 경유하여 京津地域(북경, 천진)으로부터 서북지역으로 수송된 석유의 총량은 연간 480만 원에 달하였고, 궐련은 60만 원, 포필은 600만 원에 달하였다. 또한 하북성 남부와 산서성 중부 일대에서 생산된 면화는 모두 석가장을 경유하여 경진지역으로 운송되었다. 1924년의 통계에 따르면, 석가장을 거쳐 경진지역으로 운송된 면화의 총량은 34만여 담에 이르렀다.

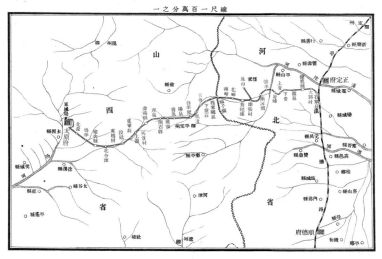

정태철로 노선도

출처 : 宗惟賡,「正太鐵路全圖」, 『正太工務處統計年報』, 1933, p.18.(上海圖書館
《全國報刊索引》數据庫)

(5) 경장철로와 상업의 발전

경장철로가 개통된 이후 張家口는 서북지역과 북경, 천진지역을
이어주는 중요한 교통의 요지로 발전하였다. 서북지역에서 생산된
농산물과 농부산물, 축산물은 장가구를 거쳐 천진으로 운송된 이후
천진에서 가공 공정을 거쳐 대부분 외국으로 수출되었다. 1920년 참
깨 370만 근, 피혁 29만 근 등의 상품이 매년 장가구를 경유하여 경
진지역으로 운송되었다.

歸綏 역시 서북 일대에서 중요한 모피의 집산지였다. 1921년 경장
철로가 歸綏까지 연장 부설된 이후 급속한 발전을 거듭하였다. 1915
년 1만 명에 지나지 않았던 도시의 인구가 1935년에는 184,000명의

중급 도시로 성장하였다. 천진시에 소재한 각 洋行은 이곳에 仁記, 新泰興 등 10여 가의 分莊을 개설하고, 모피의 수집에 주력하였다. 1914년 歸綏로부터 천진으로 수송되어 가공 처리된 200만 근의 양모 및 낙타모, 9만 장의 가죽은 경장철로가 연장 부설된 이후 각각 1,180만 근, 100만 장으로 급증하였다.

이와 같이 20세기 철로네트워크의 확대는 경진지역과 화북, 서북지역 간의 교역을 촉진하였으며, 경진지역에서 생산된 공산품의 소비시장을 화북과 서북지역, 몽골 일대로 확대시키는 데 중요한 역할을 하였다. 화북과 서북 일대에서 수집된 공업원료와 농특산물은 철로망을 통해 경진지역으로 운송되어 가공처리 과정을 거쳐 공산품으로 만들어진 후 일부는 수출되고 일부는 화북, 서북 일대로 공급되었다.

과거 수로 등에 의지하여 물품의 운송이 이루어졌을 당시에는 수송체계의 한계로 인해 경진지역에서 생산된 공산품은 북경과 직예

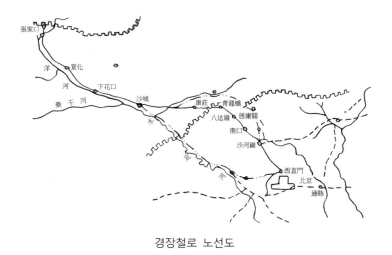

경장철로 노선도

성 일대의 소비시장에 국한되어 소비되었을 뿐이다. 그러나 철로망의 확충으로 말미암아 화북과 서북지역 일대로 소비시장을 확대할수 있게 된 것이다. 소비시장의 확대는 그만큼 경진지역의 공업을 발전시키는 주요한 기초가 되었음은 말할 나위도 없다.

4) 철로와 경제전반의 발전

(1) 소가철로와 물류유통로의 변화

소가철로는 1935년 2월 22일 부설공사에 착수하여 다음 해 7월 15일 정식으로 열차를 개통하였다. 레일 중량은 1미터당 37킬로그램을 채택하였으며, 부설비용으로 280만 원이 편성되었는데, 대부분 국민정부 철도부가 지출하였다. 그러나 이후 자재비용의 상승으로 말미암아 절강흥업은행으로부터 재차 50만 원 상당의 차관을 도입하였다. 소가철로의 개통으로 소주와 가흥 사이의 철로 운행거리와 시간이 크게 단축되었다. 소주 이서, 가흥 이남 사이를 왕래하는 객화운수가 더는 상해를 둘러올 필요가 없게 되어 약 110킬로미터의 여정을 단축할 수 있었으며, 3시간 정도가 단축되었다.

이러한 결과 기존 호녕철로와 호항용철로의 양 철로를 통해 운반되던 거의 포화상태에 가까웠던 물류 압력이 상당 부분 완화될 수 있었다. 동시에 연선지역의 경제 발전을 크게 자극하였다. 이 노선은 강남의 가장 부유한 지역이라 할 수 있는 太湖 東岸을 지나며 남북운하와 평행으로서 원래 이미 공로(도로)와 윤선에 의한 운송이 이루어지고 있었는데, 여기에 철로까지 부설되어 3종의 물류 루트가 평행선을 이루게 되었다. 철로와 도로, 수로의 연계 운수가 시작되면서 주변 지역인 湖州, 嘉善, 常熟 등 지역의 물류가 강절지역의 경제 발전을 이끌기 시작하였다. 반면 소가철로의 개통으로 도로운수는 일정 정도 타격을 입었으며, 약 20퍼센트에 달하는 자동차가 감소되는 결과를 초래하였다.

소가철로 노선도

(2) 교제철로와 산동성 전성의 경제적 위상 변화

교제철로가 완공된 이후 산동의 여객과 화물의 운수가 크게 개선되자 물류의 유통을 크게 자극하였으며, 이를 통해 산동지역의 전반적인 경제 발전에 기여하였다. 철로의 부설과 열차의 개통으로 물류운송과 여객의 이동시간이 대폭 단축되었다. 종래 청도에서 제남까지 소요되던 9-10일의 시간이 철로가 개통된 이후 12시간으로 크게 단축된 것이다. 이러한 결과 연선지역의 상업이 급속히 발전하였다. 교제철로의 연선과 인접한 濰縣, 坊子, 二十里堡, 南流, 蛤蟆屯, 大圩河 등 지역은 상업의 중심지로 부상하였다. 楊家莊과 같은 지역도 철로가 부설되기 이전에는 한적한 작은 농촌마을에 지나지 않았으나, 철로가 개통된 이후에는 상업이 크게 번성하여 대소 상점만

20여 호에 달하였다.

　교제철로가 개통된 이후 전체 중국에서 산동반도가 차지하는 경제적 위상에도 적지 않은 변화가 출현하였다. 교제철로는 동으로는 청도항으로 물류를 반출하고, 서로는 진포철로와 연계운수를 실시하였다. 철로의 개통으로 말미암아 청도는 군사적인 위상뿐만 아니라 산동지역 전체의 무역과 경제의 발전에도 크게 기여하였다. 이전에 昌邑, 濰縣, 膠州, 高密, 平度, 掖縣 일대의 수출입 화물은 모두 烟台港을 통해 유통되었으나, 철로가 개통된 이후 기존의 물류가 점차 청도항으로 이동하였다. 이러한 결과 적지 않은 연태 소재의 상호들이 청도로 이전하였다. 산동반도의 무역 중심이 기존의 연태로부터 청도로 이동하게 된 것이다.

교제철로의 종단항 청도항과 물류 운수

교제철로의 개통은 산동지역의 객화운수를 획기적으로 발전시키는 계기가 되었다. 더욱이 중국 전체에서 산동성이 차지하는 비중도 크게 제기되었다. 특히 청도항은 교제철로의 종단항으로서 산동의 무역과 경제 발전에 크게 이바지하였다.

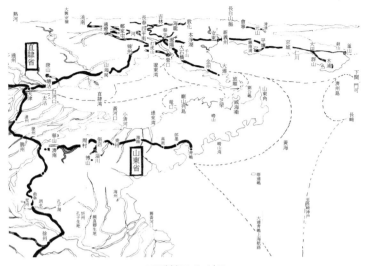

교제철로 노선도

(3) 월한철로와 貨物運輸行의 발전

월한철로는 貨運이 위주였으며, 철로의 수입 가운데 80퍼센트 정도가 화운으로부터 획득되었다. 개통 초기에 수운과의 경쟁으로 말미암아 철로의 경영에 상당한 어려움이 있기도 하였지만, 수운과 비교하여 철로가 가지고 있는 장점, 즉 방대한 운송량, 안전성, 저렴한 운임, 기후의 영향을 거의 받지 않는 등으로 인해 화운이 점차 증가하였다. 이에 따라 1916년 이후 해마다 수익이 증가하였다. 221킬로미터에 달하는 廣韶 구간의 수익을 사례로 살펴보자면, 1922년에 화물 운송량이 386,144톤, 1923년 412,696톤, 1923년에는 무려 4,001,525톤으로 급증하였다.

월한철로가 장사지역의 무역 발전에 미친 영향은 매우 컸다. 장사의 도매상들이 북경과 천진, 상해와 한구, 강절 등 지역에서 구매한

공산품과 수입품이 이 철로를 통해 長沙로 운송되었다. 이와 함께 장사지역의 농부산물의 수출도 활발해졌다. 1924년 장사지역의 돼지고기 및 부산물은 주로 인근에 위치한 縣에서 생산되었으며, 이를 전문적으로 거래하는 상점도 6戶에 달하였다. 이들 제품은 월한철로를 통해 漢口로 수출되어 판매되었으며, 1929년 당시 영업 총액이 무려 800만 원에 달하였다. 월한철로 長武 구간의 개통은 장사와 한구를 경제적으로 밀착시키는 효과를 불러 일으켰으며, 양 지역 사이의 무역 발전에 크게 기여하였다.

1936년 월한철로의 전 노선이 개통되면서 長沙에서 廣州를 거쳐 수출되는 상품이 날로 증가하였다. 특히 돼지 및 부산물과 식량이 장사로부터 외부로 수출되는 상품의 대종이 되었다. 당시 장사 일대에는 돼지를 취급하는 행상들이 매우 많았으며, 광주상인들이 長沙로 와서 점포를 개설하기도 하였다.

뿐만 아니라 광동으로 수출되는 호남산 쌀이 급격히 증가하여 월한철로의 전 노선이 개통된 당해연도에 마침 호남의 식량 생산이 풍년이 들어 長沙의 양식시장에 상당 수량이 수입되었다. 당해연도 호남성으로부터 외부로 수출된 쌀의 수량이 무려 100,600톤에 달하여 전국 쌀의 총유통량인 1,225,900톤의 8.2퍼센트를 차지하였다. 더욱이 절공철로, 상계철로의 개통과 도로 운수의 발전에 힘입어 외성의 객상들도 장사에서 점포를 개설하는 경우가 날로 증가하여 이들이 상업, 금융업에서 차지하는 비중이 크게 제고되었다. 교통 운수의 발전과 외적 객상들의 활약에 힘입어 장사의 경제는 비약적으로 발전하였다.

월한철로의 개통으로 인해 장사에서는 새로운 업종인 철로운수행이 등장하였다. 철로운수는 개통 초기에 화물의 인도 수속이 번잡하였으며, 더욱이 화물의 관리도 허술하여 화물주로서는 매우 불편하였다. 그리하여 일종의 철로운수 업무를 총체적으로 관리하는 운수행이 등장하게 된 것이다. 일찍이 長株線이 개통되었을 당시 장사에서 운수업에 종사하는 商行은 2家에 지나지 않았다. 그러나 長武 구간에서 열차를 개통한 이후 국유철로공사에서는 매년 적자가 발생하였다. 이에 월한철로공정국은 운송량의 증가를 목적으로 水運으로부터 화물 운송량을 탈취하기 위해 적극적으로 상인들로 하여금 운수업을 개설하도록 고무하였으며, 이를 위해 다양한 혜택을 부여하였다.

운수행이 업무를 개설하면 먼저 철로국에 매년 운송비 3만 원과 3만 톤의 운수량을 보증하도록 하였다. 운송비를 납부한 이후에는 철로국이 해당 상인에게 수시로 '貨起票'를 지급하여 장부에 기입하기만 하면 현금을 내지 않아도 되었으니, 당시 이를 '開紅票'라 하였다. 그리하여 연말에 한 차례 결산하여 차액을 계산하기만 하면 되도록 편의를 제공하였다. 이 밖에 철로국은 장려 조치로 매년 운송량이 3만 톤에 달할 경우 8折(운송비의 80퍼센트만 납부)로 운송비를 지불하도록 특혜를 부여하였다. 만일 운송 목표의 50퍼센트를 초과할 경우 7折(70퍼센트)로 계산하였다. 만일 계획 수량의 2배 혹은 2배 이상의 경우에는 6折(60퍼센트)로 운송비를 할인해 주었다.

당시 유명한 운수행으로 公興和, 泰隆, 信大, 湘粤漢 등의 상점이 있었다. 이들은 장사와 무창의 두 역에서 모두 전문적인 기구를 설치하고, 화물의 운송을 위한 설비를 갖추고 영업을 진행하였다. 이들의 매년 운수량은 원래 계획한 지표의 두 배에서 수 배에 이를 정도로 계약물량을 초과달성하면서 많은 수익을 올렸다. 그리하여 당시 많은 사람들의 부러움과 질시를 한 몸에 받을 정도였다고 한다. 1930년 전후에 이르러 다시 順豊, 大成, 大興 등의 상점이 운수업에 뛰어들었다. 이들 역시 철로국에 요금을 선납하였으며, 수익이 클수록 자연히 운수행도 증가하였다. 1934년의 통계에 의하면, 장사에서 철로운수행이 총 20家에 달하였으며, 등록자금이 10.4만 원, 종업원이 218명에 달하였으며, 매년 영업액이 728,000원에 달하였다.

월한철로의 전 노선이 개통된 이후 운수업도 전성기에 접어들어 전문적으로 종사하는 상점이 59家로 증가하였다. 운수업의 인원 구성에서도 큰 변화가 출현하였다. 일부 운수업 상점은 원래 철로를 통해 화물을 운송하던 화주였는데, 이윤을 내지 못하면서 아예 운수업으로 변경한 것이다. 일부는 운수업에 종사하던 종업원이 스스로 별도의 운수행을 조직하기도 하였다. 운수업주는 모두 신용을 생명으로 여겼으며, '貨主第一'이라는 슬로건 하에서 업무에 종사하였다.

(4) 도청철로의 鐵路郵政, 경제 발전

도청철로는 석탄의 운송 및 광업의 발전뿐만 아니라 교통우정사업의 발전을 촉진하였다. 도청철로가 부설된 초기에는 석탄의 운송이 주요한 업무였다. 그러나 이후 석탄 운송뿐만 아니라 객운업무에도 뛰어들었으며, 1912년 도청철로는 중화민국도청철로로 개명되었다.

도청철로의 운행은 우정사업의 발전에 크게 기여하였다. 일찍이 1903년 9월 청조는 商部를 설립한 이후 12월에 '철로간명장정'을 제정하였다. 장정의 제23조에서는 이미 "철로와 郵政은 상호 협조적으로 업무를 처리해야 한다. 중국우정의 업무를 위해 중국철로는 서신, 소포 등의 운반에 적극 협조해야 하며, 이와 관련된 계약사항은 향후 상세히 정한다"라고 규정한 바 있다. 1905년 도청철로가 우정업무를 개시한 이후 일부 객차를 우편 전용으로 운행하였으며, 연선 각지에 우편국이 속속 설립되었다.

우편열차의 운행

출처 : 金志煥, 『철도로 보는 중국역사』, 학고방, 2014, p.216.

더욱이 도청철로는 해당 지역의 발전과 번영을 가져왔다. 焦作鎭은 원래 하북의 벽촌으로서 교통이 매우 불편하였다. 그러나 청조 광서연간(1902년)부터 英商 복공사가 석탄광산을 채굴하기 시작하고, 이를 운반하기 위해 철로를 부설하면서 교통이 편리해지자 공상업이 발전하고, 이에 따라 하북성 서북의 주요 도시로 탈바꿈하였다. 1917-1918년에는 焦作鎭이 가장 번성한 시기에 해당된다.

이 밖에 도청철로는 지역주민들의 관념을 변화시켰다. 新鄕縣은 과거에 고풍이 농후한 지역으로서 부녀자들 가운데 방직이나 누에를 치는 경우가 적었다. 그러나 철로교통이 발전하면서 공상업이 발전하고 다른 지역과의 교역이 증가하면서 금전을 생명처럼 중시하는 기풍이 출현하였다. 비록 당초 영국이 중국에서 자원을 수탈하기 위한 목적으로부터 도청철로가 부설되기는 하였지만, 철로가 부설된 이후 경제 발전과 사회생활에 적지 않은 영향을 미쳤다.

남경국민정부가 설립된 1927년에 도청철로감독국은 도청철로관리국으로 개조되었으며, 기존 도청철로에 재직하던 영국적 직원을 모두 해고하고 중국인으로 충원하였다. 1928년 4월 焦作鐵路職工醫院이 설립되었으며, 철로노동자 목욕탕, 도청철로직공 소비합작사 등도 속속 설립되었다. 이는 焦作市에서 최초로 설립된 공중목욕탕과 소비합작사였다. 같은 해 焦作道淸鐵路公園이 조성되었는데, 이 역시 焦作市에서 최초로 조성된 공원이었다.

(5) 신녕철로와 도시의 흥기, 발전

신녕철로의 개통은 이 지역의 사회경제에 적지 않은 변화를 불러일으켰다. 철로가 부설된 이후 화남지역에서 경제 발전이 가속화되었으며, 신녕철로의 영향 아래 태산의 공로(도로)교통과 水運이 모두 급속히 발전하였다. 따라서 철로가 부설되기 이전의 폐쇄된 교통 상황이 완전히 탈바꿈하게 된 것이다.

먼저 철로의 개통은 斗山과 公益과 같은 신흥 시진의 흥기를 촉진하였다. 철로가 개통되기 이전에 두산은 벽촌에 지나지 않았으나, 철로가 개통된 이후 철로 노선의 남부종점으로서, 교통운수의 편리는 상업의 번영을 가져왔다. 수많은 해외화교가 속속 고향으로 돌아와 투자하면서 두산의 규모도 점차 확대되었다.

公益 역시 이전에는 작은 벼농사 지역이었으며 인적이 드물었다. 철로가 부설되어 열차가 개통된 이후 공익의 인구가 급증하면서 이 지역은 점차 공업지역과 거주지역으로 변모하였으며, 기기창, 전등창, 직공숙사, 철로순경방 등이 건설되었다.

이 밖에도 철로의 개통은 주요 성진의 발전을 가져왔다. 台城은 철로 간선과 지선이 교차하는 중심지역으로 크게 발전하였다. 철로가 부설된 이후에 공장과 상업시설을 건설하기 위해 화교자본이 대량으로 몰려들었다. 1920년대 초 태성에서는 대대적으로 도로가 신설되거나 보수되었으며, 대형 점포들도 속속 들어섰다. 통계에 따르면 1921-1932년 태성의 行業은 100여 戶에 달하였으며, 총 1,333개의 점포가 들어섰다. 이로부터 철로의 부설이 태성지역의 상업을 활성화시키고 다양화시킨 중요한 계기가 되었음을 잘 알 수 있다.

台 山 新 宁 铁 路 示 意 图

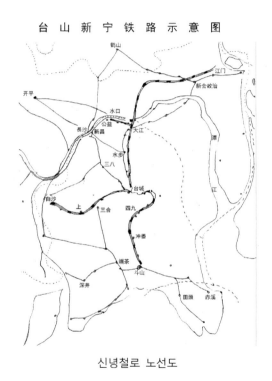

신녕철로 노선도

(6) 항강철로와 물류유통로의 변화

항강철로의 개통이 연선지역의 경제 발전 및 지역의 성쇠에 미친 영향은 대단히 컸다. 예를 들어 蘭溪는 원래 錢塘江 상류에 위치하여 상업활동이 가장 왕성한 지역에 속하였다. 그러나 항강철로의 金玉 구간이 개통되자 蘭溪는 항강철로의 지선에 위치하여 상업과 금융의 중심이 점차 金華로 옮겨지고 말았다. 이에 따라 금화지역이 全省의 교통 중심지로 발전하자, 浙東地域 전체의 교통, 경제의 중심지가 난계로부터 점차 금화로 이전되고 말았다. 이 밖에 항강철로의 개통으로 江山地域은 복건, 절강, 강서 3성 교계지에 위치하여, 3성 변계지역으로부터 화물 운수의 중심지역으로 변모하였다. 그러나 이전까지 3성 간 연락의 요충이었던 常山縣은 철로의 개통으로 말미암아 객화의 물류가 종래의 수운으로부터 철로 운수로 전환되면서 점차 경제적 우위를 상실하고 말았다.

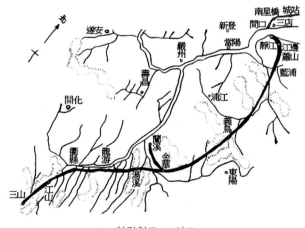

항강철로 노선도

(7) 전월철로와 운남성 근대화

전월철로는 열차가 개통된 이후 부설비용의 이자 지급 등을 포함하여 매년 적자가 310만 프랑에 달하여 해마다 안남정청으로부터

300만 프랑을 보조비로 지급받았다. 그러나 1920년대가 되면 영업이 호전되어 수입에서 지출을 제외한 순익이 1921년 5,388,250프랑, 1922년 7,080,840프랑, 1923년 8,615,452프랑에 달하였다. 전월철로는 운남의 동남부로 통하는 교통을 크게 개선함으로써 하노이, 河口, 곤명 간 물자의 유통량이 크게 증가하였다. 전월철로는 운남성 최초의 철로로서, 철로가 개통된 이후 주석광산의 채굴과 외지로의 광산물 반출량이 대폭 증가하여 광업의 번영을 이끌었다. 전월철로를 통해 운남성과 내지가 상호 긴밀히 연계되었으며, 이는 운남의 근대화에 크게 이바지하였다.

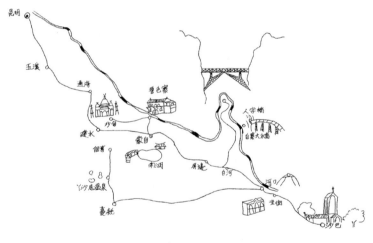

전월철로 노선도

(8) 상검철로와 서남지역의 경제 발전

상검철로는 고산심곡을 지나는 까닭에 암석층과 동굴, 토사층 등 수많은 난공사가 즐비하였다. 전 노선에 걸쳐 무려 289개의 터널이

굴착되었으며, 수많은 교각도 가설되었다. 상검철로의 모든 터널과 교량의 총연장을 더한다면 북경에서 천진에 이르는 거리와 비슷하다고 할 정도였다. 이러한 이유에서 사람들은 상검철로를 '지하장성', '공중회랑'이라고 불렀다.

상검철로의 완성은 기존 검계철로를 통해 운송되던 거리를 무려 377킬로미터나 단축하는 효과를 가져왔으며, 따라서 검계철로의 운수를 상당 부분 분담할 수 있었다. 상검철로는 서남지역과 동부 연해지역을 잇는 노선으로서, 운남, 귀주, 사천의 각 성으로부터 중남, 화남, 화동지역의 도시에 도달하는 거리를 단축시켜 서남지역의 경제 발전에 매우 중요한 역할을 수행하였다.

2 東北地域

1) 동북철로와 동북지역의 변화 개관

동북경제의 커다란 전환기는 20세기 전후라 할 수 있다. 1900년 전후의 동청철로, 러일전쟁 이후 남만주철로가 된 동청철로의 長春－大連 구간과 京奉鐵路가 잇달아 부설되었다. 동북지역의 철로 총연장은 1903년에 3,000킬로미터를 넘었고, 새로운 철로의 부설은 지역경제에 지대한 영향을 미쳤다.

철로의 부설은 관내로부터 이주민의 유입을 용이하게 했고, 이에 힘입어 동북의 인구는 1900년 이후 급증했다. 청말 기아에 허덕이던 하북성, 산동성 등 화북지역의 유민들이 산해관과 발해만을 넘어 대거 동북지역으로 몰려들었는데, 이 대량 이주의 물결을 일컬어 중국인들은 '챵관동'(闖關東)이라 하였다.[2] 趙中孚의 추계에 의하면, 동북 인구는 1898년에 대략 500만 명이었던 것이 1915년에는 2,000만 명으로, 1930년에는 3,000만 명으로 증가하였다. 철로 부설을 계기로 漢人의 이주가 증가한 결과 그때까지 유조변장으로 구분되었던 동북의 지역성은 사라지고 한인의 거주지는 동북 전역으로 확대되었다.

인구의 증가가 개간을 진전시켜 농업 생산량도 증가했다. 그리고 1908년 서구시장으로 콩 수출이 시작된 이후 콩의 수출량이 급증하면서 농업 생산량이 증가하였다. 동북농업은 콩 생산을 근간으로 하여 1910-20년대 생산량이 계속 증가하긴 했지만, 콩만 증가한 것은 아니며 전반적인 농업생산의 증대 속에서 콩의 생산도 증가했던 것이다. 철로의 부설이 이주민의 증가와 콩 수출의 증가를 연계시키며 동북경제를 새로운 차원으로 끌어올리는 역할을 했다.

철로 부설로 동북경제에 큰 변화가 발생한 한편, 19세기 말 종전의 旗地制度가 붕괴되는 가운데 개별 토지의 소유자를 확정하여 세금 징수를 확실하게 할 필요가 있었다. 이에 청조는 官莊이나 旗地를 정해진 토지가격에 따라 민간에 불하하는 정책을 취했다. 변경 방비에 필요한 군사경비가 청조 재정에 심각한 부담을 주고 있던 상황도 청조가 새로운 재원으로서 민간에 토지 불하를 실시하여 세수

---

2) 闖은 글자 형태로 보자면 문 안으로 말이 뛰어 들어가는 모습이다. 옛날 진시황은 군사적 목적에서 네 필의 말이 끄는 수레가 빨리 달릴 수 있도록 馳道를 건설한 바 있다. 당시에는 수레를 끄는 말의 꼬리를 땋는 습속이 있었다. 이러한 이유는 말이 달리는 속도가 너무 빨라 자칫 꼬리털이 나뭇가지에 걸릴 경우, 말이 놀라 수레가 뒤집힐 우려가 있었기 때문에 이를 방지코자 함이었다. 주지하다시피 청대 중국인들은 머리를 길게 땋는 변발의 습속이 있었다. 변발한 이주민들이 동북지역으로 몰려가는 모습이 마치 말이 문 안으로 돌진하는 형상과 같다 하여 붙여진 이름이 바로 '챵관동'이다.

의 증가를 도모하는 쪽으로 방향을 설정했던 요인 중 하나였다. 그 결과 동북에서 19세기 말부터 대규모 토지의 불하가 실시되어 漢人의 유입을 가속화시켰다.

이상과 같이 20세기 전후 동북지역에는 철로의 부설, 이주민의 증가, 민간에 대한 토지 불하, 농업 생산량과 농산물 수출량의 증가라는 사회경제 구조의 거대한 변혁이 출현하였다. 철로라는 대량 운송 수단이 등장함으로써 물자와 사람의 이동이 이루어지고, 시장이나 유통기구도 철로망을 따라 기능하기 시작하여 예전부터 내려오던 定期市는 쇠퇴해 갔다. 또 과거 동북의 도시는 도로망을 따라 형성되었지만 철로가 부설된 이후에는 철로네트워크가 형성되는 경향이 있었다. 철로가 부설된 결과, 상업거래의 증대는 상업활동의 번성으로 이어져 20세기 이후 많은 도시에 公議會라는 상인길드조직이 설

동북지역의 농산물 생산량   (단위 : 1000톤)

연도	콩	소맥	고량	조	합계
1914	1477	482	2064	1343	-
1921	2327	828	3234	1943	-
1923	3106	754	4773	1600	-
1925	4185	962	4709	3136	16352
1927	4830	1446	4504	3226	17558
1929	4866	1292	4709	3372	18474
1931	5241	1582	4533	2983	18775
1933	4620	865	4052	3208	17066
1935	3839	1024	4007	2968	15712
1937	4590	975	4585	3134	18051
1939	3791	889	4267	2906	16344
1941	3220	824	4132	2758	16227
1943	3117	374	4612	2458	16389
1944	3334	320	4780	3100	17212

립되었고, 1910년 이후 商會로 발전해 갔다. 또한 인구 증가, 개간의 급속한 진전이라는 경제적 변화에 수반하여 사회적 모순도 커졌고 '馬賊' 등 약탈집단이 생겨났다.

19세기 말 이후 동북에 커다란 사회경제적 변화가 발생한 것 외에도 의화단운동을 계기로 러시아군의 남하, 뒤이은 러일전쟁의 발발 등 정치적으로도 큰 혼란이 발생했다. 이런 상황에 대해 청조도 예전 그대로는 더 이상 효과적으로 대응할 수 없다는 사실을 인식하고 행정제도의 개혁(新政)을 단행했다. 원래 동북에는 關內와 달리 군정에 중점을 둔 官制를 시행했다. 봉천성은 奉天將軍이 군권을 담당하고, 몇 개의 州縣을 설치하여 奉天府尹이 民政을 담당했다. 길림성은 거주 한인이 적고, 주현의 수도 적었기 때문에 吉林將軍과 副都統이 민정까지 총괄했다. 흑룡강성에는 한인거주자가 거의 없어 민정을 시행할 필요가 없었기 때문에 黑龍江將軍이 軍政을 실시했다. '蒙地'에서는 몽골인의 旗長이 영역 내의 행정을 담당했다. 그러나 한인 유입의 증가와 러일전쟁의 영향으로 군정을 중시했던 기존 상황에 변화가 나타났다. 청조는 1907년 관내와 마찬가지로 總督과 巡撫를 설치하고, 또 새롭게 다수의 주현을 설치하는 등 대대적인 관제개혁을 단행했다.

과거 營口 한 항구에 지나지 않았던 동북의 개항장은 러일전쟁 이후에 급증하여 安東, 大連, 大東溝, 滿洲里, 綏芬河, 하얼빈, 愛琿, 三姓, 拉哈蘇蘇(현재의 同江市), 琿春, 龍井村이 추가로 개항되었다. 러일전쟁 이후 콩을 중심으로 농산물 수출량이 증가함에 따라 면제품이나 잡화 등의 수입량도 증가하기 시작하여 동북 무역액도 현저히 증가했다. 러일전쟁 이후의 동북무역에서 일본제품의 진출이 두드러진 측면이 있긴 하지만, 여전히 관내와의 관계도 중요했다.

철로에서 먼 지역은 이주민의 유입이나 농산물 판매에 편리하지 않았기 때문에 자급적 농업생산을 하는 경향이 농후하여, 생산량의 증가를 기대하기 어려웠다. 동북지역 농업의 생산량 증가는 관내로부터 유입된 漢人이 경지를 개간하고, 철로를 통해 농산물을 반출하여 세계시장이나 관내로 수이출되는 순환과정(사이클)이 순조롭게 기능함으로써 가능했던 것이다.

작물별 특징은 북부에서 콩과 밀의 생산이 활발했고, 남부에서는 고량 생산이 왕성했다. 콩이 많기는 해도 동북 전역에서 콩이 생산된 것은 아니었다. 동북농업에서 주요 상품작물이었던 콩과 밀은 1920년대 북부가 주산지였다. 이 때문에 북부의 농업경영이 1929년 세계대공황에 의한 농산물 가격 하락의 영향을 받는 정도가 남부보다 컸다고 할 수 있다.

한편, 20세기 이후 동북에서는 농업생산의 증대와 함께 농산물 가공업이 발흥하기 시작했다. 특히 콩을 가공하는 油坊業이 각지에서 번창했고 대련, 하얼빈, 영구에서는 증기기관을 이용한 공장도 출현하였다. 이 밖에 소맥 등을 정제하는 제분업(磨坊), 고량을 가공하는 양조업(燒鍋)도 각지에서 번창했다. 그러나 공업의 규모가 작았기 때문에, 동북경제에서 농업이 차지하는 비중이 압도적으로 컸다. 농산물 가공업 이외에 직포업, 柞蠶製絲業[3] 등도 각지에 존재했지만 소규모였고, 本溪湖煤鐵公司, 鞍山製鐵所 등 대규모 공업은 대부분 외국자본에 의해 운영되었다. 奉天紡紗廠이나 東三省兵工廠처럼 장작림정권이 운영했던 것도 있었는데, 특히 동삼성병기공장은 상

---

3) 산누에 제사업

당한 규모를 갖추고 있었다.

　지역경제의 확대, 상거래의 증가는 금융상황에도 큰 변화를 초래
했다. 동북 통화유통의 특징은 농산물이 매매되던 겨울철에는 통화
수요가 증대하지만 여름철에는 상거래가 적었기 때문에 통화수요가
감퇴하는 등 계절에 따라 통화유통량이 서로 달랐다는 점이다. 겨울
철에 농산물을 매매할 때 농산물 거래에 비례할 만큼의 통화를 공급
할 수 없게 되면 상거래가 정체되어 버리는 현상이 비일비재하였다.
따라서 농산물의 수이출량이 증가하는 만큼 통화의 수요량도 증가
하여 20세기 이후 콩의 수출 증가가 지역 내의 통화 유통량을 증대
시켰다.

2) 동북철로와 물류유통의 변화

(1) 안봉철로와 물류유통의 변화

　일본은 안봉철로의 부설을 통해 한반도철로를 중국 동북지역과
긴밀히 연계하여, 일본과 한국, 중국 동북지역을 하나의 경제권으로
통합하려는 계획을 일찍부터 수립하였다. 다시 말해 안봉철로의 부
설은 일본 - 한국 - 중국 동북지역(만주) - 유럽으로 이어지는 간선
유통루트로서의 역할을 지향한 것이라 할 수 있다.

　일본은 한국을 식민지로 전락시킨 이후 한국철로를 만주철로와
긴밀히 연계시켜 대륙으로 통하는 간선을 구축하기 위한 정책을 적
극 추진하였다. 이러한 사실은 1909년 일본내각회의에 제출된 '한국
병합에 관한 건' 제3조에서 "한국철로를 제국(일본) 철도원의 관할
로 편입하고, 철도원의 감독 하에 남만주철로와 긴밀히 연계시켜 일
본과 대륙철로의 통합 및 발전을 도모한다"라는 규정으로부터도 잘

알 수 있다.

안봉철로는 유사시 일본의 병력을 한국을 통해 대륙으로 실어나르는 군사적 역할뿐만 아니라, 더욱이 후발자본주의 국가 일본으로서 경제적, 상업적 목적이 보다 중요한 과제로 부각되었다. 일본으로서는 안봉철로를 통해 일본 - 한국 - 중국 - 유럽으로 연결하여 자국의 상품을 판매할 수 있는 새로운 시장의 개척과 유통망의 확보가 절실한 형편이었다.

안봉철로는 안동(현재의 단동)과 봉천(현재의 심양)을 연결하는 철로로서, 러일전쟁 당시 1904년에 일본이 군사적 목적에서 부설한 경편철로였다. 안봉철로의 경제적 역할을 제고하기 위해서는 기존의 협궤를 기타 철로와 연결할 수 있는 표준궤로 개축하는 것이 중요한 현안이 되었다. 이에 1909년 일본은 중국과 '안봉철로에 관한 각서'에 서명하고, "철로의 궤간을 경봉철로와 동일하게 한다"라고 규정함으로써, 철로의 궤간을 종래의 협궤로부터 표준궤로 변경하려는 주장을 관철하였다. 이러한 결과 마침내 1911년 11월 1일 안봉철로의 개축이 완료되고, 전 노선이 정식으로 개통되었다. 안봉철로는 일본, 한국, 중국 동북지역을 연결하는 아시아의 간선교통로로서, 새로운 유통망의 출현을 의미하였다.

압록강철교가 가설되기 이전까지 기존의 물류는 주로 압록강의 수운을 통해 이루어져 왔다. 그런데 자연지리적, 기후적 조건으로 말미암아 교통상 장애가 적지 않았다. 압록강은 통상 7월 초순에서 8월 하순까지가 우기에 해당되어 홍수가 빈번히 발생하였으며, 이때 목재나 가옥 등이 유실되어 떠내려 오는데, 유속이 매우 빨라 사실상 선박의 운행이 불가능한 실정이었다. 또한 매년 12월 초순부터 다음 해 3월 말까지는 동계에 해당되어 결빙으로 인해 선박의 운항이 어려웠다. 이 밖에도 결빙기와 해빙기를 전후한 약 열흘 동안은 거대한 유빙이 떠다니며 흘러 내려오는데, 서로 부딪혀 깨지는 소리가 천지를 뒤흔들 정도였다. 이와 같이 일 년 중 절반 정도는 사실상 선박을 운행하기 어려운 형편이었다. 따라서 국경 간 화물 운송의 안정성을 담보하기 위해서는 철교의 가설과 직통철로의 부설이 매우 중요하였던 것이다.

안봉철로가 새로운 간선교통로로서 역할하기 위해서는 중한 간을 가로질러 압록강을 횡단할 수 있는 철교를 가설하는 일이 시급한 과제였다. 이러한 필요에서 1909년 8월 압록강철교의 가설이 착공되어 1911년 10월 말 완공되었다. 압록강철교의 가설은 기존 압록강 양안 간 수운을 통해 물류를 유통하던 방식으로부터 안봉철로를 통한 육상운송으로의 전환을 의미하는 것이었다.

압록강철교는 일본의 임시군용철도감부의 주관으로 가설 공사가 시작되었다. 1909년 8월에 공사에 착수하여 1911년 10월 말 완공되었다. 압록강철교가 완공된 이후 열차가 조선과 안동 사이를 직통 운행하게 되면서 중국과 일본은 1911년 11월 2일 '국경열차 직통 운행에 관한 일청협약'을 체결하였다. 그런데 압록강철교의 가설 공사의 완공을 앞두고 일본에서는 관세의 경감 혜택을 통해 안봉철로를 통해 수출입 화물을 크게 활성화해야 한다는 주장이 속속 제기되었다.

일본은 안봉철로의 개축 및 압록강철교 가설과 더불어 국경 통과 화물의 관세 경감을 추진하였다. 1911년 10월 안봉철로의 개축과 압록강철교 가설 공사의 완공을 앞두고 일본에서는 중러 간 국경무역에서 동청철로를 통한 국경통과 화물에 대한 관세 경감의 혜택을 안봉철로를 통한 화물의 수출입에도 동일하게 적용해야 한다는 주장이 속속 제기되었다. 일본은 중국정부에 1905년 양국이 정한 '회의

동삼성사의정약' 제11조에서 만한 국경의 육로통상에 대해 피차 최
혜국조례를 적용하기로 결정했음을 상기시켰다. 여기서 조선 - 안동
간 직통열차의 화물세법은 이에 근거하여 조속히 처리되어야 한다
며, 중국 측에 관세 경감 조치를 강력하게 요구하였다.

안동해관

출처 : 「安東海關」, 『東方雜志』10권 10호, 1914.4, p.1.

이러한 결과 마침내 1913년 5월 29일 중국과 일본은 북경에서 '조
선국경통과철로화물관세경감조약'을 체결하였다. 주요한 내용은 조
선으로부터, 혹은 조선을 통과하여 만주로 수입되거나 혹은 만주로
부터 조선으로, 혹은 조선을 통과하여 수출되는 안동 경유의 철로화
물에 대해 감세(⅓ 감세)의 혜택을 부여한다는 취지였다. 안봉철로를
통해 수이출되는 물류에 대해 관세의 경감 조치를 적용하게 되자, 이
는 자연히 철로화물의 운송비를 크게 절감시키는 효과를 가져왔다.
　더욱이 일본은 안봉철로를 통한 새로운 유통루트의 활성화와 자
국 상품의 수출을 보다 확대하기 위해 일본철도원(일본 내 철로), 조

선철로, 안봉철로를 경유하는 3선연락화물에 대해 30퍼센트의 특별
할인운임을 적용하기로 방침을 정하고, 마침내 1914년 5월 1일부터
이를 실행에 옮겼다. 3선연락운임제의 핵심적인 내용은 안봉철로를
통과하는 화물 가운데 면사, 면포, 기타 면제품, 한국쌀, 마대, 모자,
鹽干魚, 생과, 다시마, 도자기, 燈製品 등 12개 품목에 대해 특별할
인요금제를 실시하는 것이다.

이는 경부선, 경의선 철로를 통해 화물을 흡수함으로써 한국철로
의 경영을 개선하는 동시에, 안봉철로를 경유하는 유통루트로 하여
금 운송거리와 시간, 비용 등에서 우위를 확보하도록 함으로써 이를
통해 주요 상품을 흡수하려는 일본의 정책적 의도를 강하게 반영하
고 있다. 또한 이러한 정책적 배려를 통해 운임을 크게 저하시킴으
로써 일본철로 - 조선철로 - 안봉철로를 경유하는 새로운 유통망의
출현을 가속화시킨 것이다.

안봉철로를 통한 상품의 수출은 기존 해운을 통한 大阪 - 대련 -
봉천 루트의 물류 유통으로부터 육운(철로)를 통한 일본철로 - 경부
선, 경의선 - 안봉철로 - 봉천 루트로 물류를 상당 정도 분담시키는
의미를 가지고 있었다. 새로운 물류 루트인 경부선 - 경의선 - 안봉
철로 - 봉천 루트는 기존의 해운을 통한 大阪 - 대련 - 봉천 루트에
비해 상당히 유리한 입장에 서게 되었다. 관세의 경감을 통해 일본
철로 - 조선철로 - 안봉철로 - 봉천의 유통망이 형성된 것이다.

이러한 결과 새로운 유통루트를 통해 일본의 공산품이 물밀듯이
만주시장으로 유입되었다. 이러한 상황은 대련과 안동을 통한 수입
면제품의 수입량을 살펴보더라도 잘 알 수 있다. 아래의 표를 살펴
보면 압록강철교를 가설한 이후인 1912년부터 안동을 통한 공산품
의 유입이 크게 증가하고 있음을 보여준다.

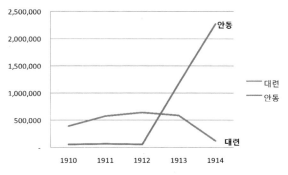

대련과 안동의 면제품 수입량 비교(1910-1914)(단위 : 反4))

안동의 대외무역은 해로뿐만 아니라 철로를 통한 조선과의 육로
무역이 상당히 많았다. 1911년 압록강철교가 완성되고 동북 – 조선
간의 직통열차가 개통된 이후 육로무역이 크게 발전하여 안동의 무
역 총액 가운데 약 60-70퍼센트를 차지했다. 특히 1913년에 '鮮滿國
境通過鐵路貨物關稅輕減取極'이 체결된 이후 일본과의 무역에서
일본산 면제품 등은 안동을 경유하는 편이 상대적으로 저렴했기 때
문에 수입량이 대련을 추월할 정도로 물밀 듯이 밀려 들어왔다. 무
역 동향을 살펴보면, 일본과의 무역이 약 50퍼센트 전후를 차지했음
을 알 수 있다. 관내와의 무역액은 그만큼 많지 않았으며, 통상적으
로 수입 초과의 현상을 보였다. 그리고 이와 같은 추세는 만주국 시
기가 되면서 한층 명확해졌다.

안봉철로 연선의 상업도 철로의 개통으로 인해 많은 변화의 양상
이 출현하였다. 안봉철로 연선지역에는 평야가 많지 않고 산악지대
가 대부분을 차지했기 때문에 대도시가 출현하기 어려운 조건이었

---

4) 反은 피륙을 세는 단위로서, 길이 2丈 6尺(약 10미터), 폭 9치 5푼(약 36센티미
터)를 가리킨다. 일반적으로 1反의 옷감으로 어른 옷 한 벌을 만들 수 있다.

다. 안봉철로가 개통되기 이전에 상업 중심지로서 기능한 지역이 바로 鳳凰城이었는데, 이 지역은 寬甸縣, 本溪縣, 岫巖縣 등의 물자 집산지였을 뿐만 아니라, 조선과의 교역에서 거점지역이기도 했다. 그러나 안봉철로가 개통된 이후 안동의 상권이 확대되자 이러한 영향으로 봉황성의 상업적 중요성은 사실상 소멸되고 말았다. 안봉철로가 개통된 이후 연선지역이 안동과 봉천의 상권으로 편입되는 변화가 발생한 것이다.

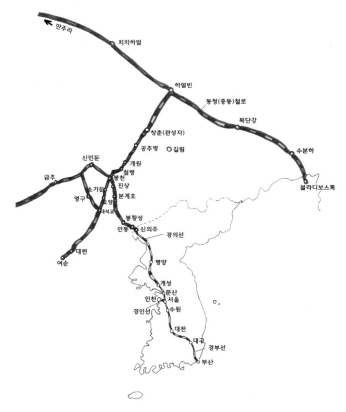

한반도철로와 만주철로를 연결하는 안봉철로

철로가 부설되어 봉천 - 안동 - 부산의 유통루트가 출현한 이후 안봉철로의 경영은 남만주철도주식회사에 의해 이루어졌다. 안동은 봉천으로부터 안동으로 가는 종점인 동시에 중국에서 한반도로 통하는 기점이기도 하였다. 1917년 안동에서 조선으로 향하는 탑승객의 수자는 조선인, 일본인, 중국인과 기타 소수의 외국인을 포함하여 76,019명에 달하였으며, 열차표 판매액은 198,973.71원에 달하였다. 안동을 거쳐 만주리, 하얼빈, 장춘과 봉천으로 가는 탑승객 수자는 236명으로서 대부분 중국인이었으며, 영업 총액은 3,748.92원에 지나지 않았다.

1918년 안봉철로를 통해 조선이나 일본으로 운송되는 화물은 쌀 4,344톤, 목재 522,480톤, 콩기름 47,276톤, 석유 1,611톤, 금속제품 855톤 등에 달하였다. 이로부터 안봉철로는 결코 중국인만을 대상으로 한 철로가 아니라 무엇보다도 일본이 중국 동북지방을 약탈하고 침략하기 위한 목적에서 부설되고 운용되었음을 잘 알 수 있다.

(2) 길회철로와 물류유통의 변화

일본은 안봉철로의 부설을 통해 한반도철로를 중국 동북지역과 긴밀히 연계함으로써, 일본 국내와 한국, 중국 동북지역을 하나의 통합된 경제권역으로 형성하고자 기도하였다. 일찍이 일본외무성 내에서는 러시아가 동청철로 부설권을 획득한 사실에 대해 정치, 군사적 측면뿐만 아니라 그 경제적 효과에 주목하는 의견이 적지 않았다.

외무성뿐 아니라 일본 국내에서는 동청철로가 가지고 있는 경제적 효과에 주목하여 우려하는 여론이 적지 않았다. 즉 시베리아철로와 동청철로가 완성된 이후 이 철로는 유럽과 동아시아 간의 물자 운송을 독점할 수 있을 뿐 아니라, 만주에서 생산된 물자의 운송을 독점할 수 있는 가능성을 가지고 있었다. 동청철로 부설권의 확대와 그것이 가져오는 효과는 철로 연선지역에 대한 경제적 예속뿐 아니라, 나아가 정치, 군사적 세력권을 형성하기 위한 기초가 아닐 수 없었다. 이러한 측면에서 일본에서는 동청철로의 부설에 대한 우려가 제기되었으며, 나아가 이에 대한 대비책이 강구되지 않을 수 없었던 것이다.

이러한 가운데 1909년 9월 4일, 중일 양국은 간도협약을 체결하여 "청한 양국의 국경을 圖們江으로 하고, 일본 제국정부는 간도를 청국의 영토로 인정하며, 장래 길장철로를 연장하여 한국 회령에서 한국철로와 연결하도록 한다"라고 규정함으로써 정식으로 길회철로 부설권을 일본에 부여하였다. 일본은 간도협약을 통해 간도의 영유권을 중국에 넘기는 대가로 만주에서 철로의 부설권, 특히 길회철로의 부설권을 획득할 수 있었다. 길회철로는 길장철로의 연장선상에서 부설된 만주횡단철로로서, 이후 길돈철로, 돈도철로의 완성을 통해 사실상 길회철로 전 노선의 부설이 완성되게 된다.

길회철로의 완성은 日滿鮮(일본·만주국·조선) 경제블럭의 형성과 동아시아의 정치, 군사적 구도에 큰 변화를 초래하였다. 예를 들어 大阪을 기점으로 쓰루가(敦賀)로부터 海路로 청진 혹은 나진에 도달한 이후 다시 길회철로를 타고 신경(장춘)에 이르는 거리를 대련 경유와 비교하면 660킬로미터 내지 730킬로미터나 단축된다. 여객의 수송 시간에서도 약 20시간이 단축되게 된다. 수송 거리의 단축은 화물의 생산지와 소비지를 보다 근접시키게 되며, 이것이 다시 세력권의 확대로 이어지게 됨은 자명한 일이었다.

일본의 만주 침략정책의 과정에서 가장 큰 걸림돌은 소련이었으며, 철로 부설권의 확대에 가장 큰 장애는 바로 동청철로였다. 만주사변이 발발한 직후에도 일본은 소련에게 군사행동을 남만주로 국한할 것이며, 동청철로에 대한 소련의 권리를 인정한다는 뜻을 거듭 전달하였다.

만주에서는 북만주의 화물을 블라디보스토크항을 통해 수출하고자 하는 동청철로와 대련항으로 흡수하려는 남만주철로 사이에 소위 화물쟁탈전이 치열하게 전개되고 있었으며, 특히 콩, 콩깻묵, 밀, 밀가루, 콩기름 등에서 경쟁이 가장 치열하였다. 양 철로 간의 경쟁은 1차대전 기간에 다소 완화되었으나, 종전 이후 1919년 말부터 동청철로의 수송 상태가 점차 안정되면서 다시 양 철로 사이의 경쟁이 본격화되었다.

만몽에 대한 세력의 확대 과정에서 일본에게 가장 큰 장애는 바로 러시아의 존재였다고 할 수 있다. 일본은 1900년 초 이래 러시아의 위협이 시베리아철로와 동청철로에 의해 언제라도 실현될 수 있을 것이라는 두려움을 가져 왔으며, 따라서 러시아의 철로가 조선으로 뻗어 나가는 것을 적극 저지해 왔다. 비록 러일전쟁의 결과 일본은 러시아의 세력을 북만주로 후퇴시키는 데 성공하였지만, 동청철로 본선이 러시아의 수중에 남아 있는 한 러시아의 재기를 경계하지 않을 수 없었던 것이다.

일본제국주의는 이러한 목적을 실현하기 위한 구체적인 방법으로서 종래 남만주철로와 대련항으로 연결되는 1선 1항주의로부터 길회철로와 나진항으로 연결되는 노선을 신설하여 두 개의 간선으로 설정함으로써 2선 2항주의로 전환하게 된 것이다. 이는 다음의 기록에서 명확히 알 수 있다.

돈도철로의 부설이 추진되면서, 동시에 길회철로의 완공시 이것과 연결할 종단항의 건설 문제가 대두되었다. 이에 적합한 항구로서 나진과 청진, 그리고 웅기 등 북조선의 3항이 거론되었으며, 일본정부는 이 3항을 둘러싸고 종단항을 선정하기 위한 본격적인 검토에 착수하였다. 그런데 종단항의 결정 과정에서 청진은 배후 철로의 거리가 멀며, 또한 수송 능력에도 한계가 있다는 결점이 지적되었다. 한편 웅기는 풍랑이 세고, 축항설계도 수용 능력에서 최대 500-600만 톤에 지나지 않는 결점을 가지고 있었다.

　결국 길회철로의 종단항으로서 나진이 선정되었는데, 그 배후에는 일본군부의 입김이 강하게 작용한 것으로 보인다. 특히 1920년대 중반 이후 일본군부는 국방상의 관점에서 볼 때도, 중국에 있는 대련항보다는 조선 북부의 나진항을 선정함으로써 유사시 만주와 일본은 최단거리로 연결해야 한다는 주장을 견지해 왔다. 그리하여 "만몽의 화물을 나진에 집중시켜 블라디보스토크에 대항해야 하며, 이를 통해 전시에 일본의 경제적 독립을 보장할 수 있다"고 판단하였다. 특히 육군성 내의 일부 '나진론자'들은 웅기의 경우 소련의 연해주 및 琿春과 맞닿아 있어 유사시 적의 위협에 노출될 우려가 있다는 이유로 종단항으로서 부적합하다고 주장하였다. 이러한 이유에서 나진을 종단항으로 결정해야 하며, 나진 – 회령 사이에 직통철로를 부설하도록 주장하였다.

　마침내 1932년 5월 11일, 척무성대신의 지시로 나진을 종단항으로 결정하고 곧이어 8월에 조선총독부도 항만 매립을 위한 '토지수용령'을 발표하였다. 설계에 따르면, 1933년 초에 기공하여 1937년 말에 완성할 경우 이 항을 통한 만주 수출 물자는 총 1,350만 톤으로, 총 수입은 약 500만 톤, 수출입 총 합계 1,850만 톤을 목표로 추진되었다.

돈도철로의 개통을 통한 길회철로의 완성은 만주의 수출입 루트에 큰 변화를 가져왔다. 기존 30여 년간 만주의 물자 유통은 크게 보아 대련과 블라디보스토크의 양대 수출 루트에 의존하였는데, 여기에 돈도철로의 완성으로 인한 길회철로의 개통과 종단항으로서 나진항이 선정되고 웅기, 청진 등이 보조항으로서 신증설되면서 큰 변화가 발생하였다. 길회철로의 부설과 종단항으로서 나진항을 선정한 것은 만주 물동량을 선점함으로써 블라디보스토크항의 기능을 저하시키기 위한 목적에서 비롯된 것이다. 반면 나진항은 대련의 번영에 아무런 악 영향도 주지 않았다. 왜냐하면 두 항은 모두 남만주철도주식회사가 그 경영을 통제하였기 때문에, 과거 대련 1항주의에서 합리적으로 수송 경로를 재편할 수 있게 된 것이다. 길회철로와 나진항을 통한 만주물자의 운송이 동청철로에 비해 경쟁력을 가지고 있음은 다음의 몇 가지 수치를 통해 분명히 알 수 있다.

일본 각 항과 대련, 블라디보스토크, 나진항까지의 거리 비교　　(킬로미터)

	시모노세키 (下關)	고베 (神戶)	오사카 (大阪)	도쿄 (東京)	가고시마 (鹿兒島)
대련	614	869	876	1, 225	695
블라디보스토크	567	807	813	953	802
나진	515	756	767	1, 011	734

각 항과 대련·블라디보스토크·나진항까지의 톤당 운임 비교　　(일본엔)

	니가타 (新潟)	시모노세키 (下關)	오사카 (大阪)	오타루 (小樽)	나가사키 (長崎)	基隆	釜山
대련	2.37	1.78	2.06	2.62	1.65	2.06	1.65
나진	1.58	1.69	1.96	1.77	1.83	2.55	1.52
블라디보스토크	1.60	1.70	2.12	1.60	1.84	2.57	1.71

북만주에서 대련항과 북선3항까지의 운임 비교 　　　　　　(매 톤당 : 원)

출발지	대련항	북선3항 평균
하얼빈	20.96	20.24
黑河	30.72	25.51
치치하얼	27.19	26.93
滿洲里	32.46	31.56
佳木斯		19.54

　　이상과 같은 몇 가지 통계자료를 통해 돈도철로가 개통된 이후 콩 1톤당의 요금을 장춘에서 大阪까지 수송할 경우를 비교해 보자. 블라디보스토크항을 경유할 경우 동청철로 및 우수리철로의 운임이 15.55엔이며, 접속비가 2.80엔, 배삯이 2.00엔으로 모두 20.35엔이 소요되었다. 반면 대련을 경유할 경우 동청철로의 운임이 6.30엔, 남만주철로 운임 13.90엔, 접속비 0.40엔, 배삯이 1.80엔으로 모두 22.40엔이 소요된다. 이에 비해 나진을 경유할 경우 철로 운임 14.33엔, 접속비 0.60엔, 배삯 4.00엔으로 모두 18.93엔이 소요되었다.

　　이러한 의미에서 일본의 여론은 블라디보스토크항과 나진항의 길항관계를 지적하면서, 조만간 나진항이 블라디보스토크항을 압도할 것으로 예상하였다. 실제로 길회철로의 완성과 나진항의 발전 이후 동북의 무역규모가 크게 신장되었음을 알 수 있다. 예를 들면, 1926년 현재 연선지역의 무역액은 9,332,046원이었는데, 1933년에는 15,437,595원, 1934년에는 무려 34,504,950원으로 급속히 확대되었다. 조선 북부 3항의 주요 수출품은 만주 농산품의 대종인 콩과 콩류로서, 1938년 수출액은 1억 400만 원으로 전체 수출액의 73퍼센트를 차지하였다. 그 다음이 콩깻묵(豆餠)[5]으로서 7.2퍼센트를 차지하였고, 세 번째가 농산품으로 6.9퍼센트를 차지하였다.

---

5) 콩깻묵(豆餠)은 비료의 주요한 원료가 되었다.

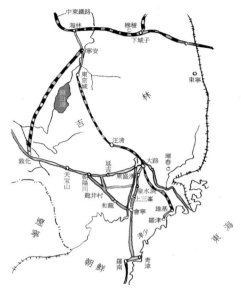

한반도 회령과 나진으로 연결되는 길회철로

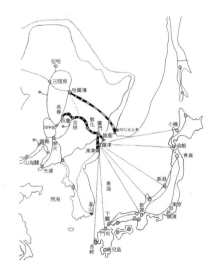

길회철로와 중동철로의 길항관계

이상에서 알 수 있듯이, 일본 제국주의는 길회철로의 부설을 통해 삼국간섭 이후 러시아가 획득한 동청철로의 경제적 효용성을 현저히 저하시켰으며, 사실상 동청철로에 대한 소련의 관심을 저하시키는 데 성공하였다. 길회철로의 완성과 나진항의 발전으로 인해 기존 블라디보스토크항의 영화가 급속히 쇠퇴하면서, 기존에 무역 중심지로서 훈춘(琿春)의 지위 역시 급속히 쇠락하였다. 반면 길회철로를 통해 조선으로 물자가 밀려들면서, 무역 중심지로서 圖們의 지위가 크게 제고되었다. 예를 들면, 1932년-1938년간 도문을 거쳐 조선 북부 3항으로 수출, 수입되는 총액은 9,795,000원에서 172,728,000원으로 급속히 신장되었는데, 이는 겨우 6년 만에 17.6배로 성장하였음을 의미하였다.

(3) 납빈철로와 물류유통의 변화

납빈철로는 일본이 동북지역에서 중동철로(동청철로)를 견제하기 위해 병행선으로서 부설한 노선이었다. 납빈철로가 중동철로를 효과적으로 견제할 수 있었던 근거는 무엇보다도 유통 거리의 단축을 통해 확보된 운임에서의 경쟁력을 들 수 있다. 납빈철로가 나진항으로부터 拉法, 하얼빈, 호란, 해륜, 극산 등으로 세력권을 확대하면서 직통열차의 운행이 가능하게 됨에 따라 북만주와 일본 국내 사이의 운송 경로가 크게 단축되었다. 상품이 하얼빈으로부터 중동철로 남부선을 통해 대련으로 출하되는 경로에 비해, 납빈철로를 통해 나진으로 운송될 경우 유통 거리가 207킬로미터나 단축되게 되며, 높은 운임을 부과하고 있던 중동철로를 거치지 않아도 운송이 가능해짐에 따라 북만주지역의 수출입에 큰 영향을 미쳤다.

1933년 남만주철도주식회사 하얼빈사무소는 납빈철로가 북만주
지역에서 초래할 경제적 효과에 대해 방대한 조사를 시행한 결과,
북만주의 유통망과 운임에 일대 변화를 가져올 것으로 예상하였다.
이 조사는 납빈철로의 경제적 효과가 다음과 같은 장점에 기인한다
고 지적하였다.

① 만주국 수출항 및 일본 각 항구와의 운송 경로를 단축하며, 이
　를 통해 운임을 크게 경감할 수 있다.
② 납빈철로 연선지역 자체가
　비옥한 평원에 해당된다.
③ 북만주 경제의 중심지인 하
　얼빈시와 남만주를 연계한다.
④ 호해철로와 상호 연계한다.

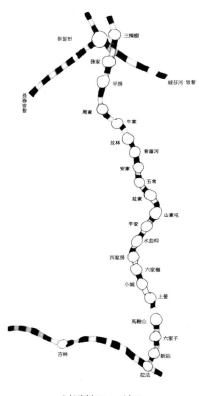

납빈철로는 북만주의 상업 거점
도시인 하얼빈과 일본을 최단거리
로 연결하는 중요한 노선이었다.
하얼빈으로부터 東京까지의 거리
는 대련 경유, 혹은 부산을 경유하
는 노선에 비해 3분의 2에 상당하
였다. 납빈철로는 중국 동북지역의
가장 비옥한 곡창지대를 관통하였
다. 이 지역의 수출상품 가운데 절
대 다수가 곡류, 특히 콩 및 콩류
(콩기름, 콩깻묵 등)인 점에 비추어
납빈철로의 경제적, 전략적 가치는

납빈철로 노선도

매우 높다고 할 수 있다.

　납빈철로의 연선지역은 종래 중동철로의 세력권이었으며, 따라서 양 철로 사이의 상호 경쟁은 피할 수 없었다. 납빈철로의 부설이 완료된 이후 이 철로의 순수한 세력범위는 五常, 舒蘭의 두 縣 및 楡樹, 雙城, 德惠의 동부지역이라 할 수 있다. 그리고 양 철로의 경쟁지역으로는 珠河, 濱江, 阿城縣 및 賓縣, 東賓縣의 서남부지방 및 葦河縣의 남부 楡樹, 덕혜현의 서부 및 夫餘의 동부지방을 들 수 있다. 또한 종래 下九台와 장춘에서 마차로 운송된 특산물은 상당 부분 납빈철로로 흡수될 것이며, 중동철로 남부선, 동부선 및 하얼빈 관구의 상당 부분도 침식될 것으로 예상되었다.

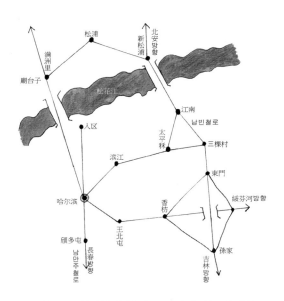

중동철로를 횡단하여 북만주로 나아가는 납빈철로

중국 동북지역 상품 유통루트의 거리 비교　　　　　　(단위 : 킬로미터)

유통경로	구간별	거리	유통 총거리
하얼빈 – 나진항	濱江 – 拉法	261	738
	拉法 – 敦化	126	
	敦化 – 灰幕洞	191	
	灰幕洞 – 羅津	160	
하얼빈 – 대련항	哈爾濱 – 新京(長春)	240	945
	新京(長春) – 大連	705	
하얼빈 – 블라디보스토크항	哈爾濱 – 보크라	550	785
	보크라 – 블라디보스토크	785	

　위의 표에서 알 수 있듯이 기존의 유통 경로와 비교하여 납빈철로
는 운송 거리와 운임에서 경쟁력을 갖추고 있음을 알 수 있다. 납빈
철로를 통해 하얼빈으로부터 나진항을 경유할 경우 기존의 중동철
로 남부선을 경유하여 남만주철로를 통해 대련항으로 운송할 경우
와 비교하여 207킬로미터나 단축되며, 블라디보스토크항을 경유할
경우와 비교해도 47킬로미터 단축되는 효과를 거둘 수 있었다. 더욱
이 각각의 항구로부터 일본의 각 항구와 연결할 경우, 나진항 출발
쓰루가(敦賀) 도착의 경우 총거리에서 중동철로 남부선을 경유하여
대련으로 나와 일본의 모지항(門司港)으로 연결되는 유통루트와 비
교하여 462킬로미터나 단축되었으며, 블라디보스토크항을 통한 루
트와 비교해도 66킬로미터 단축되었다. 유통루트의 단축은 당연히
운임의 경감과 불가분의 관계에 있을 수밖에 없었다.
　그렇다면 납빈철로는 완공시 북만주에서의 물류 유통을 어느 정
도 감당할 수 있을까? 이 문제와 관련하여 1933년 남만주철도주식회
사 하얼빈사무소의 조사에 따르면 북만주로부터 일본으로 수출되는
상품은 대부분 곡류로서, 특히 콩 및 콩 관련 상품(콩기름, 콩깻묵

등)이 주류라 할 수 있다. 1931년 10월부터 1932년 9월까지 북만주로 부터 일본으로 수출된 콩류의 수출량은 총 2,487,000톤에 달하였으 며, 물류의 유통 경로는 다음과 같다.

① 중동철로 남부선 경유 : 960,000톤

② 중동철로 동부선 경유 : 813,000톤

③ 제극철로 경유 : 250,000톤

④ 중동철로 남부선 연안지역에서 마차로 수송하여 남하한 수량
　: 150,000톤

⑤ 기타 육로 수송 및 수해 등으로 인한 소실 : 314,000톤

이 가운데 납빈철로가 부설된 이후 남하할 수 있는 가능성을 살펴 보면 다음과 같다. 먼저 기존 유통루트를 통해 수출되던 2,487,000톤 가운데 제극철로를 통한 이출 25만 톤과 중동철로 동부선 葦河驛 이동의 블라디보스토크로 이출되는 수량 총 30만 톤, 그리고 육로 수출 5만 톤 및 기타 수로, 육로를 통해 소련으로 수출되는 15만 톤 을 제외할 경우 다음의 수량이 납빈철로를 통해 흡수될 수 있는 수 량으로 집계할 수 있다.

납빈철로 부설 이후 물류(콩 및 콩류)의 운송량(1931.10-1932.9)　　　(단위 : 톤)

납빈철로 부설 이전 북만주 곡물의 유통량		납빈철로 부설 이후 기존 경로를 통한 유통량	납빈철로 부설 이후 흡수 가능한 유통량
중동철로 남부선 경유	960,000		960,000
중동철로 동부선 경유	813,000	300,000	513,000
제극철로	250,000	250,000	
남부선 연선지역 마차 수송 남하	150,000		150,000
기타 육로 수송 및 수해 소실	314,000	200,000	114,000
총계	2,487,000	750,000	1,737,000

이 밖에도 납빈철로가 송화강철교를 통해 호해철로와 연결됨으로 말미암아 호해철로 연선 지역에 대한 유통상의 영향도 적지 않을 것으로 예상되었다. 따라서 기존 호해철로를 통해 남하하던 화물 가운데 절반 가량은 납빈철로를 통해 남하할 것으로 추정되었다. 송화강 부두가 완공된 이후 납빈철로를 통해 운송될 것으로 예상되는 수량은 호해철로로부터 250,000톤, 송화강 부근으로부터 100,000톤, 중동철로 서부선 부근으로부터 62,000톤으로 총 412,000톤의 운송이 가능할 것으로 예상되었다. 북만주 상품의 수출뿐만 아니라 납빈철로의 출현으로 말미암아 일본상품이 저렴한 운임을 바탕으로 이 지역에서 상당 부분 유통될 수 있는 기반을 마련함으로써 일본산업의 수출시장으로서의 역할도 기대할 수 있었다.

1935년도 『滿洲日報』의 보도에 따르면, 중동철로 관리국의 1934년도 화물 운송량은 전년도보다 18만 3,000톤 감소한 277만 7,000톤으로서, 이 가운데 지방수송 64.2퍼센트, 동부선 경유 수출입 화물 7.4퍼센트, 남부선 경유 28.4퍼센트였으며, 서부선은 거의 전무한 상태였다. 전년도와 비교하여 운송량이 이처럼 감소한 이유는 납빈철로에 의해 운송된 수량이 의외로 많았기 때문이며, 따라서 중동철로에 대한 납빈철로의 영향이 매우 심각하다고 지적하였다.

앞서 지적한 바와 같이 납빈철로는 중동철로의 거점인 하얼빈을 관통하여 북만주로 노선을 전개함으로써 기존 북만주의 물류 유통을 독점하고 있던 중동철로의 세력을 견제하기 위해 부설된 것이다. 납빈철로는 만주에서 가장 비옥한 지역인 중동철로 동부선과 남부선 사이를 관통하여 해당지역의 물류 유통을 독점할 뿐만 아니라, 더욱이 북만주지역으로부터 해외로 수출되던 유통거리를 크게 단축함으로써 블라디보스토크를 경유하던 중동철로에 비해 운임에서 높은 경쟁력을 확보할 수 있었다. 이러한 결과 기존의 노선 독점으로 말미암아 높은 운임을 부과하고 있던 중동철로를 경유하지 않고서도 북만주와 하얼빈 이북의 물류가 납빈철로를 경유하여 수출할 수 있게 됨으로써 결과적으로 중동철로의 세력을 크게 약화시키는 효과를 불러 일으켰다.

더욱이 납빈철로는 부설 과정에서 중동철로(동청철로)를 횡단하여 북만주로 전개되도록 노선을 설정하였다. 납빈철로가 중동철로를 견제하기 위한 목적에서 부설되는 까닭에 소련의 반발은 충분히 예상할 수 있었다. 그러나 중국의 법령은 자국 영토 내에서 철로를 부설하면서 다른 철로를 횡단할 경우 법률로 이를 허용하고 있었다. 1915년 11월 3일 중국교통부가 공포한 '民業鐵路法'의 제49조는 "국유철로 혹은 기타공사의 민영철로가 다른 철로공사의 철로와 접속하거나 혹은 이를 횡단하여 철로를 부설할 경우, 혹은 철로공사의 철로와 근접하거나 이를 횡단하여 도로, 교량, 도랑 또는 운하를 부설할 경우에 철로공사는 이를 거부할 수 없다"라는 규정을 두고 있었다.

3) 동북철로와 도시의 발전

(1) 동청철로와 도시의 발흥

동청철로 연선의 도시들은 철로가 부설된 이후에 발흥한 것이 많았는데 그 중 가장 급속한 발전을 성취한 도시가 바로 하얼빈이었다. 동철철로의 부설이 시작된 1898년의 하얼빈은 松花江 右岸에 위치한 작은 촌락에 지나지 않았다. 그런데 대련까지 가는 支線의 분기점으로 되고 동청철로에 의해 대규모 시가 건설이 진행되면서 인구가 급증하기 시작했다. 1903년에는 4만 명을 넘어서고 1930년대에는 50만 명의 대도시로 성장했다.

하얼빈은 동청철로와 송화강의 수운을 이용할 수 있기 때문에 동북 북부의 상업중심지가 되었고 세계 각국의 무역업자가 사무소를 개설하였다. 그 중에서도 러시아인이 가장 큰 세력을 형성하고 있었으며, 거주인구가 10만 명을 넘어서던 시기도 있었다. 그러나 동청철로가 만주국에게 양도되었던 1935년에 철로 관계자가 소련으로 되돌아가면서 러시아인의 수는 감소되었다.

일본인 거주자는 만주국 이전 시기 3,000명 정도로 소수에 속했다. 하얼빈이 남만주철로 연선에 위치해 있지 않았고 일본인이 자유롭게 거주할 수 있는 남만주철로 부속지가 없었기 때문에 일본인 거주자의 수가 증가하지 않았던 것이다. 공업에서는 제분업이나 유방업이 약간 발달했지만 만주국시기에도 중공업관련 공장조차 설립되지 않는 등, 하얼빈은 상업을 통해 발달한 도시였다.

(2) 남만주철로와 도시의 성쇠

남만주철로 연선지역은 오래전부터 관내에 위치하여 역대 왕조의 통치력이 미쳤던 지역이다. 남만주철로 연선지역에는 長春, 伊通, 懷德, 梨樹, 西豊, 昌圖, 開原, 鐵嶺, 法庫, 雙陽, 瀋陽, 遼中, 遼陽, 海城, 營口, 蓋平, 復縣, 本溪, 鳳城, 安東, 岫巖, 莊河, 關東州 (22縣 1州) 등이 속하였다. 특히 開原 이남 유조변장의 안쪽은 농경지로서 유구한 역사를 지니고 있었다. 러일전쟁 이후 동청철로의 장춘 - 대련 구간이 일본에 양도되고 남만주철도주식회사가 이 철로를 경영하게 되었다. 더욱이 대련, 안동의 개항이 이루어지면서 남만주철로 연선지역에는 급격한 경제적 변화가 출현하였다.

1907년 4월에 영업을 시작한 남만주철도주식회사는 일본의 국책회사라는 성격이 매우 농후했고, 철로 운수업 이외에도 철로에 부속된 다양한 사업, 업종을 함께 경영했다. 남만주철로는 종전의 수운이나 마차운송과 비교할 수 없을 정도로 막대한 운수 능력을 보유하고 있었기 때문에 연선지역의 특산물을 대량으로 흡수할 수 있었다. 남만주철로의 화물 운수량은 1910-1929년 사이에 약 5배로 증가했다. 운수 화물의 내역을 살펴보면, 농산물과 석탄이 약 60-70퍼센트를 차지했고, 그 중에서도 콩이 50-70퍼센트를 차지했다.

남만주철로는 여객 운수보다는 화물 운수의 비중이 컸으며, 특히 콩과 석탄 운송량의 다과에 따라 수익이 좌우되었다. 만주국 시기에 남만주철도주식회사는 만주국 내의 철로를 위탁 경영하는 동시에 국방상, 치안상의 견지에서 대대적으로 새로운 노선의 부설에 착수했다. 또한 중일전쟁 이후 군사수송의 비율이 높아지기 시작하여 태평양전쟁 이후에는 군사수송이 주업무가 되면서 일반화물의 운수 분담률은 급격히 저하되었다. 1945년까지 동북지역의 철로 총연장은 약 11,000킬로미터에 달했으며, 이 가운데에서도 남만주철로 구간(대련 – 장춘)의 화물 운송량이 가장 많았다. 동북지역의 여러 철로 가운데 남만주철로는 탁월한 운수 능력을 보유한 노선이었음을 알 수 있다.

남만주철로 연선역의 특징을 유형화하면 다음과 같이 세 범주로 구분할 수 있다.

① 구래의 도시와 남만주철로 부속지가 인접한 역 : 봉천, 장춘, 요양, 철령
② 구래의 도시와 남만주철로 부속지가 먼거리에 위치한 역 : 開

原, 四平街, 昌圖, 蓋平, 海城

③ 남만주철로 부속지가 생기기 이전에는 도시가 없었던 역 : 公主嶺, 普蘭店

　이 가운데 특히 남만주철로 부속지와 거리가 먼 도시는 부속지의 성장으로 말미암아 구래의 도시가 쇠퇴하는 현상이 발생했다. 예를 들면, 개원은 남만주철로가 개통되기 이전에는 물자의 집산지였지만, 남만주철로가 개통된 이후 부속지를 중심으로 물자가 출하되면서 상업적 지위가 급속히 하락하고 말았다. 그리하여 부속지는 철로의 鐵자를 붙여 '鐵開原' 등으로 불리기도 했지만, 점차 다시 부속지의 원래 명칭으로 불리게 되었다. 그러나 예를 들면 철령이나 요양과 같이 남만주철로의 역이 설치되었다고 해서 반드시 상업적으로 발달한 것은 아니며, 그 역을 둘러싼 교통로나 배후지의 상황에 따라 발전한 역과 발전하지 못한 역이 존재했다.

　남만주철로의 개통에 따라 발전한 도시가 있는가 하면, 육로의 요충지에 위치하여 상업적으로 번영했던 도시 가운데 남만주철로가 개통된 이후 쇠퇴한 경우도 있었다. 예를 들어, 法庫門은 철로가 개통되기 이전에는 동북 북부지역과의 교통에서 요충에 위치하였다. 따라서 내몽골과의 교역에서 중요한 거점이었기 때문에 왕래하는 마차도 매우 많았다. 그러나 남만주철로가 개통된 이후 기존의 많은 물류가 철령으로 흡수됨에 따라 내몽골과의 교역은 정가둔 등의 발전으로 인해 그 중요성을 상실하고, 상권이 법고현과 康平縣으로 축소되고 말았다. 또한 伊通과 犁樹는 공주령과 사평가에 상권을 빼앗겨 상업 중심지로서의 기능이 크게 저하되고 말았다.

　남만주철로가 개통되기 이전에 연선지역의 상거래는 육로나 혹은

遼河의 수운을 통해 이루어졌기 때문에, 자연히 도로망이나 요하 수운의 요충지가 바로 상업의 중심지가 될 수밖에 없었다. 그러나 남만주철로가 개통된 이후 철로역이 상업의 중심지로서 발달하기 시작하자, 요하의 수운을 통해 거래가 이루어지던 상업 중심지들은 이로 인해 심대한 영향을 받지 않을 수 없었다. 이와 같은 대표적인 도시가 바로 철령, 요양 등이었다.

철령은 요하의 수운을 통해 영구와 상업상 긴밀한 관계를 유지하고 있었다. 인근의 해룡지방이나 昌圖 부근에서 생산된 콩이 먼저 철령으로 출하된 이후 다시 영구로 운송되었기 때문에, 특산물의 집산지로서 번영을 구가하였다. 그러나 남만주철로가 개통된 이후 물자의 대부분이 철로를 통해 운송되기 시작하자, 해룡지방의 콩은 개원역으로 출하되었기 때문에 특산물시장으로서 철령의 지위는 크게 하락하고 말았다.

襄平은 남만주철로가 개통되기 이전에는 太子河를 이용한 수운을 통해 영구와 연결되어 상업의 중심지로서 큰 번영을 구가하였다. 태자하 상류에 속하는 본계호나 감창 방면의 남만주철로 동쪽은 요양의 주요 상권에 속했으며, 멀리는 장춘과 길림에까지 그 세력이 미쳤다. 그러나 남만주철로가 개통되면서 종래 요양으로 출하되던 물자가 부근의 煙臺, 立山 등 각 역으로 분산되었다. 더욱이 안봉철로가 개통된 이후 감창 부근이 안동의 상권으로 편입되면서 요양의 상권은 더욱 축소되고 말았다. 수운을 통한 영구와의 거래는 철로보다 운임이 저렴했음에도 감소될 수밖에 없었으며, 자연히 영구와의 거래보다 대련과의 거래가 증가했다.

남만주철로가 개통되기 이전에 요하는 물류 유통의 대동맥이었기 때문에 그 유역에는 수많은 상업 중심지가 존재했다. 그러나 남만주철로가 개통되면서 요하의 수운은 점차 감소되고, 이에 따라 요하 유역의 상업 중심지도 쇠퇴하지 않을 수 없었다. 예를 들어, 철령의 요하로 물자를 반출했던 지역 가운데 하나인 馬蜂溝의 경우도 1915년 들어 쇠퇴의 기운이 완연해졌다고 철령의 일본영사가 본국에 보고하였다. 또한 상류지역의 通江口와 三江口에서도 남만주철로가 개통된 직후인 1909년에 이미 쇠퇴의 징후가 뚜렷이 출현하였다.

요하 유역에 자리한 상업의 중심지들이 쇠퇴의 징조를 보이기는 했지만, 그렇다고 해도 요하의 수운이 완전히 소멸된 것은 아니었다. 1910년대에는 10만 톤 정도의 콩이 수운을 통해 영구로 운송되었다. 영구로 출하된 콩의 경로별 내역을 살펴보면, 요하로부터 유입된 콩은 1920년대에도 총량의 30퍼센트 이상을 차지했다. 이로 미루어 보면 수운이 감소되기는 했지만 여전히 중요한 유통루트의 하나였음을 알 수 있다. 그러나 1930년대가 되면 수운의 쇠퇴는 확연하여 그 역사적 역할이 막을 내렸다고 할 수 있다.

(3) 사정철로와 도시의 성쇠

정가둔은 요하의 수운이 지나는 관계로 영구와의 교역에서 밀접한 관계를 형성해 왔지만, 이러한 상황은 1917년의 四鄭鐵路(四平街－정가둔)가 개통됨에 따라 크게 변화되었다. 사정철로가 개통된 이후 정가둔의 수출입은 수운으로부터 철로로 대체되었고, 상거래의 중심은 영구로부터 사평가나 대련으로 이동했다. 더욱이 1922년에는 통요－정가둔 구간이, 1923년에는 洮南－정가둔 구간의 철로노선이 개통되면서 정가둔은 통과역으로 전락하여 상거래에서 우위를 상실하고 말았다.

정가둔의 상권을 대신하여 발전했던 곳이 바로 조남과 통요였다.

20세기 초의 조남은 30-40戶 정도의 작은 촌락에 지나지 않았지만, 이후 몽골과 상업교역의 거점으로 발전하기 시작하여 1918년에는 인구가 무려 3만 명에 이르는 대도시로 발전하였다. 조남이 종래 정가둔으로 집산되는 우마를 흡수했다고는 해도, 지리적 여건으로 말미암아 정가둔과의 관련성이 깊었다. 그러나 조남 - 정가둔 사이의 운송 기간은 여름철에 왕복 13일, 겨울철에도 9일 전후가 소요되어 교통이 불편하였으며, 이로 인해 상거래가 크게 확대될 수 없었다.

이러한 가운데 1923년에 조남 - 정가둔 간의 철로가 개통되고, 더욱이 1926년에 洮昻鐵路(조남 - 昻昻溪)가 개통되면서 교통상 만주 북부와 바로 연결되게 되었다. 洮昻鐵路는 남만주철도주식회사의 마쓰오카 요스케(松岡洋右) 理事와 張作霖 사이에 체결된 청부계약에 따라 부설된 철로로서, 차관으로 부설된 四洮鐵路보다도 오히려 남만주철도주식회사의 지배력이 약했다. 철로의 개통으로 물자의 운송은 용이하게 되었지만 농산물 집산지는 연선 각 역으로 분산되었다. 이러한 결과 조남을 경유하지 않고도 농산물 반출이 가능하게 되었기 때문에, 조남으로의 농산물 출하량은 오히려 감소되었다.

사정철로 노선도

(4) 길장철로와 도시의 성쇠

봉길철로, 길돈철로의 출발점이었던 길림은 동청철로(중동철로)가 부설되기 이전에는 영고탑, 齊齊哈爾, 琿春 등으로 가는 물류의 중계지로서 번영을 구가했다. 인구도 1908년에는 약 8만 명으로 당시 동북에서 대도시의 하나였다. 그러나 동청철로가 개통된 이후 물자가 하얼빈과 장춘으로 집중되자 자연히 상업상 길림의 세력은 저하될 수밖에 없었다. 그런데 1912년 길림 – 장춘 간의 길장철로가 개통되자 길림의 상업적 지위는 다시 제고되었다.

길장철로가 개통되기 이전에 길림 – 장춘 간의 마차수송은 편도로 겨울에는 2일, 여름에는 4-7일 정도 소요되었는데, 철로를 통할 경우 3시간 반이면 도달할 수 있었다. 이로 인해 길림으로 출하되는 농산물의 수량과 목재의 반출량도 크게 증가했다. 특히 목재는 송화강을 통해 扶餘(伯都訥) 방면으로 공급되었고, 길장철로가 개통된 이후에는 철로를 통해 남만주철로 연선으로도 출하되었다. 길림역에서 발송된 수량 가운데 목재가 차지하는 비중이 매우 높았는데, 1926년의 경우를 살펴보면 목재가 약 11만 톤으로 가장 많았음을 알 수 있다.

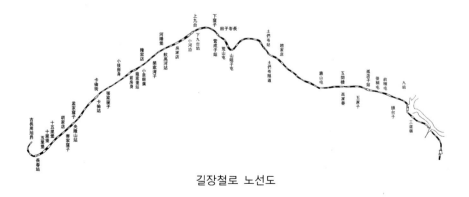

길장철로 노선도

(5) 길해철로와 도시의 발전

　길해철로 연선의 반석현, 영길현 남부는 산악지대, 삼림지대가 많아 농업 생산을 위한 자연조건으로는 이상적이지 않았다. 이로 인해 개간이 지연되었고, 인구가 많은 도시도 상대적으로 적을 수밖에 없었다. 따라서 자연히 연선에서 농산물의 출하량도 많지 않아 길해철로의 화물 수송량은 심해철로보다 적을 수밖에 없었다.

　길해철로의 개통으로 말미암아 가장 큰 영향을 받았던 지역이 바로 盤石이었다. 반석은 원래 공주령과 장춘 사이 지역에서 마차 수송을 통해 교역했으며, 1912년에 길장철로가 개통된 이후에는 길림과의 교역도 증가했다. 그러나 길해철로가 개통된 이후 철로운임 문제로 물자의 대부분은 봉천을 통해 거래되었다.

4) 동북철로와 농업, 상업의 발전

(1) 동청철로(중동철로)와 상업의 발전

　중동철로가 부설되기 이전에 동북의 북부지역은 주로 마차로 운송해 온 농산물과 잡화를 營口에서 거래했다. 그런데 중동철로가 개통된 이후 농산물은 블라디보스토크를 통해 수출되었고, 잡화 등은 영구, 대련으로부터 구입하였다. 중동철로가 부설된 결과 동북 북부지역의 물류 루트는 철로역을 중심으로 형성되었고, 철로 연선에는 새로운 상업중심지가 발흥했다.

　중동철로의 부설에 따라 하얼빈은 상업중심지로서 급성장하였으며, 이러한 결과 하얼빈은 주변지역의 물자 집산지를 넘어 송화강 유역, 흑룡강 유역, 나아가 중동철로 연선지역 전체에 걸쳐 상권을 형성했다. 다음이 표에서도 잘 나타나듯이, 하얼빈 管區의 농산물 발송량이 중동철로 전체의 약 30퍼센트를 차지하여 중동철로 연선의 농산물 집산지로서 하얼빈의 중요성을 보여주고 있다.

동청철로 곡류 발송량   (단위 : 1000톤)

연도	콩	소맥	총계	구간별			
				하얼빈管區	서부선	동부선	남부선
1903	25	24	113	27	9	9	68
1907	23	26	192	100	14	30	48
1910	296	107	546	156	134	86	171
1913	356	89	581	171	153	91	166
1916	369	123	709	238	204	81	186
1919	215	175	650	366	163	69	52
1922	904	135	1549	543	495	146	364
1925	1464	84	2298	663	951	229	456
1928	1990	437	3547	1179	1271	482	615
1929	2481	289	3677	1419	1280	428	550
1930	1692	163	2706	997	892	494	323

(2) 호해철로와 농산물 유통의 발전

呼海鐵路의 부설은 종래 물류 루트에 큰 변화를 가져왔다. 호해철로는 북만주의 곡창지대를 관통하였기 때문에 객화의 운송량이 매우 많았다. 호해철로는 흑룡강성정부가 민간자본 哈大洋 1,050만 원을 모집하여 1928년에 개통한 노선이었다. 1928년 흑룡강성은 民間株(商股)를 발행하여 呼海鐵路公司를 官營으로 변경하여 呼海鐵路를 운영하였다.

호해철로 연선의 呼蘭은 하얼빈의 발흥으로 말미암아 적지 않은 영향을 받기는 했지만, 그럼에도 호란평야에서 생산된 농산물의 집산지로서, 특히 呼蘭河의 수운을 통해 운송되는 농산물이 많아 상업이 크게 번영하였다. 그러나 1928년 호해철로가 개통되자 기존의 수운이 철로로 대체되면서 호란의 상업은 크게 쇠퇴하였다. 호해철로가 개통된 결과 연선에서 산출된 농산물이 철로를 통해 운송되는 루트로 변화된 것이다. 이러한 결과 농산물의 집산은 연선 각 역으로 분산되어 과거 농산물 집산지였던 綏化, 海倫 등의 위상은 크게 약화되었다. 그리고 호해철로 연선 지역에서 하얼빈의 영향력이 더욱 확대되었다.

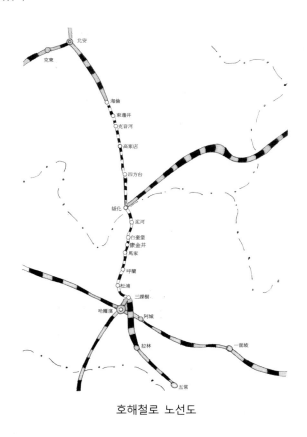

호해철로 노선도

(3) 심해철로(봉해철로)와 농산물 유통의 발전

심해철로 연선지역에서 시장으로서 규모가 컸던 곳으로 海龍, 朝陽鎭, 山城鎭(北山城子) 등 세 도시를 꼽을 수 있다. 이들 도시는 철령을 통해 농산물을 판매하고 잡화를 구입했는데, 남만주철로가 개통된 이후에는 개원과의 관계가 밀접하게 되어 마차 수송을 통해 開原으로 반출되는 농산물의 수량이 증가했다. 조양진, 산성진에서는 농산물의 출하량이 많았다. 해룡은 정치, 행정의 중심지로서 조양진과 산성진 두 도시 사이에 자리 잡고 있어 상권이 협소했다. 남만주철로가 개통된 이후 심해철로 연선에는 개원의 상권이 확대되어 갔다.

관상합판인 봉해철로공사는 심양, 길림, 치치하얼의 세 지역을 연결하는 심해철로의 부설에 착수하였으며, 1927년 9월 6일 봉천 – 해룡 간 234.5킬로미터에 달하는 노선을 완료하였다. 다음 해 8월 팔도호 – 신립둔 간의 25킬로미터에 달하는 노선이 준공되었으며, 9월에는 신립둔에서 창무, 통요에 이르는 노선의 부설계획이 발표되었다. 1928년에 봉천 – 조양진 구간이 개통되자, 농산물은 개원이 아니라 심해철로를 통해 직접 봉천으로 운송되어 봉천과의 상업관계가 밀접하게 되었다.

심해철로의 연선에는 瀋陽, 撫順, 淸源, 海龍, 東豊, 西安의 6縣과 山城鎭과 朝陽鎭의 상업중심 시장이 존재하였다. 연선지역은 물산이 풍부하여 매년 농산물 90여만 톤을 운송하였으며, 콩과 양식이 대종화물로서 전체 화운 가운데 70퍼센트 정도를 차지하였다. 그 다음이 서안탄광의 석탄이었으며, 그 밖에 공산품과 잡화 등이 뒤를 이었다. 1929년에는 심해철로를 통해 조양진, 산성진, 해룡으로부터 약 16만 톤에 달하는 농산물이 반출되었다.

종래 개원으로 반출되던 농산물은 심해철로를 통해 운송되기 시작하였으며, 이로 인해 이전에는 물자를 구매하기 위해 개원을 방문했던 상인들도 심해철로 연선과 북부로 가버리고, 이에 따라 특산물 거래지역으로서 개원의 중요성도 동시에 저하되었다. 이로 인해 개원의 농산물 출하 수량은 대폭 감소했다. 종래 개원으로 반출되던 콩 위주의 농산물은 봉천으로 운송되었으며, 이에 따라 농산물시장으로서 봉천의 지위는 한층 강화되었다.

심해철로는 기존 남만주철로 등 일본자본의 철로에 의해 독점되었던 물류 유통을 상당 부분 분담하게 되었다는 점에서 큰 의의가 있었다. 봉해철로가 부설된 이후 철로 연선지역이 광범위하게 가경지로 개간되었으며, 여기에서 생산된 물산이 봉해철로를 통해 성 전역으로 유통되었다. 이들 물산은 철로를 통해 연선의 沈陽, 撫順, 淸原, 海龍, 東豊, 西安의 6현을 지났으며, 이 밖에 山城鎭과 朝陽鎭의 상업 중심시장으로 통하였다. 이 지역에서는 담배와 마, 식량, 삼림, 광물 등의 물산이 대량으로 생산되었다. 이들 상품은 이전에는 모두 남만주철로를 통해 운송되었지만, 봉해철로가 부설된 이후 이들 상품의 상당 부분을 흡수하였다.

심해철로는 동북철로에 대한 외국 세력의 독점을 타파하여 국유철로의 공백을 메꾸었다는 점에서 큰 의의가 있었다. 이후 봉해철로는 경봉철로와 연계하여 동북지역의 토산품, 모피 등을 열차에 싣고 관내지역으로 운송하였으며, 관내의 철강, 금속, 기계 등의 상품도 봉해철로를 통해 동북지역으로 반입됨으로써 동북지역과 관내지역 사이를 한층 밀접하게 연결하였다.

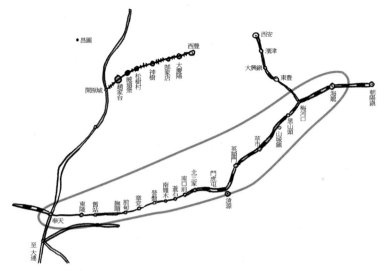

봉해철로(심해철로, 봉천 - 해룡) 노선도

(4) 제극철로와 농산물 유통의 발전

제극철로는 경봉철로와 흑룡강성정부가 공동 투자하 부설한 노선으로서, 부설 자금이 총 620만 원에 달하였다. 제극철로는 만주사변이 폭발하기 이전에 依安까지 총연장 128.9킬로미터의 구간을 개통하였다. 만주국이 수립된 이후 1932년 7월 제극철로는 태안에서 克山에 이르는 구간을 준공하여 열차를 개통하였다. 이후 계속 연장되어 北安을 거쳐 호해철로의 연장선과 상호 연계되었으며, 다시 북쪽으로 연장하여 아이훈(璦琿)까지 연장되어 흑룡강안의 黑河에 도달하였다. 제극철로에서 필요로 하는 객화차량은 모두 경봉철로공사가 제공하였다.

齊克鐵路가 개통되기 이전에는 克山이나 泰安에서 생산된 농산물이 대부분 안달로 반출되었으며, 필요한 물품은 하얼빈과 안달로부터 반입되었다. 訥河나 嫩江의 경우 치치하얼(齊齊哈爾)을 경유하여 하얼빈에 이르는 루트를 통해 교역이 이루어져 왔기 때문에 철로가 개통되기 이전에 제극철로의 연선지역에서는 하얼빈의 영향력이 강했다. 그러나 제극철로가 개통된 이후 물자는 주로 철로를 통해 운송되었으며, 더욱이 동청철로 경유가 아니라 洮昂鐵路(洮南 - 昂昂溪 구간, 1926년 개통)로 운송되는 물류 유통량이 증가했다. 또 잡화 등의 반입 지역도 四洮鐵路, 洮昂鐵路 경유가 증가하고, 하얼빈 경유는 감소되었다.

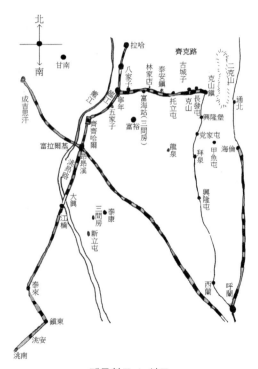

제극철로 노선도

제극철로의 개통으로 말미암아 과거 치치하얼의 창구였던 昂昂溪는 쇠퇴해 갔다. 게다가 1935년 중동철로가 명의상 만주국에, 실질적으로 일본에 양도된 이후 앙앙계는 통과역으로 전락하여 상업적 발전의 근거를 상실하고 말았다. 제극철로는 1933년 北安까지 연장되고, 北安－海倫 구간도 1933년에 완성되면서 호해철로와 연결되어, 결국 치치하얼에서부터 하얼빈까지 반원모양의 철로 노선이 완성되었다.

제극철로는 열차를 개통한 즉시 조앙철로, 사조철로 양 철로와 연계운수협정을 체결하고 黑龍江官銀號가 탁송하는 콩, 콩깻묵(豆餠), 잡곡 등에 대해 운임의 할인을 실시하여, 남으로 대련이나 영구를 통해 수출할 수 있도록 하였다. 중동철로 西線의 각 역으로 운송되던 콩 등도 역시 제극철로, 조앙철로, 사조철로 등을 통해 남쪽으로 운송되었다.

1930년에 齊克鐵路가 개통되고 1933년에 拉濱鐵路가 개통되면서 하얼빈을 거점으로 하는 중동철로의 운송 분담률이 더욱 저하되었다. 이에 따라 북만주에서 상품의 운송을 담당해 왔던 중동철로의 독점적 지위는 한층 동요될 수밖에 없었다. 이러한 사실은 "제극철로가 완공된 이후 북만주의 상품 운송을 흡수하면서 중동철로의 가치가 옛날과 같지 않다"라고 지적한 사실로부터도 잘 알 수 있다.

(5) 타통철로와 농산물의 유통

타통철로는 준공 이후 연선 경제에 대한 영향력이 매우 컸다. 齊昂鐵路가 부설된 이후 타통철로는 흑룡강성에서 산출된 콩 및 雜糧(잡곡)의 南運을 다수 흡수하였다. 1929년 흑룡강성은 제앙철로를 통해 화물 30만 톤을 남쪽으로 운송하였다. 이 가운데 20만 톤의 화물이 남만주철로에 의해 흡수되어 대련이나 영구로 운송되었으며, 10만 톤의 화물은 타통철로를 통해 영구로 운송되었다.

타통철로는 교통운수를 발전시키는 동시에, 남만주철로가 독점해 왔던 화물 운수의 지위를 동요시켰다. 이와 같이 타통철로는 일본의 남만주철로를 견제하며 상호 경쟁을 전개하였으며, 이를 통해 일본 제국주의의 경제 침략을 저지하는 역할을 수행하였다. 더욱이 타통 철로가 부설된 이후 동북당국은 이 철로를 통해 수시로 군대를 운송 할 수 있게 되었으며, 군수에 대한 관동군과 남만주철로의 통제로부 터 벗어날 수 있게 되었다.

타통철로 노선도

⑹ 정통철로와 농산물의 유통

1921년 정통철로가 개통되자 철로 운수가 활성화되면서 연선지역 의 산업이 크게 발전하기 시작하였다. 정조철로의 개통 역시 遼河 서쪽 동몽골지역의 산업 발전에 큰 자극을 주었다. 종래의 유목지가

水田 등 농경지로 바뀌어 쌀 등 미곡을 산출하기 시작했다. 예전의 塞村 白音大來도 통요진이라 불리우며 인구 1만 수천 명이 거주하는 도시로 변모하였다. 동몽골의 門戸인 조남의 경우도 인구 25,000 명의 거대 도시로 변모하여, 철로의 개통과 함께 급속한 발전을 성취하였다.

5) 동북지역 경제의 전반적 발전

(1) 경봉철로와 지역경제의 성쇠

경봉철로 연선지역은 遼河의 서쪽에 위치하고 있어 요서라고 불렸고, 예로부터 관내에서 발흥한 중화왕조의 세력이 미쳤던 지역이었다. 역사적으로 관내와 밀접한 관계를 가진 지역으로서, 지역경제의 양상은 직예지방과 유사한 측면이 많았다. 이 때문에 동청철로(중동철로)가 부설된 이후 급속하게 개발이 진행되었던 동북 북부지역과는 달리 농업 생산 역시 이미 유구한 역사를 가지고 있었다.

요서 일대는 경봉철로가 개통되기 이전에 영구의 배후지에 속했다. 경봉철로는 요서의 주요한 도시를 연결하여 봉천까지 부설되었기 때문에 철로가 통하는 도시에서는 영구의 영향력 이외에 봉천과 천진의 영향도 적지 않았다. 경봉철로가 개통된 이후 금주 以東은 영구 및 봉천 상권의 교차지에 속했고, 금주 以西의 興城, 綏中은 영구 및 천진의 상권 교차지에 속했으며, 산해관 이서의 관내는 천진의 배후지가 되었다.

요서지역에서는 금주와 新民이 주요한 상업 중심지였다. 금주에 집산된 화물은 경봉철로를 이용할 경우 영구 경유, 봉천 경유, 천진 경유의 세 루트를 이용하여 거래가 이루어졌다. 농산물도 콩은 영구로, 고량은 천진으로 운송되는 경향이 있었다. 그런데 만주국 시기가 되면, 관내에 대한 영구의 무역이 부진하게 되면서 점차 쇠퇴의 길로 접어들었다. 천진 방면과의 교역은 국경관세가 설정된 이후 어렵게 되었고, 경제적 중심지로서 급성장한 봉천의 영향력이 급속히 증대되었다.

금주는 1909년까지 인구가 약 44,000여 명으로 동북에서 대도시의 하나로 간주되었다. 금주가 크게 발전한 것은 만주국 시기가 되고 나서였다. 그 원인은 금주를 기점으로 열하를 관통하는 철로가 만주국 시기에 부설되었기 때문이다. 1935년에는 赤峰까지, 1938년에는 古北口까지 철로가 개통되었으며, 열하와 흥안서성의 물자가 금주로 출하되면서 금주의 배후지가 확대되었다. 이러한 요인으로 금주의 인구도 증가했고, 1941년에는 마침내 140,000명을 넘어섰다.

신민은 북경과 봉천을 잇는 길목으로서, 내몽골로 들어가는 입구에 위치한 교통의 요충이었다. 뿐만 아니라 요하의 수운을 통해 영구와 밀접한 상업관계를 유지하고 있었기 때문에, 상업이 크게 발전했다. 안봉철로와 남만주철로의 개통으로 말미암아 新民의 상권은 큰 영향을 받았다. 경봉철로가 신민을 종착역으로 했을 당시(1903-1906년)에는 화물 집산지로서 활황을 보였다. 그러나 러일전쟁 중에 일본군이 부설한 봉천－신민 간의 경편철로가 청조에 의해 회수되어 1907년에 봉천까지 경봉철로가 운송을 담당하게 되자, 신민은 통과역으로 전락하여 상권이 축소되고 말았다.

신민은 요하를 통해 영구와 긴밀한 교역관계를 유지했기 때문에 영구시장의 영향이 매우 컸다. 경봉철로가 개통된 이후에는 봉천과 밀접한 관계를 형성하게 되었다. 금주와 신민의 통상루트의 변화로부터 도시의 발전은 배후지를 확대할 수 있는지의 여부에 따라 규정되는 측면이 강했으며, 배후지의 확대는 철로의 부설에 의해 촉진되는 경향이 강했다고 할 수 있다. 금주는 열하 방면을 배후지로 삼는 것이 가능했던 반면, 신민은 새로운 배후지를 획득하지 못했을 뿐만 아니라 종전의 배후지가 축소됨으로써 상업 중심지로서의 중요성도 저하되고 말았다.

경봉철로는 만주와 북경, 천진을 연결하는 대철로로서, 영업성적이 매우 양호하였다. 1920년 총수입은 2,300만 원, 총지출은 850만 원으로서, 순익이 1,460만 원에 달하였다. 화물은 곡류와 기타 농산물이 적지 않았지만 개평, 난주의 석탄과 당산의 시멘트 등도 매우 중요하였다. 연선의 북경, 천진, 금주, 산해관, 진황도, 영구, 봉천 등이 주요한 시장을 형성하였다.

(2) 경한철로(노한철로)와 동북 이주

경한철로(노한철로, 평한철로)의 출현으로 말미암아 농촌의 과잉인구가 대대적으로 미개척의 동북지역으로 이주하기 위한 교통 운수의 여건이 조성되었으며, 이는 결과적으로 산동, 하북 등 화북지역의 인구 압력을 상당 부분 해소하는 데 크게 기여하였다. 바꾸어 말하자면 철로 운수를 통해 이주를 용이하도록 함으로써 동북 개발에도 크게 기여한 셈이다. 이와 함께 환금작물 재배의 확대와 토지이용률의 제고가 가능하게 되었으며, 농민의 수입을 크게 증가시켰다. 경한철로는 공광업과 소형공업의 발전을 선도하였으며, 공광업의 발전에 필요한 향촌 거주민의 운송과 물자의 공급에도 크게 기여하였다.

(3) 천도철로와 무역, 인구의 증가

만주사변이 발발하기 이전에 간도의 무역 동향을 살펴보면, 1900
년대에는 러시아와의 무역에 의해 훈춘이 우세하였지만, 그 후 연길
이 발흥하기 시작했고 淸會鐵路(한국의 청진－회령), 천도경편철로
를 부설한 결과 용정촌의 상업이 보다 번성하게 되는 변화가 출현하
였다. 연길도 천도경편철로와 연결되었지만 노선상 용정촌보다는
열세에 놓여 있었기 때문에 무역 총액이 용정촌을 넘어서기는 불가
능했다. 이 때문에 철로의 부설은 간도경제의 발전 방향에 결정적인
영향을 미쳤다.

용정촌은 조선인이 이주하여 정착하면서 형성된 마을로서, 1907
년 당시에는 인구 400명 정도에 지나지 않았다. 용정촌의 무역은 청
진 경유가 거의 대부분이었고, 교통로 관계로 말미암아 길림이나 훈
춘과의 무역량은 많지 않았다. 1912년 이래 청진 경유로 말미암아
조선무역이 급격하게 신장되어 그때까지 길림상권에 속했던 돈화
방면에도 영향을 미치게 되었다.

그러나 청진－회령 간의 철로가 개통된 1917년에 이르러 용정촌
의 무역 총액은 훈춘을 능가했다. 1923년의 天圖輕便鐵路가 개통된
이후 철로를 통해 직접 청진과 연결됨으로써 용정촌은 조선과 한층
깊은 관계를 형성하였다. 그러나 천도경편철로의 수송량은 많지 않
았고 마차나 우마에 의한 수송도 이전처럼 행해졌다.

용정촌의 무역액 동향은 청진－회령 구간의 철로가 개통된 1917
년과 다음 해인 1918년 사이에 뚜렷히 급증했지만 천도경편철로가
개통되었던 1923년과 다음 해인 1924년 사이에는 증가를 보이지 않
았다. 그러나 콩 수출량이나 면제품 수입액의 동향에서는 1918년과

1923년 사이에 급증하는 경향을 볼 수 있다.

　더욱이 인구도 눈에 띄게 증가하여 1926년에는 약 15,000명에 달했다. 1926년의 시점에서 훈춘, 연길, 용정촌의 인구를 비교해 보면 훈춘 약 8,000명, 연길 약 9,500명, 용정촌 15,000명으로, 용정촌은 간도 제일의 도시가 되었다. 또한 인구 구성에서 조선인의 비율이 높아 연길은 漢族 마을, 용정촌은 조선인 마을로 불렸다. 이와 같이 간도무역에서 용정촌이 차지하는 우세는 海關行政에도 그대로 반영되어 훈춘이 本關이고 용정촌이 分關이었지만, 1923년에는 용정촌 분관이 본관으로 승격되고 훈춘은 분관이 되었다.

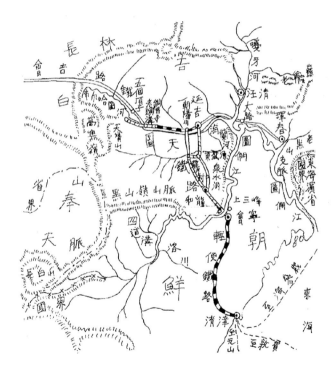

천도철로 노선도(1929년)

참고문헌

『時事新報』

滿蒙年鑑編輯委員會, 『滿蒙年鑑』, 1923.

中東鐵路公司, 『中東鐵路運輸統計 : 1903-1930』, 1932.

鐵道部鐵道年鑑編纂委員會, 『鐵道年鑑』第一卷, 1933.

鐵道部鐵道年鑑編纂委員會, 『鐵道年鑑』第二卷, 1934.

鐵道部鐵道年鑑編纂委員會, 『鐵道年鑑』第三卷, 1935.

金起田, 「間島協約」, 『朝鮮及國際條約集要』, 天道敎靑友黨本部, 1932.7

宓汝成, 『中華民國鐵路史資料』, 社會科學文獻出版社, 2002.9.

宓汝成, 『中國近代鐵路史資料』1冊, 中華書局, 1984.

中國第二歷史檔案館編, 『中華民國史檔案資料匯編』第三輯(外交), 江蘇
　　　　古籍出版社, 1991.

鐵道部總務司勞工編, 『民國22年國有鐵路勞工統計』, 南京京華印書, 1934

金志煥, 『鐵道로 보는 中國歷史』, 학고방, 2014.

吳承明著, 金志煥譯, 『舊中國 안의 帝國主義 投資』, 高麗苑, 1992.

金士宣, 『中國鐵路發展史』, 中國鐵道出版社, 1986.11.

李占才, 『中國鐵路史』, 汕頭大學出版社, 1984.6.

李國祁, 『中國早期的鐵路經營』, 中央研究院近代史研究所, 1976.12.

許滌新, 吳承明, 『中國資本主義發展史』3卷, 人民出版社, 2003.

鐵路總局, 『敦化圖們間鐵道の完成と日滿關係』, 1933.9.

滿洲經濟年報編輯委員會, 『滿洲經濟年報』上, 1937.

町田耘民, 『滿蒙の鐵道戰』, 民衆時論社, 1926.1

中村玄濤, 『外地統治史』, 大陸之日本社, 1936.

井上勇一, 『東アジア鐵道國際關係史』, 慶應通信株式會社, 1990.2.

滿鐵調查課, 『滿蒙鐵道の社會及經濟に及ぼせる影響』, 1931.7.

關東都督府, 『軍事上ヨリ觀察シタル滿蒙一般狀態圖表(經濟之部)』, 1914.

Kungtu C. Sun, The Economic Development of Manchuria in the First Half of
　　　　the Twentieth　Century, Harvard University Press, Cambridge, Mass, 1969.

「拉濱線の經濟價値」,『滿鐵調查月報』14卷 2號, 1934.2.

山口昇,「吉敦鐵道と東滿問題(1)」,『支那』17卷6號, 1926.6.

山口昇,「吉敦鐵道と東滿問題(7)」,『支那』18卷3號, 1927.3.

「安東海關」,『東方雜志』10卷 10號, 1914.4.

吳鐸,「臺灣鐵路」,『中國社會經濟史集刊』6卷 1期, 1936.6.

張景泉,「朝鮮北部三港及其對中國東北貿易的影響」,『吉林師範學院學
　　報』1995年 7期.

제 7 장
중국근대 철로 大事紀

* (　　) 괄호 안은 음력 * 일자가 불명확할 경우 월만을 표기

1859년

- 5월중 태평천국 干王 洪仁玕이 『資政新篇』에서 외국의 화륜차를 모방해서 기차를 제조해야 한다고 주장

1863년

- 7월 20일(6월 5일) 상해 27家 洋行이 강소성 순무 이홍장에게 소주로부터 상해에 이르는 철로의 부설을 청원하였으나 승인받지 못함
- 11월 영국, 프랑스, 미국영사가 上海道 黃芳에게 상해에서 소주에 이르는 철로의 부설을 청원하였으나 승인받지 못함

1865년

- 2월 12일(1월 17일) 총리아문이 각 지역 독무에게 만일 각국 영사가 철로 부설을 신청할 경우 승인하지 말 것을 내밀히 훈령
- 8월중 영국인 두란트(Durant)가 북경 永寧門 밖에서 소규모 철로를 부설하여 기차를 시험 운행하였으나 곧 철거됨
- 11월 6일(9월 18일) 총세무사 하트(Robert Hart)가 총리아문에 철로의 부설을 건의

1866년

- 3월 5일(1월 19일) 영국대사관 참찬 웨이드 토마스(Wade Thomas)가 총리아문에 중국이 만일 철로를 부설하여 운행한다면 각국이 모두 환영할 것이라는 의사를 전달
- 4월 1일(2월 26일) 청정이 총세무사 하트 등이 건의한 문제를 각 대신에게 논의하도록 명령, 각 대신은 논의 이후 모두 철로의 부설에 반대의 의견을 표시

1872년(동치 11년)

- 9월 9일(8월 7일) 英商이 천진조계에서 철로를 시험 부설하여 승객을 탑승시키고 시험 운행
- 12월중 영상을 비롯한 외국 교민들이 상해에서 오송도로공사를 조직

1874년

- 7월 28일(6월 15일) 오송철로유한공사는 영국에서 등기를 마치고 설립을 선포하였으며, 런던에 총판사처를 설립
- 11월 5일(9월 27일) 청조는 이홍장 등에게 海防의 방안을 상세히 보고하도록 지시
- 12월 10일(11월 2일) 직예총독 이홍장이 상소를 올려 남북 해양과 접한 7성이 협력하여 철로를 부설하고 기관차를 건조할 것, 그리고 철로 주변에 병사를 배치하여 주둔시킬 것을 청원
- 12월 15일(11월 7일) 英商이 오송철로의 부설에 착수

1876년(광서 2년)

- 2월 22일(1월 28일) 상해도대 풍준광이 영국영사와 회견 시 오송철로와 관련된 사항을 문의

398

- 2월 23일 상해도대 풍준광이 영국영사에게 오송철로와 관련하여 항의서 전달
- 3월 21일(2월 26일) 풍준광이 영국영사에게 즉시 오송철로의 부설공사를 중단하도록 요구
- 3월 22일(2월 27일) 총리아문이 영국영사에 조회, 조계지방에서 철로를 부설하고자 한다면 먼저 신청하여 허가를 득한 이후에 비로소 가능하다는 의사를 전달
- 4월 7일 총리아문이 영국영사에 철로 부설의 건을 재차 조회
- 4월 9일(3월 15일) 이홍장은 오송철로를 중국이 원가에 매입할 것을 주장하고, 중국인(華商)으로 하여금 이를 경영하도록 해야 한다고 주장
- 6월 30일(5월 9일) 오송철로 상해에서 강만 구간까지 열차 운행
- 8월 3일(6월 14일) 오송철로 운행중 중국병사가 열차사고로 사망
- 10월 24일(9월 8일) 풍준광과 영국영사는 '收贖吳淞鐵路條款'을 체결하고 청조가 은 28만 5천 량의 대가로 오송철로를 회속하기로 결정, 매입대금은 1년 이내 청산하기로 합의
- 11월중 唐廷樞가 이홍장에게 開平으로부터 澗河口에 이르는 철로를 부설하도록 건의
- 12월 1일(10월 16일) 오송철로의 전 노선 개통. 당월 운송 여객이 총 16만 명에 달함

1877년(광서 3년)

- 1월 29일(12월 16일) 복건성 순무 丁日昌이 대만철로를 조속히 부설할 것을 청조 중앙에 주청
- 10월 20일(9월 14일) 오송철로의 회속 비용 청산. 당일 오송철로는 운행을 중단하고 머지않아 철거됨

1878년

• 薛福成이 조정에 '創開鐵路議'를 보내어 철로의 부설을 건의

1879년

• 開平鑛務局은 석탄을 운송하기 위해 唐山에서 胥各莊에 이르는 철로의 부설계획을 수립하고, 영국인 킨더를 총공정사로 임명하여 모든 공정을 일임

1880년(광서 6년)

• 10월중 開平鑛務局은 광석을 운반하기 위해 경편철로의 부설을 청조에 요청하여 승인을 받음
• 12월 3일(11월 2일) 양무파 관료이자 전 직예제독 劉銘傳이 조속히 철로를 부설하여 군사력을 보완해야 한다고 청조에 주청
• 12월 22일(11월 21일) 내각학사 張家驤이 철로에는 세 가지 병폐가 있으므로 결코 부설해서는 안된다는 뜻을 조정에 상주. 청조 내부에서 철로의 부설을 둘러싸고 찬반의 격렬한 논쟁이 전개됨
• 12월 31일(12월 1일) 이홍장이 청조 중앙에 상주하여 철로 부설의 이점을 상세히 설명

1881년 (광서 7년)

• 6월 9일(5월 13일) 唐山에서 胥各庄에 이르는 철로 노선에서 레일의 부설에 착수
• 11월 8일(9월 17일) 당서철로의 개통식 거행, 영국인 총공정사 킨더가 광산 내의 부품과 폐철을 이용하여 소형 기관차를 제조하여 당서철로 노선상에서 시험운행, 중국 최초의 기관차(龍號)로 기록됨
• 12월중 당서철로 정식 준공

1883년(광서 9년)

• 총리아문이 海防股를 증설하여 철로와 광무의 업무를 겸함

1885년(광서 11년)

• 6월 9일(4월 27일) '중프신약' 체결. 청조는 만일 이후에 철로를 부설할 경우 프랑스가 부설할 수 있는 권리를 부여하기로 약속
• 10월 24일(9월 17일) 총리해군사무아문이 성립하여 순친왕 혁현이 총리대신으로, 이홍장은 會辦大臣으로 취임. 철로 및 광업 관련 업무를 함께 관리, 이홍장은 조정에 당서철로의 노선을 蘆台까지 연장하여 부설하는 방안을 상신

1886년(광서 12년)

• 7월중 개평광무국의 商董이 이홍장에게 편지를 내어 閣庄까지 당서철로의 연장 부설 및 개평철로공사의 설립을 요청, 청조는 이를 승인
• 8월중 개평철로공사의 성립, 伍廷芳이 總辦에 취임

1887년(광서 13년)

• 3월 16일(2월 22일) 해군아문이 津沽鐵路의 부설을 상주하여 청조가 이를 승인
• 4월 13일(3월 20일) 臺灣巡撫 劉銘傳이 대만철로의 부설을 상주함(5월 2일 승인)
• 4월 26일(4월 4일) 『申報』에 '開平鑛務鐵路公司招股章程'의 전문 게재, 개평광무철로공사를 中國鐵路公司로 개명하기로 결정
• 11월 30일(10월 16일) 대만철로의 부설에서 민간자본(商股)이 부족하자 유명전은 이를 관고(국고)로 부설할 것을 상주하여 비준을 받음

1888년(광서 14년)

- 4월중 津沽鐵路의 부설을 위해 일반에서 모집한 자본의 부족으로 말미암아 이홍장은 영상 이화양행과 독일상 華泰洋行으로부터 각각 차관 63만 7천 량, 43만 9천 량을 도입
- 10월 9일(9월 5일) 진고철로가 완성되자 이홍장이 직접 천진으로부터 열차를 타고 와서 전 노선을 시찰
- 11월 30일(10월 27일) 상인 陳承德이 천진에서 通州에 이르는 철로의 부설을 해군아문에 상신, 해군아문은 조정에 천진에서 通州에 이르는 철로의 부설을 주청

1889년 (광서 15년)

- 1월 9일(12월 8일) 어사 餘聯沅이 철로는 폐단이 많고 이득이 없다는 이유를 들어 부설을 중단하도록 청조 중앙에 주청
- 1월 22일(12월 21일) 호부상서 翁同龢, 侍郎 孫家鼐 등이 청조 중앙에 철로는 반드시 부설해야 하나, 내지에는 부설이 불가하다고 상주
- 1월 29일(12월 28일) 이홍장은 혁현에게 서신을 보내 조정 대신들이 철로의 부설을 저지하려는 움직임에 대해 반대의 뜻을 전달
- 2월 13일(1월 14일) 해군아문은 청조 중앙에 철로의 부설이 군사, 경제적으로 큰 이득을 가져올 것이라는 점을 설명하고, 조속한 부설을 요청
- 4월 1일(3월 2일) 양광총독 장지동은 청조에 津通鐵路의 부설을 늦추고, 蘆溝橋에서 漢口에 이르는 蘆漢鐵路(平漢鐵路)를 우선 부설하도록 청원
- 5월 5일(4월 6일) 청조는 철로가 자강의 요책으로서, 반드시 천하의 국면에 대응해야 한다는 상유를 반포

1890년(광서 16년)

• 3월 31일(2월 11일) 해군아문과 이홍장이 회동하여 동북의 방비를 강화하기 위해 먼저 關東鐵路를 부설하기로 결정하고, 이를 위해 잠정적으로 노한철로의 부설 공정을 연기하기로 합의
• 4월 16일 이홍장이 측근 오치창으로 하여금 영국인 공정사 킨더를 대동하고 관동철로의 측량을 개시하도록 지시
• 4월 17일 이홍장이 총리아문의 순친왕에게 관동철로의 측량 일정을 보고
• 8월 31일 러시아는 대신위원회를 소집하여 시베리아횡단철로의 부설을 의결

1891년(광서 17년)

• 2월 21일 러시아 차르(tsar)는 내각회의에서 시베리아횡단철로를 조속히 부설하도록 지시
• 3월 31일 러시아가 시베리아횡단철로의 부설에 착공
• 4월 21일(3월 13일) 청조가 이홍장을 관동철로 독판, 裕祿을 會辦으로 임명
• 4월중 산해관에 北洋官鐵路局을 설립하여 관내외철로를 관리하도록 하고, 이홍장을 督辦, 李樹棠을 관로총판으로 임명하고 영국인 킨더를 총공정사로 임명
• 5월중 관동철로의 부설에 착수
• 6월중 러시아의 시베리아철로 부설공사가 동단 블라디보스토크로부터 개시

1892년(광서 18년)

• 1월 15일(12월 16일) 독일공사가 총리아문에 독일의 철로 부설 경험이

중국철로에 많은 도움이 될 것임을 전달
- 2월 19일(1월 21일) 프랑스공사가 총리아문에 조회하여 관동철로의 공동 부설을 요청
- 7월중 러시아 시베리아철로가 서단으로부터 부설공사에 착수

1893년(광서 19년)
- 6월중 총연장 18킬로미터의 大冶鐵路(大冶鐵山鋪으로부터 石炭窯까지)의 부설에 착수
- 12월중 대만철로 基隆에서 新竹 구간 완공, 경비 부족으로 일시 부설 중단

1894년(광서 20년)
- 6월중 손중산이 천진에 가서 이홍장에게 철로교통의 발전을 통해 중국경제를 진흥해야 한다고 청원
- 6월 20일 이홍장은 주중 러시아공사 카시니를 통해 중일 간의 갈등을 러시아가 중재해 주도록 요청
- 6월 25일 주일 러시아공사가 일본외무성을 방문하여 조선에서 청일 양국의 동시 철병에 대한 일본의 의향을 타진
- 7월 12일 청조 어전회의에서 광서제와 옹동화, 문정식 등이 주전론을 주창하고, 북양함대의 이홍장 및 실무자들은 외교적 방법을 동원하여 전쟁을 회피해야 한다는 주화론을 주창
- 8월 1일 일본과 중국이 동시에 선전을 포고, 동북지역의 정세가 급박하게 전개되는 가운데 中后所까지 진행된 상태에서 관동철로의 부설을 잠정 중단
- 8월 7일 영국과 네델란드가 청일전쟁에 대해 중립을 선포
- 8월 10일 이탈리아, 포르투갈, 덴마크가 청일전쟁에 대해 중립을 선포

- 8월 21일 러시아가 청일전쟁에 대해 중립을 선포
- 8월 28일 미국이 청일전쟁에 대해 중립을 선포
- 9월 6일 독일이 청일전쟁에 대해 중립을 선포
- 11월 2일(10월 5일) 津楡鐵路 督辦이 英商 匯豊銀行으로부터 차관 20만 량을 도입하여 진유철로의 부설비용으로 충당

1895년(광서 21년)
- 1월 27일 히로시마에서 일본 어전회의를 개최, 일본외무성은 요동 반도의 할양 방안을 제출
- 1월 31일 청조는 장음환과 소우렴을 청일강화회의의 전권위원으로 임명하여 히로시마에 파견
- 2월 1일 중일 간에 청일전쟁에 대한 제1차 협상회의 개최
- 2월 14일 주일 러시아공사가 일본외상을 방문, 청일강화의 내용에 대해 의견 교환, 이 자리에서 일본외상은 일본이 중국영토의 일부를 조차할 뜻을 러시아에 전달
- 3월 12일(2월 16일) 해군아문의 철폐, 철로업무는 여전히 총리아문이 관장
- 4월 12일(3월 18일) 러시아 재정대신 비테가 시베리아철로는 중국 만주를 통과하여 블라디보스토크로 이어져야 한다고 주장
- 4월 17일(3월 23일) 중일 사이에 시모노세키조약 체결
- 4월 23일 東京 주재 러시아, 프랑스, 독일 3국 공사가 일본외무성의 하야시 다다스(林董) 차관을 방문하여 삼국간섭의 의향 전달
- 5월 2일(4월 8일) 康有爲가 청조황제에게 公車上書를 올려 철로는 부국의 방책으로서 장정을 정하여 민간의 자본을 모집하여 자판으로 철로를 부설해야 한다고 주장
- 5월 6일 일본이 요동반도의 할양을 포기한다고 선언

- 5월 13일 일본천황이 조칙을 발표하여 전국민에게 러시아에 대비하도록 지시
- 6월 19일(5월 27일) 중국과 프랑스 사이에 '中法續議商務條款' 체결하고, 청조는 베트남철로를 중국 국경 내로 연장해야 한다는 프랑스의 요구를 수용
- 7월 8일 양강총독 장지동이 러시아가 중국에서 철로 부설권을 획득한 사실에 항의하며, 중국이 자력으로 이를 부설해야 한다고 주장
- 8월중 러시아가 대원을 파견하여 만주철로가 지나는 연선지역에 대한 측량 실시
- 9월 3일 허경징은 러시아의 동향에 대비하여 중국이 먼저 동북지역에서 철로의 부설에 착수해야 한다고 주장
- 9월 9일(7월 21일) 프랑스 사절이 총리아문에 조회하기를, 월남의 동당철로(同登鐵路)를 중국의 광서 龍州로 연장하도록 요구하고, 나아가 百色까지 연장할 것을 건의하였으나 받아들여지지 않음
- 10월 14일(8월 26일) 러시아공사는 총리아문에 러시아 측량대에게 편의를 제공해 줄 것을 요청
- 12월 6일(10월 20일) 청조는 광서 按察使 胡橘棻을 津蘆鐵路 독판으로 임명

1896년(광서 22년)

- 1월 2일(11월 18일) 장지동의 주청에 대해 청정은 양강총독 劉坤一로 하여금 송호철로를 매입하도록 지시
- 2월 7일(12월 24일) 胡橘棻은 영상 회풍은행, 독일상 덕화은행으로부터 차관 39만 파운드를 도입하여 津蘆鐵路의 부설에 전용. 이후 10월 23일과 1897년 6월 8일, 12월 3일에 회풍은행, 영상 麥加利銀行, 러시아상 華俄道勝銀行으로부터 行平銀 100만 량, 庫平銀 30만 량을 차입

- 4월 24일(3월 12일) 청조는 장지동과 王文昭에게 蘆漢鐵路 계약을 체결하도록 지시
- 6월 3일(4월 22일) 이홍장은 러시아 외교대신 로바노프와 '청러밀약'을 체결하고 러시아가 만주로부터 블라디보스토크에 이르는 철로 노선을 부설하는 데 동의
- 6월 5일(4월 24일) 프랑스공사는 총리아문과 '龍州에서 鎭南關에 이르는 철로 계약'을 체결하여 해당 철로의 부설권을 획득
- 9월 2일(7월 25일) 장지동, 왕문소는 청조에 국가의 자금을 동원하여 철로를 부설함으로써 철로의 이권을 모두 관(국가)으로 귀속시킬 수 있으며, 鐵路招商公司를 설립하여 大員을 두고 관독상판으로 해야 한다고 주장하며, 성선회를 공사의 총리로 추천. 주러시아공사 許景澄은 화아도승은행 총판과 베를린에서 '중아합판동성철로공사합동장정', '入股伙開合同'을 체결
- 9월 8일 중국과 러시아가 '合辦東省鐵路公司合同章程'에 서명, 조약의 10조에서 "동청철로를 통해 중국으로 수입되는 화물, 혹은 중국으로부터 이 철로를 통해 러시아로 수출되는 화물은 통상세칙에 따라 당연히 수출세와 수입세를 납부해야 하지만, 이 경우 세칙에서 정한 정세의 3분의 1을 경감한다"라고 규정
- 9월 22일(8월 16일) 直隷津海關道 성선회는 북경에 도착하여 총리아문에 철로공사를 설립하는 의견서를 전달
- 10월 19일(9월 13일) 광서제는 성선회를 초치하여 독판철로대신으로 임명하고, 총공사의 업무를 집행하도록 명령
- 11월 17일(10월 13일) 왕문소, 장지동, 성선회는 철로총공사를 상해에 설립하는 방안을 청조에 상신하였으며, 천진과 한구에 각각 局을 설치하도록 요청
- 12월 17일(11월 13일) 러시아 차르는 시베리아철로 사무대신이 서명

한 '동서철로공사장정'을 비준

1897년(광서 23년)

- 1월중 상해에 중국철로총공사를 설립
- 3월중 동성철로공사가 성립되어 허경징이 總董(中國督辦)에 취임
- 5월 27일(4월 26일) 중국과 벨기에는 武昌에서 '盧漢鐵路借款草合同'에 서명, 이에 근거하여 노구교에서 保定, 漢口에서 滬口 구간까지의 철로 부설공사에 착수
- 5월중 관동철로의 부설공사에 착수. 1900년 營口에 이르렀으나 8개국연합군의 침략으로 공사 잠정 중단
- 7월 31일 이홍장이 중국 동북지역에서의 철로 부설계획을 수립하여 황제의 승인을 받음
- 8월 27일(7월 30일) 동성철로(중동철로)의 기공식을 三岔口에서 거행
- 11월 14일(10월 20일) 독일이 敎案을 빌미로 군대를 파견하여 교주만을 강제로 점거
- 11월 22일 독일공사는 총리아문에 산동에서 鐵路의 부설 등 6개 항에 걸친 요구를 철병의 조건으로 제시
- 12월 15일(11월 22일) 러시아함정이 여순만을 침입하여 여순, 대련을 불법 점거
- 12월중 러시아병사 500명이 블라디보스토크로부터 동북으로 들어와 동성철로에 진주

1898년(광서 24년)

- 1월 18일(12월 26일) 江蘇補用道 容閎은 총리아문에 서신을 보내 공사를 설립하여 미국으로부터 차관을 도입하여 천진에서 鎭江에 이르는 철로 노선을 자력으로 부설해야 한다고 건의

- 3월 6일(2월 14일) '中德膠澳租借條約'을 체결하여 청조는 독일이 산동에서 철로를 부설하는 것을 승인
- 3월 24일(3월 3일) 胡橘棻이 중영공사로부터 200만 량의 차관을 도입하고, 화아도승은행으로부터 40만 량의 차관을 도입하여 관내외철로의 부설비용으로 충당
- 3월 27일(3월 6일) 중국과 러시아는 북경에서 '中俄會訂條約'을 체결. 청조는 동성철로공사가 동성철로의 한 역으로부터 남으로 대련에 이르는 지선의 부설을 승인
- 4월 9일(3월 19일) 프랑스 대리공사는 총리아문에 광주만의 조차와 월남에서 운남성에 이르는 철로의 부설을 요구하고 24시간 내에 답변해 줄 것을 요구. 결국 총리아문은 이를 승인
- 4월 14일(3월 24일) 伍廷芳이 미국 合興公司와 워싱턴에서 '粤漢鐵路借款草合同'을 체결
- 5월 7일(3월 17일) 일본공사는 총리아문에 중국이 복건성에서 철로를 부설하기 위해서는 반드시 일본과 우선 상의해야 한다고 요구하였으나 받아들여지지 않음
- 5월 13일(3월 23일) 성선회는 영상 이화양행 대표와 상해에서 '滬寧鐵路借款草合同'을 체결
- 6월 7일(4월 19일) 胡橘棻은 영국 회풍은행과 '關內外鐵路借款草合同'을 체결
- 6월 25일(5월 7일) 중국과 러시아가 '東省鐵路公司續訂合同'을 체결
- 6월 26일(5월 8일) '蘆漢鐵路比國借款續訂詳細合同', '蘆漢鐵路行車合同'이 상해에서 체결
- 6월중 동성철로공정국이 하얼빈에 설립
- 7월 6일 러시아와 중국이 여순과 대련만에 동청철로의 지선을 부설

하는 협약에 서명, 이것이 동청철로의 지선으로 출발한 일본의 남만주철로가 됨

- 8월 2일(6월 15일) 청조는 광무철로총국을 설립하고, 총리각국사무대신 왕문소, 張陰桓으로 하여금 업무를 주관하도록 함, 총국은 모든 광산과 철로 부설 업무를 통일적으로 관리
- 8월 21일(7월 5일) 영국공사는 총리아문에 서신을 보내 津鎭鐵路 등 다섯 노선의 철로 부설권을 요구
- 9월 2일(7월 17일) 독일신디게이트, 中英公司, 회풍은행의 대표가 런던에서 협의회를 개최하여 영국과 독일 양국이 공동으로 津鎭鐵路를 부설하기로 합의
- 10월 10일(8월 25일) 胡橘棻과 영상 회풍은행 사이에 '關內外鐵路借款合同'을 체결
- 10월 15일(9월 1일) 성선회와 영상 이화양행이 '滬杭甬鐵路草約'을 체결

1899년(광서 25년)

- 1월중 청조는 허경징을 津鎭鐵路 督辦으로 임명하여 파견
- 5월 18일(4월 9일) 중국, 독일, 영국은 '津鎭鐵路借款草合同'을 체결하고, 산동 남쪽을 경계로 진남철로를 남북으로 양단하여 영국과 독일이 각각 부설하는 것으로 합의
- 6월 1일(4월 23일) 독일정부는 산동철로공사의 설립을 허가
- 9월중 膠濟鐵路의 부설공사 개시, 1904년 6월 청도에서 제남에 이르는 간선 준공

1900년(광서 26년)

- 3월 21일(2월 21일) '中德膠濟鐵路章程' 체결(5월 2일 총리아문을 거쳐 비준)

- 6월 10일(5월 14일) 8개국연합군이 천진으로부터 북경으로 진공
- 7월 13일(6월 17일) 오정방이 중국철로총공사를 대표하여 미국합흥공사와 '粵漢鐵路借款詳細合同'을 체결
- 7월중 의화단운동을 빌미로 러시아군대가 대거 중국 동북지역으로 침입하여 관동철로를 점령하고 영국군대는 관내외철로의 관내 구간을 점령

1901년(광서 27년)

- 1월 5일(11월 15일) 성선회는 오정방에게 전보를 보내 미국합흥공사가 '월한철로차관계약' 건을 벨기에 매각하려 한다는 사실을 전하며 이를 저지해 주도록 요청
- 2월중 동성철로 하얼빈에서 수분하에 이르는 東端이 완공되어 러시아 우수리철로와 연결
- 7월 5일(5월 20일) 프랑스정부는 滇越鐵路公司의 설립을 비준
- 7월 18일(6월 3일) 동성철로공사 전권대표는 길림장군 長順과 '增改哈爾濱鐵路總局章程'을 체결
- 7월중 하얼빈에서 여순, 대련에 이르는 남만주철로(동청철로 지선)의 전 노선 부설공사 완공
- 8월 10일(6월 26일) 성선회는 오정방으로 하여금 당초 계약에 위배된다는 이유로 차관계약을 즉시 폐지한다는 사실을 미국합흥공사에 통보하도록 지시
- 9월 7일(7월 25일) '辛丑條約' 체결. 청조는 북경에서 산해관에 이르는 철로 연선의 12개 기차역에 외국군대의 주둔을 승인
- 10월중 동성철로(중동철로) 하얼빈에서 만주리에 이르는 西端의 부설공사가 완공되어 러시아 시베리아철로와 연결됨

1902년(광서 28년)

- 1월 14일(12월 5일) 동성철로공사는 흑룡강성정부와 '黑龍江開採煤斤合同'을 체결하고, 동성철로 양측 15킬로미터 이내의 탄광에 대한 광산채굴권을 협의
- 3월 9일(1월 30일) 어사 高熙喆이 조정에 산동철로의 이권을 회수할 것을 상주. 청조는 외무부에 이를 적극 검토하도록 지시
- 4월 29일(3월 22일) 청조와 영국 사이에 '交還關內外鐵路章程'을 체결
- 8월중 전 주상해 영국영사는 상해에서 이화양행 및 회풍은행 대표 신분으로 성선회와 滬寧鐵路의 계약에 대해 협의
- 9월 22일(8월 21일) 중국과 러시아가 '交還關外鐵路條約'을 체결
- 10월 15일(9월 14일) 山西 巡撫 勞春煊와 성선회는 화아도승은행과 '正太鐵路借款合同' 체결
- 12월(11월) 최초의 중국인 총공정사 첨천우는 新易鐵路(서릉철로)의 부설을 주관하여 다음 해 4월 준공

1903년(광서 29년)

- 3월 6일(2월 8일) 동성철로공사는 흑룡강성정부와 '伐木原合同'을 체결
- 5월 18일(4월 22일) 『天津大公報』는 일본 『朝日新聞』에 게재된 '對華侵略의 鐵路政策'이라는 제목의 기사를 전재
- 5월 21일(4월 25일) 호남성의 상인들은 미국합흥공사가 월한철로의 주식(股票)을 중국 측의 동의 없이 벨기에에 매각한다는 사실을 전하며, 외무부로 하여금 조약의 폐지를 청원
- 7월 9일(5월 15일) 중국철로총공사는 중영은공사와 상해에서 정식으로 '호녕철로차관합동'을 체결
- 7월 24일(6월 1일) 동성철로(중동철로) 및 남만주철로 지선의 개통
- 7월중 川漢鐵路公司가 성립되어 馮照가 독판에 취임(1907년 상판

으로 개조되어 喬樹檀이 총리로 부임)
- 9월 7일(7월 16일) 청조는 商部를 설립하여 載振을 尙書로, 伍廷芳과 陳璧을 좌우시랑으로 임명하고, 철로, 광무 등의 업무를 함께 처리하도록 지시(광무철로총국은 철폐)
- 10월 29일(9월 10일) 외무부가 '中法滇越鐵路章程'을 상신
- 11월 12일(9월 24일) 성선회는 벨기에철로공사와 '汴洛鐵路借款合同', '汴洛鐵路行車合同'을 체결
- 12월 2일(10월 14일) 商部가 '철로간명장정'을 제정

1904년(광서 30년)

- 1월 22일(12월 6일) 張煜南과 吳理卿, 謝榮光, 林麗生 등이 集股合約을 체결. 張煜南과 謝榮光이 공동 출자금으로 100만 원, 吳理卿과 林麗生은 공동 출자금으로 100만 원 불입(200원을 1股로 총 10,000고)
- 3월 1일(1월 15일) 林麗生은 일본인 아쿠자와 나오야(愛久澤直哉)와 차관계약을 체결, 潮汕鐵路 주식 2,500股를 담보로 제공
- 4월 14일(2월 29일) 아쿠자와 나오야(愛久澤直哉)가 張煜南 등과 조산철로를 부설하기 위한 청부계약을 체결
- 4월중 조산철로 부설공사의 개시, 1906년 10월 준공
- 5월 16일(4월 2일) 장지동, 趙爾巽은 외무부에 성선회로 하여금 美粤漢鐵路公司와의 계약을 폐지하도록 할 것을 청원
- 5월중 正太鐵路(石家莊-太原) 기공, 1907년 10월 준공, 총연장 243 킬로미터
- 8월 10일(6월 29일) 일본이 임시철로대대를 중국 동북지역에 파견하여 安奉鐵路의 부설에 착공
- 10월중 汴洛鐵路(開封-洛陽)의 부설공사 개시, 1908년 겨울 준공
- 11월중 강서전성철로총공사 설립, 李有棻가 총판에 취임

1905년(광서 31년)

- 1월중 첨천우는 중국철로총공사를 대표하여 英國福公司 대표와 협정을 체결하고, 차관을 도입하는 형식으로 道淸鐵路(1902년 福公司가 부설)를 回贖하기로 합의
- 4월중 滬寧鐵路의 부설공사에 착수
- 5월 9일(4월 6일) 직예총독 원세개는 관내외철로의 이윤을 전용하여 京張鐵路를 부설하도록 청조에 청원, 청조는 첨천우를 총공정사로 임명하여 철로의 부설을 주관하도록 함
- 7월 3일(6월 1일) 성선회는 북경에서 영국복공사와 '河南道淸鐵路借款合同' 체결
- 7월 14일(6월 12일) 안휘전성철로유한공사의 성립, 李經方이 총판으로 취임
- 8월 13일(7월 13일) 성선회는 벨기에철로공사와 '京漢鐵路完工應用小借款合同' 체결
- 8월 26일(7월 26일) 절강전성철로유한공사가 성립되어 湯壽潛이 총리에 취임
- 8월 29일(7월 29일) 청조는 미국과 '收回粤漢鐵路美國合興公司售讓合同' 체결
- 8월중 同蒲鐵路有限公司 성립되어 何福堃이 총판으로 취임, 다음해 6월 3일 상부 비준
- 9월 5일(8월 7일) 일본과 러시아 양국이 '포츠머스조약' 체결, 러시아는 장춘에서 여순에 이르는 철로 및 지선, 이 밖에 일체의 부수권리를 일본에 양도하기로 합의
- 9월 9일(8월 11일) 장지동은 港英總督府와 '贖回粤漢鐵路借款合同' 체결

- 9월 25일(8월 27일) 복건전성철로유한공사가 성립되어 陳寶琛이 총리로 취임
- 10월 25일(9월 27일) 장지동이 외무부에 川漢鐵路를 부설하기 위한 외채의 도입 요청
- 10월중 京張鐵路 기공, 1909년 7월 준공
- 11월 6일(10월 10일) 新寧鐵路公司 성립, 陳宜禧가 총판에 임명, 다음 해 2월 14일 商部 비준
- 12월 20일(11월 24일) 섬서순무 曹鴻勛이 官辦 西潼鐵路公司의 설립을 조정에 상주. 閻廼竹이 坐辦總理, 晏安瀾이 駐京總理로 임명됨, 1907년에 관상합판으로 개조
- 12월 22일(11월 26일) 원세개와 일본 외무대신 고무라 주타로(小村壽太郎)가 '會議東三省事宜條約'을 체결, 포츠머스조약에 따라 러시아의 권리를 일본에 양도하기로 정식으로 합의, 여기서 안봉철로를 개축과 경영을 승인
- 12월중 鄂, 湘, 粤(호북성, 호남성, 광동성) 3성의 紳商이 무창에서 '粤漢鐵路公共條款' 체결

1906년(광서 32년)
- 2월 6일(1월 13일) 장지동은 관독상판의 湖北粤漢, 川漢鐵路股份有限公司의 설립을 청조에 요청, 다음 해 호북철로총국을 무창에 설립
- 3월 17일(2월 23일) 일본만주경영위원회(1906년 1월 설립)는 일본수상 사이온지(西園寺)에게 만주의 경영은 철로와 광산에 중점을 두어야 하며, 이를 위해서는 공사를 조직하여 경영해야 한다고 건의
- 4월 1일(3월 8일) 京漢鐵路 전 노선 개통
- 4월 27일(4월 4일) 광동상인 72行이 뜻을 모아 광동월한철로유한총공사를 설립하고 鄭觀應이 總辦에 취임, 5월 1일 歲春煊이 정부에

공사의 비준을 요청

- 5월 15일(4월 22일) 상부가 청조 중앙에 전국의 철로를 통일적으로 관리할 것을 요청
- 5월 25일(4월 3일) 상부가 강소성철로고분유한공사의 설립을 청조에 비준을 요청, 王淸穆이 총리로 취임
- 6월 7일(4월 16일) 일본정부가 '남만주철도주식회사장정' 공포, 일본 참모본부 참모장 고다마 겐타로(兒玉源太郎)가 창립위원장에 취임. 6월 24일 고다마 겐타로 사망, 육군대신 데라우치 마사타케(寺內正毅)가 승계
- 6월중 호남월한철로유한공사 성립, 袁樹勛이 主持總理에 취임, 王先謙이 명예총리에 취임, 余肇康이 坐辦總理에 임명됨. 8월 3일 상부는 공사의 성립을 승인
- 6월 9일 남만주철도주식회사의 설립 및 공포
- 9월 5일(7월 17일) 상부는 광서전성철로유한공사의 설립을 주청하고, 于式枚를 총리로 임명
- 9월 13일(7월 25일) 남만주철도주식회사가 성립대회를 개최. 12월 7일 등기 등록, 대만총독부 민정장관 고토 신페이(後藤新平)가 總裁에 취임. 대련에 본사를 두고 東京에 지사를 설치
- 9월중 광동월한철로유한총공사가 광주에서 韶關에 이르는 철로의 부설공사에 착수, 1910년 黎洞에까지 부설
- 10월중 절강전성철로유한공사가 蘇杭甬鐵路의 절강성 구간의 부설을 개시. 1909년 항주에서 嘉興에 이르는 구간 완공
- 11월 7일(9월 21일) 청조는 郵傳部 설립하여 윤선, 철로, 전선, 우정을 통일적으로 관리하도록 하고, 張百熙를 尙書에, 唐紹儀, 胡橘棻을 좌우시랑으로 임명.

1907년(광서 32년)

- 1월23일(12월10일) 강서철로공사 총판 李有棻가 上海大成工商會社에 招股 형식으로 100만 량 상당의 차관을 차입, 折股(share conversion ratio, 전환비율) 27.7만여 股(이 자본은 실질적으로는 일본흥업은행이 대성공상회사에 대여한 자본)
- 1월중 南潯鐵路가 九江에서 기공식 거행
- 2월18일(1월6일) 성선회가 벨기에철로공사에게 속차관 1,600만 벨기에프랑을 차입 汴洛鐵路의 부설에 전용
- 3월7일(1월23일) 외무부시랑 唐紹儀가 중영공사와 '九江鐵路借款合同' 체결
- 3월중 강소성철로고분유한공사가 소항용철로의 소주 구간의 부설에 착수, 다음 해 8월 상해남역에서 嘉興에 이르는 구간 완공
- 4월1일 남만주철도주식회사가 본사를 대련에 두고 경영을 개시
- 4월15일 중일 간에 '신봉철로 및 길장철로에 관한 협약' 체결, 중국이 일본 측이 부설한 신민부-봉천부 구간의 철로를 매입하기로 합의
- 4월30일(3월18일) 우전부 등이 청조 중앙에 흑룡강성철로공사의 설립을 주청
- 7월중 漳厦鐵路 기공, 1910년 5월 嵩嶼에서 江東橋의 구간 완공
- 8월21일(7월13일) 우전부는 각 성의 철로 노선도를 근거로 총노선도를 작성하고 전국철로 간선, 지선의 분포를 작성하여 청조에 보고
- 9월10일(8월3일) 河南巡撫 袁大化가 洛潼鐵路公司의 설립을 주청, 劉果가 총리로 취임

1908년(광서 34년)

- 1월13일(12월10일) '天津浦口鐵路借款合同'이 북경에서 체결
- 3월6일(2월4일) 외무부, 우전부는 중영은공사와 북경에서 '滬杭甬鐵

路借款合同' 체결
- 4월1일(3월1일) 滬寧鐵路의 개통
- 7월18일(6월20일) 청조는 장지동을 독판월한철로대신으로 임명, 같은 해 12월 28일 장지동으로 하여금 천한철로대신을 겸하도록 명령
- 8월중 천진에서 津浦鐵路 북단의 기공식 거행
- 10월8일(9월14일) 우전부는 영상 회풍은행, 프랑스의 동방회리은행과 '京漢贖路借款合同' 체결
- 10월중 우전부는 京張鐵路 부공정사 兪人鳳에게 張綏鐵路의 노선 측량을 지시, 12월 첨천우를 장수철로총공정사로 임명

1909년(선통 원년)

- 1월중 浦口에서 津浦鐵路 남단의 기공식 거행
- 2월6일 주중 일본공사 이주인 히코키치(伊集院彦吉)가 청조 외무부에 일본의 철로 부설권 및 광산권의 확대를 조건으로 간도의 중국 영유권을 인정할 수 있다는 뜻을 전달
- 3월중 河南, 陜西 및 강소철로공사의 자본 모집이 계획대로 진전되지 못하여 철로의 부설이 지연되자, 우전부는 官股(국고)를 농해철로 각 구간의 부설비용으로 편성하도록 조정에 요청
- 3월30일 일본내각회의는 '한국 병합에 관한 건'을 의결, 본 건의 제3조에서 "조선철로를 일본철도원의 관할로 편입하고, 철도원의 감독 하에 남만주철로와 긴밀히 연계시켜 일본과 대륙철로의 통일 및 발전을 도모한다"라고 규정
- 5월19일(4월1일) 同浦鐵路有限公司의 자본 모집이 당초의 기대에 미치지 못하자 우전부는 공사의 철폐를 조정에 건의
- 6월중 장지동은 德華銀行, 匯豊銀行, 東方匯理銀行과 북경에서 '湘鄂境內粤漢鐵路,鄂境川漢鐵路借款草合同'을 체결

- 6월 19일 조선통감부 철도청는 압록강출장소를 설치하고 7월 1일부터 업무를 개시
- 8월 6일 일본내각은 '안봉철로 개축 및 길장철로 차관 세목에 관한 건'을 의결
- 8월 18일(7월 3일) 우전부는 남만주철도주식회사와 '吉長鐵路借款細目合同', '新奉鐵路借款細目合同'을 체결
- 8월중 호남월한철로유한공사가 長沙에서 株洲에 이르는 철로 노선의 부설에 착공, 1911년 1월 완공
- 8월 19일 동삼성총독은 주봉천 일본총영사 고이케 조소(小池張造)와 협의한 후 '안봉철로에 관한 각서'에 서명, 요지는 중국정부가 일본이 안봉철로를 표준궤로 개축하는 것을 승인한다는 내용
- 9월 4일 중일 양국이 '간도협약'에 서명하고, 장래 길장철로를 연장하여 한국 회령에서 한국철로와 연결하도록 하기로 합의하고, 길회철로의 부설권을 일본에 부여
- 10월 2일(8월 19일) 京張鐵路 개통식이 南口驛에서 거행
- 10월 5일(8월 22일) 林麗生과 吳理卿은 潮汕鐵路 股份 100만 원을 退賣, 張煜南 등이 원가에 의거하여 양여
- 10월중 張綏鐵路(張家口-綏遠) 기공 (1921년 4월 준공. 1923년에 包頭까지 연장)
- 11월 5일 중일 간에 '안봉철로구지장정'을 체결, 안봉철로 부속지의 구매 시 표준가격 등에 합의

1910년(선통 2년)

- 3월 30일(2월 20일) 雲貴總督 李經義가 외채의 도입을 통해 철로를 부설해야 한다고 조정에 건의
- 4월 4일(2월 26일) 李經義가 滇路(운남철로)를 국유로 귀속시킬 것을

조정에 상주
- 8월 1일(6월 26일) 중국교통은행은 英國敦菲色爾公司와 '京漢鐵路公債票售與敦菲色爾公司合同' 체결
- 8월 15일(7월 11일) 우전부 교통은행은 요코하마쇼킨은행과 '京漢鐵路公債售與正金銀行合同' 체결
- 8월 19일(7월 15일) 동삼성총독 錫良은 외채를 도입하여 광산을 개발하고 철로를 부설해야 한다는 뜻을 조정에 건의
- 9월 10일(8월 7일) 동삼성총독 錫良은 재정이 어려운 현실에서 채권의 발행을 통해 철로 부설자금을 확보해야 한다고 주장
- 9월 29일(8월 26일) 津浦鐵路 독판대신 徐世昌은 英國華中鐵路有限公司 및 독일의 德華銀行과 '津浦鐵路續借款合同' 체결
- 11월 9일 이완용은 조선정부가 간도협약을 승인한다는 뜻을 일본에 전달

1911년(선통 3년)
- 1월 6일(12월 6일) 청조는 성선회를 우전부상서로 임명(5월 8일부로 우전부대신으로 개칭)
- 3월 24일(2월 24일) 우전부는 일본의 요코하마쇼킨은행과 1,000만 엔 상당의 '郵傳部鐵路借款合同' 체결
- 5월 4일(4월 6일) 給事中 石長信이 우전부에 전국의 중요 철로 노선을 간선으로 지정하여 국유로 할 것을 청조 중앙에 건의
- 5월 9일(4월 11일) 청조는 석장신의 상주에 따라 전국의 철로 간선을 모두 국유화하기로 방침을 정함
- 5월 11일(4월 13일) 무한지역의 각계각층은 대책회의를 개최하고, 외채의 도입을 통해 철로를 부설하려는 시도를 저지하기로 합의하고 대책을 협의

- 5월 13일(4월 15일) 호남신상, 학계의 각 단체는 전단을 발간하여 간 선철로의 국유화 및 외채 도입을 통한 철로의 부설에 반대를 결의. 다음날 집회를 열고 호남 구간의 철로는 완전히 商辦(민영)으로 부설해야 한다고 주장
- 5월 15일(4월 17일) 川路公司 駐宜昌總理 李稷勛은 철로의 권리를 매각하는 것에 반대한다는 뜻을 咨議局에 전달
- 5월 16일(4월 18일) 長沙에서 株洲에 이르는 구간의 철로노동자들이 부설공사를 중단하고 연도에서 시위하며 철로의 국유화 정책에 항 의
- 5월 18일(4월 20일) 청조는 端方을 파견하여 '독판월한천한철로대신' 으로 임명
- 5월 20일(4월 22일) 우전부대신 성선회는 독일, 영국, 프랑스, 미국의 4개국은행단 대표와 북경에서 '粤漢川漢鐵路借款合同' 체결
- 5월 28일(5월 1일) 사천성의 각 단체 대표는 川路公司會議에서 간선 철로 국유화의 반대와 국유화된 철로의 권리를 회수하기로 결의
- 6월 6일(5월 10일) 광동월한철로공사는 고동회의(주주회의)를 개최하 고 간선철로의 국유화를 위한 대책을 논의
- 6월 16일(5월 20일) 長沙 소재의 각 學堂이 동맹휴교에 돌입하여 간 선철로 국유화정책에 항의
- 6월 17일(5월 21일) 우전부 등은 粤, 川, 湘, 鄂(광동성, 사천성, 호남 성, 호북성) 4성의 철로공사 股票(자본)를 회수하는 방법에 관해 협의
- 6월 17일 사천보로동지회 성립, 계약의 파기와 保路를 종지로 표방
- 6월중 越南海防華商會館은 粤路公司에 편지를 보내 粤路의 국유 화에 반대하며, 이러한 주장이 관철되지 못할 경우 교민들이 여러 가지 방안으로 대응할 뜻을 전달

- 7월 21일(6월 26일) 사천총독 王人文이 조정에 당분간 사천철로의 국유화를 연기해 주도록 요청
- 8월 24일(7월 1일) 천로공사 고동대회(주주대회)는 모든 사천성 소재의 모든 주주의 명의로 세금 납부의 거부, 세량의 납부 거부를 의결
- 9월 3일(7월 11일) 廣東保路會가 홍콩에서 성립, 계약의 파기와 보로권, 상판(민영)의 유지, 호북성의 일치행동을 종지로 선포
- 9월 7일(7월 15일) 趙爾豊이 사천보로동지회의 수령 蒲殿俊, 羅綸 등을 투옥하자 보로동지회 소속의 1만여 명이 총독아문 앞에 모여서 이들의 석방을 요구. 조이풍은 총기 발사를 명령하여 소위 '成都血案'이 발생
- 9월 8일(7월 16일) 보로동지군이 省都로 입성
- 9월 9일(7월 17일) 청조는 호광총독 瑞澂에게 군대를 이끌고 사천성으로 들어가도록 명령, 조이풍으로 하여금 군대를 지휘하도록 명령
- 9월중 津浦鐵路의 남북 양단에서 각각 열차를 개통. 다음 해 11월 黃河大橋가 가설되어 진포철로의 전 노선을 개통
- 10월 10일(8월 19일) 武昌起義 폭발
- 11월 2일 중일 간 '국경열차 직통 운행에 관한 청일조약' 체결

1912년(민국 원년)
- 1월 1일 중화민국남경임시정부 수립. 9部를 설치하고 湯壽潛을 교통부 교통총장으로, 于右任을 교통차장으로 임명하고, 교통부 내에 路政股를 설치하여 철로 업무를 담당(이후 路政司로 개조)
- 1월중 교통부가 북경에 중화전국철로협회를 창설, 梁士詒를 회장으로, 葉恭綽을 부회장으로 임명, 첨천우 등이 평의원으로 참가, 손중산을 명예회장으로 추대
- 2월중 남경임시정부 교통차장 우우임이 상해에서 중화민국철도협

회를 발기 조직
- 4월중 京奉, 京漢, 京張의 세 철로가 객화의 聯運(연계운수)을 실시
- 4월 1일 손중산 임시대총통직을 사임하고 철로국유화 방안에 관한 계획을 발표
- 6월 25일 손중산이 『民立報』의 기자와 담화 중 "교통은 실업의 어머니이며, 철로는 교통의 어머니"라고 강조
- 7월 8일 南潯鐵路公司가 日本東亞興業公司와 '南潯鐵路借款合同' 체결. 1914년 5월 15일과 1922년 5월 6일 다시 '후속차관합동'을 체결
- 7월 11일 교통부가 德華銀行과 '津浦鐵路臨時墊款合同' 체결. 8월 28일에 다시 중화철로공사와 계약을 체결
- 7월 22일 손중산은 상해에서 개최된 중화민국철도협회 환영회 석상에서 3대 철로간선의 부설계획을 발표
- 8월중 월한철로의 무창에서 장사에 이르는 구간 기공, 1918년 9월 준공
- 9월 2일 손중산이 중화민국철도협회 총리로 추대
- 9월 11일 원세개는 손중산을 전국철로총국 독판으로 임명하고, 전국의 모든 철로에 대한 권한을 부여
- 9월 12일 손중산은 원세개가 위탁한 '籌辦全國鐵路全權'을 받아들여 전국철로독판에 취임
- 9월 12일 손중산은 상해에서 중국철로총공사를 설립하고, 전국의 철로를 3대 간선으로 구획하여 10년간 60억 원의 자본을 투자하여 10만 킬로미터에 달하는 철로 노선을 부설하는 방대한 계획을 수립
- 9월 24일 교통부는 벨기에철로전차공사와 '隴秦豫海鐵路借款合同' 체결
- 9월 27일 손중산 진포철로의 북단 제남을 시찰하며, 철로를 부설하기 위해 외자를 적극 도입할 방침임을 내외에 천명

- 11월 2일 川路(사천철로)가 국유로 귀속
- 12월 21일 교통부가 영국 平安貯蓄銀行과 '京漢贖路借款合同' 체결

1913년(민국 2년)

- 2월중 손중산은 馬君武, 戴季陶와 함께 일본으로 가서 일본철로에 대한 상세한 조사 실시
- 3월중 교통부는 '통일철로회계위원회'를 설립하고, 미국인 고문을 초빙
- 4월 1일 京奉鐵路는 일본철로 및 남만주철로, 조선철로와 '旅客和行李聯運合同'을 체결하여 1915년 10월 1일부터 실행
- 5월중 농해철로의 開封 이동, 洛陽 이서 구간의 연장선 공정에 착수, 1927년 海州에서 靈寶 구간에서 열차 개통
- 5월 29일 북경에서 일본특명전권공사와 총세무사 사이에 '朝鮮國境通過鐵道貨物關稅輕勘取極' 체결하고 6월 11일 고시를 거쳐 6월 12일부터 실시하기로 합의. 주요 내용은 조선으로부터 혹은 조선을 통과하여 만주로 수입되거나 혹은 만주로부터 조선으로, 혹은 조선을 통과하여 수출되는 안동 경유 철로화물에 대해 감세의 혜택을 부여한다고 규정
- 6월 3일 湘路(호남철로)가 국유로 귀속
- 6월 12일 蘇路가 국유로 귀속
- 7월 4일 중국철로총공사가 英國寶林公司와 '廣渝鐵路借款合同' 체결
- 7월 23일 원세개는 손중산에게 부여한 '주판전국철로'의 전권을 취소
- 7월 25일 재정부는 프랑스 및 벨기에철로공사와 '同成鐵路借款墊款合同' 체결
- 8월 15일 豫路가 국유로 귀속
- 9월 9일 同蒲鐵路가 국유로 귀속

- 10월 5일 외교부는 일본공사 야마자 엔지로(山座圓次郎)와 '鐵路借款豫約辦法大綱'을 확정하고, 일본은 만몽5로 부설권을 획득
- 10월 30일 교통부는 中英銀公司(中英公司)와 '滬寧鐵路購地借款合同' 체결
- 10월중 北洋政府가 商辦鐵路의 단속을 선포
- 11월 14일 교통부는 英國華中鐵路公司와 '浦信鐵路借款墊款合同' 체결

1914년(민국 2년)

- 1월 21일 재정부, 교통부가 中法實業銀行과 '欽渝鐵路借款墊款合同' 체결
- 2월 14일 재정부, 교통부가 中英公司와 '滬楓鐵路借款合同' 체결
- 2월중 洛潼路가 국유로 귀속. 個碧鐵路公司 성립
- 3월 3일 皖路가 국유로 귀속
- 3월 31일 재정부, 교통부가 중영공사와 '寧湘鐵路借款墊款合同' 체결
- 4월 1일 京漢, 京奉, 京張, 津浦, 滬寧의 5路의 聯運(연계운수) 실시
- 4월 11일 浙路가 국유로 귀속
- 5월 1일 국유철로와 중동철로(동성철로)가 유럽과 아시아의 聯運 객표를 판매하기 시작, 1차대전 폭발 후 일시 중단되었다가 1925년에 회복
- 5월 1일 일본철로, 조선철로, 안봉철로를 경유하는 3선 연락화물에 대해 약 30퍼센트의 특별 할인운임 적용
- 7월 27일 교통부는 英國保林公司와 '沙興鐵路借款墊款合同' 체결
- 9월 26일 일본군이 濰縣으로부터 청도로 진격, 10월 6일 서쪽으로 제남을 침략, 11월 7일 청도 점령. 膠濟鐵路의 전 노선이 일본군대에 의해 점령됨

1915년(민국 4년)

- 1월 1일 鄂路가 국유로 귀속. '鐵路資本支出分類則例' 등 국유철로 회계분류과목 및 통계칙례 시행
- 5월 5일 個碧鐵路公司가 개벽철로의 부설 공사 개시, 1921년 11월 8일 個舊에서 草壩 구간 완공. 1928년 石屛까지 연장, 個碧石鐵路 라 명명
- 5월 9일 원세개정부는 일본이 제출한 21개조를 수용, 산동, 동북, 몽 골, 강절 등 지역의 철로 권리를 일본에 양도
- 5월 25일 중일은 '남만주 및 동부 내몽골에 관한 조약'을 체결, 여기 서 남만주철로와 안봉철로의 권리 연한을 99개년으로 연장하기로 합의
- 5월 26일 원세개는 일본이 제출한 21개 조항의 요구를 수정없이 수용
- 12월 17일 재정부, 교통부는 일본횡빈정금은행과 '四鄭鐵路借款合 同'을 체결, 1918년 2월 12일 다시 추가차관계약을 체결

1916년(민국 5년)

- 2월 19일 隴海鐵路督辦 施肇曾은 벨기에철로전차공사와 '隴海鐵 路七厘國庫券借款合同' 체결
- 3월 6일 재정부, 교통부가 華俄道勝銀行과 '濱黑鐵路借款墊款合同' 체결
- 6월 6일 원세개 사망
- 9월 27일 교통부가 美國裕中公司와 '株欽周襄鐵道借款合同' 체결

1917년(민국 6년)

- 5월 교통부가 철도기술표준위원회를 설립하여 첨천우를 회장으로 임명, 예하에 공정, 기계, 운수, 총무의 4股 설치

- 9월1일 국유철로가 중동철로(동성철로)와 소포 운송의 聯運(연계 운수) 실시
- 10월12일 북경정부 교통부는 남만주철도주식회사와 '吉長鐵路借款合同' 체결

1918년(민국 7년)
- 1월1일 四鄭鐵路 개통, 기관차와 객차, 화차는 모두 남만주철도주식회사가 지원
- 6월18일 재정부가 日本興業銀行과 '吉會鐵路借款塾款合同' 체결
- 9월24일 주일 중국공사는 일본외상과 산동문제에 대한 각서를 교환, 일본군이 제남에 일부 군대를 주둔하는 것을 제외하고 모든 군대를 청도에 집중하기로 합의. 이후 교제철로는 중일합판으로 경영
- 9월28일 재정부는 일본흥업은행과 '滿蒙四鐵路借款合同', '濟順, 高徐兩鐵道借款合同' 체결
- 12월1일 중국은 1차대전 이후 연합국의 일원으로서 외교총장 육징상, 주미공사 고유균, 주영공사 시조기, 광동정부대표 왕정정, 주벨기에공사 위신조 등 5명을 자국대표로 파리에 파견
- 12월13일 京綏鐵路局은 日本東亞興業公司와 '京綏鐵路借款合同' 체결
- 1918년 영국, 미국 등은 중국철로의 국제공동관리를 주장

1919년(민국 8년)
- 1월중 첨천우가 國際監管시베리아鐵路特別 技術部의 중국대표로 참석
- 1월6일 중국국무원 외교위원회는 철로의 외채를 통일하기 위해 중국철로를 담보로 신채권을 발행하여 구채권을 상환하기로 결정

- 1월 18일 파리강화회의에 중국은 3개항의 요구(21개조약의 폐지, 산 동에서 독일 이권의 회수, 주권을 훼손하는 일체의 조약 폐지 및 회수) 제출
- 2월 17일 중화전국철로협회 평의회 의장인 양사이는 열강의 중국철 로 공동관리안에 반대 의사 표시
- 3월 1일 자본가들이 양사이의 관저에서 회합하여 철로에 투자하기 위한 중국은행단을 조직하기로 합의하고 총 1,055만 달러의 자본을 모집
- 3월 14일 참의회 의원 하염삼이 열강의 철로공동관리안에 반대하 는 의안을 발의, 참의원 출석의원 89명 가운데 77명의 찬성으로 가결
- 4월 20일 첨천우가 지병으로 블라디보스토크에서 한구의 병원으로 돌아옴
- 4월 24일 첨천우가 漢口에서 별세
- 4월 30일 파리강화회의는 중국 산동에서 독일이 보유하고 있던 권 리를 일본에 양도하기로 결정
- 5월 3일 隴海鐵路局은 벨기에철로전차공사와 '隴海鐵路七厘國庫 券借款合同' 체결
- 5월 4일 5·4운동 폭발
- 6월 7일 滬寧鐵路 吳淞機廠의 노동자 파업
- 6월 손중산의 『實業計劃』이 영문 『遠東時報』 6월호에 게재, 1921 년 10월 上海民智書局에서 중문본으로 출판
- 7월 19일 중동철로의 중국적, 러시아국적의 노동자 파업, 군수품, 탄 약 등의 운송 거부
- 7월 25일 소련이 제1차 카라한 선언(제1차 對華宣言) 발표, 중동철 로, 광산 및 기타 특권을 대가 없이 중국에 반환할 것임을 선언

- 9월 8일 교통부는 남만주철도주식회사와 '四洮鐵路借款墊款合同' 체결

1920년(민국 9년)

- 5월 1일 隴海鐵路督辦 施肇曾이 벨기에철로전차공사, 네델란드建築海口公司와 '隴海鐵路比,荷借款合同' 체결
- 5월 11일 미국, 영국, 프랑스, 일본의 4개국 은행단이 공동으로 중국에 대한 차관을 공여하기로 합의
- 9월 27일 소련이 제2차 카라한 선언(제2차 對華宣言) 발표, 중동철로에 대해 중소 양국이 특별협정을 제정하여 심의해야 한다는 입장을 천명
- 10월 2일 교통부는 화아도승은행과 '管理東省鐵路續訂合同'을 체결, 공사행정처를 철폐하고 동성철로행정권을 회수
- 10월 15일 미국, 영국, 프랑스, 일본의 신사국은행단이 뉴욕에서 성립, 각국이 중국철로 이권을 모두 신은행단으로 양도하기로 합의
- 12월 16일 교통부, 재정부가 英國福公司와 '淸孟鐵路墊款合同'을 체결

1921년(민국 10년)

- 1월 1일 철로와 관련된 일련의 법규 반포('車站賬目則例', '客車運輸通則', '貨車運輸通則', '鐵路普通貨物分等表')
- 1월중 京漢鐵路 長辛店機廠의 철로노동자 보습학교 설립, 李大釗, 鄧中夏가 후원 및 주도
- 4월 18일 京綏鐵路局 국장 陳世華가 일본동아흥업공사와 '京綏鐵路借款合同' 체결
- 4월 22일 교통부가 중영공사와 '京奉路唐楡雙軌借款合同'을 체결

- 5월 5일 京漢路 長辛店機廠工人俱樂部 성립
- 9월 12일 북경정부는 워싱턴회의에 중국철로 공동관리안 거부하는 내용의 의안을 정식으로 제출

1922년(민국 11년)
- 1월 1일 국유철로 '客車運輸負責通則' 시행
- 1월 18일 워싱턴회의 태평양위원회는 제20차 회의에서 열강 주도의 중국철로 공동관리안을 정식으로 부결
- 2월 4일 중일 양국이 워싱턴회의 기간 중에 '解決山東懸案條約' 체결, 膠濟鐵路를 중국이 回贖하는 데 합의
- 6월 20일 隴海鐵路督辦 施肇曾이 벨기에철로전차공사와 '隴海鐵路墊款合同' 체결
- 7월 1일 국유철로 '材料會計則例' 시행
- 7월 20일 京綏鐵路局局長 蕭俊生은 英國中英煤鑛公司와 '京綏京門支線借款合同' 체결
- 8월 17일 하남성에서 토비가 농해철로의 프랑스인 기관사 1명과 그리스인 기관사 1명 납치
- 8월 23일 장신점기창 철로노동자 파업
- 9월 8일 粤漢路 湘鄂구간의 철로노동자 파업, 26일 종료
- 9월 14일 安源路鑛 노동자 파업, 18일 종료
- 10월 2일 교통부는 벨기에국영공사와 '包寧鐵路展線借款合同' 체결
- 10월 4일 京奉鐵路 山海關 교량 노동자 파업, 12일 종료
- 10월 27일 京綏鐵路 車務勞動者 파업
- 12월 1일 중일 양국은 북경에서 '山東懸案鐵路細目協定'을 체결, 교제철로 贖價 4,000만 엔, 國庫券으로 일본에 지불
- 12월 5일 교통부는 요코하마쇼킨은행과 '膠濟鐵路償價合同' 체결

- 12월 11일 미국 元和洋行의 지배인 찰스 골드만이 현금 6만 원을 수송하는 도중에 무장집단의 습격을 받아 사살됨
- 12월 15일 正太鐵路 石家莊機廠工人 파업, 21일간 지속

1923년(민국 12년)

- 1월 1일 중국이 정식으로 膠濟鐵路의 관리권을 회수
- 1월중 交通部聯運處는 남만주철도주식회사와 '華北旅客聯運合同' 체결
- 1월 5일 京漢鐵路總工會籌委會는 2월 1일에 성립대회를 개최하기로 결정
- 1월 9일 津浦路浦鎭機廠 노동자 파업
- 2월 4일 京漢鐵路 노동자 대파업
- 2월 7일 吳佩孚 주도의 '二七慘案' 발생
- 5월 6일 津浦鐵路 列車가 산동성 臨城에서 토비 孫美瑤 일당에 납치
- 7월 20일 주북경 외교사절단은 중국외교부에 중국철로의 경비가 불량하다는 이유로 각국의 무관을 파견하여 중국철로의 경비에 나서도록 하는 요구안을 제출
- 9월 13일 國民保路救亡會 등 29명은 연명으로 열강이 중국의 철로 명맥을 장악하는 것에 대해 항의하고, 전국의 일치 항쟁을 호소

1924년(민국 13년)

- 2월 7일 중화전국철로총공회 성립
- 4월중 張作霖 동삼성자치정부 東北交通委員會 설립
- 5월 31일 중국과 러시아 '暫行管理中東鐵路協定' 체결, 중동철로는 理事會를 설립하고, 중국과 러시아 쌍방이 이사장과 부이사장을 분담하기로 결정

- 6월 7일 일본공사 요시자와 겐기치(芳澤謙吉)가 북양정부 외교부 및 소련 대표 카라한에게 일본의 중동철로에 대한 이권을 침해해서는 안된다는 뜻을 전달
- 8월 20일 隴海鐵路 督辦 趙德三은 벨기에철로전차공사와 '隴海鐵路借款合同' 체결
- 8월 22일 일본내각은 "만몽에서 철로의 부설과 투자는 남만주철도주식회사가 동삼성당국과 협의하여 처리한다"는 방침을 의결
- 9월 3일 교통부가 남만주철도주식회사와 '洮昻鐵路借款合同'을 체결
- 9월 20일 동삼성자치정부는 소련과 '奉蘇協定'을 체결, 협정에서 동성철로 부근의 토지는 철로 자체적으로 필요한 면적을 제외하고는 대체로 중국관부에서 관리하기로 합의

1925년(민국 14년)

- 1월 1일 농해철로 會辦 章祜가 벨기에철로전차공사와 '隴海鐵路借款合同' 체결
- 2월 7일 中華全國鐵路總工會 第二次代表大會가 鄭州에서 개최, 회의에서 鐵路勞動者들은 적극적으로 국민혁명에 뛰어들어야 한다고 주장
- 2월 8일 膠濟鐵路 전 노선에 걸쳐 노동자 파업 개시, 8일 동안 지속
- 10월 24일 吉敦鐵路局 局長 魏武英은 남만주철도주식회사와 '吉敦鐵路墊款合同' 체결. 다음 해 2월 6일 墊款合同 체결
- 10월중 呼海鐵路(松浦-海倫) 개통

1926년(민국 15년)

- 2월 1일 장춘에서 길돈철로공정국 발족, 같은 달 20일부터 길돈철로를 부설하기 위한 측량작업 개시

- 2월 7일 中華全國鐵路總工會 第三次 代表大會가 天津에서 개최, 회의에서는 철로노동자들이 무장혁명에 참여하여 군벌세력을 일소해야 한다고 주창
- 6월 1일 길돈철로공정국이 길림에서 길돈철로 기공식 거행
- 7월 2일 중화전국철로총공회는 철로노동자들로 하여금 혁명전쟁에 투신하여 모든 혁명 무력과 협력해야 한다고 주창

1927년(민국 16년)
- 4월 18일 南京國民政府 수립. 王伯群이 대리교통부장에 취임
- 6월 27일 일본정부는 동방회의 개최하여 '對華政策綱領' 채택, 동 삼성이 차지하는 비중에 비추어 만주와 몽골을 중국 본토로부터 분리할 것 의결

1928년(민국 17년)
- 7월 1일 南京國民政府 交通部가 中比庚款委員會와 '中比庚款借款合同' 체결
- 10월 11일 남만주철도주식회사 사장 야먀모토 조타로(山本條太郎)와 장학량이 회담, 장학량은 일본 측에 돈화-도문 간의 철로 노선을 비롯한 만몽지역에서의 철로 부설권 승인
- 10월 23일 국민정부 철도부 설립, 孫科를 부장으로 임명, 이전 교통부가 관리해 왔던 철로행정과 관련된 일체의 업무를 철도부로 이관. 교통부가 관할하는 교통대학 唐山土木工程學院, 北平交通管理學院 역시 철도부의 관할로 이관
- 11월 27일 철도부장 孫科는 '철도관리통일안'을 입안하여 철로 행정의 기본방침 천명
- 12월 10일 沈陽에서 齊齊哈爾에 이르는 직통여객열차 개통
- 12월 28일 장개석은 장학량을 동북변방군사령관으로 임명

1929년(민국 18년)

- 1월중 철도부가 월한철로, 농해철로 등의 철로 부설계획 제출
- 1월 14일 남경국민정부 철도부가 '공정국 조직규정'을 공포, 철로의 관리와 함께 철도부재료검수위원회 설립, 철로 자재 구입을 위한 방침 결정
- 1월 22일 남경국민정부 운수과장 방황례는 봉천으로 와서 장학량에게 호로도항구의 축조와 항구와 연결된 철로 지선을 부설하여 봉해철로, 길해철로, 타통철로 등의 각 철로와 경제상, 국방상의 운수를 긴밀히 하도록 지시
- 3월 1일 중동철로 이사, 감사연석회의 개최, 중국 측 이감사는 철로국장(소련 측)의 권한을 축소하는 요구안 제출
- 3월 23일 국민당 3중전회는 중앙집행위원회가 제출한 '훈정시기경제건설실시강요방침안'을 통과, 우선적으로 교통의 개발에 착수하기로 결정, 이를 위해 5년 내 국가 총수입의 4분의 1을 철로 부설을 위해 지출하도록 결의
- 4월 13일 철도부 철로재무위원회 설립, '철로채무정리위원회 규정' 반포
- 5월 2일 국민당중앙 제3계 제1차 임시전체회의는 장개석이 제출한 '실업건설정서안'을 통과, 여기서 철로 부설을 국민정부가 이후 6년 내에 완성해야 하는 우선적 과제로 설정
- 7월 11일 중동철로 이사장 呂榮寶은 소련국적 철로국장 및 부국장의 직무 폐지를 명령
- 7월 17일 소련정부는 중동철로 소련국적 직원의 疏開 명령, 중소 간 모든 철로 교통 단절
- 8월 1일 北寧, 津浦, 滬寧 및 滬杭甬 세 철로 사이에 여객 聯運(연계운수) 실시. 平綏, 平漢, 正太, 道淸, 隴海, 胶濟의 여섯 철로의

여객 聯運 실시
- 8월 31일 철도부장 손과는 미국의 제이피 모건(J. P. Morgan)회사를 통해 중동철로의 매수를 위한 외채의 모집이 가능한지의 의향을 미국차관단 및 미국정부에 확인해 주도록 요청
- 11월 17일 국민당 중앙정치회의는 '훈정시기 약법에 의거하여 국계민생규정으로 그 실시를 확정하는 방안' 의결, 여기서 철로정책의 기본 계획을 확정
- 11월 18일 철도부는 행정원에 상신하여 庚款(3분의 2)과 관세(매년 2,000만 원)의 자금을 이용하여 남경을 중심으로 하는 전국철로망 부설안을 제출
- 11월 28일 철도부조직법 실행
- 12월 10일 재정부 甘末爾設計委員會가 '鐵路財政意見書' 제출, 철로 신용의 회복을 통해 철로 부설자본의 확보 주장
- 12월 16일 남경국민정부는 '동북교통위원회잠행조직조례' 제정, 동북교통위원회 정식 승인

1930년(민국 19년)
- 1월 1일 철도부 직할기관은 당일부터 일률적으로 中文辦公 개정
- 1월 1일 철도부는 '鐵道部收回廣東粵漢鐵路公債條例' 공포, 1930년 1월 1일 2,000만 원 상당의 공채를 발행하여 광동월한철로의 股票(자본) 환수
- 1월 13일 北寧鐵路唐山機廠 노동자 파업. 4월 13일 北寧鐵路工會 성립
- 7월 1일 東北胡蘆島 築港工程이 기공식 거행, 공정은 네델란드 암스테르담에 있는 네델란드治港公司가 수주
- 7월 2일 장개석은 호로도항구를 기점으로 하는 동북철로망의 부설

을 강조

- 9월중 杭江鐵路(杭州-江西玉山) 기공. 1933년 12월 완공
- 10월 10일 北平에서 吉林에 이르는 직통열차의 개통
- 11월 19일 京遼聯運의 직통특별쾌속열차 개통
- 11월 25일 鐵道軍運條例 시행
- 11월 27일 일본외무성과 척무성이 협의회를 개최, 만주에서 중국이 부설을 계획하고 있는 철로는 대부분 중일협약에 저촉된다고 규정, 단호한 조치를 강구할 것에 합의
- 11월중 隴海鐵路 靈寶 이서 구간의 연장 공사 개시. 1937년 3월 寶鷄까지 부설
- 12월 1일 津浦, 滬寧 양 열차의 장강 도하 공정식 거행. 1933년 10월 22일 개통

1931년(민국 20년)
- 1월 1일 동북국유철로 화물운수에 대한 厘金 부과의 면제 개시
- 1월 16일 남경국민정부는 동북의 우편물 운송에는 반드시 자국의 철로를 이용하도록 지시
- 1월 12일 남경국민정부는 동북교통위원회에 남만주철로의 현상을 세밀히 조사하여 3월 1일에 개최되는 전국철로회의에 보고하도록 지시
- 1월 22일 주심양 일본총영사 기무라 도시이치(木村鋭市)는 동북최고행정장관 張學良에게 중일철로교섭 요구. 다음날 기무라는 서면 형식으로 요구를 제출, 중국이 만일 철로를 신축할 경우 당연히 남만주철도주식회사의 협조를 통해야 한다고 주장
- 1월 22일 장학량과 남만주철도주식회사 대표 기무라 도시이치(木村鋭市) 사이에 중일만몽철로교섭 진행

- 2월 14일 요녕외교협회는 장학량 앞으로 일본이 제안한 중일철로교섭과 일본의 요구를 거부할 것, 교섭을 공개할 것, 교섭을 국민정부 중앙으로 이관할 것 요구
- 2월 20일 남경국민정부 중앙은 장학량 앞으로 일본이 제안한 중일철로교섭을 중앙으로 이관할 것과 이를 일본에 통보할 것 시달
- 3월 13일 동북교통위원회는 동북의 각 관료들 앞으로 전문을 발송, 철로문제에 대해 일본의 침략적 조약에 굴복하지 않을 것임을 천명
- 5월 2일 장개석은 '실업건설정서안' 제출, 철로의 부설을 6년 내에 시급히 달성해야 할 우선적 과제로 천명
- 9월 18일 만주사변 발발
- 12월 28일 국민정부 행정원은 중국경제의 발전을 위해 외국자본과 기술을 적극 활용한다는 원칙을 천명

1932년(민국 21년)

- 1월 6일 일본육군성, 해군성이 공동으로 '중국문제처리방침요강'을 작성하여 관동군 참모장에게 전달, 만주, 조선, 일본으로 이어지는 경제블럭의 구상 제시
- 4월 19일 일본관동군사령관 혼조 시게루(本庄繁)와 남만주철도주식회사 총재 우치다 고사이(內田康哉) 사이에 '철로, 항만, 하천의 위탁 경영 및 신설에 관한 협정' 체결
- 7월 2일 國民政府 '鐵道法' 반포 "철로의 국유, 국영을 원칙으로 하며, 철로행정 사무는 철도부가 통할한다"고 규정
- 7월 張靜江, 李石曾 등이 강남철로고분유한공사의 조직을 발기. 다음 해 4월 상해에 총사무소를 설립. 1934년 11월 강남철로(南京에서 安徽 沈家埠까지) 부설
- 8월 5일 隴海鐵路의 老窯連運港 항구공정 기공, 네델란드 암스테

르담치항공사가 공정을 담당
- 8월 7일 일본관동군 사령관과 만주국정부 사이에 '철로, 항만, 수로, 항공로 등의 관리 및 선로의 부설, 관리에 관한 협약' 체결
- 9월 15일 일본과 만주국이 '日滿議定書'에 서명하고, 협정서의 부칙에서 동북철로는 원칙적으로 일본이 부설해야 한다고 규정
- 10월 2일 國際聯盟調査委員團이 '리튼조사보고서'를 발표, 만주에서 국제 간의 분쟁은 대부분이 철로 분쟁이라는 의견 제시
- 10월 20일 太原綏靖公署가 晋綏兵工築路局을 설립, 다음 해 2월 晋綏兵工築路 지휘부가 설립되고, 太原綏靖公署 주임 閻錫山이 스스로 총지휘를 겸임, 예하에 同蒲鐵路工程局을 설립하여 謝宗周를 국장 겸 총공정사로 임명
- 10월 25일 국민정부가 정식으로 正太鐵路 접수(正太鐵路 프랑스차관의 원금 및 이자는 1932년 3월 1일 전체 상환하여 청산)

1933년(민국 22년)
- 2월 15일 국제연맹이 리튼조사단의 보고를 기초로 만주국의 불승인과 일본군대의 즉각 철수를 주요한 내용으로 하는 결의안 채택
- 3월 1일 남만주철도주식회사가 봉천(심양)에 鐵路總局과 鐵道建設局을 설립하고 동북철로의 일원적 관리 실행
- 3월 6일 철도부와 파리공업전기창은 '購料貸款合同'을 체결하고, 大潼鐵路, 太沽鐵路의 부설계획을 수립
- 3월 27일 일본의 국제연맹 탈퇴
- 3월 30일 교통대학이 철로전람회를 거행
- 4월 6일 철도부는 직할 각 기관으로 하여금 모든 공사 경비의 수입 및 지출, 그리고 계약 어음 및 일체의 교역을 당일부터 銀幣로 결제하도록 명령

- 4월 24일 주소련 일본대사가 카라한을 방문하여 중동철로를 중심으로 일소 양국 간 분쟁을 근본적으로 해결하는 방안에 대해 논의
- 5월 2일 리트비노프는 일본대사에게 중동철로를 일본, 혹은 만주국에 매각하여 경영하도록 하는 것이 최선의 방책이라는 뜻을 전달
- 5월 4일 주일 소련대사가 일본외무성을 방문하여 중동철로의 매각 의향을 공식 전달
- 5월 5일 모스크바에서 리트비노프와 일본대사가 중동철로 매각과 관련된 회담을 개최
- 5월 9일 중국정부는 성명을 발표하고, 중동철로의 모든 업무는 1924년 중소 양국이 체결한 협정에 근거하여 처리할 것이며, 제3자의 간섭을 불허한다고 발표
- 5월중 同蒲鐵路 개통. 1936년 風陵渡에서 陽方口에 이르는 구간 완공
- 7월중 절강성정부는 錢塘江橋工委員會를 설립하고 茅以升을 주임위원으로 임명
- 9월 27일 철도부는 철로와 公路의 聯運大綱을 공포
- 9월 30일 철도부는 국유철로와 國營招商局의 水陸聯運辦法을 공포. 11월 連雲港臨時通海碼頭 완성하고 수륙 연계운수를 개시
- 11월 1일 鐵路負責貨物聯運暫行辦法 및 聯運貨物運價遞遠遞減辦法 시행

1934년(민국 23년)
- 1월 18일 철도부, 실업부가 외자 이용의 '辦法草案'에 서명, 중외합자흥판실업업무를 규정
- 2월중 국민정부건설위원회는 淮南鐵路工程處(1935년 2월 淮南煤鑛局으로 병합)를 설립. 1935년 12월 淮南鐵路(田家庵-江邊裕溪

ㅁ) 완공

- 3월 14일 철도부는 독일 奧托華爾夫公司와 '材料貸款合同' 체결, 浙贛鐵路 玉南 구간 부설
- 3월중 浙贛鐵路聯合公司 성립
- 4월 1일 鐵路聯運包裹運費到付辦法 실행
- 4월 30일 철도부는 '民國23年第一期鐵路建設公債條例' 공포하고, 1934년 5월 1일부터 1,200만 원의 공채를 발행하여 玉萍鐵路의 부설에 전용
- 5월 25일 國民政府는 '民國23年玉萍鐵路公債條例' 공포, 1934년 6월 1일부터 재정부, 철도부가 회동 1,200만 원 상당의 玉萍鐵路公債 발행, 錢塘江橋工委員會가 玉萍鐵路工程處로 개칭되어, 茅以升을 처장으로, 羅英을 總工程師로 임명하여 대교의 측량, 설계를 위임
- 5월 28일 국민정부는 '民國23年六厘英金庚款公債條例' 공포, 1934년 6월 1일부터 재정부, 철도부가 회동하여 150만 파운드 공채를 발행하여 粵漢鐵路 부설자금으로 충당
- 6월 1일 철도부와 中英庚款委員會는 '中英庚款借款合同' 체결
- 7월중 10여개의 공사와 은행이 공동으로 출자하여 中國建設銀公司를 조직, 浙贛鐵路 江西玉山 이서 구간의 연장공정 개시. 1937년 9월 萍鄕에 까지 부설되어 전선 개통
- 10월 1일 隴海鐵路連雲港 부두에 정식으로 선박의 정박 개시
- 12월중 隴海鐵路連雲港에서 寶鷄에 이르는 전 노선 개통

1935년(민국 24년)

- 2월 22일 蘇嘉鐵路(蘇州-嘉興) 기공. 다음 해 7월 전 노선 개통
- 3월 11일 소련과 일본 및 만주국은 '중동철로양도협정' 체결. 일본은 1억 4,000만 엔의 비용을 지불하고 중동철로를 인수. 3월 23일

정식협정에 서명
- 3월16일 중국정부는 소련, 일본, 만주국이 중동철로협정과 관련하여 체결한 협정은 불법이며, 중국이 중동철로에 관한 일체의 권리를 보유하고 있음을 선언
- 3월23일 소련과 만주국이 동경에서 '소만협정' 체결하여 소련이 만주국에 1억 4,000만 원의 대가로 중동철로 및 일체의 부속 권리 양도하기로 결정
- 4월6일 錢塘江大橋의 가설공사 개시. 1937년 9월 26일 개통
- 5월7일 국민정부 철도부장 손과는 중동철로 매각 협상의 무효를 선언
- 11월11일 중국건설은공사는 프랑스은행단과 합작계약을 체결, 成渝鐵路, 貴昆鐵路의 부설에 공동으로 투자하기로 합의

1936년(민국 25년)
- 1월30일 철도부는 '第二期鐵路建設公債條例' 공포하고, 1936년 2월 1일부터 공채 2,700만 원 발행하여 玉萍鐵路 南萍 구간의 부설을 지원
- 2월8일 철도부와 중국건설은공사, 중국건설은공사와 프랑스은행단은 成渝鐵路의 합작 초약을 체결, 12월 7일 정식차관계약 체결
- 2월11일 철도부는 독일 奧托爾夫公司와 '購料貸款合同' 체결, 이를 浙贛鐵路 南萍 구간의 부설에 사용
- 2월25일 국민정부는 '第三期鐵路建設公債條例' 공포. 세 차례로 나누어(1936년 3월 1일, 1937년 3월 1일, 1938년 3월 1일) 1억 2,000만 원 상당의 공채를 발행, 湘黔川桂 등 간선철로의 부설 및 平綏鐵路, 正太鐵路, 隴海鐵路, 胶濟鐵路 등 철로의 연장선 부설 용도로 사용

- 5월 8일 철도부와 中英公司는 '滬杭甬路六厘借款合同' 체결
- 6월 중 粤漢鐵路 株韶 구간 준공, 이로써 전 노선이 개통
- 8월 25일 철도부는 벨기에철로공사와 '寶成鐵路借款合同' 체결
- 12월 1일 철도부는 中英庚款委員會와 '京贛鐵路借款合同' 체결
- 12월 5일 철도부와 상해공사은행단, 상해공사은행단과 독일재단은 '購料貸款合同'을 체결하여 湘黔鐵路 등의 부설에 사용
- 12월 22일 국민정부는 '民國26年京贛鐵路建設公債條例' 공포, 1937년 1월 1일부터 재정부, 철도부가 회동 1,400만 원 京贛鐵路建設公債를 발행하기로 결정

1937년(민국 26년)
- 5월 1일 國民政府는 '民國26年粤省鐵路建設公債條例' 공포, 당일부터 재정부, 철도부가 회동하여 270만 파운드 粤省鐵路建設公債를 발행
- 5월 8일 新法國銀行團(東方匯理銀行 포함)과 국민정부는 貴昆鐵路借款草合同 체결. 후에 중일전쟁 폭발로 인해 정식 계약은 체결되지 못함
- 7월 30일 재정부, 철도부, 중국건설은공사는 중영은공사(중영공사)와 '廣梅鐵路借款合同' 체결. 후에 중일전쟁이 폭발하여 價票는 발행되지 못함.
- 8월 14일 일본전투기가 완공 예정의 錢塘江大橋를 폭격
- 12월 22일 일본군이 항주를 공격하여 함락시킴, 이에 국민당군대는 스스로 전당강대교 폭발시켜 절단

1938년(민국 27년)
- 1월 1일 국민정부 철도부는 교통부로 병합. 철도부장 張嘉璈는 교

통부장으로 취임
- 3월 7일 교통부는 香港英商馬斯曼洋行과 회의록에 서명하고, 교통부가 川滇鐵路公司를 조직하기로 규정함. 香港英商馬斯曼洋行이 叙昆鐵路, 滇緬鐵路의 부설비용 가운데 절반을 부담하기로 하고 공정을 수주
- 8월 1일 叙昆鐵路, 滇緬鐵路工程局 설립
- 11월 21일 중국건설은공사, 영국 및 프랑스재단은 叙昆鐵路, 滇緬鐵路의 合作契約에 관해 協議
- 12월 21일 중국과 프랑스는 '叙昆鐵路合同', '叙昆鐵路鑛業合作合同' 체결. 1940년 3월 효력 발생. 6월 프랑스가 독일에 항복하면서 계약 중지

1939년(민국 28년)
- 4월 30일 日本華中振興株式會社는 왕정위 남경정부와 공동으로 華中鐵道株式會社를 설립하여 津浦鐵路 蚌埠 이남 및 장강 중하류지역의 철로를 통일적으로 관리
- 4월중 日本華北開發株式會社, 남만주철도주식회사 및 華北臨時政府는 연합 華北交通株式會社를 공동으로 설립, 화북 철로와 공로, 內河 교통을 통일적으로 관리

1940년(민국 29년)
- 8월 20일 八路軍이 百團大戰을 발동하여 正太鐵路를 중심으로 하는 화북의 적 점령 주요 교통노선에 대한 파괴공작 감행
- 9월 24일 일본군이 베트남 랑선(諒山)을 공격하여 함락시킴. 중국군대는 滇越鐵路의 운남 구간의 월남에 가까운 선로를 파괴

1941년(민국 30년)

• 5월 18일 국민정부는 '滇民國30年滇緬鐵路金公債條例' 공포, 1941년 7월 1일부터 재정부, 교통부가 회동하여 1,000만 달러 상당의 滇緬鐵路金公債를 발행

1942년(민국 31년)

• 3월 10일 일본군이 미얀마 양곤(仰光)을 공격하여 함락시킴, 이에 滇緬鐵路의 부설공사 중단

• 5월 1일 교통부는 鐵路新運價를 실행, 화물을 6등으로부터 10等으로 구분, 等間 비율과 장거리 누진 저감율(운송거리가 멀수록 운임을 할인해 주는 비율) 등 운임의 기준수가를 조정

1943년(민국 32년)

• 6월 14일 太原鐵路工廠 노동자 파업

• 8월 1일 國民政府가 滇越鐵路의 운남 구간을 접수하여 川滇鐵路公司로 하여금 관리하도록 하고, 이를 위해 滇越鐵路滇段管理處를 설립

1944년(민국 33년)

• 10월 25일 延安 『解放日報』가 黃虹의 「徐廣田의 鐵道隊」라는 문장 발표, 津浦鐵路 노동자의 항전을 소개

1945년(민국 34년)

• 7월중 국민정부는 '修復地區政治設施綱要草案'을 제정하여 일본 소유의 교통시설 자재 및 도구를 모두 국유로 접수하며, 각종 교통기관은 업무에 따라 접수 및 관리하도록 지시

- 8월 11일 중국공산당 第18集團軍 總司令 朱德은 명령을 발포하고, 해방구의 무장부대로 하여금 적점령지역에서 적극 공세로 전환하여 적을 압박하도록 지시
- 8월 14일 중국과 소련은 '關于中國長春鐵路之協定' 체결, 일본을 동삼성에서 축출한 이후 중동철로 및 남만주철로(양 철로를 합병하여 중국장춘철로로 개명)를 중국 및 소련의 공동 소유 및 공동 경영으로 귀속하기로 합의
- 8월 18일 중국과 프랑스는 '交收廣州灣租借地專約' 체결하고 프랑스가 광주만에서 보유하고 있던 철로 부설권의 즉각 반환에 합의
- 9월 12일 소련군이 동북 濱洲鐵路, 濱綏鐵路를 接管
- 9월 22일 중국장춘철로 부이사장이 장춘에 도착. 9월 22일부터 일률적으로 중국장춘철로공사 이사회의 관할로 귀속하고 남만주철도 주식회사 이사회와 감사회는 해산하기로 결정
- 12월중 중국정부가 파견한 중국장춘철로 이사장, 이사, 감사가 장춘에 도착

1946년(민국 35년)
- 2월 28일 중국과 프랑스는 '關于中越關係之協定' 체결, 1903년 10월 양국이 체결한 '滇越鐵路協定'을 폐지. 6월 28일 양국 비준서 교환
- 6월 3일 국민정부는 미국 워싱턴수출입은행과 '鐵路材料借款合同' 체결
- 7월 중국공산당은 東北鐵路總局을 설립하고 陳雲을 국장으로 임명
- 10월 30일 중국공산당 중앙동북국은 '모택동호' 열차의 명명을 비준
- 11월 30일 '朱德號' 열차 명명

1947년(민국 36년)

• 1월중 중국공산당 해방구에서 邯(鄲)涉(縣)鐵路 부설
• 3월중 동북철로총국이 하얼빈철로학원을 설립
• 7월 1일 粤漢鐵路 전 노선이 복구되어 열차를 운행

1948년(민국 37년)

• 7월 1일 浙贛鐵路 전 노선의 복구 및 열차 개통
• 9월중 華北民主聯合政府 수립, 武竞天이 교통부장으로 취임하여 路航郵電의 제반 업무를 총괄

1949년(민국 38년)

• 1월 10일 중국인민혁명군사위원회 철도부 성립, 騰代遠이 부장으로 취임
• 2월 20일 長春四平鐵路의 복구
• 5월 1일 津浦鐵路 蚌埠淮河大橋의 수리 및 임대시교 개통, 6월 30일 준공 개통
• 5월 27일 滬寧鐵路 전 노선의 복구 및 열차 개통
• 7월 1일 全國鐵路職工臨時代表會議 개최, 朱德 총사령은 철로의 신속한 복구와 신철로의 부설을 명령하고 동시에 인민해방전쟁을 적극 지원하도록 지시
• 8월 1일 滬杭鐵路의 전 노선 복구 및 열차 개통
• 8월 20일 隴海鐵路 洛陝 구간 8號橋의 가설 기공. 10월 18일 복구 개통
• 10월 1일 중화인민공화국의 수립. 중국인민혁명군사위원회 철도부는 중화인민공화국 중앙인민정부 정무원 소속으로서, 騰代遠이 계속해서 부장에 취임

448

지은이 소개

김지환金志煥 중국근현대사 전공(경제사)

고려대학교 사학과 졸업
고려대학교 사학과 문학석사, 문학박사
중국 푸단대학 역사학박사
일본 동경대학 객원연구원
고려대학교 평화연구소 연구교수
고려대학교 중국학연구소 연구교수
고려대학교 아세아문제연구소 HK연구교수
인천대학교 전임강사
(현)인천대학교 중국학술원 교수
중국근현대사학회 회장

저서
『中東鐵道新聞資料集成』, 學古房(2015)
『철도로 보는 중국역사』, 學古房(2014)
『中國紡織建設公司理事會會議錄』, 學古房(2014)
『전후중국경제사(1945-1949)』, 고려대학교 출판부(2009)
『中國紡織建設公司硏究』, 復旦大學出版社(2006)
『棉紡之戰』, 上海辭書出版社(2006)
『中國國民政府의 工業政策』, 신서원출판사(2005)

중국관행연구총서 14

중국근대 철로의 조직과 경영

2019. 6. 1. 1판 1쇄 인쇄
2019. 6. 14. 1판 1쇄 발행

중국관행연구총서 · 중국관행자료총서 편찬위원회
위원장 장정아 부위원장 안치영 위원 김지환 · 송승석 · 이정희 · 조형진 · 정은주

지은이 김지환
발행인 김미화 발행처 인터북스 주소 서울시 은평구 연서로20길 11
전화 02.356.9903 이메일 interbooks@naver.com 출판등록 제2008-000040호
ISBN 978-89-94138-57-2 94910 978-89-94138-55-8(세트) 정가 27,000원

이 도서의 국립중앙도서관 출판예정도서목록(CIP)은 서지정보유통지원시스템 홈페이지(http://seoji.nl.go.kr)와
국가자료공동목록시스템(http://www.nl.go.kr/kolisnet)에서 이용하실 수 있습니다. (CIP제어번호 : CIP2019018084)